MIMOS

22

MIMOS

Schweizer Jahrbuch Darstellende Künste 84–2022
Annuaire suisse des arts de la scène 84–2022
Annuario svizzero delle arti sceniche 84–2022
Annuari svizer dals arts represchentativs 84–2022

Herausgegeben von
Édité sous la direction de
A cura di
Edì da

Schweizerische Gesellschaft für Theaterkultur
Société suisse du théâtre
Società Svizzera di Studi Teatrali
Societad svizra per cultura da teater

Mit Unterstützung von
Avec le soutien de
Con il sostegno di
Cun il sustegn da

Schweizerische Eidgenossenschaft
Confédération suisse
Confederazione Svizzera
Confederaziun svizra

Eidgenössisches Departement des Innern EDI
Département fédéral de l'intérieur DFI
Dipartimento federale dell'interno DFI
Departament federal da l'intern DFI
Bundesamt für Kultur BAK
Office fédéral de la culture OFC
Ufficio federale della cultura UFC
Uffizi federal da cultura UFC

In der gleichen Reihe, beim gleichen Verlag
Dans la même collection, chez le même éditeur
Nella stessa collana, presso lo stesso editore
En la medema collecziun, dal medem editur

MIMOS 2011: Christoph Marthaler
MIMOS 2012: Daniele Finzi Pasca
MIMOS 2013: Yvette Théraulaz (avec DVD)
MIMOS 2014: Omar Porras
MIMOS 2015: Rimini Protokoll
MIMOS 2016: Theater HORA
MIMOS 2017: Ursina Lardi
MIMOS 2018: Theater Sgaramusch
MIMOS 2019: Cie Yan Duyvendak
MIMOS 2020: Jossi Wieler
MIMOS 2021: Martin Zimmermann
MIMOS 2022: Barbara Frey

Die Schweizerische Gesellschaft für Theaterkultur
ist Mitglied der SAGW, die ihre Tätigkeit unterstützt.

La Société suisse du théâtre
est membre de l'ASSH, qui soutient ses activités

La Società Svizzera di Studi Teatrali
è membro dell'ASSU, che sostiene le sue attività

La Societad svizra dal teater
è commembra da l'ASSUS, che sustegna sias activitads

MIMOS 22

Barbara Frey

Herausgegeben von
Édité sous la direction de
A cura di
Edì da

Paola Gilardi
Anne Fournier
Andreas Klaeui

PETER LANG

Lausanne · Berlin · Bruxelles
Chennai · New York · Oxford

Die Deutsche Nationalbibliothek
verzeichnet diese Publikation in der
Deutschen Nationalbibliographie.
Detaillierte bibliographische
Daten sind im Internet abrufbar
unter: https://portal.dnb.de/opac.htm.

Umschlagbild / Cover
Bibiana Beglau in
Der Untergang des Hauses Usher,
Koproduktion Ruhrtriennale
und Burgtheater Wien, 2021
Foto: © Matthias Horn

Für eine ausgewählte Zielgruppe
wurde eine limitierte Hardcover-Version
produziert.

Print-Version: Softcover Print-on-Demand
ISBN: 978-3-0343-4764-8

E-Book-Versionen:
ISBN: 978-3-0343-4715-0 (pdf)
ISBN: 978-3-0343-4774-7 (epub)

DOI: 10.3726/b20709

Peter Lang Group AG
Place de la Gare 12
1003 Lausanne
Schweiz

info@peterlang.com
peterlang.com

Adresse der Redaktion /
Redaction adress
Schweizerische Gesellschaft
für Theaterkultur
Geschäftsstelle
4000 Basel
Schweiz
info@mimos.ch
mimos.ch

Gestaltung / Layout
Adeline Mollard, Zürich

Assistentin / Assistant
Lena Thomaka, Zürich

Schriften / Typefaces
Chroma, Selina Bernet (Source Type)
Bradford, Laurenz Brunner (Lineto)

In Deutschland gedruckt/
Printed in Germany
CPI

MIMOS 2022

Vorwort
Theater ist eine Gemeinschaftskunst

Claudia Rosiny
Verantwortliche Darstellende Künste,
Bundesamt für Kultur

Die Regisseurin und Intendantin Barbara Frey erhielt 2022 den Schweizer Grand Prix Darstellende Künste / Hans-Reinhart-Ring. Mit dieser wichtigsten Auszeichnung auf dem Gebiet der Darstellenden Künste ehrt die Eidgenossenschaft, in Kooperation mit der Schweizerischen Gesellschaft für Theaterkultur, herausragendes Schaffen von hoher Qualität und Relevanz in diesem breitgefächerten Bereich. Die Jury würdigt Barbara Frey als «aussergewöhnliche Künstlerin und umsichtige Intendantin»[1]. In ihrer Dankesrede bei der Preisverleihung am 21. Oktober 2022 im Théâtre de Carouge betonte sie das Wichtigste am Theater: Es ist eine Gemeinschaftskunst.[2] Für Barbara Frey sind Dialog, Achtsamkeit, gegenseitiges Vertrauen und auch eine Prise Humor wesentlich. Mit ihrer bescheidenen, aber auch beharrlichen Grundhaltung ist sie ein Vorbild nicht nur für Frauen, sondern auch für nachfolgende Generationen.

Ihre künstlerische Karriere begann die gebürtige Baslerin, die ursprünglich Germanistik und Philosophie an der Universität Zürich studierte, als Schlagzeugerin und Songwriterin. Als Musikerin kam sie 1988 unter der Leitung von Frank Baumbauer ans Theater Basel, wirkte dort schon nach kurzer Zeit auch als Regieassistentin und Schauspielerin. Während der «Ära Baumbauer» von 1988 bis 1993 erlebte das Basler Haus eine Blütezeit mit grosser internationaler Anerkennung. Hier brachte Barbara Frey 1993 ihre erste Inszenierung *Ich kann es besonders schön* nach dem einzigen Roman, *Die Glasglocke*, von Sylvia Plath zur Aufführung.

1 Aus der Laudatio von Markus Joss, Mitglied der Eidgenössischen Jury für Theater, in diesem *MIMOS*-Band, S. 21.

2 Eine Kurzfassung und die vollständige Version der gestreamten Preisverleihung sowie das Videoporträt zu Barbara Frey stehen auf dem YouTube-Kanal der Schweizer Preise Darstellende Künste @swissperformingartsawards zur Verfügung.

Das Theater Basel war für Barbara Frey – ähnlich anderen Regisseur:innen wie Christoph Marthaler[3] und Jossi Wieler[4] – ein Ort des regen künstlerischen Austauschs und der Experimente und ein Sprungbrett für eine brillante internationale Karriere. Seit ihrem Regiedebüt in Basel inszeniert Barbara Frey an namhaften Häusern im ganzen deutschsprachigen Raum, vom Zürcher Theater Neumarkt über das Nationaltheater Mannheim bis hin zum Deutschen Schauspielhaus Hamburg und der Berliner Schaubühne am Lehniner Platz, wo sie von 1999 bis 2001 als Hausregisseurin engagiert war. In gleicher Funktion wirkte sie von 2005 bis 2008 am Deutschen Theater Berlin, konnte in dieser Zeit jedoch auch andere Engagements wahrnehmen, beispielsweise bei den Salzburger Festspielen oder am Burgtheater Wien, wo sie seit 2006 regelmässig inszeniert. Im Pandemiejahr 2020 brachte Barbara Frey dort *Automatenbüfett* der Wienerin Anna Gmeyner auf die Bühne und trug mit dieser Arbeit wesentlich zur Wiederentdeckung der Autorin bei. *Automatenbüfett* wurde zum Berliner Theatertreffen 2021 eingeladen und Barbara Frey mit dem Nestroy-Theaterpreis in der Kategorie «Beste Regie» ausgezeichnet.

Als erste Frau in der Geschichte des Hauses war Barbara Frey von 2009 bis 2019 Intendantin am Schauspielhaus Zürich. In dieser Zeit wurde sie 2016 vom BAK mit einem Schweizer Theaterpreis ausgezeichnet. Von 2021 bis 2023 leitet sie die Ruhrtriennale. Die Intendanz dieses spartenübergreifenden Festivals der Künste, das jährlich in umfunktionierten Fabrikhallen und Bergwerken im Ruhrgebiet stattfindet, gilt «als Ritterschlag im deutschsprachigen Theater und als Bestätigung, die Kunst des Grenzgangs zu beherrschen.»[5] Die Kunst der Grenzgänge beherrscht Barbara Frey auch in ihren Regiearbeiten. In Inszenierungen grosser Stoffe der Weltliteratur oder Texten zeitgenössischer Autor:innen wie Lukas Bärfuss spielt sie mit einer

3 Christoph Marthaler ist Träger des Hans-Reinhart-Rings 2011.

4 Jossi Wieler wurde mit dem Schweizer Grand Prix Theater / Hans-Reinhart-Ring 2020 ausgezeichnet.

5 Daniele Muscionico, «Barbara Frey erhält den wichtigsten Theaterpreis der Schweiz». In: *St. Galler Tagblatt* (und CH-Media-Gruppe), 9. September 2022, S. 15.

Sprachmusikalität und übersetzt gleichzeitig dunkle Seiten der menschlichen Existenz in starke Bilder, die unsere Sinne ansprechen. In einer solchen Erinnerung bleibt ihre letzte Produktion am Schauspielhaus Zürich von 2019, *Die Toten*, nach der gleichnamigen Erzählung von James Joyce.

In schwierigen Umbruchszeiten wie diesen, in denen die Welt aus den Fugen geraten scheint und die Menschheit orientierungslos ist, braucht es anspruchsvolle Kunst, die uns zum Nachdenken anregt. Oder mit den Worten Barbara Freys:

> «Die Kunst hält uns am Denken. Gemeinsam mit dem Theater stellen wir Fragen ans Dasein. Wir hinterfragen scheinbar Selbstverständliches, können über andere politische Modelle sprechen, andere Formen des Zusammenlebens. Das aufzugeben, ist für mich eine grosse Schreckensvorstellung.»[6]

6 Alexandra Kedves, «Die Theater müssen umdenken», Interview mit Barbara Frey. In: *Tages-Anzeiger*, 11. Oktober 2022, S. 29.

Préface
Le théâtre est un art collectif

Claudia Rosiny
Responsable des Arts de la scène,
Office fédéral de la culture

La metteuse en scène et directrice de théâtre Barbara Frey a reçu en 2022 le Grand Prix suisse des arts de la scène / Anneau Hans Reinhart. Par cette distinction, la plus prestigieuse décernée en Suisse dans ce domaine artistique très diversifié, la Confédération et la Société suisse du théâtre honorent des carrières artistiques éminentes, qui se distinguent par leur qualité et leur relevance sociale. Le jury a salué en Barbara Frey « une artiste exceptionnelle et, à la fois, une directrice pleine de discernement »[1]. Lors de la remise du prix, le 21 octobre 2022 au Théâtre de Carouge, la lauréate a souligné dans son discours de remerciement ce qui est à ses yeux fondamental dans le théâtre : c'est un art collectif[2]. Pour Barbara Frey, le dialogue, l'attention à autrui, la confiance mutuelle, mais aussi un soupçon d'humour, sont autant d'éléments essentiels pour cet art. La modestie de cette artiste, autant que sa détermination, en font un modèle non seulement pour les femmes, mais aussi pour les générations à venir.

Née à Bâle, Barbara Frey a tout d'abord étudié la philologie allemande et la philosophie à l'Université de Zurich, avant d'entamer sa carrière artistique comme batteuse et songwriter. En 1988, elle entre, en qualité de musicienne, au Theater Basel, alors dirigé par Frank Baumbauer ; elle ne tarde pas à y travailler également comme assistante de mise en scène et actrice. C'est alors l'« ère Baumbauer » (1988–1993), au cours de laquelle le théâtre bâlois est à l'apogée de sa renommée et jouit d'une grande reconnaissance internationale. C'est dans cette institution que

1 Extrait de l'éloge de Markus Joss, membre du Jury fédéral de théâtre, publié dans le présent ouvrage de *MIMOS*, p. 22.

2 Une version abrégée et la version complète de la remise des prix, diffusée en ligne, ainsi que le portrait vidéo de Barbara Frey sont disponibles sur la chaîne YouTube des Prix suisses des arts de la scène : @swissperformingartsawards.

Barbara Frey signe en 1993 sa première mise en scène, *Ich kann es besonders schön*, d'après l'unique roman de Sylvia Plath, *La cloche de détresse*.

Comme pour d'autres metteurs en scène tels que Christoph Marthaler[3] et Jossi Wieler[4], le Theater Basel a été pour Barbara Frey un lieu d'échanges artistiques intenses et d'expérimentation, ainsi qu'un tremplin qui lui ouvrit une brillante carrière internationale. Depuis ses débuts comme metteuse en scène à Bâle, Barbara Frey signe des spectacles dans des institutions réputées de tout l'espace germanophone, telles que le Theater Neumarkt de Zurich, le Nationaltheater de Mannheim, le Deutsches Schauspielhaus de Hambourg et la Schaubühne am Lehniner Platz de Berlin, où elle est metteuse en scène en résidence de 1999 à 2001. Elle assume la même fonction au Deutsches Theater de Berlin de 2005 à 2008, tout en acceptant en même temps d'autres engagements, par exemple dans le cadre du Festival de Salzbourg ou au Burgtheater de Vienne, où elle signe régulièrement des mises en scène depuis 2006. En 2020, année de pandémie, Barbara Frey présente sur cette dernière scène la pièce *Automatenbüfett* d'Anna Gmeyner, contribuant ainsi fortement à la redécouverte de l'autrice viennoise. *Automatenbüfett* est ensuite invitée à l'édition 2021 des Rencontres théâtrales de Berlin et Barbara Frey reçoit la même année pour cette pièce le Prix Nestroy de théâtre dans la catégorie «Meilleure mise en scène».

De 2009 à 2019, Barbara Frey dirige le Schauspielhaus de Zurich, devenant ainsi la première femme à occuper ce poste dans l'histoire de la prestigieuse institution. Pendant cette période, elle reçoit en 2016 un Prix suisse de théâtre décerné par l'OFC. De 2021 à 2023, elle assure la direction de la Ruhrtriennale. Accéder à la direction de ce festival artistique interdisciplinaire, qui se déroule chaque année dans des sites industriels et miniers reconvertis de

3 Christoph Marthaler est lauréat de l'Anneau Hans Reinhart 2011.

4 Jossi Wieler a reçu le Grand Prix suisse de théâtre / Anneau Hans Reinhart en 2020.

la région de la Ruhr, est considéré « comme une consécration dans le monde du théâtre de langue allemande et comme la confirmation que la personnalité en question sait dépasser les cloisonnements. »[5] Barbara Frey maitrise cet art de franchir les frontières entre les différentes disciplines artistiques aussi dans son travail de metteuse en scène. Dans ses mises en scène de chefs-d'œuvre de la littérature mondiale ou de textes d'auteur·e·s contemporain·e·s comme Lukas Bärfuss, elle joue avec la musicalité de la langue, tout en traduisant le côté sombre de l'existence humaine par des images fortes, qui parlent à nos sens. C'est dans cette veine que s'inscrit sa dernière production au Schauspielhaus de Zurich, en 2019, *Die Toten*, basée sur la nouvelle *Les Morts* de James Joyce.

Dans des temps de bouleversements tels que le nôtre, où le monde semble se disloquer et l'humanité est désorientée, nous avons besoin d'un art exigeant, qui nous pousse à la réflexion. Ou encore, pour reprendre les mots de Barbara Frey :

> « L'art nous maintient dans la réflexion. Avec le théâtre, nous interrogeons notre existence. Nous remettons en question ce qui paraît évident, nous pouvons discuter d'autres modèles politiques, d'autres formes de coexistence. L'idée de renoncer à cela me terrifie. »[6]

5 Daniele Muscionico, « Barbara Frey erhält den wichtigsten Theaterpreis der Schweiz », dans : *St. Galler Tagblatt* (et groupe CH-Media), 9 septembre 2022, p. 15.

6 Alexandra Kedves, « Die Theater müssen umdenken », entretien avec Barbara Frey, dans : *Tages-Anzeiger*, 11 octobre 2022, p. 29.

Prefazione
Il teatro è un'arte collettiva

Claudia Rosiny
Responsabile Arti sceniche,
Ufficio federale della cultura

Nel 2022 la regista e direttrice teatrale Barbara Frey è stata insignita del Gran Premio svizzero delle arti sceniche / Anello Hans Reinhart. Si tratta del massimo riconoscimento dedicato a questo campo artistico estremamente diversificato con cui la Confederazione, in cooperazione con la Società Svizzera di Studi Teatrali, onora prestazioni di alta qualità e rilevanza. La giuria rende omaggio a Barbara Frey in quanto «direttrice sagace che è al contempo un'artista straordinaria»[1]. Nel discorso di ringraziamento tenuto nell'ambito della cerimonia di premiazione il 21 ottobre 2022 al Théâtre de Carouge, Barbara Frey ha sottolineato l'aspetto più importante del teatro, quello di essere un'arte collettiva[2]. Per lei il dialogo, l'attenzione al prossimo, la fiducia reciproca e un pizzico di umorismo sono elementi imprescindibili. Il suo atteggiamento sobrio e al contempo tenace la rende un modello non solo per le altre donne, ma anche per le generazioni future.

Barbara Frey è cresciuta a Basilea e, dopo avere conseguito una laurea in germanistica e filosofia all'Università di Zurigo, intraprende la sua carriera artistica come batterista e cantautrice. Nel 1988 approda in qualità di musicista al Theater Basel, allora diretto da Frank Baumbauer, dove già dopo poco tempo ha l'occasione di cimentarsi nei ruoli di assistente alla regia e attrice. Durante l'«era Baumbauer», dal 1988 al 1993, il teatro vive un periodo di massimo splendore e di grande riconoscimento internazionale. Ed è

1 Citazione tratta dalla laudatio di Markus Joss, membro della giuria federale del teatro, riportata in questo volume di *MIMOS*, p. 23.

2 Una sintesi e l'intera cerimonia di premiazione come pure il videoritratto di Barbara Frey sono disponibili sul canale YouTube dei Premi svizzeri delle arti sceniche: @swissperformingartsawards.

qui che nel 1993 Barbara Frey realizza la sua prima messinscena, *Ich kann es besonders schön*, ispirata all'unico romanzo di Sylvia Plath, *La campana di vetro*.

Per Barbara Frey, come per altri registi e registe quali Christoph Marthaler[3] e Jossi Wieler[4], il Theater Basel è stato un luogo di intensi scambi artistici e di sperimentazione, oltre che un trampolino di lancio per una brillante carriera internazionale. Dopo il debutto basilese come regista, Barbara Frey cura la regia di spettacoli presso teatri di spicco in tutta l'area di lingua tedesca, compresi il Theater Neumarkt di Zurigo, il Nationaltheater di Mannheim e il Deutsches Schauspielhaus di Amburgo, per poi essere ingaggiata a Berlino come regista in residenza presso la Schaubühne am Lehniner Platz (dal 1999 al 2001). Dal 2005 al 2008 ricopre la stessa funzione presso il Deutsches Theater di Berlino e collabora anche con altre istituzioni, tra cui il Festival di Salisburgo o il Burgtheater di Vienna, dove porta regolarmente in scena spettacoli sin dal 2006. Nel primo anno di pandemia 2020 è ad esempio il caso di *Automatenbüfett* dell'autrice viennese

Anna Gmeyner, grazie al quale la regista ha contribuito in modo determinante alla sua riscoperta. Nel 2021, questo spettacolo è stato invitato al Theatertreffen di Berlino e, nello stesso anno, Barbara Frey ha ricevuto il premio Nestroy nella categoria «Migliore regia».

Vincitrice di un Premio svizzero di teatro nel 2016, Barbara Frey è la prima donna a dirigere lo Schauspielhaus di Zurigo, dal 2009 al 2019. Nel 2021 assume poi la direzione artistica della Ruhrtriennale, funzione che ricoprirà fino al 2023. La direzione di questo festival interdisciplinare delle arti, che si svolge ogni anno in capannoni riconvertiti di ex fabbriche e miniere dislocati nella regione della Ruhr, è considerata come «una vera e propria consacrazione nell'ambito teatrale di lingua tedesca e una dimostrazione dell'abilità di abbattere le frontiere»[5]. Barbara Frey

3 Christoph Marthaler è stato insignito dell'Anello Hans Reinhart nel 2011.

4 Jossi Wieler ha ricevuto il Gran Premio svizzero di teatro / Anello Hans Reinhart nel 2020.

5 Cfr. Daniele Muscionico, «Barbara Frey erhält den wichtigsten Theaterpreis der Schweiz», in: *St. Galler Tagblatt* (e gruppo CH Media), 9 settembre 2022, p. 15.

padroneggia l'arte di varcare i confini tra le varie discipline artistiche anche nella sua attività di regista. Nelle sue messinscene di grandi opere della letteratura mondiale o basate su testi di autori e autrici contemporanei come Lukas Bärfuss gioca con la musicalità linguistica e traspone il lato oscuro dell'esistenza umana in immagini forti che stimolano i nostri sensi. Questo è il ricordo che ha lasciato nel 2019 la sua ultima produzione allo Schauspielhaus di Zurigo, *Die Toten*, tratto dal racconto *I Morti* di James Joyce.

In tempi turbolenti come questi, quando il mondo sembra sgretolarsi e l'umanità si sente disorientata, c'è bisogno di un'arte impegnata che susciti la riflessione. O con le parole di Barbara Frey:

> «L'arte stimola il pensiero: attraverso il teatro ci poniamo domande sull'esistenza, mettiamo in discussione ciò che appare scontato e possiamo discutere di modelli politici e forme di convivenza alternativi. Rinunciare a tutto ciò sarebbe un orrore.»[6]

6 Cfr. Alexandra Kedves, «Die Theater müssen umdenken», intervista a Barbara Frey, in: *Tages-Anzeiger*, 11 ottobre 2022, p. 29.

Preface
Theatre Is a Collective Art Form

Claudia Rosiny
Head of Performing Arts, Federal Office of Culture

The theatre and artistic director Barbara Frey was presented with the Swiss Grand Award for the Performing Arts / Hans Reinhart Ring in 2022. Through this most important performing arts accolade, the Swiss Confederation – together with the Swiss Association for Theatre Studies – recognises outstanding work of high quality and relevance in this broad field. The jury praised Barbara Frey as an "exceptional artist and astute artistic director".[1] In her acceptance speech at the award ceremony on 21 October 2022, held at the Théâtre de Carouge, she highlighted the essential aspect of theatre: that it is a collective art form.[2] For Barbara Frey, dialogue, attentiveness, mutual trust and a dash of humour are key. Her modest yet tenacious approach make her a role model, not only for women but also for future generations.

Frey, who was born in Basel and originally studied German literature and Philosophy at the University of Zurich, started her artistic career as a percussionist and songwriter. She joined the Theater Basel as a theatre musician under Frank Baumbauer in 1988, and before long was also working as an assistant director and actor there. During the 'Baumbauer era' from 1988 to 1993, the theatre in Basel flourished, attracting international attention. It was there that Barbara Frey staged her first production in 1993 – *Ich kann es besonders schön*, based on Sylvia Plath's only novel, *The Bell Jar*.

1 Quote from the jury's statement of Markus Joss, member of the Federal Theatre Jury, in this *MIMOS* edition, p. 24.

2 An abridged version and the full-length version of the streamed award ceremony as well as a video profile of Barbara Frey are available on the YouTube channel of the Swiss Performing Arts Awards @swissperformingartsawards.

For Barbara Frey, the Theater Basel was a place of lively artistic exchange and experiment and a springboard to a stellar international career – as it was for other directors, such as Christoph Marthaler[3] and Jossi Wieler.[4] Since making her directorial debut in Basel, Barbara Frey has staged productions across the German-speaking world, from the Theater Neumarkt in Zurich and the Nationaltheater Mannheim to the Deutsches Schauspielhaus Hamburg and Berlin's Schaubühne am Lehniner Platz, where she was in-house director from 1999 to 2001. Later, from 2005 to 2008, she held the same role at the Deutsches Theater Berlin, but was also able to undertake other ventures during that time, for example at the Salzburg Festival and the Vienna Burgtheater, where she has regularly staged productions since 2006. In 2020, the year of the pandemic, Barbara Frey brought the play *Automatenbüfett* by Viennese writer Anna Gmeyner to the stage in Vienna, and in doing so, contributed to a revival of interest in the writer's work. *Automatenbüfett* was invited to the Berlin Theatertreffen festival in 2021 and, the same year, Barbara Frey was also awarded the Nestroy Theatre Prize in the category "best director".

Barbara Frey was the first woman to hold the position of artistic director at the Schauspielhaus Zürich from 2009 to 2019. In 2016, she was presented with a Swiss Theatre Award by the Federal Office of Culture. She is the current artistic director of the Ruhrtriennale 2021–2023. This role at a multidisciplinary music and arts festival, which takes place each year in converted factories and mining sites in Germany's Ruhr region, has been described as "an accolade in German-speaking theatre and acknowledgement of her mastery in crossing the boundaries between art forms."[5] Barbara Frey also masters this crossing of boundaries in her directorial work. In her staging of major works of world literature or texts by contemporary

3 Christoph Marthaler was awarded the Hans Reinhart Ring in 2011.

4 Jossi Wieler won the Swiss Grand Award for Theatre/Hans Reinhart Ring in 2020.

5 Daniele Muscionico, "Barbara Frey erhält den wichtigsten Theaterpreis der Schweiz". In: *St. Galler Tagblatt* (and CH-Media-Group), 9 September 2022, p. 15.

E authors such as Lukas Bärfuss, she plays with the musicality of language, while translating the dark sides of human existence into strong images that appeal to our senses. This calls to mind her last production at the Schauspielhaus Zürich from 2019, *Die Toten*, based on the short story *The Dead* by James Joyce.

In times of upheaval such as these, in which the world seems to be unravelling and humanity has lost its way, we need art that challenges us and makes us think. Or in the words of Barbara Frey:

> "Art encourages reflection. Through theatre, we question existence. We challenge our assumptions, and can engage with other political models, other forms of coexistence. To me, the idea of giving that up is horrifying."[6]

6 Alexandra Kedves, "Die Theater müssen umdenken", interview with Barbara Frey. In: *Tages-Anzeiger*, 11 October 2022, p. 29.

Markus Joss

Laudatio der Jury

Barbara Frey ist ein Vorbild in gleich mehreren Rollen. Da ist die Regisseurin, die Künstlerin, die mit intellektueller Strenge den grossen Stoffen der Literatur nachhorcht, Abgründe auslotet und die Nachtseiten unserer menschlichen Existenz in grosse Bilder übersetzt. Ihre Sprache ist die Detailfülle der Figuren in orchestrierten Tableaus. Nie sind das leere Ideengebäude, immer werden ihre Inszenierungen zum Erlebnisraum für die Sinne. Es gibt diese wunderbaren «Lücken», sie darf ich als Zuschauer besetzen – eben, weil nicht alles auserzählt wird. Ich werde eingeladen zu einer Komplizenschaft, in der Platz ist für meine eigene Fantasie. Und da ist die Intendantin Barbara Frey. Auch hier setzt sie auf Gemeinschaften. Sie wachsen zu lassen braucht Zeit, vor allem aber Aufmerksamkeit jedes einzelnen. Wer Intendantin sein will, muss gestalten wollen. Dass dies auch ohne Brechstange geht, hat Barbara Frey in ihrer zehnjährigen Intendanz in Zürich bewiesen und setzt diesen Weg auch als Intendantin der Ruhrtriennale weiter fort. Die Jury ehrt mit dem Grand Prix Darstellende Künste / Hans-Reinhart-Ring eine aussergewöhnliche Künstlerin und umsichtige Intendantin.

Markus Joss

Laudatio du jury

Barbara Frey est un modèle à plus d'un titre. D'un côté, il y a la metteuse en scène, l'artiste qui, avec une rigueur intellectuelle, tend l'oreille aux grandes thématiques de la littérature, sonde les abîmes et transpose en grands tableaux les faces sombres de l'existence humaine. Son langage ? Des personnages qui, portés par un foisonnement de détails, évoluent dans des tableaux savamment orchestrés. Ses mises en scène ne sont jamais des constructions mentales vides ; elles fournissent toujours un espace d'expérimentation pour les sens. Il y a ces magnifiques « lacunes », qu'en tant que spectateur je suis invité à remplir, précisément parce que tous les détails ne sont pas racontés. Je suis convié à une complicité où mon imagination trouve toute sa place. De l'autre côté, il y a la directrice. Dans ce registre aussi, Barbara Frey mise sur la notion de groupe. Laisser les gens s'épanouir demande du temps, et surtout une attention portée à chacune et chacun. Celle ou celui qui prétend diriger doit aimer agencer. Pour y parvenir, il n'est pas nécessaire d'y aller au pied de biche ; Barbara Frey a eu l'occasion de s'en assurer pendant ses dix années passées à la tête du Schauspielhaus de Zurich. Un chemin qu'elle poursuit en tant que directrice de la Ruhrtriennale. Ainsi, par son Grand Prix suisse des arts de la scène / Anneau Hans Reinhart, le jury récompense aujourd'hui une artiste exceptionnelle et, à la fois, une directrice pleine de discernement.

Markus Joss

Laudatio della giuria

Barbara Frey può essere considerata a vario titolo un punto di riferimento. Come regista e artista studia con attenzione e rigore intellettuale le grandi opere della letteratura, esplora gli abissi e traduce in immagini straordinarie i lati oscuri dell'esistenza umana. Il suo linguaggio è caratterizzato da personaggi multidimensionali assemblati in tableaux ben orchestrati: le sue messinscene non sono mai aridi costrutti mentali, ma un'esperienza che coinvolge i sensi. Non tutto viene raccontato e proprio per questo c'è spazio per dei magnifici «vuoti» che tocca a me, come spettatore, riempire. Sono invitato a una complicità che lascia spazio alla mia immaginazione. Un altro ruolo che riveste Barbara Frey è quello di direttrice. Anche in questo caso confida nei sodalizi. Farli evolvere richiede tempo, ma soprattutto attenzione per ogni componente. Chi desidera assumere una direzione artistica deve avere volontà progettuale. Nel decennio in cui ha diretto lo Schauspielhaus di Zurigo, Barbara Frey ha dimostrato che è possibile farlo senza irruenza; un approccio che sta continuando a seguire anche come attuale direttrice della Ruhrtriennale. Con il Gran Premio svizzero delle arti sceniche / Anello Hans Reinhart la giuria rende omaggio a una direttrice sagace che è al contempo un'artista straordinaria.

Markus Joss

The Jury's Statement

Barbara Frey is a role model in many ways. She is a stage director, an artist, exploring the stuff of great literature with intellectual rigour, peering into the abyss and translating the dark sides of our human existence into grand images. Her language is the lavish detail of the figures in orchestrated tableaus. Her productions are never empty constructs of ideas: they are a place of experience for the senses. There are these wonderful "gaps" which I, as viewer, am permitted to occupy, precisely because not everything is spelt out. I am invited into a complicity where there is space for my own imagination. And then there is Barbara Frey, director of institutions. Here too, she emphasises the notion of community spirit. Letting it grow takes time, but more than all else it takes attention to every single needs. Anyone who aspires to be an artistic director must have a desire to shape things. That this can be achieved without resorting to a crowbar is something Barbara Frey has demonstrated in her ten-year directorship of Schauspielhaus Zürich, and continues to do as artistic director of the Ruhrtriennale. With this Grand Award for the Performing Arts/Hans Reinhart Ring, the jury recognises the work of an exceptional artist and astute artistic director.

Einleitung
Scharfsinnige Wahrnehmung der Welt

Paola Gilardi
Kopräsidentin der SGTK und verantwortliche Herausgeberin von *MIMOS*

Der aktuelle *MIMOS*-Band ist der Regisseurin und Intendantin Barbara Frey gewidmet. Anlass dazu ist der Schweizer Grand Prix Darstellende Künste / Hans-Reinhart-Ring 2022, die höchste Auszeichnung der Eidgenossenschaft in diesem vielfältigen Bereich. Die Jury ehrt Barbara Frey einerseits als «umsichtige Intendantin»[1], die als erste Frau an der Spitze das Schauspielhaus Zürich zwischen 2009 und 2019 zusammen mit ihrem Ensemble und Team zum Blühen gebracht hat und nun in der Periode 2021–2023 mit dem gleichen Gemeinschaftsgeist das renommierte Ruhrtriennale-Festival leitet. Andererseits wird sie gewürdigt als «Künstlerin, die mit intellektueller Strenge den grossen Stoffen der Literatur nachhorcht, Abgründe auslotet und die Nachtseiten unserer menschlichen Existenz in grosse Bilder übersetzt»[2].

In ihren Inszenierungen erkundet Barbara Frey die Widersprüchlichkeiten und die unergründliche Dimension der menschlichen Natur. Im Interview mit dem *MIMOS*-Mitherausgeber Andreas Klaeui sagt sie zur Stoffwahl: «Ich suche Werke, die zwischendurch mit etwas Schroffem

1 Aus der Laudatio von Jurymitglied Markus Joss in diesem *MIMOS*-Band, S. 21.
2 Ebd.

aufwarten. Mit etwas, das ich nicht verstehe oder das mich abstösst, was mir Angst macht.»[3] Und im Gespräch mit dem Autor und langjährigen Wegbegleiter Lukas Bärfuss erläutert sie: «[...] Die verbotenen Sehnsüchte und Lüste kommen in dem Transformationsprozess, den das Theater darstellt, zum Vorschein.»[4]

In Barbara Freys Regiearbeiten verwischen sich oft die Grenzen zwischen Wirklichkeit und Traum, Diesseits und Jenseits. Schauspieler:innen und Zuschauer:innen begeben sich gemeinsam in einem meditativen, quasi schlafwandlerischen Zustand in Zwischenwelten und können dabei durch eine verschärfte oder erweiterte Sinneswahrnehmung eine Verbindung zu verborgenen Schichten der eigenen und von vergangenen Existenzen erstellen. In ihrer Bilanz zur zehnjährigen Intendanz von Barbara Frey in Zürich spricht die Theaterkritikerin Barbara Villiger Heilig von einem «Traumtheater»[5], das «Unbewusstes ins Bewusstsein lockt»[6]. Wie die Regisseurin selbst feststellt, ist «jegliche Art von Kunst [...] immer auch ein Kontakt mit den Toten [...].»[7] Diese Dimension scheint sich wie ein roter Faden durch Barbara Freys künstlerischen Werdegang zu ziehen und offenbart sich vielleicht am explizitesten in ihrer letzten Zürcher Inszenierung: James Joyces *Die Toten*[8]. Auch ihre bisherigen Inszenierungen für die Ruhrtriennale – Edgar Allan Poes *Der Untergang des Hauses Usher*[9] (2021) und Arthur Schnitzlers *Das weite Land*[10] (2022) – weisen in diese Richtung. Für *MIMOS* analysiert und kontextualisiert der Düsseldorfer Theaterkritiker Andreas Wilink diese Arbeiten.[11]

3 Aus dem Interview von Andreas Klaeui mit Barbara Frey in diesem *MIMOS*-Band, S. 49.

4 Aus dem Gespräch zwischen Barbara Frey und Lukas Bärfuss in diesem *MIMOS*-Band, S. 314.

5 Aus dem Beitrag von Barbara Villiger Heilig in diesem *MIMOS*-Band, S. 227.

6 Ebd., S. 230.

7 Aus Barbara Freys Vorstellung des Spielplans für die Ruhrtriennale 2021: https://www.youtube.com/watch?v=QaDcf54RRvQ (letzter Zugriff am 2. Januar 2023).

8 Premiere am 16. Mai 2019, Pfauen, Schauspielhaus Zürich. Weitere Informationen zu Barbara Freys Inszenierungen finden sich im Werkverzeichnis an Buchende, S. 331–346.

9 Premiere am 14. August 2021, Maschinenhalle Zweckel, Gladbeck.

10 Premiere am 20. August 2022, Jahrhunderthalle Bochum.

11 Vgl. Andreas Wilinks Beitrag in diesem *MIMOS*-Band, S. 89–98.

Die Metropolregion Ruhr beschreibt Barbara Frey als «ein verletztes Gebiet»[12] und präzisiert: «Hier wurde in der Erde schwer geschürft, das spürt man.»[13] Man könne gar von einer Art «Femizid» reden.[14] In Martin Zehetgrubers Bühnenbild für *Das weite Land* findet das Motiv der gewaltsamen Ausbeutung von Mutter Erde einen expliziten Ausdruck.[15] Und das Ruhrtriennale-Team hebt im gesamten Festival-Programm die Abwesenheit der Frauen im einstigen Stahl- und Kohlerevier hervor.[16] Der subtilen, nicht militanten feministischen Ader in Barbara Freys Arbeit sowie dem Einfluss von starken weiblichen Figuren – sei es aus der eigenen Familie oder aus der Welt der Künste wie Agnès Varda oder Louise Bourgeois – geht die *MIMOS*-Mitherausgeberin Anne Fournier auf die Spur.[17] In diesem Zusammenhang gehört zu Freys Verdiensten auch die Wiederentdeckung und kongeniale Aufführung von Stücken zu Unrecht in Vergessenheit geratener Dramatikerinnen wie *Fegefeuer in Ingolstadt*[18] von Marieluise Fleisser oder Anna Gmeyners *Automatenbüfett*[19]. Mit den verschiedenen Facetten dieser Wiener Inszenierung befasst sich die Theaterkritikerin Margarete Affenzeller.[20]

Die Dramaturgin Judith Gerstenberg, die seit mehr als dreissig Jahren mit Barbara Frey eng zusammenarbeitet, bringt andere Aspekte der Wesensart von Barbara Frey ans Licht: ihre beinahe grenzenlose Neugierde und die hochsensible Wahrnehmung von allem, was sie umgibt, «gespeist aus dem Hunger nach Begegnung, nach Zusammenstössen, nach etwas, das aufstöbert, berührt»[21]. Gemeinschaft, die «Liebe zum Dialog»[22] wie auch Kontinuität in ihren Arbeitsbeziehungen sind für Barbara Frey

12 Aus dem Interview von Andreas Klaeui mit Barbara Frey, a.a.O., S. 43.

13 Ebd.

14 Vgl. Andreas Wilinks Beitrag für *MIMOS*, a.a.O., S. 95.

15 Siehe die Skizzen und Aufführungsfotos in diesem *MIMOS*-Band, S. 82–83 und 86–87.

16 Vgl. Andreas Wilinks Beitrag für *MIMOS*, a.a.O., S. 95.

17 Vgl. Anne Fourniers Beitrag auf Französisch in diesem *MIMOS*-Band, S. 283–291.

18 Premiere am 16. September 2010, Pfauen, Schauspielhaus Zürich.

19 Premiere am 30. Oktober 2020, Burgtheater Wien (Akademietheater). Eingeladen zum Berliner Theatertreffen 2021. Barbara Frey wurde zudem für diese Inszenierung mit dem Nestroy-Preis in der Kategorie «Beste Regie» ausgezeichnet.

20 Vgl. Margarete Affenzellers Beitrag in diesem *MIMOS*-Band, S. 205–210.

21 Aus dem Beitrag von Judith Gerstenberg in diesem *MIMOS*-Band, S. 139.

22 Vgl. die Collage mit Zitaten von Barbara Frey, zusammengestellt für *MIMOS* durch den assoziierten Künstler und Ruhrtriennale-Dramaturgen Mats Staub, S. 184 und S. 188.

D «elementar»[23]. Für *MIMOS* gewähren langjährige Wegbegleiter:innen – die Schauspieler:innen Katharina Lorenz und Michael Maertens[24], der Dramaturg Andreas Karlaganis[25] und die Bühnenbildnerin Bettina Meyer[26] – Einblick in Entstehungsprozesse von der Stoffwahl über das dramaturgische Verdichten bis hin zur intensiven Phase der Entwicklung von Figuren und Räumen bei den Proben. Dabei betonen sie alle nicht nur den Scharfsinn, die aussergewöhnliche Musikalität und die hohe Konzentrations- und Aufmerksamkeitsgabe der Regisseurin. Sie bezeichnen auch das gegenseitige Vertrauen und den anarchischen Humor, der Energien freisetzt, als wesentliche Merkmale der Zusammenarbeit. Und vor allem Freys Mut und die Ermunterung, den Dingen auf den Grund und dabei manchmal auch auf Abwege zu gehen.

Denn Barbara Frey ist eine Suchende. Für sie ist «alle Auseinandersetzung mit Kunst [...] auch eine mit Traum, mit dem Unbekannten, mit unseren Angstzonen.»[27]
Und die Auseinandersetzung mit der Nachtseite unseres Daseins ist eminent wichtig, gerade in Krisenzeiten.

23 Aus Andreas Klaeuis Interview mit Barbara Frey, a.a.O., S. 44.

24 Siehe das Interview von Alexandra Althoff mit den beiden Ensemblemitgliedern des Wiener Burgtheaters in diesem *MIMOS*-Band, S. 191–203.

25 Vgl. Andreas Karlaganis, «Textkontinente erkunden», in diesem *MIMOS*-Band, S. 219–225.

26 Vgl. Bettina Meyer, «Das Ohr. Impressionen von zunehmend ernsten Proben» in diesem *MIMOS*-Band, S. 293–301.

27 Zitiert aus «Wo die Angst ist, da geht's lang», Interview von Andreas Wilink mit Barbara Frey. In: *nachtkritik.de*, 3. August 2021: (https://www.nachtkritik.de/index.php?option=com_content&view=article&id=19823:barbara-frey-iminterview&catid=101&Itemid=84; letzter Zugriff am 2. Januar 2023).

Introduction
Une subtile perception du monde

Paola Gilardi
coprésidente de la SST et éditrice responsable de *MIMOS*

Le présent ouvrage de notre collection *MIMOS* est consacré à la metteuse en scène et directrice de théâtre Barbara Frey, lauréate du Grand Prix suisse des arts de la scène / Anneau Hans Reinhart 2022, la plus haute distinction de la Confédération dans ce domaine très varié. Le jury honore d'abord en Barbara Frey la « directrice pleine de discernement »[1] qui, en tant que première femme à la tête du Schauspielhaus, fit briller l'institution zurichoise avec son ensemble et son équipe entre 2009 et 2019 et qui, aujourd'hui, dirige avec le même sens du collectif le très réputé festival Ruhrtriennale, en Allemagne. Parallèlement, hommage est aussi rendu à « l'artiste qui, avec une rigueur intellectuelle, tend l'oreille aux grandes thématiques de la littérature, sonde les abîmes et transpose en grands tableaux les faces sombres de l'existence humaine »[2].

1 Extrait du laudatio du membre du jury Markus Joss publié dans cet ouvrage de *MIMOS*, p. 22.

2 *Idem.*

Avec ses mises en scène, Barbara Frey explore les contradictions et la dimension insondable de la nature humaine. Dans un entretien avec le coéditeur de *MIMOS*, Andreas Klaeui, elle éclaire ainsi le choix de son répertoire : « Je recherche des œuvres qui, parfois, nous surprennent avec quelque chose de brutal. Avec quelque chose que je ne comprends pas ou qui me repousse, qui me fait peur. »[3] Et dans un entretien avec Lukas Bärfuss, écrivain et complice de création de longue date, elle explique : « [...] Les aspirations et les désirs interdits se révèlent dans le processus de transformation que représente le théâtre. »[4]

Les créations de Barbara Frey estompent souvent les frontières entre la réalité et le rêve, l'ici-bas et l'au-delà. Acteur·trice·s et spectateur·trice·s se retrouvent ensemble dans un état méditatif, quasi somnambulique, dans des mondes intermédiaires et peuvent ainsi, grâce à une perception sensorielle accrue ou élargie, établir un lien avec des couches cachées de leur propre existence et celles du passé. Dans son bilan de la décennie de direction de Barbara Frey à Zurich, la critique de théâtre Barbara

Villiger Heilig parle d'un « théâtre du rêve »[5], qui « attire l'inconscient vers la conscience »[6]. Comme la metteuse en scène le souligne elle-même, « toute forme d'art [...] est toujours un contact avec les morts [...] »[7]. Cette dimension semble être le fil rouge du parcours artistique de Barbara Frey et se révèle peut-être le plus explicitement dans son dernier travail pour le Schauspielhaus : *Die Toten*[8], inspiré de la nouvelle *Les Morts* de James Joyce. Les mises en scène qu'elle a réalisées jusqu'ici dans le cadre de la Ruhrtriennale – *Der Untergang des Hauses Usher*[9] d'Edgar Allan Poe (2021) et *Das weite Land*[10] d'Arthur Schnitzler

3 Extrait de l'interview d'Andreas Klaeui avec Barbara Frey proposée dans cet ouvrage de *MIMOS*, p. 58.

4 Extrait de l'entretien entre Barbara Frey et Lukas Bärfuss proposé dans cet ouvrage de *MIMOS*, p. 314.

5 Extrait de l'article de Barbara Villiger Heilig dans le présent ouvrage de *MIMOS*, p. 237.

6 *Idem*, p. 240.

7 Extrait de la présentation, par Barbara Frey, du programme pour la Ruhrtriennale 2021 : https://www.youtube.com/watch?v=QaDcf54RRvQ (consulté le 2 janvier 2023).

8 Première le 16 mai 2019, Pfauen, Schauspielhaus de Zurich. De plus amples informations sur les mises en scène de Barbara Frey sont disponibles dans la théâtrographie publiée en fin d'ouvrage, pp. 331–346.

9 Première le 14 août 2021, Maschinenhalle Zweckel, Gladbeck.

10 Première le 20 août 2022, Jahrhunderthalle de Bochum.

(2022) – vont également dans ce sens. Pour *MIMOS*, le critique de théâtre Andreas Wilink, natif de Düsseldorf, analyse et contextualise ces deux productions[11].

Barbara Frey décrit la région métropolitaine de la Ruhr comme « une région blessée »[12] et précise que là « les profondeurs du sol ont été lourdement labourées par le travail des mines, on le sent »[13]. On pourrait même parler d'une sorte de « féminicide »[14]. Le motif de l'exploitation violente de la Terre Mère trouve une expression explicite dans la scénographie de Martin Zehetgruber conçue pour *Das weite Land*[15]. Et l'équipe de la Ruhrtriennale souligne dans tout le programme du festival l'absence des femmes dans l'ancien bassin de l'acier et du charbon[16]. Anne Fournier, coéditrice de *MIMOS*, explore la veine féministe subtile et non militante du travail de Barbara Frey, ainsi que l'influence de figures féminines fortes, qu'elles soient issues de sa propre famille ou du monde des arts, comme Agnès Varda ou Louise Bourgeois[17]. Dans ce contexte, l'un des mérites de Barbara Frey est d'avoir redécouvert et transposé sur scène de façon très convaincante des pièces de dramaturges injustement tombées dans l'oubli, telles que *Fegefeuer in Ingolstadt*[18] de Marieluise Fleisser ou *Automatenbüfett*[19] d'Anna Gmeyner. La critique de théâtre Margarete Affenzeller se penche sur les différentes facettes de cette mise en scène viennoise[20].

La dramaturge Judith Gerstenberg, qui travaille en étroite collaboration avec la Suissesse depuis plus de trente ans, met pour sa part en lumière d'autres aspects de la nature de Barbara Frey : sa curiosité presque illimitée et la perception

11 Cfr. la fine analyse d'Andreas Wilink dans le présent ouvrage de *MIMOS*, pp. 99–108.

12 Extrait de l'interview d'Andreas Klaeui avec Barbara Frey, cit., p. 52.

13 *Idem.*

14 Cfr. l'article d'Andreas Wilink pour *MIMOS*, cit. p. 105.

15 Cfr. les croquis de Martin Zehetgruber et les photos de scène publiés dans cet ouvrage de *MIMOS*, pp. 82–83 et 86–87.

16 Cfr. l'article d'Andreas Wilink pour *MIMOS*, cit., p. 105.

17 Cfr. l'article d'Anne Fournier proposé dans cet ouvrage de *MIMOS*, pp. 283–291.

18 Première le 16 septembre 2010, Pfauen, Schauspielhaus de Zurich.

19 Première le 30 octobre 2020, Burgtheater de Vienne (Akademietheater). En 2021, cette production a été invitée dans le cadre du Theatertreffen de Berlin ; en outre, Barbara Frey a reçu le prix Nestroy dans la catégorie « Meilleure mise en scène ».

20 Cfr. l'article de Margarete Affenzeller dans le présent ouvrage de *MIMOS*, pp. 205–210.

ultrasensible de tout ce qui l'entoure, « nourrie par la soif de rencontres, de chocs, de quelque chose qui débusque, qui touche »[21]. L'esprit collectif, « l'amour du dialogue »[22] ainsi que la continuité dans ses relations professionnelles sont « élémentaires »[23] aux yeux de Barbara Frey. Pour *MIMOS*, des compagnons de route de longue date – les acteurs Katharina Lorenz et Michael Maertens[24], le dramaturge Andreas Karlaganis[25] et la scénographe Bettina Meyer[26] – donnent un aperçu du processus de création, depuis le choix du sujet jusqu'à la phase intensive de développement des personnages et de l'espace scénique lors des répétitions, en passant par la construction dramaturgique. Ce faisant, toutes et tous soulignent non seulement la perspicacité et l'extraordinaire musicalité de la metteuse en scène, mais aussi sa grande capacité de concentration. Ils qualifient également la confiance mutuelle et l'humour anarchique, déclencheur de créativité, d'éléments essentiels de leur collaboration. Et, surtout, le courage et l'incitation de Barbara Frey à aller au fond des choses, en prenant parfois même le risque de s'égarer.

Car Barbara Frey est constamment en quête. Pour elle, « toute confrontation avec l'art [...] est aussi une confrontation avec le rêve, avec l'inconnu, avec nos zones d'angoisse »[27]. Et la confrontation avec le côté nocturne de notre existence est éminemment importante, surtout en temps de crise.

21 Extrait de l'article de Judith Gerstenberg proposé dans cet ouvrage de *MIMOS*, p. 148.

22 Voir le collage de citations de Barbara Frey, réunies pour *MIMOS* par Mats Staub, artiste associé et dramaturge de la Ruhrtriennale, p. 184 et 188.

23 Extrait de l'interview d'Andreas Klaeui avec Barbara Frey, cit., p. 53.

24 Cfr. l'interview avec les deux membres de l'ensemble du Burgtheater de Vienne, qu'Alexandra Althoff a mené pour *MIMOS*, pp. 191–203.

25 Cfr. l'article d'Andreas Karlaganis dans le présent ouvrage de *MIMOS*, pp. 219–225.

26 Cfr. l'article de Bettina Meyer proposé dans cet ouvrage de *MIMOS*, pp. 293–301.

27 Citation tirée de «Wo die Angst ist, da geht's lang», interview d'Andreas Wilink avec Barbara Frey, dans : *nachtkritik.de*, 3 août 2021 : (https://nachtkritik.de/index.php?option=com_content&view=article&id=19823:barbara-frey-im-interview&catid=101&Itemid=84; consulté le 2 janvier 2023).

Introduzione
Un'acuta osservatrice del mondo

Paola Gilardi
copresidente della SSST e responsabile
di *MIMOS*

L'attuale volume della collana *MIMOS* è dedicato alla regista e direttrice teatrale Barbara Frey. L'occasione è data dall'attribuzione, nel 2022, del Gran Premio svizzero delle arti sceniche / Anello Hans Reinhart, il massimo riconoscimento della Confederazione elvetica in questo variegato ambito. Da un lato, la giuria premia la «direttrice sagace»[1] che, come prima donna al timone dello Schauspielhaus di Zurigo, tra il 2009 e il 2019, insieme al suo ensemble e ai suoi collaboratori e collaboratrici, ha fatto prosperare la prestigiosa istituzione zurighese e che ora, nel periodo 2021–2023, dirige il rinomato festival Ruhrtriennale con lo stesso spirito di collettività. Inoltre, questo premio onora Barbara Frey in quanto artista che «studia con attenzione e rigore intellettuale le grandi opere della letteratura, esplora gli abissi e traduce in immagini straordinarie i lati oscuri dell'esistenza umana»[2].

1 Citazione tratta dalla laudatio del membro della giuria Markus Joss riportata nel presente volume di *MIMOS*, p. 23.

2 Ibid.

I Il suo interesse è rivolto in particolare alle contraddizioni e alla dimensione insondabile della natura umana. In un'intervista realizzata dal co-curatore di *MIMOS* Andreas Klaeui, la regista afferma in merito alla scelta del suo repertorio: «Vado alla ricerca di opere che, a tratti, mi sorprendano con qualcosa di brutale, con qualcosa che non capisco o che mi ripugna, che mi spaventa.»[3] E in una conversazione con lo scrittore Lukas Bärfuss, da molti anni suo complice in numerosi progetti artistici, Barbara Frey spiega: «[...] I desideri e i sogni proibiti si manifestano nel processo di trasformazione innescato dal teatro.»[4]

Spesso, nelle sue messinscene, i confini fra sogno e realtà, fra il mondo terreno e l'aldilà si confondono. Attori e attrici si ritrovano insieme al pubblico in uno stato meditativo, quasi sonnambolico, in mondi intermedi riuscendo in questo modo, attraverso una percezione sensoriale potenziata o ampliata, ad entrare in connessione con gli strati nascosti del proprio sé e con le esistenze del passato. Nel suo bilancio del decennio in cui Barbara Frey ha diretto lo Schauspielhaus di Zurigo, la critica teatrale Barbara Villiger Heilig parla di un «teatro onirico»[5] in grado di «portare l'inconscio alla luce della coscienza»[6]. Come sostiene la regista stessa, «ogni forma d'arte [...] stabilisce sempre anche un contatto con i morti [...].»[7] Questa dimensione sembra essere il filo conduttore dell'intero percorso artistico di Barbara Frey e si rivela forse in maniera più esplicita nella sua ultima produzione zurighese, basata sulla novella *I Morti* di James Joyce[8].

3 Citazione tratta dall'intervista di Andreas Klaeui a Barbara Frey nel presente volume di *MIMOS*, p. 68.

4 Citazione tratta dalla conversazione fra Barbara Frey e Lukas Bärfuss in questo volume di *MIMOS*, p. 314.

5 Citazione tratta dal contributo di Barbara Villiger Heilig nel presente volume di *MIMOS*, p. 247.

6 Ivi, p. 250.

7 Citazione tratta dalla presentazione, da parte di Barbara Frey, del programma per l'edizione 2021 della Ruhrtriennale: https://www.youtube.com/watch?v=QaDcf54RRvQ (consultato il 2 gennaio 2023).

8 Debutto il 16 maggio 2019, Pfauen, Schauspielhaus di Zurigo. Ulteriori informazioni su tutte le produzioni di Barbara Frey sono disponibili nella teatrografia in appendice, pp. 331–346.

Anche le sue interpretazioni de *La caduta della Casa Usher*[9] di Edgar Allan Poe e *Terra sconfinata*[10] di Arthur Schnitzler, realizzate nel 2021 e 2022 nell'ambito della Ruhrtriennale, vanno in questa direzione. Il critico Andreas Wilink, originario di Düsseldorf, ha analizzato e contestualizzato questi lavori teatrali per *MIMOS*[11].

Barbara Frey descrive la regione metropolitana della Ruhr come «una zona ferita»[12] e precisa: «Qui la terra è stata letteralmente sventrata, e lo si percepisce.»[13] Si potrebbe addirittura parlare di «femminicidio»[14]. Il motivo dello sfruttamento violento della Madre Terra trova un'espressione esplicita nella scenografia ideata da Martin Zehetgruber per *Das weite Land*[15]. E il team della Ruhrtriennale mette in evidenza in tutto il programma del festival l'assenza delle donne in quella che un tempo era la regione siderurgica e carbonifera tedesca per antonomasia[16]. Anne Fournier, co-curatrice di *MIMOS*, esplora la sottile vena femminista, non militante, nel teatro di Barbara Frey, nonché l'influsso di figure femminili forti nella sua famiglia come pure nel mondo dell'arte, fra cui Agnès Varda e Louise Bourgeois[17]. In questo contesto, si deve a Barbara Frey anche il merito di avere riscoperto e portato in scena in modo congeniale pièce di autrici ingiustamente cadute nell'oblio, come *Fegefeuer in Ingolstadt*[18] di Marieluise Fleisser o *Automatenbüfett*[19] di Anna Gmeyner. Nel suo contributo, la critica teatrale Margarete Affenzeller esamina le varie sfaccettature di questa produzione viennese[20].

9 *Der Untergang des Hauses Usher*, debutto il 14 agosto 2021, Maschinenhalle Zweckel, Gladbeck.

10 *Das weite Land*, debutto il 20 agosto 2022, Jahrhunderthalle Bochum.

11 Cfr. il contributo di Andreas Wilink nel presente volume di *MIMOS*, pp. 109–118.

12 Citazione tratta dall'intervista di Andreas Klaeui a Barbara Frey, cit., p. 62.

13 Ibid.

14 Cfr. il contributo di Andreas Wilink per *MIMOS*, cit., p. 115.

15 Si vedano i bozzetti di Martin Zehetgruber e le foto di scena nel presente volume di *MIMOS*, pp. 82–83 e 86–87.

16 Cfr. il contributo di Andreas Wilink per *MIMOS*, cit., p. 115–116.

17 Cfr. il contributo di Anne Fournier nel presente volume di *MIMOS*, pp. 283–291.

18 Debutto il 16 settembre 2010, Pfauen, Schauspielhaus di Zurigo.

19 Debutto il 30 ottobre 2020, Burgtheater di Vienna (Akademietheater). Nel 2021, questa produzione è stata invitata al Theatertreffen di Berlino ed è valsa inoltre a Barbara Frey il premio Nestroy nella categoria «Migliore regia».

20 Cfr. il contributo di Margarete Affenzeller nel presente volume di *MIMOS*, pp. 205–210.

La drammaturga Judith Gerstenberg, che da oltre trent'anni collabora in modo stretto con Barbara Frey, mette in luce altri tratti della sua indole: la curiosità pressoché sconfinata e una percezione estremamente sensibile di tutto ciò che la circonda, «alimentati dalla fame di incontri, di scontri, di qualcosa che scavi nel profondo, che commuova»[21]. Lo spirito di collettività, l'«amore per il dialogo»[22] come pure la continuità nelle relazioni professionali sono aspetti di «elementare»[23] importanza per Barbara Frey. Le testimonianze di compagni di viaggio di lunga data – fra cui gli attori Katharina Lorenz e Michael Maertens[24], il drammaturgo Andreas Karlaganis[25] e la scenografa Bettina Meyer[26] – consentono di gettare uno sguardo dietro le quinte dei processi creativi: dalla scelta della pièce alla sintesi drammaturgica fino all'intensa fase dello sviluppo dei personaggi e dell'ideazione scenografica durante le prove. Tutti questi artisti evidenziano non solo l'acume, la straordinaria musicalità e la grande capacità di concentrazione della regista. Ma citano anche la fiducia reciproca e l'umorismo anarchico, in grado di liberare energie, fra le caratteristiche essenziali della collaborazione con

Barbara Frey. E soprattutto il suo coraggio e l'incoraggiamento di andare in fondo alle cose, correndo a volte il rischio di perdersi.

Poiché Barbara Frey è costantemente alla ricerca. Per lei, infatti, «ogni confronto con l'arte [...] è anche un confronto con i sogni, con l'ignoto, con le nostre paure»[27]. E questo confronto con il lato oscuro della nostra esistenza è estremamente importante, soprattutto in tempi di crisi.

21 Citazione tratta dal contributo di Judith Gerstenberg nel presente volume di *MIMOS*, p. 156.

22 Si veda il collage con una scelta di citazioni di Barbara Frey realizzato per *MIMOS* da Mats Staub, artista associato e fra i responsabili della drammaturgia del festival Ruhrtriennale, p. 184 e 188.

23 Citazione tratta dall'intervista di Andreas Klaeui a Barbara Frey, cit., p. 63.

24 Cfr. l'intervista di Alexandra Althoff ai due attori e membri della compagnia stabile del Burgtheater di Vienna nel presente volume di *MIMOS*, pp. 191–203.

25 Cfr. il contributo di Andreas Karlaganis in questo volume di *MIMOS*, pp. 219–225.

26 Cfr. il contributo di Bettina Meyer nel presente volume di *MIMOS*, pp. 293–301.

27 Citazione tratta da «Wo die Angst ist, da geht's lang», intervista di Andreas Wilink a Barbara Frey, in: *nachtkritik.de*, 3 agosto 2021: (https://www.nachtkritik.de/index.php?option=com_content&view=article&id=19823:barbara-frey-im-interview&catid=101&Itemid=84; consultato il 2 gennaio 2023).

Introduction
A Keen Observer of Life

Paola Gilardi
Co-President of SATS and Lead Editor of *MIMOS*

This year's edition of *MIMOS* is dedicated to stage and artistic director Barbara Frey, recipient of the 2022 Swiss Grand Award for the Performing Arts / Hans Reinhart Ring, Switzerland's highest honour in this diverse domain. On one hand, the jury is recognising Barbara Frey in her capacity as an "astute artistic director":[1] as the first woman at the helm of Schauspielhaus Zürich (from 2009 to 2019), the collaborative leadership style she cultivated with her ensemble and team proved highly fruitful, and she has now brought this same constructive spirit to the renowned Ruhrtriennale Festival, which she is directing for the 2021–2023 period. At the same time, Barbara Frey is also being honoured as "an artist [who explores] the stuff of great literature with intellectual rigour, peering into the abyss and translating the dark sides of our human existence into grand images".[2]

1 Quote from the jury statement by Markus Joss in this *MIMOS* edition, p. 24.

2 Ibid.

E In her productions, Barbara Frey probes the contradictory aspects and the unfathomable dimensions of our human nature. In an interview with *MIMOS* co-editor Andreas Klaeui, she describes her choice of material as follows: "I look for works that harbour something disturbing which rises up unexpectedly. Something I don't understand or that disgusts me, something that frightens me."[3] And in a conversation with the author and her long-standing collaborator Lukas Bärfuss, she explains: "[...] Forbidden longing and desires become manifest in the transformation process that is triggered by theatre."[4]

In Barbara Frey's productions, the boundaries between reality and dreamworld, between the here and the hereafter are often blurred. In a meditative, nigh somnambulistic state, actors and audiences alike move into in-between territory and, through heightened awareness or enhanced sensory perception, are able to establish a connection to the hidden layers of their own and past existences. In her review of Barbara Frey's ten years in Zurich, theatre critic Barbara Villiger Heilig writes of a "dream theatre",[5] one that "lures the unconscious into consciousness".[6] And as Frey herself observes, "any form of artistic expression [...] also always implies a communication with the dead [...]".[7] It's a dimension that appears to be a leitmotif in Barbara Frey's artistic career, one that was possibly made most explicit in her final Zurich production: *Die Toten*, based on James Joyce's short story *The Dead.*[8] This same theme can also be found in all her Ruhrtriennale stagings to date – her interpretation of Edgar Allan Poe's *The Fall of the House of Usher*[9] (2021) and Arthur Schnitzler's *Das weite*

3 Quote from Andreas Klaeui's interview with Barbara Frey in this *MIMOS* edition, p. 78.

4 Quote from the conversation between Barbara Frey and Lukas Bärfuss in this *MIMOS* edition, p. 314.

5 Quote from the article by Barbara Villiger Heilig in this *MIMOS* edition, p. 257.

6 Ibid, p. 260.

7 Quote from Barbara Frey's presentation of the 2021 Ruhrtriennale programme: https://www.youtube.com/watch?v=QaDcf54RRvQ (last accessed on 2 January 2023).

8 Premiere on 16 May 2019, Pfauen, Schauspielhaus Zurich. For further information on Barbara Frey's stagings see the list of works in this *MIMOS* edition, pp. 331–346.

9 Premiere on 14 August 2021, Maschinenhalle Zweckel, Gladbeck.

Land[10] (2022). These three performances have been analysed and contextualised for *MIMOS* by Düsseldorf theatre critic Andreas Wilink.[11]

Barbara Frey calls the Ruhr metropolitan area "a wounded area",[12] specifying that the "earth here has endured heavy handling: it's something you can feel."[13] One could even speak of a kind of "femicide":[14] in Martin Zehetgruber's set design for *Das weite Land*, this motif of violent exploitation of Mother Earth is given unambiguous expression.[15] And throughout the festival programme, the Ruhrtriennale team is highlighting the stark absence of women in the former steel and coal mines.[16] It's this subtle, non-militant feminist vein in Barbara Frey's oeuvre as well as the influence of strong female figures – be they women from her own family or artists like Agnès Varda or Louise Bourgeois – that *MIMOS* co-editor Anne Fournier explores in her article.[17] Frey's accomplishments in this context also include the rediscovery and brilliant renderings of works by female playwrights who have been unjustly forgotten – *Fegefeuer in Ingolstadt*[18] by Marieluise Fleisser, for instance, or Anna Gmeyner's *Automatenbüfett*.[19] The latter production, staged in Vienna in 2020, is examined in all its facets by theatre critic Margarete Affenzeller.[20]

Dramaturg Judith Gerstenberg, who has worked closely with Barbara Frey for more than thirty years, sheds light on other aspects of Barbara Frey's character: her nearly boundless curiosity and highly sensitive discern-

10 Premiere on 20 August 2022, Jahrhunderthalle Bochum.

11 See Andreas Wilink's article in this *MIMOS* edition, pp. 119–128.

12 Quote from Andreas Klaeui's interview with Barbara Frey, loc. cit., p. 73.

13 Ibid.

14 See Andreas Wilink's article, loc. cit. p. 125.

15 See Martin Zehetgruber's drawings and the pictures of his scenography in this *MIMOS* edition, pp. 82–83 and 86–87.

16 See Andreas Wilink's article, loc. cit., p. 125.

17 See Anne Fournier's article in this *MIMOS* edition, pp. 283–291.

18 Premiere on 16 September 2010, Pfauen, Schauspielhaus Zürich.

19 Premiere on 30 October 2020, Vienna Burgtheater (Akademietheater). This production was invited to the 2021 Berlin Theatertreffen and in the same year Barbara Frey was awarded the Nestroy Theatre Prize as "best director".

20 See Margarete Affenzeller's article in this *MIMOS* edition, pp. 205–210.

ment of the world around her – traits that are “fed by a hunger for encounters, for collisions, for things that unearth the unexpected and that touch us”.[21] Togetherness, a “love of dialogue”[22] as well as steadfast continuity in her professional relationships are “elementary” factors for Barbara Frey.[23] For this *MIMOS* edition, several of her long-time artistic companions – actors Katharina Lorenz and Michael Maertens,[24] dramaturg Andreas Karlaganis[25] and set designer Bettina Meyer[26] – have shared insights into their joint creative processes, from choosing a text, on to the practice of dramaturgical condensation, through to the intensive phase of fleshing out characters and developing the stage set during rehearsals. In addition to emphasising Frey’s intellectual acuity, her extraordinary musicality and her exceptional powers of concentration, they all name her ability to foster mutual trust and her anarchic, catalytic humour as the main components of their collaborations. And above all else, they cite her courage and her encouragement of others to get to the very bottom of things – and to sometimes get lost in the process.

For Barbara Frey is a seeker. To her, “any engagement with art [...] is equally an encounter with a dream, with the unknown, with our fears”.[27] Indeed, confronting the shadow side of our existence is of vital importance, particularly in times of crisis.

21 Quote from Judith Gerstenberg’s article in this *MIMOS* edition, p. 164.

22 See the collage with quotes by Barbara Frey, compiled for this *MIMOS* edition by Mats Staub, associated artist and member of the Ruhrtriennale dramaturgy team, p. 184 and 188.

23 Quote from Andreas Klaeui’s interview with Barbara Frey, loc. cit., p. 74.

24 See Alexandra Althoff’s interview with the two actors and members of the Vienna Burgtheater ensemble in this *MIMOS* edition, pp. 191–203.

25 See Andreas Karlaganis’ article in this *MIMOS* edition, pp. 219–225.

26 See Bettina Meyer’s article in this *MIMOS* edition, pp. 293–301.

27 Quote from Andreas Wilink’s interview with Barbara Frey “Wo die Angst ist, da geht’s lang”. In: *nachtkritik.de*, 3 August 2021: (https://www.nachtkritik.de/index.php?option=com_content&view=article&id=19823:barbara-frey-im-interview&catid=101&Itemid=84; last accessed on 2 January 2023).

Andreas Klaeui

«Vertrauen ist unser wichtigstes Gut»

Gespräch mit Barbara Frey

41

Andreas Klaeui (AK) Wir treffen uns in Bochum, im Intendanzbüro der Ruhrtriennale, im Herzen des «Ruhrpotts». Vorher wirkten Sie zehn Jahre in Zürich am Schauspielhaus. Wie erleben Sie den Kontrast der Regionen?

Barbara Frey (BF) Als Herausforderung – die ich suche. Das Ruhrgebiet ist ein verletztes Gebiet. Hier wurde in der Erde schwer geschürft, das spürt man. Es ist ein verletzliches Gebiet, ein sogenanntes strukturschwaches Gebiet, das unter dem Strukturwandel – ein merkwürdiges Fetischwort! – leidet. Gleichzeitig ist es ein vitales Gebiet mit einer besonderen Ausprägung der Multiperspektivität, zwischen grünen Auen und Wäldern voller Industriebauten, hartem Stahl und Naturschutzgebieten. Die Menschen sind ein eigener Schlag, ohne jetzt alle in einen Topf werfen zu wollen: Ich komme in eine Trinkhalle – schon den Ausdruck liebe ich, «Trinkhallen» sind Treffpunkte, eine Mischung aus Kneipe und Kiosk. Da steht ein bärtiger Hüne, einschüchternd tätowiert, mit tiefer Stimme, und sagt ganz sanftmütig «Hallöchen!». Ich brauchte eine Weile, um solchen für mich hier sehr typischen Diskrepanzen auf die Spur zu kommen. Wie die Pflanzen aus den Industriebrachen spriessen, spriesst hier die Kultur, spriessen die Künste.

AK Sind Sie eine andere Barbara Frey als in Zürich?

BF Dass Gebiete, in denen man arbeitet, einen prägen, scheint mir natürlich. Man verändert sich doch immer, wenn man andere Orte aufsucht oder andere Menschen um sich hat. Mit der Zeit entwickelt sich ein innerer Katalog, der vieles abbildet und zu Heimat macht. Das meine ich nicht kitschig. Es geht auch um Orte, die nicht idyllisch sind. Natürlich mochte ich Zürich mit dem Wasser, dem Blick auf die Alpen, ich bin Schweizerin, ich bin dafür empfänglich. Trotzdem kann ich mich schnell auf etwas anderes einstellen, und ich denke, das kommt daher, dass ich innerlich die anderen Heimaten sozusagen mittrage. Ich muss sie nicht gegeneinander austauschen, sondern häufe sie an. Ich werde nächstes Jahr sechzig und finde es eigentlich schön, dass sich so die Heimaten ansammeln. Man muss lediglich aushalten, dass damit einhergehend auch die Heimatlosigkeit zunimmt. Das eine löscht das andere nicht aus.

AK Entsteht Heimat für Sie auch aus dem Umgang mit Menschen, mit denen Sie zusammenarbeiten?

BF Unbedingt. Zum Beispiel Judith Gerstenberg, unsere eine Chefdramaturgin, kenne und wertschätze ich seit dreissig Jahren. Sie ist für mich ein Stück Heimat. Mit ihr habe ich verschiedene Theaterstädte erlebt,

D jetzt die Ruhrtriennale. Ich habe mir einen Beruf ausgesucht, der viel mit Abschiednehmen zu tun hat. Zugleich bin ich ein Mensch, der Abschiede nicht mag. Schon als Kind haben sie mich belastet und ich habe immer schon einige Zeit vor dem Abschied angefangen, mich zurückzuziehen, um mir den Schmerz zu ersparen. Oftmals sucht man ja die Gespenster auf, vor denen man eigentlich Angst hat. Künstlerische Berufe sind oft Exorzismusberufe. Man will manche Geister austreiben. Das heisst aber nicht, dass sie dann weg sind.

AK Sie haben die Dramaturgin Judith Gerstenberg erwähnt, ich denke auch an einen Schauspieler wie Michael Maertens oder eine Bühnenbildnerin wie Bettina Meyer, da gibt es langjährige, wegbegleitende Arbeitsbeziehungen.

BF Das ist für mich elementar. Es gibt mir ein Gefühl des Aufgehobenseins, vielleicht einer Art von geteilter Heimatlosigkeit. Vertrauen ist unser wichtigstes Gut. Wir haben die Liebe, und wir haben das Vertrauen, ohne Liebe und Vertrauen gibt es keine Kunst. Auch die Orte, wo ich hinkomme, verdienen Liebe und Vertrauen. Auch wenn es Orte sind, die erst mal vielleicht nicht besonders einladend wirken. Ich muss einen Schritt auf einen Ort zugehen, wie ich einen Schritt auf einen Menschen zugehe.

AK Wird das mit dem Älterwerden einfacher oder fällt es schwerer?

BF Es wird mir elementarer bewusst. Es gibt zwischendurch Lebensphasen – bei mir war das so Mitte dreissig, vierzig –, die aus einer selbstvergessenen Vorwärtsbewegung zu bestehen scheinen. Da macht man einfach und alles läuft wie von selbst. Später wird das Leben wieder von einer anderen Seite sichtbarer, wohl auch weil Bezugspersonen verschwinden. Meine Eltern sind vor noch nicht langer Zeit gestorben. Obwohl sie 45 Jahre getrennt waren, sind sie einander nachgestorben. Seit ihrem Tod schaue ich anders auf die Welt, das ist einfach so.

AK Bleiben wir kurz bei den Räumen, grad hier im Ruhrgebiet mit seinen Industriehallen: Das sind starke Räume, die für sich stehen, die nicht fürs Theater geschaffen sind, mit einem starken Genius loci – wie gehen Sie darauf zu?

BF Interessant ist, dass alle Künstler:innen, die hierher kommen, erst mal sehr beeindruckt sind und zweifeln. Dann aber entdecken sie, dass diese Räume bei aller Eigenschwingung auch viel Spiel erlauben. Man muss sich ihnen ergeben, dann fangen sie an zu sprechen. In den Räumen überlagern sich die Zeiten und die Anwesenheiten, das ist auch ein bisschen unheimlich. Ich stelle es mir vor wie ein Wispern von all denjenigen, die schon mal hier waren. Ich meine damit nicht die Zechenromantik und das *Steigerlied*[1]. Ich kenne diese Romantik nicht und finde diese Räume nicht romantisch. Aber sie sind von einem Geist erfüllt. Das ist idealerweise der Geist, mit dem ich als Künstlerin in Dialog zu treten suche.

AK Sie haben angefangen als Musikerin, sind dann zur Regie gekommen. Wie eigentlich?

BF Weil es mir nicht gelungen ist, Schauspielerin zu werden! Mein erster Berufswunsch als Kind war Schauspielerin. Ich habe mich mir oft als andere Person vorgestellt, eine «Kinigin» oder «Pinzissin». Diese Rollenbilder waren anarchisch anwesend, auch wenn ich zum Beispiel kaum mit Puppen gespielt habe, sondern viel lieber mit Bären oder Fussball mit meinem Bruder. Auch das Radio hat mich fasziniert. Ich habe mein eigenes Radioprogramm erfunden und Stimmen imitiert, den näselnden Sportreporter und so weiter.

AK Das war ja eigentlich schon damals – wie heute oft in Ihren Inszenierungen – ein durch und durch musikalischer Approach an die Sprache?

BF Ich hatte das Glück, in einer musikalischen Familie aufzuwachsen. Als ich zwölf war, flog sie auseinander, aber als meine Eltern noch zusammen waren, hat der Vater viel Jazz gehört, die Mutter Klassik und französische Chansons, aber auch die Beatles. Ich habe als Dreijährige zu Beatles-Musik auf dem Teppich getanzt.

AK Sie sind dann Schlagzeugerin geworden, selbst aufgetreten, haben aber bald die Seite gewechselt?

BF Ich bin an einer Sache phänomenal gescheitert: an meinen Auftrittsängsten. Ich habe auf die unsichtbare Seite gewechselt. Der Auftritt, der Transfer dessen, was wir uns in den Proben ausgedacht haben, in die Öffentlichkeit, unter allen Umständen und in jeder Gemütslage, das kann ich nicht und dafür bewundere ich die Schauspieler:innen. Dabei ist es faszinierend,

1 Das *Steigerlied* oder der *Steigermarsch* ist ein Bergmanns- und Volkslied, im 16. Jh. im sächsischen Erzgebirge entstanden und in ganz Deutschland verbreitet. Unter folgendem Link ist ein Videoclip mit dokumentarischen Aufzeichnungen und Untertitelung des Liedtextes in Deutsch und in Englisch abrufbar: https://www.youtube.com/watch?v=yINkDzzyiUM&t=22s (letzter Zugriff am 11. September 2022).

D dass viele Schauspieler:innen eigentlich schüchterne Menschen sind. Als Regisseurin habe ich zwar die Nähe zu den Spieler:innen und muss mich auch in Rollen hineindenken können, aber ich muss nicht spielen.

AK Die Regisseurin muss nicht spielen, aber sie muss sehen und Angebote aussuchen.

BF Und hören! Ja. Ich sage ganz ohne Koketterie: Ich weiss immer weniger, was Regieführen bedeutet. Aber ich weiss, dass es ein Handwerk ist. Ein Handwerk, das aus zahlreichen Einzelfertigkeiten besteht, Sprachgefühl, Rhythmusgefühl, Gefühl für Räume, Farben, Licht und so weiter. Für mich ganz wichtig ist ein Gefühl für die Stille. Wie stellt sie sich her, woher kommt sie? Ein Gefühl für Humor ist notwendig. Humor bietet die Möglichkeit, die Welt zu objektivieren, nicht auf den Dingen sitzen zu bleiben. Geduld haben muss die Regisseurin auch, und sehr aufmerksam sein.

AK Geht es auch darum, einen Ort zu sichern, wo man sich als Künstler:in ungeschützt ausprobieren kann?

BF Ich glaube nicht, dass künstlerische Berufsausübung ohne Verletzung abgeht. Ich glaube, dass es klar abgegrenzte Zonen braucht, das gegenseitige Vertrauen, gegenseitigen Respekt, sich ernst nehmen, zuhören, das ist die Voraussetzung. Aber im künstlerischen Prozess werden Verletzungen nicht ausbleiben. Das Leben ist traumatisierend, die Kunst kommt aus dem Leben. Ich halte Kunst als «Safe Space» für eine Illusion und eine Verniedlichung. Es meinen ja auch alle etwas anderes damit. Dass es einen Grundkontext geben muss, der von gegenseitigem Vertrauen und Abwesenheit von Diskriminierung geprägt ist, das ist selbstverständlich, das fand ich übrigens immer schon.

AK Sie sprechen damit aktuelle Diskurse an. Ist aber das romantische Bild vom sich vollends entäussernden Künstler nicht auch leicht toxisch?

BF Ich kann jungen Menschen, die am Anfang eines künstlerischen Werdegangs stehen, nicht ihre Zweifel und Ängste ausreden. Es wird nicht kuschelig, man wird nicht mit sich selbst in Frieden leben als Künstler:in. Man darf nicht hingehen und sagen, künstlerische Prozesse seien verletzungsfrei, reibungsfrei, auch frei von Zorn. Wie die Freude und die Begeisterung Platz haben, gibt es auch Wut und Enttäuschung. Es gibt viel Enttäuschung, das muss man auf sich nehmen.

AK Wie entstehen Ihre Inszenierungen? Wie gehen Sie in eine Arbeit hinein, an einen Stoff heran?

BF Ich erkenne da kein Muster. Es bleibt einem ja doch vieles von sich verborgen – was wohl wichtig ist, damit man sich nicht zu wiederholen versucht. Was ich feststelle, ist, dass ich eine Art von Fühlern oder Rüsseln ausstrecke, wenn ich einen Stoff einkreise, im Austausch mit der Dramaturgie oder auch im Freundeskreis. Vielleicht lege ich ihn dann wieder zur Seite und denke: Toller Stoff, aber nicht für jetzt. Das passiert mir ganz oft. Wenn ein Stoff eingekreist ist, entsteht so etwas wie ein Spinngewebe. Fäden spinnen sich zusammen, beim Spazieren, aus dem Fenster gucken, immer auch beim Einschlafen. Als nächstes kommt eine Phase der selektiven Wahrnehmung. Da entdecke ich eine Thematik plötzlich überall. Diese Aufmerksamkeitsfelder oder Energiefelder – das ist vielleicht das Zentrale.

AK Sie durchdringen den Stoff, und der Stoff durchdringt Sie?

BF Ich suche die Stoffe ja nicht. Sie sind da. Sie flattern durch die Gegend. Ich bin eine leidenschaftliche Tier-Beobachterin – auch dafür ist das Ruhrgebiet ideal! Es gibt besondere Vogelarten, Gänse, die in grossartigen Formationen, vor sich hinschnatternd, durch diese holländischen Himmel ziehen. Ich würde so gern mal mit ihrem Blick auf uns schauen. Sie sehen uns ja auch. In der Tierbeobachtung finde ich viel. Dieselbe Mischung aus Vertrautheit und Fremdheit geht für mich von Stoffen aus.

AK Sie haben von einer Netzstruktur als kreativem Prozess gesprochen.

BF Soeben hatten wir bei der Ruhrtriennale die Meeresbiologin Heike Vesper zu Gast. Sie hat betont, in ihrer Besorgnis über den Zustand der Meere, wie wichtig es ist zu begreifen, dass alles mit allem zusammenhängt. Wenn wir das nicht begriffen haben, ist es sowieso zu spät. Deswegen fällt mir diese Netzstruktur ein. In den Künsten und im Theater gibt es vieles, was absolut miteinander zusammenhängt. Man kann nicht einfach an einem einzelnen Stellschräubchen drehen, denn das hat ungeahnte Folgen.

AK Mit diesem Spinnennetz gehen Sie dann in die Proben?

BF Und werfe alles wieder über den Haufen, was ich mir angelesen und angedacht, was ich mir sozusagen angefressen habe. Jetzt muss ich mich schütteln und wir gehen alle zusammen nochmal ordentlich auf Tauchgang. Ich bin übrigens immer unglaublich nervös vor der ersten Probe.

AK Lampenfieber? Die Aufregung, bevor's losgeht?

BF Es ist unglaublich. Und das ist etwas, das mit dem Älterwerden überhaupt nicht besser wird. Ich werde eher schüchterner. Es hat vielleicht auch etwas Kindhaftes an sich. Kinder spüren Dinge, ohne dass sie sie durchlebt haben, in einem Geniemoment intuitiv. Als älter werdender Mensch kann man umgekehrt manchmal kindhaft auf eine Situation reagieren.

AK Mit anderen Worten, vor dieser Durchpresch-Phase Mitte Dreissig, Mitte Vierzig ist man locker und nachher auch wieder?

BF Eben nicht! Ich meinte damit nur, dass ich persönlich in diesen Jahren eine Art von Monumentalbeschleunigung erfuhr. Davor und danach ist es anders. Nicht, dass der Speed aufgehört hat, ich bin ja keine Greisin. Es gibt Zeiten, in denen man weniger nachzudenken scheint, weniger bespiegelt und hinterfragt, sondern einfach sagt, hier ist das Dickicht, da geht's durch. Dann wird man wieder nachdenklicher. Wenn ich ehrlich bin, hat es damit zu tun, dass viele Menschen gestorben sind, die mir nahestanden. Es geht um Verluste. Die Abwesenheit von geliebten Menschen, das Unwiederbringliche. Die Endgültigkeit, dass etwas wirklich nur noch Erinnerung ist.

AK Solche Jenseitswelten, abwesend anwesende Figuren, sehe ich auch in Ihren Inszenierungen in letzter Zeit öfter, bei den *Toten*[2], in *Usher*[3], jetzt auch im *Weiten Land*[4]. Ein Chiaroscuro, das zunimmt?

BF Interessant, dass Sie das feststellen. Ich glaube, es stimmt…

AK Was braucht denn ein Stoff, damit er Sie packt und Sie ihn packen?

BF Eine Tiefe jedenfalls. Durchaus einen Witz, es kann auch Aberwitz sein. Eine gewisse Robustheit, er muss belastbar sein und sich behaupten. Und natürlich, so simpel es klingt, eine Schönheit. In Texten gibt es Schönheit,

2 *Die Toten*, ein Projekt nach der gleichnamigen Erzählung von James Joyce mit Texten aus *Ulysses* und *Finnegans Wake*. Premiere am 16. Mai 2019, Pfauen, Schauspielhaus Zürich. Weitere Informationen zu dieser und den anderen im Interview erwähnten Inszenierungen von Barbara Frey finden sich im Werkverzeichnis an Buchende, S. 331–346. Zu *Die Toten* siehe auch die Beiträge von Andreas Wilink und Barbara Villiger Heilig im vorliegenden *MIMOS*-Band, S. 91 bzw. 230.

3 *Der Untergang des Hauses Usher* von Edgar Allan Poe. Premiere am 14. August 2021, Ruhrtriennale, Maschinenhalle Zweckel, Gladbeck. (Wiener Premiere am 10. Oktober 2021 im Burgtheater). Siehe dazu auch den Beitrag von Andreas Wilink in diesem *MIMOS*-Band, S. 91ff.

4 *Das weite Land* von Arthur Schnitzler. Premiere am 20. August 2022, Ruhrtriennale, Jahrhunderthalle Bochum. (Wiener Premiere am 2. September 2022 im Burgtheater / Akademietheater). Siehe dazu auch den Beitrag von Andreas Wilink in diesem *MIMOS*-Band, S. 96ff.

die nicht hinterfragbar ist. Wo die Schönheit mit der Tiefe verbunden ist. Nicht Oberflächenschönheit oder eine stumpfe Virtuosität, sondern etwas Schillerndes im Text, das ins Dunkle wie ins Helle gleichermassen geht. Und immer überraschend bleibt. Dass ist ja das Tolle an grosser Literatur, dass sie uns permanent an der Nase herumführt. Sie führt immer zu produktiver Selbstdemontage, man kann nie in der Bestätigung bleiben. Ich suche Werke, die zwischendurch mit etwas Schroffem aufwarten. Mit etwas, das ich nicht verstehe oder das mich abstösst, was mir Angst macht. Das gilt wiederum für alle Künste, auch etwa eine Oper von Leoš Janáček, den ich sehr bewundere. Wie er Tiefe aus Figuren holt und dieselben Figuren gleich wieder an der Oberfläche perlen lässt, es geht von einem seichten Wässerchen in einen endlos tiefen Brunnenschacht. So etwas gefällt mir auch an Texten.

AK Und auch dies ist ja wieder eine eminent musikalische Textauffassung. Nun stehen viele Stücke, besonders des Kanons, heute unter besonderer Beobachtung, was Thematiken wie Sexismus, Kolonialismus, Rassismus angeht. Sie selbst haben immer wieder Entdeckungen abseits des Kanons gemacht, etwa Anna Gmeyners *Automatenbüfett*[5], aber auch die Klassiker inszeniert. Sollte man gewisse Stücke einfach mal beiseitelassen?

BF Ich bin skeptisch gegenüber der grassierenden Sehnsucht, für alles eine Lösung zu haben, für alles eine Behörde einsetzen zu können und von allem ganz genau zu wissen, wo die Licht- und wo die Schattenseite ist. Ich nehme eine starke, diffuse Sehnsucht nach einer absoluten Ordnung wahr. Wer das Leben als eine Zone des Friedens, des Handhaltens und der permanenten Augenhöhe betrachtet, wird es sehr, sehr schwer haben. Schon nur, wenn er oder sie sich mal verliebt. Wir reden jetzt nicht von den Fällen von Diskriminierung, um dies nochmal klarzustellen. Ich möchte das wirklich getrennt sehen. Dass die Räume, in denen wir uns aufhalten und begegnen, Räume der Sicherheit sein müssen, vielleicht auch manchmal des Trostes, da sind wir uns einig, das ist für mich indiskutabel. Ich rede als Frau, die das eine und andere in vielen Jahren Theater erlebt hat. Aber oft wird alles zu einer Suppe vermischt. Dagegen wehre ich mich. Ich habe gerade Arthur Schnitzler inszeniert. Dass Schnitzler ein unerträglicher Kerl war, der sich in seinem Leben oft unmöglich benommen hat: ja – aber ich lese seinen Text, ich inszeniere nicht seine Biografie. Der Text interessiert mich nicht zuletzt deswegen, weil ein Mann, ein jüdischer Arzt, der unglaubliche analytische Fähigkeiten besass, in dieser kaiserlich-königlichen Gesellschaft

5 *Automatenbüfett* von Anna Gmeyner. Premiere am 30. Oktober 2020, Burgtheater Wien (Akademietheater). Siehe dazu auch den Beitrag von Margarete Affenzeller im vorliegenden *MIMOS*-Band, S. 205–210.

eine toxische Männlichkeit entdeckt. Natürlich entdeckt er sie, er ist ja nicht bescheuert! Meine Aufgabe ist, dafür zu sorgen, dass die Frauen um diese Figur herum nicht wie bessere Dienstmädchen aussehen. Dafür habe ich ausgezeichnete Darstellerinnen. Daraus ergibt sich im Idealfall ein anderes *Weites Land,* als wir es bisher gesehen haben. Ich muss einem Werk soweit vertrauen, dass es sich quecksilbrig bewegen kann. Vielleicht auch, um sich am Ende selbst zu widersprechen. Aber das Kunstwerk gibt das her! Von den Hofreiters dieser Welt haben wir doch alle die Schnauze voll.

AK Trotzdem verlieben wir uns ständig in sie…

BF Genau das meine ich! Darüber spreche ich.

AK Hinter den Bemühungen, Kunst triggerfrei zu machen, steht ein verändertes ästhetisches Konzept. Dass der aus der Romantik stammende Begriff der Kunstautonomie überholt sei und die Bühne vielmehr ein Ort des Aktivismus und der Gemeinschaft.

BF Ich habe keine Ahnung, was überholt ist. Wir haben uns in Tausenden von Jahren links und rechts überholt, vermeintlich überwunden und widerlegt – mit solchen Begriffen kann ich wenig anfangen. Wir haben

Euripides nie widerlegt. Wir haben Shakespeare nicht widerlegt, Sappho, man kann Virginia Woolf nicht widerlegen. Ich kann aber verstehen, dass man die Bühne als Raum für Aktivismus benutzt. Das finde ich super! Da habe ich überhaupt keine Berührungsängste. Theater ist eine Kunstform, die sich permanent wandelt, x-mal totgesagt, immer in der Krise. Das Theater selbst ist aber sehr robust. Es hält das alles aus. Mir geht es darum, dass wir verschiedenste Formen nebeneinander nicht einfach nur dulden, mit einem obskuren Toleranzbegriff, das ist mir zu wenig, sondern dass wir uns gegenseitig anerkennen und ernst nehmen. Was ich nicht mag, ist jeglicher Korrekturfuror. «Korrigierend eingreifen», das hat jakobinische Züge. Heiner Müller hätte es die «erkennungsdienstliche Behandlung von Kunst»[6] genannt. Nein! Sich gegenseitig beargwöhnende und ausschliessende Diskurse empfinde ich als unerotisch und als lebensfeindlich. Wir müssen das Wuchern aushalten, das gegeneinander Wuchern und umeinander herum Wuchern, erst so entsteht vitales Theater. Erst so entsteht Kunst.

6 Vgl. Heiner Müller: «Einen historischen Stoff sauber abschildern, das kann ich nicht» (1976). In: Ders.: *Gesammelte Irrtümer* 1, 3. Frankfurt am Main: Verlag der Autoren 1996, S. 39.

Andreas Klaeui

« La confiance est notre bien le plus précieux »

Entretien avec Barbara Frey

51

F

Andreas Klaeui (AK) Nous nous trouvons à Bochum, au bureau de la direction artistique de la Ruhrtriennale, au cœur du bassin industriel où vous êtes arrivée après dix années passées au Schauspielhaus de Zurich. Comment vivez-vous le contraste entre ces deux lieux ?

Barbara Frey (BF) Comme un défi à relever – et c'est ce que je recherche. La Ruhr est une région blessée. Les profondeurs du sol ont été lourdement labourées par le travail des mines, on le sent. C'est une région fragile, de celles que l'on nomme structurellement faibles, qui souffrent du changement structurel – quel étrange mot-fétiche ! En même temps, c'est aussi une région vitale, avec une expression particulière de perspectives multiples, entre des prairies vertes et des forêts pleines de constructions industrielles, entre l'acier et des zones naturelles protégées. Les gens sont un peu à part, sans vouloir les mettre tous dans le même panier. Récemment, dans une buvette – j'adore déjà ce mot, les « Trinkhallen », ce sont des lieux de rendez-vous, un mélange de bistrot et de kiosque – un géant barbu, arborant d'intimidants tatouages, parlant avec une voix grave, m'a saluée, tout en douceur, en me lançant un « Salut ! » J'ai eu besoin d'un moment pour comprendre ces contrastes, si typiques d'ici. À l'instar des plantes qui poussent sur les friches industrielles, la culture et les arts fleurissent.

AK Est-ce que la Barbara Frey de la Ruhr est différente de celle de Zurich ?

BF Que l'on soit imprégné par les endroits où l'on travaille me semble naturel. On change toujours lorsqu'on découvre d'autres lieux et d'autres personnes. Avec le temps, se développe un catalogue interne reflétant beaucoup de choses et transformant l'environnement en patrie. Je ne dis pas cela dans un sens kitsch. Il s'agit aussi de lieux qui ne sont pas idylliques. Bien sûr, j'ai aimé Zurich, avec ses plans d'eau, la vue sur les Alpes, je suis Suissesse, j'y suis sensible. Mais je peux aussi m'ouvrir vite à quelque chose d'autre et je pense que cela vient du fait que je porte d'autres patries, pour ainsi dire, en mon for intérieur. Je ne dois pas les mettre en concurrence, je les accumule. J'aurai 60 ans l'année prochaine et, en fait, je trouve beau qu'elles se soient ainsi multipliées. On doit juste aussi supporter un certain sentiment de déracinement, qui augmente. Mais l'un n'empêche pas l'autre.

AK Est-ce que le sentiment d'être à la maison naît aussi grâce aux personnes avec qui vous travaillez ?

BF Absolument. Par exemple, je connais et j'apprécie Judith Gerstenberg, une de nos cheffes dramaturges, depuis trente ans. Elle est aussi, pour moi, un morceau de pays.

J'ai vécu plusieurs villes théâtrales avec elle et, maintenant, la Ruhrtriennale. J'ai choisi un métier qui va de pair avec la nécessité de se dire souvent adieu. Or je déteste les adieux ! Enfant, déjà je les trouvais très difficiles. Avant de prendre congé de quelqu'un, je me cachais, pour éviter la douleur. Or, souvent, on recherche les fantômes dont on a peur. Les métiers artistiques sont souvent des professions exorcisantes. On cherche à expulser bien des esprits. Mais cela ne veut pas dire qu'ils ne sont plus là.

AK Outre Judith Gerstenberg, je pense aussi à un comédien comme Michael Maertens ou une scénographe comme Bettina Meyer. Ce sont des compagnes et compagnons de route et de travail de longue date.

BF C'est élémentaire, à mes yeux. Ce compagnonnage me donne le sentiment d'être en de bonnes mains, peut-être grâce à une sorte de déracinement partagé. La confiance est notre bien le plus précieux. Nous avons l'amour, et nous avons la confiance. Sans amour et sans confiance, il n'y a pas d'art. Les endroits où je vais méritent aussi amour et confiance, même les endroits qui ne sont peut-être pas, à première vue, spécialement attirants. Dans un nouvel endroit, je dois faire le premier pas, comme avec les gens.

AK Avec l'âge, ces choses deviennent-elles plus simples, ou plus difficiles ?

BF J'en prends conscience de manière plus élémentaire. Certaines phases de vie – pour moi, cela a été entre trente-cinq et quarante ans à peu près – semblent être faites de mouvements de progression inconscients. On fait les choses, elles arrivent, tout simplement. Plus tard, c'est un autre côté de la vie qui est à nouveau visible, surtout parce que des personnes proches disparaissent. Mes parents sont décédés il n'y a pas très longtemps. Bien qu'ils étaient séparés depuis 45 ans, ils sont partis en peu de temps l'un après l'autre. Depuis, je regarde le monde autrement, c'est comme ça.

AK Restons encore brièvement sur le thème des espaces. Ils sont forts ici, dans la Ruhr, avec ses sites industriels. Ils ont leur caractère propre, leur « genius loci », ils n'ont pas été conçus pour le théâtre. Comment les appréhendez-vous ?

BF Il est intéressant de voir que toutes et tous les artistes qui viennent ici sont, de prime abord, impressionné·e·s et ont des doutes. Ensuite, ils découvrent que ces espaces ont une vibration particulière et qu'ils invitent à jouer. Il faut s'abandonner à eux. Ensuite, ils commencent à parler. Ces espaces comptent plusieurs couches d'époques de présences successives, cela crée aussi un certain malaise. Je me représente que toutes les personnes qui sont déjà passées ici murmurent. Je ne parle pas du romantisme des mines ni du *Steigerlied*[1]. Je ne connais pas cette sorte de romantisme et ne trouve d'ailleurs pas que ces espaces sont romantiques. Mais ils sont habités par un esprit. C'est, idéalement, l'esprit avec lequel j'essaye d'entrer en contact en tant qu'artiste.

AK Vous avez commencé votre carrière comme musicienne, puis êtes passée à la mise en scène. Comment, en fait ?

BF Parce que je n'ai pas réussi à devenir comédienne ! C'était le premier métier que je voulais faire, enfant. Je me suis souvent imaginée que j'étais une autre personne, une « rane » ou une « pricesse »[2]. Ces rôles stéréotypés étaient présents de manière anarchique, même si je n'ai, par exemple, presque pas joué avec des poupées, mais bien plus volontiers avec des ours et au football avec mon frère. J'étais aussi fascinée par la radio. J'ai inventé mon propre programme et imité des voix, le reporter sportif nasillard, etc.

AK Vous aviez alors déjà cette approche musicale de la langue, que l'on voit aujourd'hui encore dans vos mises en scène ?

BF J'ai eu la chance de grandir dans une famille qui aimait la musique. Quand j'ai eu douze ans, mes parents se sont séparés. Avant cela, mon père écoutait beaucoup de jazz, ma mère du classique, de la chanson française, mais aussi les Beatles, sur lesquels je dansais, à l'âge de trois ans, dans le salon familial.

AK Vous avez appris à jouer de la batterie pour pouvoir faire des concerts, mais vous avez très vite changé de côté.

BF S'il y a un domaine où j'ai spectaculairement échoué, c'est bien celui de la peur de me produire en public. Je suis donc passée du côté invisible de la scène. Se produire, le transfert vers le public de ce que nous avons élaboré

1 Le *Steigerlied* ou *Steigermarsch* est un chant de travailleurs des mines de charbon apparu au 16e siècle dans les Monts Métallifères de Saxe, qui s'est ensuite répandu dans toute l'Allemagne. Ce clip vidéo en présente un exemple, avec sous-titres en allemand et en anglais : https://www.youtube.com/watch?v=yINkDzzyiUM&t=22s (consulté le 11 septembre 2022).

2 Barbara Frey dit ici « Kinigin » et « Pinzissin », comme les enfants le font parfois (ndlt.).

durant les répétitions, dans toutes les circonstances et tous les états d'âme, j'en suis tout simplement incapable et c'est pour cela que j'admire les actrices et les acteurs. Il est fascinant de constater qu'il y en a tellement qui sont très timides, en fait. En tant que metteuse en scène, je suis certes proche de celles et de ceux qui jouent sur scène et je dois aussi pouvoir me penser dans leurs rôles, mais je ne dois pas jouer.

AK La metteuse en scène ne doit pas jouer, mais elle doit voir et formuler des propositions.

BF Et écouter ! Oui. Je le dis sans aucune coquetterie : je sais de moins en moins ce que mettre en scène veut dire. Mais je sais que c'est un artisanat. Un artisanat fait de nombreuses compétences individuelles – sens de la langue, du rythme, des espaces, des couleurs, de la lumière et ainsi de suite. Ce qui m'importe aussi beaucoup est le sens du silence. Comment naît-il, d'où vient-il ? Le sens de l'humour est aussi nécessaire. L'humour permet d'objectiver le monde, de ne pas rester bloqué·e·s sur certaines choses. Il faut aussi avoir de la patience et de la concentration.

AK Et s'assurer un lieu où l'on peut faire des essais sans danger, en tant qu'artiste, est-ce que c'est important ?

BF Je ne crois pas que l'on puisse pratiquer le métier d'artiste en restant indemne. Je crois qu'il faut des zones clairement délimitées, emplies de confiance et de respect réciproques, qu'il faut se prendre au sérieux et s'écouter. C'est une condition sine qua non. Mais un processus artistique, c'est synonyme de blessures. La vie est traumatisante, l'art vient de la vie. Penser que l'art serait un « safe space », c'est une illusion et une minimisation. De plus, tout le monde a une autre théorie à ce propos. La nécessité d'un environnement dénué de toute discrimination et empli de confiance réciproque va de soi, je l'ai d'ailleurs toujours pensé.

AK Vous faites allusion à un sujet d'actualité. Mais l'image romantique de l'artiste qui se dépouille complètement n'est-elle pas aussi légèrement toxique ?

BF Je ne peux pas dissiper les doutes et les peurs de jeunes gens qui se trouvent au début de leur devenir artistique. Nous ne sommes pas chez les bisounours, on ne vit pas en paix avec soi-même en tant qu'artiste. Il ne faut pas aller dire que les processus artistiques sont indolores, sans frictions, ni colère. La joie, l'enthousiasme, mais aussi la rage et la déception y ont leur place. Il y a beaucoup de déception, il faut savoir l'assumer.

AK Comment naissent vos mises en scène ? Comment commencez-vous le travail, comment abordez-vous vos sujets ?

BF Je ne me reconnais pas de schéma. Beaucoup de choses de nous restent cachées, ce qui est en fait important, pour éviter la tentation de se répéter. Ce que je constate, c'est que je lance des sortes de sondes, quand je commence à aborder un sujet, tout en échangeant des réflexions avec la dramaturgie ou dans mon cercle d'ami·e·s. À un moment, je peux tout mettre de côté et me dire que c'est un super sujet, mais que ce n'est pas le moment. Cela m'arrive très souvent. Quand j'ai fait le tour d'un sujet, il est comme pris dans une toile d'araignée. Les fils s'entrelacent quand je me promène, quand je regarde par la fenêtre, et toujours, aussi, au moment de m'endormir. Ensuite vient une phase de perception sélective. Là, soudain, je découvre une thématique, partout. Ces champs d'attention, ou d'énergie, c'est peut-être l'élément central.

AK Vous vous emparez d'un sujet, et le sujet s'empare de vous ?

BF Je ne recherche pas les sujets. Ils sont là. Ils flottent. J'observe les animaux avec passion – et la Ruhr est aussi idéale pour cela ! Il y a ici des espèces d'oiseaux particulières, des oies qui traversent, en criant, ces cieux hollandais, dans des formations grandioses. Je voudrais tellement pouvoir nous regarder de leur point de vue. Elles nous voient aussi. L'observation des animaux est une grande source d'inspiration pour moi. C'est le même mélange de familiarité et d'étrangeté qui émane des sujets.

AK Vous avez parlé de structure en réseau en tant que processus créatif.

BF Nous venons d'accueillir, à la Ruhrtriennale, la biologiste des mers Heike Vesper. Elle a expliqué son inquiétude pour les mers et à quel point il est important de comprendre que tout tient ensemble. Si nous ne l'avons pas compris, il est de toute façon trop tard. C'est pourquoi j'ai pensé à cette structure en réseau. Dans les arts et au théâtre, il y a beaucoup de choses qui sont absolument interdépendantes. On ne peut pas se contenter de tourner ici une seule manette, car cela peut avoir des conséquences insoupçonnées.

AK Vous commencez les répétitions avec cette toile d'araignée ?

BF Et je jette par-dessus bord tout ce que j'ai lu et pensé, tout ce que j'ai ingurgité, pour ainsi dire. C'est le moment où je dois me secouer. Nous replongeons ensuite toutes et tous ensemble, encore une fois. Je suis d'ailleurs incroyablement nerveuse avant la première répétition.

AK La peur des projecteurs ? Ou l'excitation, avant que cela ne commence ?

BF C'est incroyable. Et cela ne s'améliore absolument pas avec l'âge. Je deviens plutôt plus timide. Peut-être y a-t-il un élément de l'enfance. Les enfants sentent des choses sans les avoir vécues, intuitivement, dans des moments de génie. Avec l'âge, à l'inverse, on peut aussi, parfois, réagir de façon puérile à certaines situations.

AK En d'autres termes, on est décontracté avant la phase de passage à la trentaine et à la quarantaine, puis à nouveau après ?

BF Justement pas ! Je voulais simplement dire que j'avais vécu une sorte d'accélération monumentale, dans ces années-là. Avant et après, c'est différent. Ce n'est pas que la vitesse ait cessé, je ne suis quand même pas une vieille femme. Il y a des phases où l'on semble moins réfléchir, moins refléter et moins remettre en question, où on se dit simplement, c'est ici qu'est le maquis, c'est là que le chemin passe. Ensuite, on redevient plus réfléchi·e·s. Pour être honnête, je dois dire que c'est aussi lié au fait que beaucoup de proches sont décédés. C'est une question de perte. L'absence d'êtres chers, l'impossibilité de les ramener. Le caractère définitif, les choses qui ne sont, définitivement, plus que des souvenirs.

AK Je vois davantage ces mondes de l'au-delà, des personnages absents-présents, dans vos mises en scène récentes, dans *Die Toten* [3], *Usher* [4], maintenant aussi dans *Das weite Land* [5]. Est-ce un clair-obscur qui augmente ?

BF C'est intéressant que vous ayez vu cela. Je crois, oui…

AK Qu'est-ce qu'il faut pour qu'un thème vous interpelle et pour que vous l'empoigniez ?

3 *Die Toten*, un projet d'après la nouvelle *Les Morts* de James Joyce, avec des textes tirés d'*Ulysses* et *Finnegans Wake*. Première le 16 mai 2019, Pfauen, Schauspielhaus de Zurich. De plus amples informations sur l'ensemble des mises en scène de Barbara Frey sont disponibles dans la théâtrographie en fin d'ouvrage, pp. 331–346. Sur *Die Toten* nous renvoyons aussi aux articles d'Andreas Wilink et de Barbara Villiger Heilig dans cette édition de *MIMOS*, p. 101 et p. 240.

4 *Der Untergang des Hauses Usher* [*La Chute de la maison Usher*] d'Edgar Allan Poe. Première le 14 août 2021, Maschinenhalle Zweckel à Gladbeck, dans le cadre du festival Ruhrtriennale. (Première viennoise le 10 octobre 2021 Burgtheater). À ce propos, nous renvoyons aussi à l'article d'Andreas Wilink dans le présent ouvrage, pp. 101 et suiv.

5 *Das weite Land* [*Terre étrangère*] d'Arthur Schnitzler. Première le 20 août 2022, Jahrhunderthalle de Bochum, dans le cadre du festival Ruhrtriennale. (Première viennoise le 2 septembre 2022, Burgtheater / Akademietheater). À ce propos, nous renvoyons aussi à l'article d'Andreas Wilink dans le présent ouvrage, pp. 106 et suiv.

F

BF Dans tous les cas, une certaine profondeur. Aussi une plaisanterie, et cela peut aussi être une absurdité. Une certaine robustesse aussi. Le thème doit pouvoir être résistant et s'imposer. Et, bien sûr, il faut aussi, aussi simple que cela puisse paraître, de la beauté. Dans les textes, il y a une beauté qui ne peut pas être remise en question. Là où la beauté est reliée à la profondeur. Pas une beauté superficielle ou une virtuosité terne, mais quelque chose d'irisé dans le texte, qui reflète toute la gamme de l'obscurité et de la lumière. Et qui reste toujours surprenant. C'est ce qui est génial avec la grande littérature : elle nous mène en permanence par le bout du nez. Elle provoque toujours des auto-démolitions productives. On ne peut jamais rester dans la confirmation. Je recherche des œuvres qui, parfois, nous surprennent avec quelque chose de brutal. Avec quelque chose que je ne comprends pas ou qui me repousse, qui me fait peur. Cela vaut pour tous les arts, par exemple un opéra de Leoš Janáček, que j'admire beaucoup. La manière qu'il a d'aller chercher la profondeur de ses personnages pour, juste après, laisser perler ces mêmes personnages à la surface. On passe d'une eau peu profonde à un puits d'une profondeur infinie. C'est ce genre de choses qui me plaît dans les textes.

AK Voilà à nouveau une conception éminemment musicale du texte. Beaucoup de pièces, aujourd'hui, surtout les textes classiques, font l'objet d'une observation particulière. Elles sont scrutées sous l'angle du sexisme, du colonialisme ou du racisme. Vous avez toujours fait des découvertes en dehors des sentiers battus, comme la pièce *Automatenbüfett*[6] d'Anna Gmeyner, tout en mettant en scène, aussi, des classiques. Faudrait-il simplement laisser certains textes de côté ?

BF Je suis sceptique face à l'envie galopante de trouver une solution pour tout, de faire intervenir une autorité pour tout et de savoir exactement où sont les ombres et les lumières de toute chose. Je perçois une envie forte et diffuse d'ordre absolu. Les personnes qui voient la vie comme une zone de paix, de mains tendues et de dialogue d'égal à égal vont avoir beaucoup, beaucoup de peine. Ne serait-ce que lorsqu'elles tomberont amoureuses. Nous ne parlons pas, ici, des cas de discrimination, que cela soit bien clair. Je voudrais vraiment voir ces thématiques séparées. Que les espaces dans lesquels nous sommes, dans lesquels nous nous rencontrons doivent être

6 *Automatenbüfett* d'Anna Gmeyner. Première le 30 octobre 2020, Burgtheater de Vienne (Akademietheater). À ce propos, nous renvoyons aussi à l'article de Margarete Affenzeller dans le présent ouvrage, pp. 205–210.

des espaces de sécurité, peut-être même, parfois, de consolation, c'est indiscutable. Nous sommes d'accord sur ce point. Je parle en tant que femme qui a vécu deux-trois choses au fil de nombreuses années de théâtre. Mais, souvent, on mélange tout, comme pour une soupe. Je m'y oppose. Je viens de mettre en scène Arthur Schnitzler. Qu'il ait été un type insupportable s'étant souvent comporté de manière impossible : oui, mais je lis son texte, je ne mets pas en scène sa biographie. Le fait qu'un homme, un médecin juif possédant d'incroyables capacités analytiques, découvre une masculinité toxique dans cette société impériale et royale est l'une des raisons, et non des moindres, pour lesquelles ce texte m'a intéressé. Bien sûr, il la découvre, il n'est pas stupide. Mon travail est de faire en sorte que les femmes qui existent autour de lui n'aient pas l'air de servantes améliorées. J'ai d'excellentes comédiennes pour cela. Dans le meilleur de cas, il en résulte un *Weites Land* différent de ceux que nous avons vus jusqu'ici. Je dois faire confiance à une œuvre au point qu'elle puisse bouger comme du vif-argent, peut-être même au point de se contredire, à la fin. Mais c'est ce que permet l'œuvre d'art. Nous en avons tous marre des Hofreiter de ce monde.

AK Mais nous n'arrêtons pas de tomber amoureux d'eux…

BF C'est exactement le sens de ma pensée ! C'est de ça que je parle.

AK Derrière tous ces efforts de rendre l'art non scandaleux se cache un nouveau concept esthétique. Issue du romantisme, la notion d'autonomie de l'art serait dépassée et la scène serait surtout un lieu d'activisme et de communauté.

BF Je n'ai aucune idée de ce qui est dépassé. Durant des milliers d'années, nous nous serions dépassés à gauche et à droite, nous nous serions soi-disant surmonté·e·s et réfuté·e·s : j'ai de la peine avec ces termes. Nous n'avons jamais réfuté Euripide. Nous n'avons pas réfuté Shakespeare, Sappho, Virginia Woolf est irréfutable. Mais je peux comprendre que l'on veuille utiliser la scène comme lieu d'activisme. Je trouve même cela super ! Je n'ai aucun problème avec cela. Le théâtre est une forme d'art qui se transforme en permanence et que l'on a déjà déclaré mort x fois. Il est toujours en crise. Mais il est très robuste. Il résiste à tout cela. Il m'importe que nous ne nous limitions pas à tolérer, avec un concept obscur de tolérance, les formes les plus diverses les unes à côté des autres. Cela me semble insuffisant. Nous devons nous reconnaître mutuellement, nous prendre au sérieux. Ce que je n'aime pas, c'est l'actuelle fureur de tout corriger. « Intervenir en corrigeant », cela a une dimension jacobine. Heiner Müller aurait nommé cela

F

le « Service d'identification judiciaire de l'art »[7]. Non ! Les discours qui se méprisent et s'excluent mutuellement, ce n'est pas érotique, c'est mortifère. Nous devons supporter cette prolifération de formes, les unes contre les autres, les unes autour des autres. Ce n'est qu'ainsi que naît un théâtre vital. C'est ainsi que naît l'art.

7 Voir p. ex. Heiner Müller, «Einen historischen Stoff sauber abschildern, das kann ich nicht» (1976), dans : Id., *Gesammelte Irrtümer I*, 3. Frankfurt am Main : Verlag der Autoren, 1996, p. 39. [Citation traduite par Ariane Gigon].

Andreas Klaeui

«La fiducia è il nostro bene più prezioso»

Intervista a Barbara Frey

Andreas Klaeui (AK) Ci incontriamo a Bochum, nell'ufficio della direzione artistica del festival Ruhrtriennale, nel cuore del bacino industriale della Ruhr, in Germania, dove è approdata dopo dieci anni al timone dello Schauspielhaus di Zurigo. Come vive il contrasto fra queste due regioni?

Barbara Frey (BF) Come una sfida – che cerco in modo consapevole. Quella della Ruhr è una zona ferita. Qui la terra è stata letteralmente sventrata, e lo si percepisce. È un'area vulnerabile, una cosiddetta regione strutturalmente debole, che soffre a causa del cambiamento strutturale – che strana parola feticcio! Al contempo si tratta però di una regione vitale, con caratteristiche specifiche di multiperspettività, tra verdi pianure alluvionali e foreste piene di edifici industriali, acciaio e riserve naturali. Anche le persone sono molto particolari, senza volerle mettere tutte nello stesso calderone. Ad esempio, entrando in un locale, in una «Trinkhalle» – adoro questa espressione, le «Trinkhallen» sono luoghi d'incontro, un misto tra il bar e il chiosco – mi è capitato che un gigante barbuto, con tatuaggi minacciosi e una voce profonda, mi abbia salutato gentilmente con un «Hallöchen!». Mi ci è voluto un po' per capire queste discrepanze, che mi sembrano molto tipiche. Così come le piante germogliano nelle aree industriali dismesse, qui fiorisce la cultura, fioriscono le arti.

AK La Barbara Frey della Ruhr è diversa rispetto a quella di Zurigo?

BF Mi sembra naturale essere influenzati dai luoghi in cui lavoriamo. Si cambia sempre quando ci si trasferisce altrove o si hanno altre persone attorno a sé. Con il tempo si sviluppa un catalogo interiore comprendente una serie di elementi che vengono categorizzati come «casa». Non intendo romanticizzare. Si tratta anche di luoghi non idilliaci. Ovviamente mi piaceva Zurigo con gli specchi d'acqua e la vista sulle Alpi, in quanto svizzera sono sensibile a queste cose. Tuttavia, riesco ad adattarmi rapidamente a contesti diversi, e credo che ciò sia dovuto al fatto che porto dentro di me varie patrie, per così dire. Non devo sostituirne una con l'altra, le accumulo semplicemente. L'anno prossimo compirò sessant'anni e trovo bello avere interiorizzato diverse patrie. Bisogna però sopportare che, di conseguenza, cresca anche il senso di sradicamento. Comunque, le due dimensioni non si escludono a vicenda.

AK Il senso di appartenenza nasce anche dall'interazione con le persone con le quali collabora?

BF Certamente. Ad esempio, conosco e stimo Judith Gerstenberg, una delle nostre responsabili della drammaturgia, ormai da una trentina d'anni. Anche con lei mi sento a casa. Abbiamo condiviso esperienze in varie città teatrali e ora ci ritroviamo nell'ambito della Ruhrtriennale. Ho scelto una professione in cui si è spesso confrontati con gli addii, benché sia una cosa che detesto. Gli addii mi pesavano già da bambina. Ogni volta che dovevo congedarmi da qualcuno, cominciavo a ritirarmi un po' prima per risparmiarmi il dolore. Spesso si cercano i fantasmi di cui si ha paura. In molti casi, le professioni artistiche sono in qualche modo esorcistiche. Si tenta di esorcizzare i fantasmi. Ma ciò non significa che scompaiano.

AK Oltre alla drammaturga Judith Gerstenberg, penso ad altre collaborazioni di lunga data e a compagni di viaggio come l'attore Michael Maertens o la scenografa Bettina Meyer.

BF Per me queste relazioni sono fondamentali. Mi fanno sentire protetta, forse perché condividiamo una sorta di sradicamento. La fiducia è il nostro bene più prezioso. Abbiamo l'amore e abbiamo la fiducia, senza amore e fiducia non c'è arte. Anche i luoghi in cui approdo meritano amore e fiducia, perfino quei luoghi che di primo acchito non sembrano molto accoglienti. Devo fare un passo verso un determinato luogo, così come faccio un passo verso una persona.

AK Con l'avanzare dell'età le risulta più facile o più difficile?

BF Me ne rendo conto in modo più elementare. Ci sono fasi nella vita – nel mio caso fra i trentacinque e i quarant'anni –, in cui sembra di procedere in modo automatico. Basta agire e tutto funziona da sé. Più avanti, emergono altri aspetti della vita, anche perché persone a noi care vengono a mancare. Recentemente ho perso i miei genitori. Malgrado fossero separati da 45 anni, sono morti a poco tempo di distanza l'uno dall'altra. Dopo la loro morte vedo il mondo con occhi diversi. È così.

AK Tornando alla questione dei luoghi: nella regione della Ruhr, con i suoi capannoni industriali, gli spazi sono particolarmente forti, hanno un carattere ben definito, un *genius loci* molto marcato e non sono stati concepiti per il teatro. Qual è il suo approccio nei loro confronti?

BF È interessante osservare come tutti gli artisti e le artiste che vi entrano in contatto all'inizio ne rimangono molto impressionati e hanno dei dubbi. In un secondo momento scoprono però che, malgrado abbiano delle vibrazioni intrinseche, questi siti lasciano anche ampio spazio al gioco. Basta abbandonarvisi e iniziano a parlare. In questi spazi presenze e vari strati temporali si sovrappongono, il che è anche un po' inquietante. Mi immagino il sussurrio di tutti coloro che sono stati qui. Non mi riferisco al romanticismo delle miniere e alla canzone dei minatori, la *Steigerlied*[1]. Questo genere di romanticismo mi è estraneo e, a mio modo di vedere, questi luoghi non hanno nulla di romantico. Ma sono impregnati di uno spirito con cui io, come artista, cerco idealmente di entrare in dialogo.

AK Ha intrapreso la sua carriera artistica come musicista per passare poi alla regia teatrale. Come mai?

BF Perché non sono riuscita a diventare attrice! Da bambina sognavo di diventare attrice. Da piccola mi immaginavo spesso di essere un'altra persona, una «Legina» o una «Pincipessa». Avevo interiorizzato questi ruoli stereotipati in modo anarchico, anche se, ad esempio, non giocavo quasi mai alle bambole e preferivo di gran lunga gli orsacchiotti o giocare a calcio con mio fratello. Ero anche affascinata dalla radio. Avevo inventato una mia trasmissione radiofonica e imitavo le voci, ad esempio il cronista sportivo dal timbro nasale, eccetera.

AK Aveva già allora – come in molte delle sue messinscene – un approccio alla lingua prevalentemente musicale?

BF Ho avuto la fortuna di crescere in una famiglia musicale. Si è disgregata quando avevo dodici anni ma, nel periodo in cui i miei genitori stavano ancora insieme, mio padre ascoltava molto jazz e mia madre musica classica e *chansons* francesi, oppure i Beatles. A tre anni ballavo al ritmo dei Beatles sul tappeto del salotto.

AK In seguito è diventata batterista, si esibiva quindi sul palco, ma è passata presto dall'altra parte. Perché?

BF C'è una cosa in cui ho fallito in modo fenomenale: l'ansia da palcoscenico. Per questo motivo sono passata dietro le quinte. Esibirsi in scena, presentare in pubblico ciò che abbiamo pensato durante le prove, in ogni circostanza e con qualunque stato d'animo, è una dote che non ho e per la

1 La *Steigerlied* o *Steigermarsch* è una canzone popolare dei minatori, nata nel XVI secolo nella regione dei Monti Metalliferi, in Sassonia, e diffusasi in seguito in tutta la Germania. In questo videoclip è possibile ascoltare la canzone, accompagnata da immagini documentarie e sottotitoli in tedesco e inglese: https://www.youtube.com/watch?v=ylNkDzzyiUM&t=22s (consultato l'11 settembre 2022).

quale ammiro gli attori e le attrici. In questo contesto è affascinante constatare che molti attori e attrici siano in realtà persone timide. Come regista sono sicuramente vicina agli attori e attrici e devo essere in grado di immedesimarmi nei vari ruoli, ma non devo recitare.

AK La regista non deve recitare, ma deve osservare ed essere in grado di avanzare delle proposte.

BF E ascoltare! Certamente. So sempre meno cosa significhi essere regista, e lo dico senza civetteria. Ma so che è un mestiere. Un mestiere che comprende diverse abilità, fra cui una spiccata sensibilità per il linguaggio, come pure senso del ritmo, dello spazio, dei colori e della luce. Inoltre, per me è essenziale anche il senso del silenzio. Come nasce, da dove viene? Bisogna anche essere dotati di senso dell'umorismo. L'umorismo offre infatti la possibilità di oggettivare il mondo, evitando di soprassedere. E si deve anche essere pazienti ed estremamente attenti.

AK Si tratta anche di assicurarsi un posto dove sia possibile sperimentare sul piano artistico, senza protezione?

BF Non credo sia possibile esercitare una professione artistica restando indenni. Ritengo però necessario creare degli spazi in cui la fiducia e il rispetto reciproci, ascoltarsi e prendersi sul serio siano le prerogative. Ma nel processo artistico le ferite sono inevitabili. La vita è traumatizzante e l'arte nasce dalla vita. Penso sia illusorio e riduttivo definire l'arte come uno «spazio sicuro». Dopotutto, ognuno di noi intende qualcosa di diverso. Tuttavia, va da sé che un contesto caratterizzato dalla fiducia reciproca e scevro da discriminazioni sia imprescindibile. L'ho sempre pensata così.

AK In quest'ottica allude a tematiche molto dibattute attualmente. Ma l'immagine romantica dell'artista che si sacrifica in modo totale non è anche un po' tossica?

BF Non posso togliere ai giovani in procinto di intraprendere una carriera artistica dubbi e paure. Non sarà un percorso facile, gli artisti non vivono in pace con se stessi. Non si può dire che i processi artistici siano indolori o privi di attriti e di rabbia. Così come c'è spazio per la gioia e l'entusiasmo, trovano posto anche rabbia e delusione. Si vivono molte delusioni, bisogna saperle affrontare.

AK Come nascono le sue messinscene? Come abborda una nuova produzione, un nuovo soggetto?

BF Non vedo uno schema. Del resto, molti aspetti di se stessi rimangono in ombra – il che è importante per evitare la tentazione di ripetersi. Constato però che, quando affronto un nuovo soggetto, tasto il terreno lanciando una sorta di sonde o proboscidi e discutendone con la drammaturgia o nella mia cerchia di amicizie. Magari poi lo metto da parte, dicendomi che è un ottimo materiale, ma non adatto in questo momento. Mi succede spesso. Dopo avere girato intorno a un determinato soggetto, emerge una struttura simile a una ragnatela. I fili si intrecciano mentre cammino, mentre guardo fuori dalla finestra, sempre anche prima di addormentarmi. Dopodiché segue una fase di percezione selettiva in cui, all'improvviso, il soggetto prescelto fa capolino ovunque. Questi campi di attenzione o campi energetici sono forse l'aspetto centrale del mio modo di creare.

AK In qualche modo, lei s'impadronisce del testo prescelto e il testo s'impadronisce di lei?

BF Non cerco mai i soggetti di cui intendo occuparmi. Si manifestano. Sono nell'aria. Adoro osservare la fauna selvatica: la regione della Ruhr è ideale anche per questo! Ci sono delle specie particolari di uccelli, delle oche che sorvolano starnazzando questi cieli olandesi in grandiose formazioni. Mi piacerebbe molto osservare gli esseri umani dalla loro prospettiva. Anche le oche ci osservano infatti. L'osservazione della fauna selvatica è una grande fonte d'ispirazione per me. Lo stesso miscuglio di familiarità ed estraneità emana per me dai testi che affronto.

AK Ha accennato a una struttura reticolare come fondamento del processo creativo.

BF Nell'ambito della Ruhrtriennale abbiamo appena ospitato la biologa marina Heike Vesper la quale, nell'esporre la sua preoccupazione per lo stato degli oceani, ha sottolineato quanto sia importante comprendere che tutto è interconnesso. Se non lo abbiamo ancora capito, è ormai troppo tardi. Ecco perché mi è venuta in mente la struttura reticolare. Anche nelle arti e nel teatro molti elementi sono strettamente interconnessi. Non è possibile limitarsi a stringere una vite, perché ciò avrà delle conseguenze inaspettate.

AK In seguito, affronta dunque la fase delle prove portando con sè la ragnatela che ha tessuto?

BF Di solito getto alle ortiche tutto ciò che ho letto e pensato, tutto ciò che ho ingurgitato, per così dire. Mi scrollo tutto di dosso e ci tuffiamo di nuovo tutti insieme in immersione. A proposito: prima dell'inizio delle prove sono sempre incredibilmente nervosa.

AK Febbre della ribalta? O l'eccitazione prima dell'inizio?

BF È incredibile. Ed è una cosa che non migliora per niente con l'avanzare dell'età. Ho piuttosto l'impressione di diventare sempre più timida. Forse c'è anche qualcosa di infantile in questo. I bambini intuiscono alcune cose senza averle vissute, in un momento di genialità. Al contrario, invecchiando, a volte si può reagire in modo infantile a una determinata situazione.

AK In altre parole, prima della fase di galoppo fra i trentacinque e i quarantacinque anni, e anche dopo, si è più rilassati?

BF Assolutamente no! Intendevo dire che ho sperimentato una sorta di accelerazione monumentale in quegli anni. Prima e dopo la situazione è diversa. Non è tanto la velocità ad essere diminuita, non sono una donna anziana. Ci sono momenti in cui si ha l'impressione di pensare di meno, di riflettere e interrogarsi di meno, ma ci si limita semplicemente a dire: «Davanti a noi c'è una giungla, dobbiamo attraversarla.» Poi si torna ad essere più riflessivi. Se devo essere sincera, ciò ha a che fare con il fatto che molte persone a me care sono morte. Si tratta quindi di un senso di perdita, legato all'irreparabile assenza di persone care, al carattere definitivo, alla certezza che ormai rimangono solo i ricordi.

AK Questi mondi ultraterreni e personaggi presenti-assenti si ritrovano sempre più spesso anche nelle sue messinscene, ne *I Morti* [2] o in *Usher* [3], ad esempio, e anche nel più recente *Terra sconfinata*[4]. È una progressione di chiaroscuro?

2 *Die Toten*, un progetto ispirato al racconto *I Morti* di James Joyce, con testi tratti dall'*Ulisse* e *Finnegans Wake*. Debutto il 16 maggio 2019, Pfauen, Schauspielhaus di Zurigo. Maggiori informazioni sulle produzioni di Barbara Frey sono riportate nella teatrografia in appendice, pp. 331–346. In merito a *Die Toten* si rimanda anche ai contributi di Andreas Wilink e Barbara Villiger Heilig nel presente volume di *MIMOS*, p. 111 e p. 250.

3 *Der Untergang des Hauses Usher* di Edgar Allan Poe. Debutto il 14 agosto 2021, Maschinenhalle Zweckel, Gladbeck, nell'ambito della Ruhrtriennale. (Debutto viennese il 10 ottobre 2021, Burgtheater). Su questa messinscena si veda anche il contributo di Andreas Wilink nel presente volume di *MIMOS*, pp. 112 e segg.

4 *Das weite Land* di Arthur Schnitzler. Debutto il 20 agosto 2022, Jahrhunderthalle Bochum, nell'ambito della Ruhrtriennale. (Debutto viennese il 2 settembre 2022, Burgtheater / Akademietheater). Si veda anche il contributo di Andreas Wilink in questo volume di *MIMOS*, pp. 116 e segg.

| BF Interessante che lo abbia notato. Credo sia proprio così...

AK Quali caratteristiche deve avere un testo, affinché la interpelli e decida di occuparsene?

BF Innanzitutto deve avere una certa profondità. Deve anche avere una buona dose d'ironia e, perché no, una vena di follia. E una certa robustezza, dev'essere resistente e riuscire a imporsi. Inoltre, ovviamente, per quanto banale possa sembrare, non può mancare la bellezza. Alcuni testi hanno una bellezza intrinseca che non può essere messa in discussione. Quando la bellezza si unisce alla profondità. Non una bellezza superficiale o un mero virtuosismo quindi, ma qualcosa di cangiante nel testo che spazia dalla luce all'oscurità. E non smette di sorprendere. È proprio questo il bello della grande letteratura: che si prende costantemente gioco di noi, costringendoci a un'auto-decostruzione produttiva, anziché crogiolarci nelle nostre conferme. Vado alla ricerca di opere che, a tratti, mi sorprendano con qualcosa di brutale, con qualcosa che non capisco o che mi ripugna, che mi spaventa. Ciò vale per tutte le arti, come ad esempio le opere di Leoš Janáček, che ammiro molto. Amo il modo in cui conferisce profondità ai personaggi per poi lasciarli risalire in superficie, la sua capacità di passare dall'acqua bassa a un pozzo infinitamente profondo. È un aspetto che apprezzo anche nei testi letterari.

AK Anche questa è una concezione eminentemente musicale del testo. Di recente, molte opere teatrali, soprattutto del canone, vengono prese di mira in merito a questioni spinose come il sessismo, il colonialismo o il razzismo. Lei stessa ha fatto spesso scoperte fuori dal canone, fra cui *Automatenbüfett*[5] di Anna Gmeyner, ha tuttavia portato in scena anche numerosi classici. Pensa che alcune pièce debbano essere accantonate?

BF Sono scettica riguardo al desiderio dilagante di trovare una soluzione a tutto, di potersi rivolgere a un'autorità competente per qualsiasi problema e di sapere esattamente dove sia la luce o dove l'ombra. Percepisco una forte e diffusa ricerca di un ordine assoluto. Coloro che vedono la vita come una zona di pace, di mani tese e dialogo alla pari, si troveranno in grande difficoltà. A partire dal momento in cui si innamoreranno. E non mi riferisco ai casi di discriminazione, per mettere le cose in chiaro. Vorrei separare nettamente le due questioni. Siamo tutti d'accordo che i luoghi in cui passiamo il nostro tempo e ci incontriamo debbano essere delle zone

5 *Automatenbüfett* di Anna Gmeyner. Debutto il 30 ottobre 2020, Burgtheater di Vienna (Akademietheater). Su questa produzione si veda il contributo di Margarete Affenzeller nel presente volume di *MIMOS*, pp. 205–210.

sicure, a volte anche confortevoli. Questo per me è fuori discussione. Parlo da donna che ne ha viste di tutti i colori in tanti anni di teatro. Ma spesso viene messo tutto nello stesso calderone. È in particolare contro questa tendenza che oppongo resistenza. Ho appena portato in scena *Terra sconfinata* di Arthur Schnitzler. Concordo che Schnitzler fosse un tipo insopportabile e avesse spesso dei comportamenti inaccettabili, ma io leggo il suo testo, non traspongo in scena la sua biografia. La pièce mi interessa fra l'altro anche perché un uomo, un medico ebreo dotato di incredibili capacità analitiche, scopre una virilità tossica nella società imperial-regia della sua epoca. Certo che la scopre, non è mica stupido! Il mio compito consiste nell'assicurarmi che le donne che ruotano attorno a questo personaggio non sembrino poco più che servette. Per questo ho delle attrici straordinarie al mio fianco. Idealmente, ciò si traduce in una diversa interpretazione della pièce rispetto a quanto abbiamo visto finora. Devo fidarmi di un'opera teatrale nella misura in cui essa possa muoversi liberamente come argento vivo, giungendo perfino a contraddirsi. Ma ciò è insito nell'opera d'arte stessa! Ad ogni modo, degli Hofreiter di questo mondo ne abbiamo tutti abbastanza.

AK Ciononostante ci innamoriamo sempre di loro...

BF È esattamente quello che intendo! Mi riferisco proprio a queste contraddizioni.

AK Dietro all'attuale volontà di rendere l'arte priva di elementi disturbanti si cela una nuova concezione estetica, in base alla quale la nozione romantica di autonomia dell'arte sia ormai obsoleta e che il palcoscenico debba essere piuttosto un luogo di attivismo politico e di comunità.

BF Non ho idea di cosa sia obsoleto. Da migliaia di anni continuiamo a superarci e confutarci a destra e a manca – non so che farmene di questi termini. Non abbiamo mai confutato Euripide. Non abbiamo confutato Shakespeare, Saffo, Virginia Woolf è inconfutabile. Ma posso capire benissimo il desiderio di usare il palcoscenico come spazio per l'attivismo politico. Penso che sia fantastico! Non ho alcuna riserva al riguardo. Il teatro è una forma d'arte in continua evoluzione, è stato dichiarato morto un'infinità di volte, è costantemente in crisi. Ma il teatro in sé è molto robusto. Può resistere a tutto ciò. A mio modo di vedere non basta però limitarsi a tollerare le forme più disparate l'una accanto all'altra, in base a un oscuro concetto di tolleranza. Mi sembra troppo poco. Il riconoscimento reciproco sarebbe essenziale, iniziare a prendersi davvero sul serio. La cosa che mi dà maggiormente fastidio è però l'attuale mania di correggere. L'«intervento correttivo» ha un'accezione giacobina. Heiner Müller avrebbe parlato di «erkennungsdienstliche Behandlung von Kunst», una sorta di «trattamento giudiziario di identificazione dell'arte»[6]. No! Trovo che i discorsi improntati al disprezzo e all'esclusione siano antierotici e controproducenti. Dobbiamo sopportare questa proliferazione di forme artistiche, le une contro le altre, le une attorno alle altre, solo così può germogliare un teatro vitale. Solo così nasce l'arte.

6 Cf. Heiner Müller: «Einen historischen Stoff sauber abschildern, das kann ich nicht» (1976), in: Id.: *Gesammelte Irrtümer* 1, 3. Frankfurt am Main: Verlag der Autoren, 1996, p. 39. [Traduzione della citazione di Paola Gilardi].

Andreas Klaeui

"Trust is our most important asset"

In Conversation with Barbara Frey

Andreas Klaeui (AK) We're meeting here in Bochum, in the director's office of the Ruhrtriennale, in the heart of the Ruhr area. Before this, you spent ten years working at the Schauspielhaus in Zurich. How are you experiencing the contrast between the regions?

Barbara Frey (BF) As a challenge – which is what I seek. The Ruhr area is a wounded area. The earth here has endured heavy handling: it's something you can feel. It's a vulnerable area, what's known as a "structurally weak" area that's suffering from "structural change" – a strange fetish term! At the same time, it's an area full of vitality, with a peculiar form of multi-perspectivity manifested in green meadows and forests full of industrial buildings, hard steel and nature reserves. The people are their own breed – without wanting to lump them all together. They have these places called "Trinkhallen" (drinking halls). The name alone excites me! They're venues where people meet, a mix of bar and kiosk. I once entered one of these drinking halls and came face to face with a bearded hulk of a guy, intimidatingly tattooed, who greeted me in his deep voice with a gentle "Hello there!" It took me a while to understand these discrepancies – which I find very typical here. Just as plants sprout from the industrial wastelands, culture sprouts here too, as do the arts.

AK Is the Barbara Frey here different to the one in Zurich?

BF I think it's natural that the places you work in shape you over time. We always change when we visit other places or are surrounded by other people. Over time, an inner catalogue develops that documents much of what we see and makes it feel like home. I don't mean that in a kitschy way. I'm also talking about places that aren't idyllic. Of course, I loved Zurich with its water, the view of the Alps. I'm Swiss, I'm receptive to these things. Nonetheless, I can quickly adjust to something different and I think that comes from the fact that I carry my other homes around with me internally, so to speak. I don't have to exchange one for the other – I can go on accumulating them. I'll be turning sixty next year and I quite like the way my homes have formed a collection. However, you have to accept the fact that your sense of homelessness also inevitably starts to increase. The one doesn't cancel the other out.

AK Do you also feel that a sense of home arises through relations with the people you work with?

BF Definitely. As an example, I've known and appreciated Judith Gerstenberg, one of our head dramaturgs, for thirty years. She's like a piece of home for me. I've experienced various theatre cities with her, and now the Ruhrtriennale. I chose a profession that involves a lot of goodbyes, but at the same time, I'm a person who doesn't like saying goodbye. This even troubled me as a child and, before each farewell, I would always start to withdraw for a while to spare myself the pain. We often seek out the ghosts we're frightened of. Being an artist often involves some kind of exorcism. There are lots of ghosts we want to be rid of. But that doesn't mean they're then gone for ever.

AK You mentioned dramaturg Judith Gerstenberg. I'm also thinking of an actor like Michael Maertens or a set designer like Bettina Meyer: these are long-standing, deeply formative working relationships.

BF These kinds of relationships are elementary for me. They give me a feeling of being cared for, maybe a kind of shared sense of home. Trust is our most important asset. We have love, and we have trust. Without love and trust there is no art. But also the places I go to deserve love and trust. Even if they're places that don't first seem particularly inviting. I have to take a step towards a place, just as I take a step towards a person.

AK Does that get easier with age – or more difficult?

BF It becomes clearer to me, on a fundamental level. There are phases in life – with me this was around my mid-thirties, forties – that seem to be propelled by an automatic inner force. You just get on with things and everything runs by itself. Later, it becomes easier to see life from another side again. Most likely because people dear to you disappear. My parents died not long ago. Although they'd been separated for 45 years, one died not long after the other. I've been looking at the world differently since their death. That's just the way it is.

AK Let's go back to the spaces for a moment, those industrial buildings right here in the Ruhr area: these are strong spaces that stand for themselves, that are not created for theatre, and have a strong *genius loci* – how do you approach them?

BF It's interesting that, on arrival, all artists coming here feel the impact and are filled with doubt. But then they discover that these spaces, for all their inherent vibrations, also allow for a lot of play. You have to surrender to them, then they begin to speak. Several eras and presences converge in these spaces, which is also a bit spooky. It's like one giant whisper from all those who've been here before. I don't mean the romance of the collieries and the *Steigerlied*.[1] The concept is foreign to me, and there's no romance for me in these spaces. But they're filled with a spirit. Ideally, this is the spirit that I, as an artist, want to engage with.

AK You started as a musician and then turned to directing. How exactly did this come about?

BF Because I didn't make it as an actress! As a child, I hoped to be an actress when I grew up. I often imagined myself as someone else: a "qween" or "pwincess". These role models were anarchically present in my life even though I hardly ever played with dolls and much preferred bears, or a game of football with my brother. Radio fascinated me too. I invented my own radio programme and imitated voices: there was the sports reporter with the twang, for example, and many others.

AK So music already played a fundamental role in your approach to language then – as is often the case in your productions today?

BF I was lucky enough to grow up in a musical family. When I was twelve, my parents split up, but while they were still together, my father listened to a lot of jazz, and my mother listened to classical music and French chansons, but also the Beatles. As a three-year-old I was dancing to Beatles music in the living room.

AK You then became a drummer, gave performances, but soon switched to the other side?

BF I failed miserably due to one thing: my stage fright. I've now switched to the invisible side. The performance, making visible the ideas we'd thought up during rehearsal, functioning under all circumstances and in every frame of mind: I can't do that, and I admire actors for that ability. Bearing this in mind, it's fascinating that many actors are actually quite shy. As a director, it's true that I'm close to the actors and have to be able to project myself into the roles too, but I don't have to perform them.

AK As director, you don't have to act, but you have to see, and you have to make choices.

1 The *Steigerlied* (miners' song) or *Steigermarsch* (miners' march) is a 16th century miners' folk song that originated in the Saxon Ore Mountains and spread across whole Germany. See the video clip with documentary footage and lyrics subtitled in German and English at: https://www.youtube.com/watch?v=ylNkDzzyiUM&t=22s (last accessed on 11 September 2022).

BF And listen! Yes. And I can say, without fishing for compliments, that I'm finding I know less and less about directing. But I do know it's a craft. A craft made up of many individual skills, a feeling for language, rhythm, space, colour, light and so on. Hugely important for me is a feeling for silence. What is it made of, where does it come from? You need a sense of humour too. Humour gives you the chance to objectify the world, not to sit on things. A director should also have patience and be very attentive.

AK Is it also a question of creating a safe space where artists can experiment without fear of exposing themselves?

BF I don't think that you can practise an artistic profession without being hurt. I feel there needs to be clearly defined zones, mutual trust, mutual respect, people who take each other seriously and who listen. All that's essential. But in the artistic process, someone's bound to get hurt. Life is traumatising, and art comes from life. I think art as a "safe space" is an illusion and a trivialisation. And everybody has a different idea of what makes a space safe. There has to be a basic context of mutual trust and absence of discrimination: this is obvious, I've always thought so, by the way.

AK This touches on current debate in the arts. But isn't the romantic image of artists completely abandoning themselves to their art also slightly toxic?

BF When speaking to young people starting out on an artistic career, I can't talk them out of their doubts and fears. The truth is: it won't be cosy, artists don't live in peace with themselves. I can't go and say that artistic processes are injury-free, friction-free, even free of anger. Just as there's space for happiness and excitement, there's also room for anger and disappointment. There's a lot of disappointment, you have to be ready for that.

AK How do your productions originate? How do you approach a work, a material?

BF There's no pattern, as far as I can see. After all, a lot remains hidden from yourself – which is important so that you're not tempted to lapse into repetition. What I do know is that I develop something like feelers as I circle round a work, either by talking to the dramaturg or with friends. I might put it aside again and think: great material, but not for now. That happens to me quite often. Once a work has been corralled, as it were, something like a spider's web emerges. Threads spin together while I'm walking, looking out of the window, always while I'm falling asleep. Next comes a phase of selective perception. This is when I suddenly start seeing a theme everywhere. These fields of attention or energy fields – this is perhaps the key to it all.

AK You penetrate the material and the material penetrates you?

BF I don't actually go and seek out the works. They're already there, floating around. I'm passionate about observing animals – this is another thing that makes the Ruhr region ideal. There are unusual kinds of birds here, and geese that cross these Dutch skies in magnificent formations, chattering away. I would so love to look at us humans through their eyes. I mean, they see us too. I discover a lot through watching wildlife. And I feel the same mixture of familiarity and strangeness emanates from the work too.

AK You'd mentioned a network structure as your creative process.

BF We recently had marine biologist Heike Vesper visiting us here at the Ruhrtriennale. Talking about her concerns over the state of the oceans, she underlined how important it is to understand that everything is connected. And if we haven't understood that by now, then it's too late anyway. That's why this network structure comes to mind. There are many things in the arts and in theatre that are inextricably intertwined. You can't just turn one little cog alone, as that would have unknowable consequences.

AK So once you've got this spider's web, you then start rehearsals?

BF And throw everything overboard that I've read and thought about, everything I've been chewing on, so to speak. Then I have to shake myself and we all go for another deep dive again together. By the way, I'm always incredibly nervous before the first rehearsal.

AK Stage fright? The tension before it all starts?

BF It's unbelievable. And it's something that doesn't improve at all as I get older. If anything, my shyness is getting worse. There may also be a childlike aspect to it. Children intuit things without having lived through them, in a moment of genius. As a person grows older, they sometimes react to situations like a child.

AK In other words, we take things easier before this dynamic stage in our mid-thirties and forties, and then again afterwards?

BF Not at all! I only meant that I personally went through a phase of phenomenal acceleration during those years. The difference is before and after. Not that the speed has stopped, I'm not an old woman. There are times when I seem to think less, reflect less and question less, but simply say, here's the thicket, here's the way through. Then I start to ponder everything again. If I'm honest, it's linked to the fact that many people I was close to have died. It's a question of loss. The absence of loved ones, the irretrievable. The finality that something is really only a memory.

AK I've noticed more otherworlds, more absent-yet-present figures in your productions lately, with *Toten,*[2] in *Usher,*[3] and now in *Das weite Land.*[4] Is this a chiaroscuro, and is it on the rise?

BF Interesting that you've noticed that. I think it's true…

AK What does a work need for you to grab it and for it to grab you?

BF A depth, in any case. Often irony, or even an absurdity. A certain robustness: it has to be resilient and hold its own. And of course, as simple as it sounds, a beauty. There is beauty in texts that is irrefutable. Where beauty is related to depth. Not surface beauty or a hollow virtuosity, but something brilliant in the text that speaks to the dark as well as the light. And is always full of surprises. That's the wonderful thing about great literature: we're permanently taken for a ride. It guides us into a process of productive self-dismantling; we should never remain confident in our beliefs. I look for works that harbour something disturbing which rises up unexpectedly. Something I don't understand or that disgusts me, something that frightens me. This applies to all art forms, also an opera by Leoš Janáček, whom I admire very much. The way he draws depth out of figures and then

2 *Die Toten*, a project based on the short story *The Dead* by James Joyce with texts from *Ulysses* and *Finnegans Wake*. Premiere on 16 May 2019, Pfauen, Schauspielhaus Zürich. For more information on Barbara Frey's productions see the list of works in this *MIMOS* edition, pp. 331–346. With reference to *Die Toten*, see also the articles by Andreas Wilink and Barbara Villiger Heilig in this *MIMOS* edition, p. 121 et p. 260.

3 *Der Untergang des Hauses Usher*, based on the short story *The Fall of the House of Usher* by Edgar Allan Poe. Premiere on 14 August 2021, Ruhrtriennale, Maschinenhalle Zweckel, Gladbeck. (Vienna premiere on 10 October 2021, Burgtheater). See also the article by Andreas Wilink in this *MIMOS* edition, p. 121 et seq.

4 *Das weite Land* [*The Vast Domain*] by Arthur Schnitzler. Premiere on 20 August 2022, Ruhrtriennale, Jahrhunderthalle Bochum (Vienna premiere on 2 September 2022, Burgtheater / Akademietheater). See also the article by Andreas Wilink in this *MIMOS* edition, p. 126 et seq.

sends them bubbling right back to the surface again: he has a range that spans from a shallow pool of water to a bottomless well. I like that about texts too.

AK And this, too, displays an eminently musical understanding of the text. Today, many plays, especially those in the canon, are subject to particular scrutiny in terms of themes like sexism, colonialism and racism. You're known for discovering works not included in the canon, such as Anna Gmeyner's *Automatenbüfett*,[5] but you've also staged the classics. Do you think certain plays should no longer be produced?

BF I'm sceptical about this rampant and growing desire to have a solution for everything, to be able to establish an authority on everything and to know exactly what the good and bad sides of everything are. I sense a strong, diffuse desire for an absolute order. Anyone who sees life as a peace zone, where people hold each other's hands and show undying mutual respect, will have a very, very hard time. Especially then when they fall in love. Just to be clear again, I'm not talking about discrimination; I'd really like to see that as something separate. But that the spaces in which we spend time and meet need to be safe spaces, perhaps also places of comfort – well, this is where we agree: it's out of the question. And I speak as a woman who's experienced a few things over my many years in theatre. But much is often thrown into the same pot. That's what I object to. I've just staged Arthur Schnitzler. That Schnitzler was insufferable and often behaved badly in his life: yes – but I'm reading his text, not staging his biography. The text interests me not least because a man, a Jewish doctor with incredible analytical abilities, discovers a toxic masculinity in the imperial royal society he's living in. Of course he does, he's not stupid! My job is to make sure that the women around this character don't look like glorified maids. I have excellent actresses for that. In the best case, the result will be a different *Weites Land* than we've ever seen before. I need to trust a work enough to let it express its capriciousness. Even if this means it may ultimately contradict itself. But that's what a work of art gives us! We've all had enough of the Hofreiters of this world.

AK But we still find ourselves falling in love with them…

BF That's what I mean! That's what I'm talking about!

5 *Automatenbüfett* by Anna Gmeyner. Premiere on 30 October 2020, Vienna Burgtheater (Akademietheater). See also the article by Margarete Affenzeller in this *MIMOS* edition, pp. 205–210.

AK Behind the efforts to make art trigger-free is a changed aesthetic concept: that the notion of art being autonomous, which originated in the Romantic period, is obsolete and that the stage is now a place of activism and community.

BF I have no idea what's obsolete. For thousands of years, we've been reducing others left, right and centre to obsoleteness, believing we've overpowered them, proved them wrong – these ideas mean little to me. We've never disproved Euripides. We haven't disproved Shakespeare, Sappho, you can't disprove Virginia Woolf. But I can understand the idea of using the stage as a space for activism. That's great! I have no reservations about that at all. Theatre is an art form that's constantly changing, has been declared dead umpteen times, is always in crisis. But theatre itself is very robust. It can withstand all that. What matters to me is that we don't just quietly accept a random range of wildly different forms side by side, with a dubious sense of tolerance. That's not enough for me. I want us to appreciate each other and take each other seriously. What I don't like is this vehement need to correct others. "Corrective intervention"– that rings of Jacobin ideology. Heiner Müller would have termed it "erkennungsdienstliche Behandlung von Kunst" (loosely: "treating art like a criminal suspect").[6] No! In my mind, any discourse based on suspicion and exclusion is unerotic and life-destroying. We must learn to stand firm against the proliferation of this corrective culture, the rampant growth against and around each other. This is the only way that vibrant theatre can be created. Only then does art come into being.

6 Cf. e.g. Heiner Müller: "Einen historischen Stoff sauber abschildern, das kann ich nicht" (1976). In: Id., *Gesammelte Irrtümer* 1, 3. Frankfurt am Main: Verlag der Autoren 1996, p. 39. [Quote translated by Karen Oettli-Geddes].

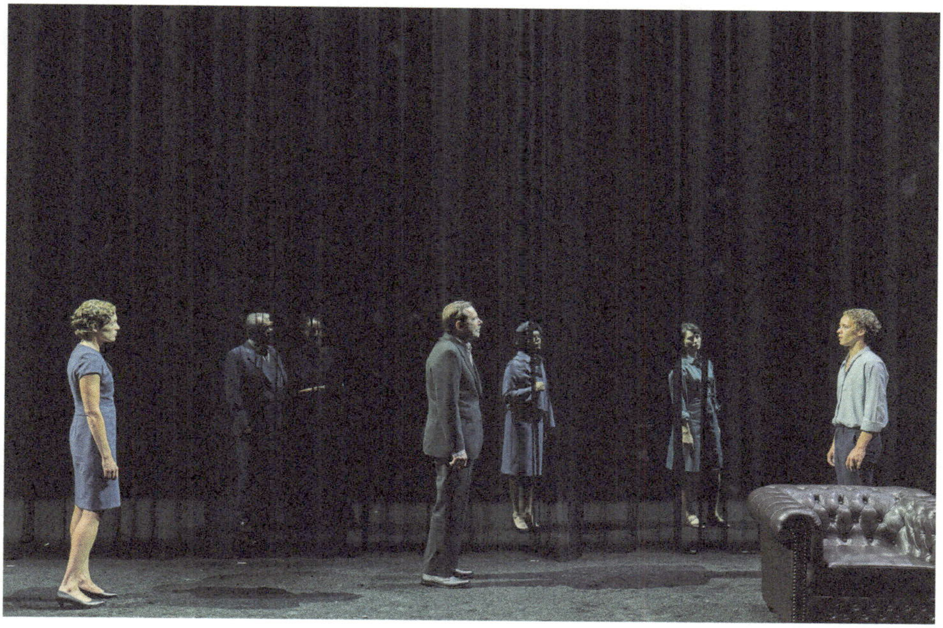

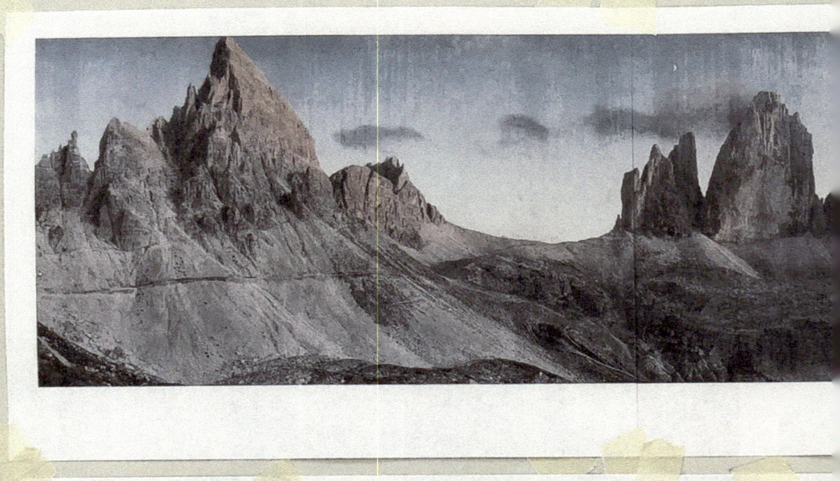

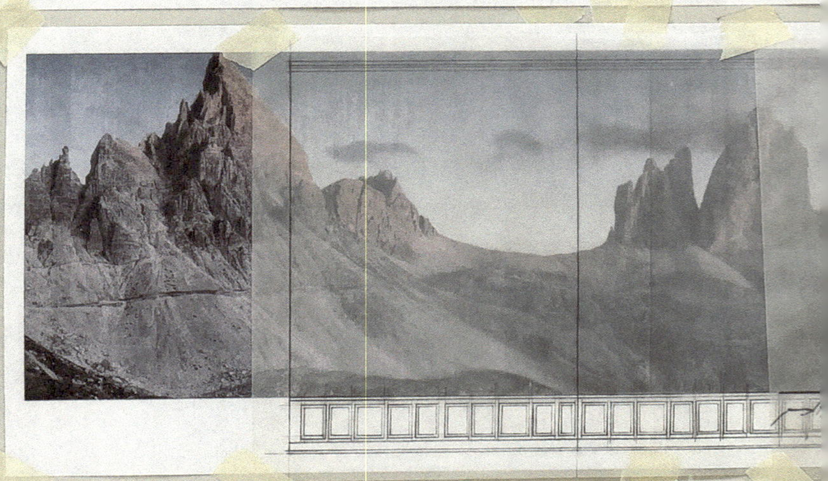

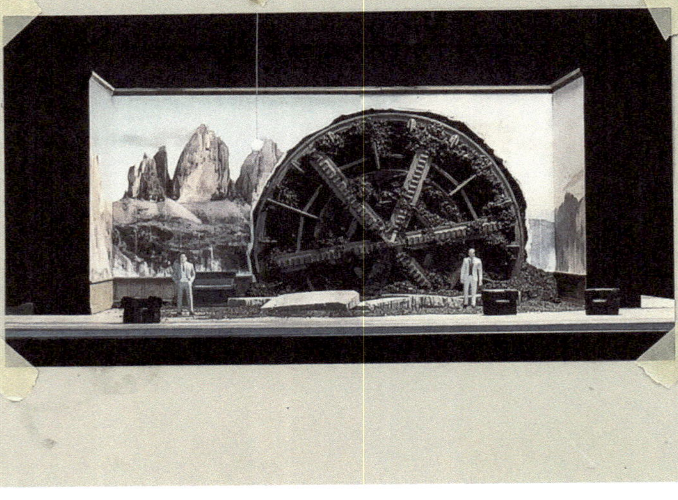

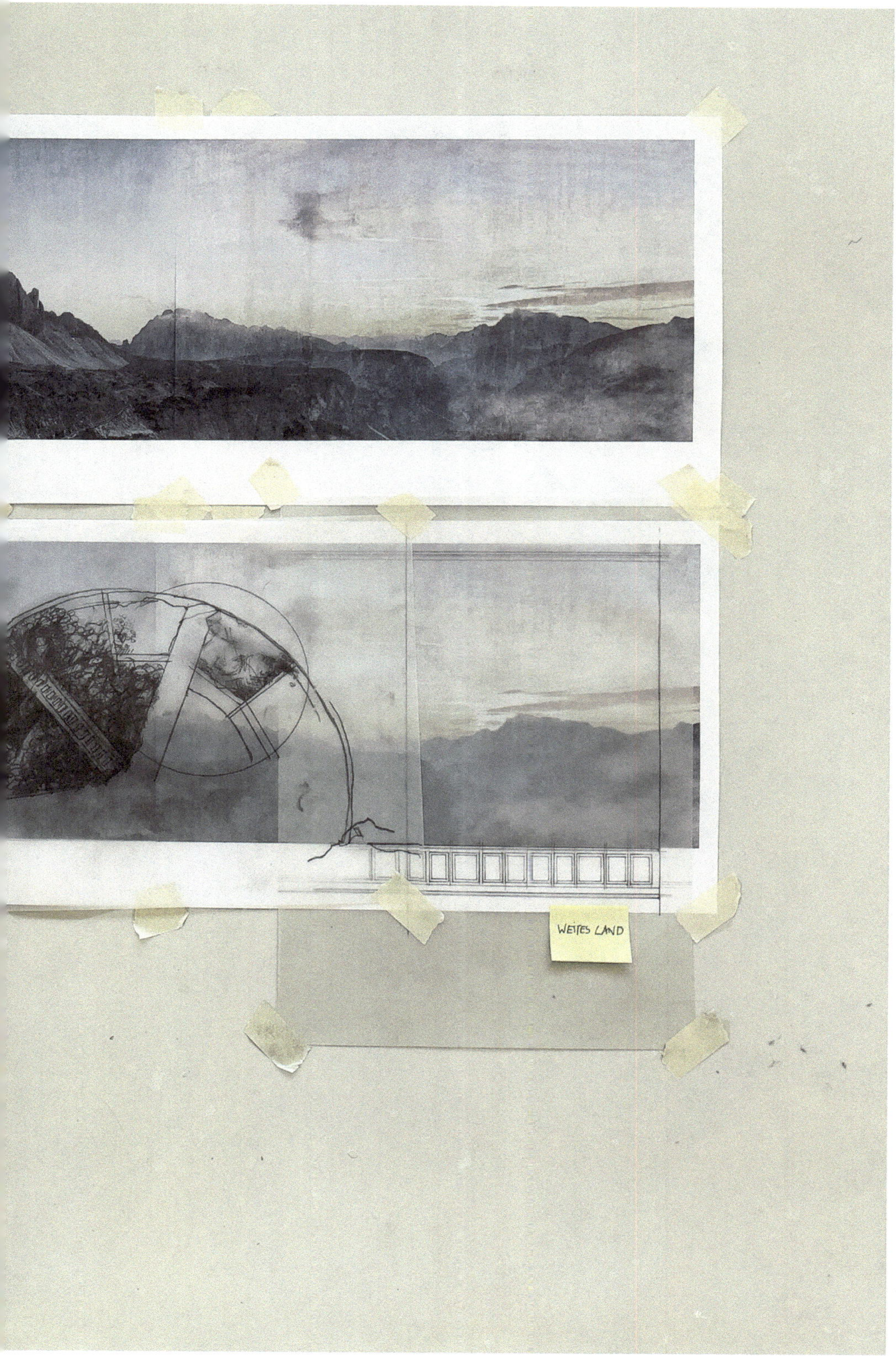
WEITES LAND

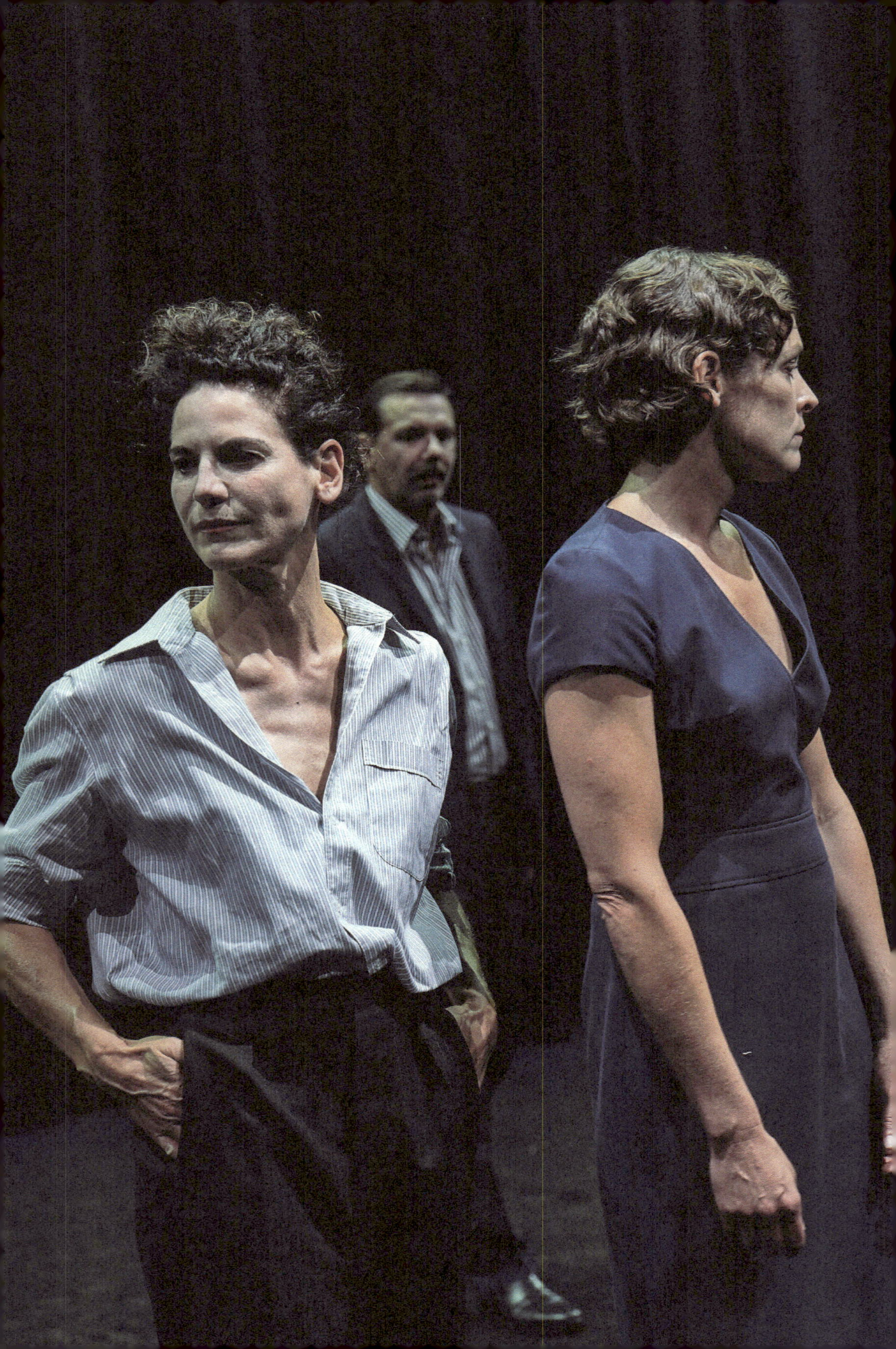

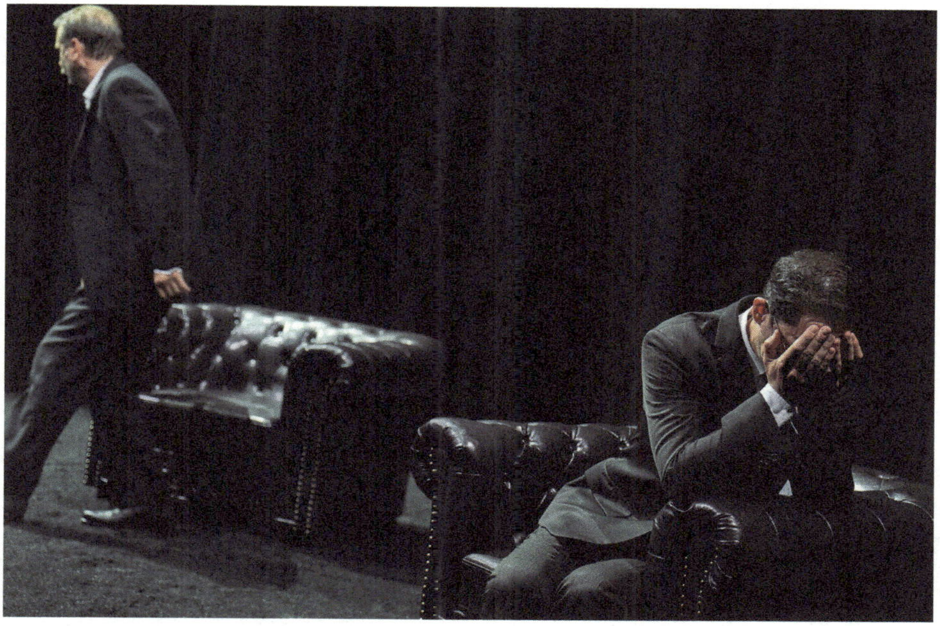

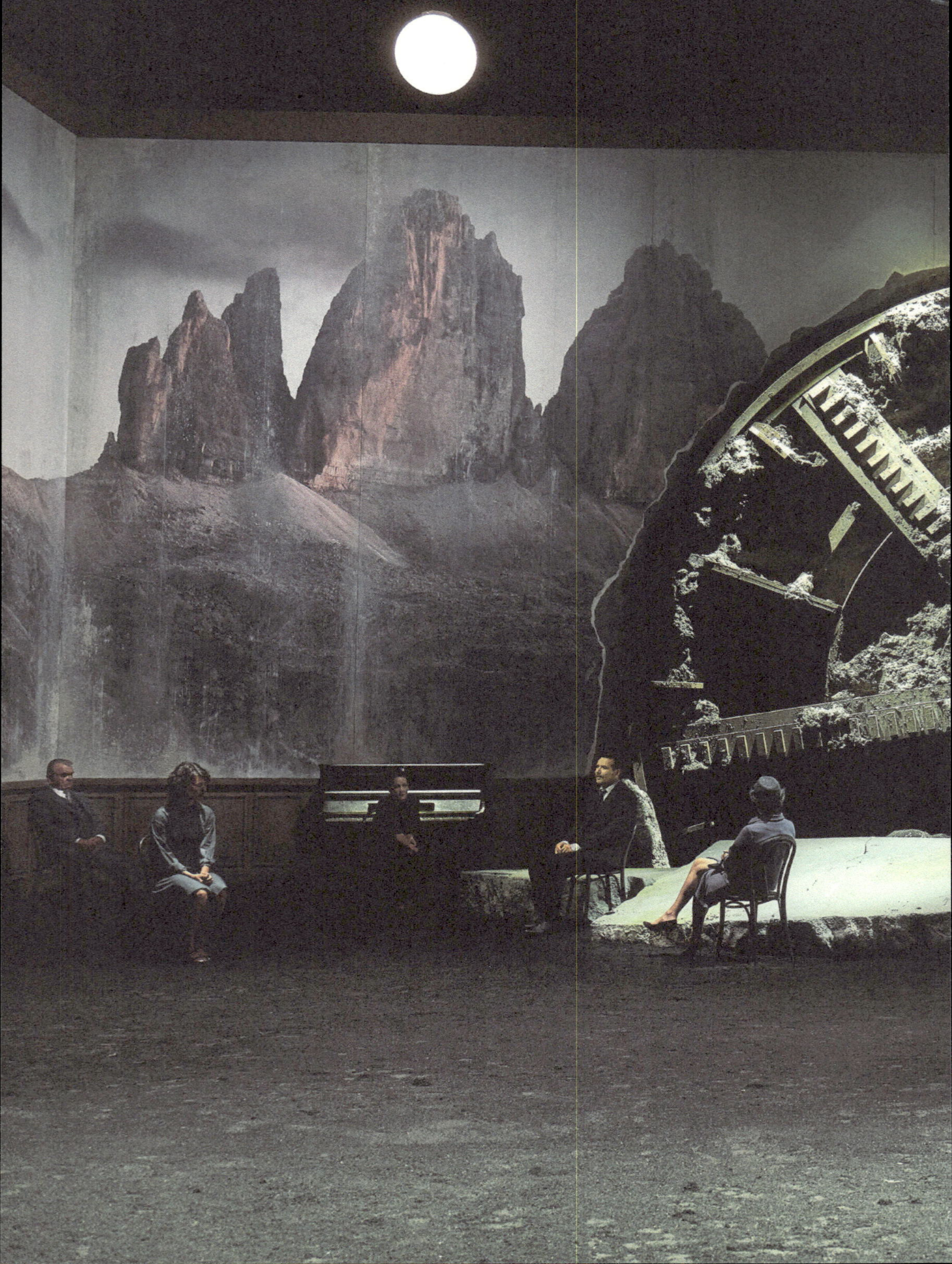

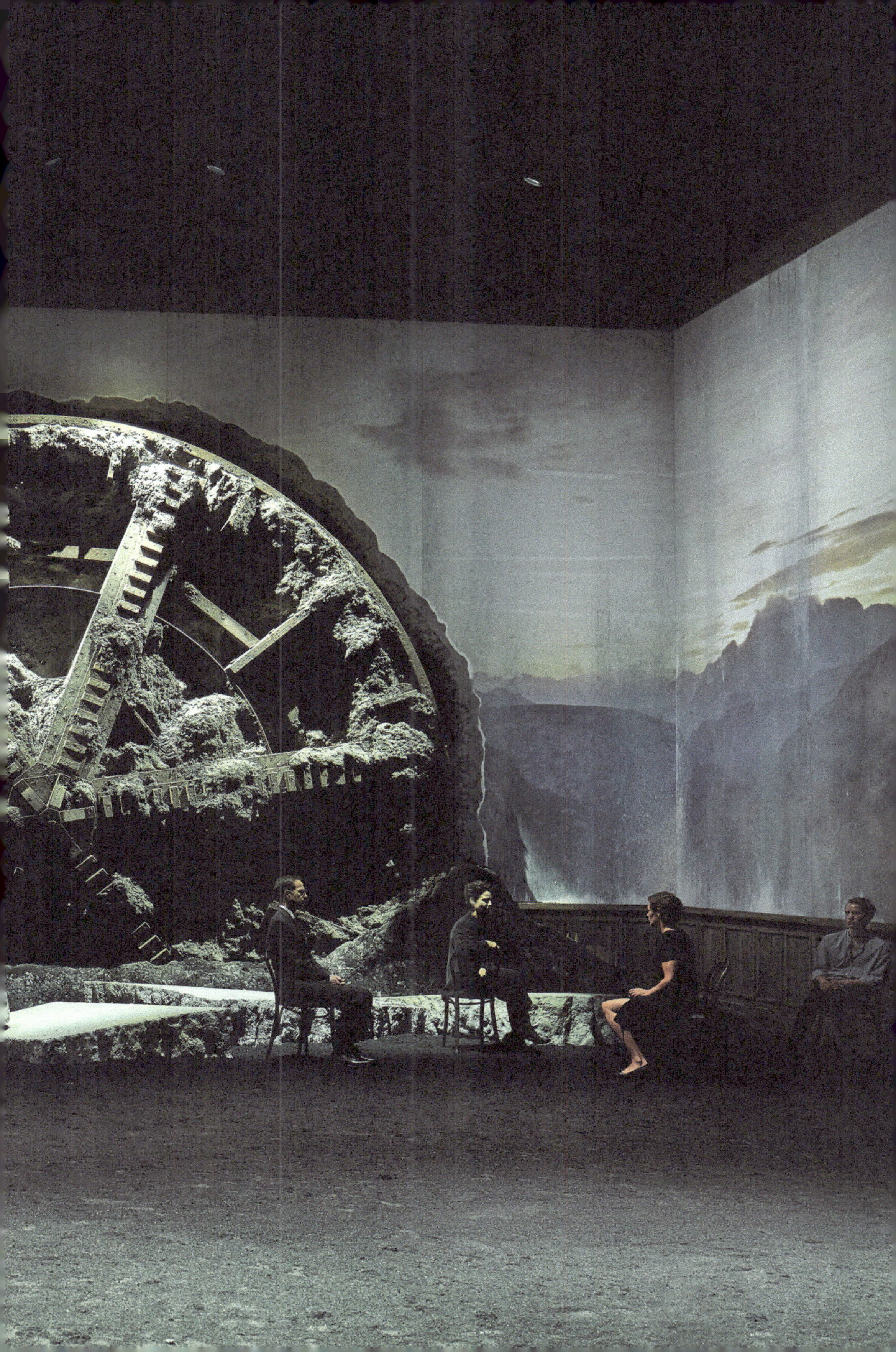

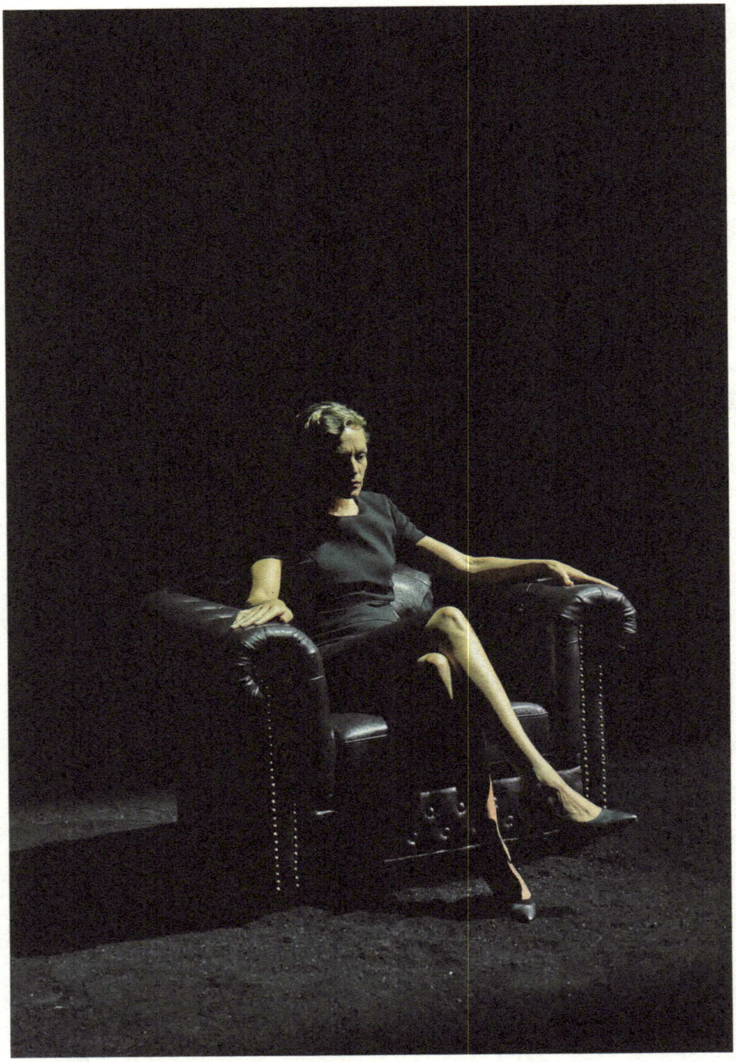

Andreas Wilink

Geisterstunden im Schattenreich des Industriezeitalters

Barbara Frey als Regisseurin und Intendantin der Ruhrtriennale

Von «stiller Grundtrauer»[1] spricht Gottfried Keller, der Dichter und beamtete Erste Staatsschreiber des Kantons Zürich, der am städtischen Rindermarkt wohnte – nicht fern vom Schauspielhaus am Pfauen, wo Barbara Frey 2019 ihre zehnjährige Intendanz mit James Joyce' *Die Toten*[2] beendete. Die Inszenierung der letzten Episode der *Dubliner*[3] brachte Frey 2021 als Intendantin der Ruhrtriennale ein in ihre auf drei Jahre angelegte Ehe mit dem einstigen deutschen Kohle-und-Stahl-Revier. Eine Brautgabe von Symbolgewicht. Denn dieser eine Dialog, den Frey, neben anderen, aufnimmt, ist der nachhaltigste: der mit den Toten. Sie sind miteinander im Austausch, die Lebendigen und die Toten. Abschied und Ankunft. Diesseits und Jenseits. Aussen und innen. Ein vielstimmiger Chor.

Joyce' Sprachmusik wurde von dem Fünfer-Ensemble changierend zwischen Sprechen und Singen vorgetragen. «Man kann rufen und spricht kein einziges Wort.»[4] So heisst es wiederum in Anna Gmeyners Stück *Automatenbüfett,* das, von Frey am Akademietheater der Wiener Burg inszeniert[5], zum Berliner Theatertreffen 2021 eingeladen war. Joyce' Zwischenwesen sind bei Frey Reisende aus unserer Sphäre in eine unbestimmt andere und legen Aufenthalt ein in einer «Salle des pas perdus», wie sich der Wartesaal im Französischen nennt. Nachlauschend den Worten, so dass der von dem Ungewissen allen Seins imprägnierte Abend schwebende Atmosphäre wahrt.

Die bei Joyce angeschlagene Moll-Tonart bestimmte 2021 auch Freys Eröffnungsproduktion für das nordrhein-westfälische Festival der Künste.[6] In ihr begegnen wir spukhaften Gestalten, die der Experte sublimen Grauens, ohne den weder Sherlock Holmes noch Alfred Hitchcock zu denken wären, Edgar Allan Poe, erfunden hat. *Der Untergang des Hauses Usher,* eine Meistererzählung des 19. Jahrhunderts, öffnet die Schreckenskammer des Unbewussten.

1 Gottfried Keller am 21. April 1881 an Wilhelm Petersen: «Mehr oder weniger traurig sind am Ende alle, die über die Brotfrage hinaus etwas kennen oder sind; aber wer wollte am Ende ohne diese stille Grundtrauer leben, ohne die es keine echte Freude gibt.» Zitiert aus: Ders.: *Gesammelte Briefe in vier Bänden.* Bd. III/1. Hrsg. von Carl Helbling. Bern: Benteli 1952, S. 379–383; hier: S. 381.

2 Premiere (deutschsprachige Erstaufführung) am 16. Mai 2019, Pfauen, Schauspielhaus Zürich. Weitere Informationen zu dieser und den anderen im vorliegenden Beitrag erwähnten Inszenierungen von Barbara Frey finden sich im Werkverzeichnis am Buchende, S. 331–346.

3 Vorlage für Freys Inszenierung: James Joyce, *Werke.* Frankfurter Ausgabe. Bd. 1: *Dubliner.* Übersetzt von Dieter E. Zimmer. Frankfurt am Main: Suhrkamp 1969.

4 Anna Gmeyner, *Automatenbüffett* (1932). Frankfurt am Main: Verlag der Autoren 2011 (TTX Theatertexte), Erster Akt, Szene 6, S. 17.

5 Premiere am 30. Oktober 2020, Burgtheater Wien.

6 *Der Untergang des Hauses Usher* von Edgar Allan Poe. Premiere am 14. August 2021, Maschinenhalle Zweckel, Gladbeck. (Wiener Premiere am 10. Oktober 2021, Burgtheater).

Überhaupt, Häuser und Gehäuse! *Der Untergang des Hauses Usher* meint zweierlei: den des Gebäudes und den des Geschlechts, Rodericks und seiner Zwillingsschwester Madeline. Das vermodernde, von Pilz befallene Schloss in seiner steinernen Physis übt Gewalt aus auf die Psyche der Bewohner. Wie Norman Bates' Villa in *Psycho*[7] oder die Zimmerfluchten von Manderley, in denen noch der Geist von *Rebecca*[8] haust. Die Literaturwissenschaftlerin Frey deutet «das Haus als Metapher für die Seele»[9]. Angesichts der imposanten Industriehallen scheint es, als träte sie als Regisseurin – und Ruhrtriennale-Intendantin – einen Schritt zurück. Nicht in falscher Bescheidenheit (obgleich Frey ihren künstlerischen Kolleg:innen und Mitarbeiter:innen nicht selten das *prä* zu überlassen scheint), aber vielleicht aus Scheu vor dem Gewaltigen und Gewalttätigen der Schauplätze. Wie ihnen nahekommen, ohne ihnen so zu Leibe zu rücken, dass sie Schaden nähmen? Etwa so: In der Gladbecker Maschinenhalle Zweckel überantworten sich Poes Seelenabgründe ganz dem Raum. Die Apparate werden zum Szenenbild, das Bühnenbildner Martin Zehetgruber für die Koproduktion mit dem Burgtheater eingerichtet hat, und erscheinen als Fremdkörper und beseelte Objekte, deren Wirkmacht wir zwar einzuschätzen vermögen, aber deren einstiges, zum Stillstand und ihnen abhanden gekommenes technisches Funktionieren uns rätselhaft bleibt.

Verdunkelung in die Dämmerung hinein

Grau, Grauen, Gloom – Schwermut. Dies sind die am häufigsten zu lesenden Worte auf den 25 Seiten von Poes Erzählung. Mehr als ein Begriff, eher eine Bestimmung. Er ist ein Totenbeschwörer. Hören wir bei *Usher* doch mit: «Ashes to Ashes». In der letzten Zeile liegt das Haus in «Trümmern»[10] – so wie das Leben der drei Figuren, deren eine der Ich-Erzähler ist, die beiden anderen das Zwillingspaar Roderick und Madeline sind. Für ihre Geisterstunden musste die Aufführung spät beginnen, um sich in die Dämmerung hinein zu verdunkeln, die durch die hohen Fenster der Halle einsickert. Umnachtung – im doppelten Sinn. Mittels hölzerner Lamellen

7 Alfred Hitchcock, *Psycho*, 1960.

8 Daphne du Maurier, *Rebecca*. London: Victor Gollancz Limited 1938. (Deutsche Erstausgabe: Dies., *Rebecca*. Aus dem Englischen von Karin von Schab. Zürich: Fretz & Wasmuth 1940).

9 «Die Geister, die sie ruft». Barbara Frey im Gespräch mit Andreas Wilink. In: *kultur.west*. Special Ruhrtriennale. Juli/August 2021, S. 42–44; hier S. 43.

10 Hier zitiert aus Edgar Allan Poe, *Der Untergang des Hauses Usher und andere Erzählungen*. Aus dem amerikanischen Englisch von Gisela Etzel. Frankfurt am Main: Fischer Klassik 2018, S. 29.

in den inneren Fensterrahmungen bilden sich Schneisen, Inseln, gefleckte Flächen und Würfelmuster aus Licht und Schatten und überziehen den Spielraum und sein buckliges Maschinen- und Räderwerk.

Das letzte Stündlein schlagen zwei Flügel an, als wollten sie das *Dies irae* anstimmen, bevor die Pianisten abrupt von brausendem Verkehrslärm der Tonspur verdrängt werden. Später rattert das Geräusch eines Zuges herein, krächzen und schilpen Vögel, meldet sich melancholisch das Akkordeon. Das Schloss ist der vierte, vielleicht der eigentliche Hauptdarsteller von Poes Geschichte. Ebenso wird die Maschinenhalle in Freys theatraler Verstofflichung zur Protagonistin. Drei Frauen und drei Männer in schwarzen Anzügen drängen sich eng aneinander, als fürchte jede:r für sich das Alleinsein. Später vereinzeln sie sich oder verschmelzen zu kuriosen Doppelexistenzen, teilen sich dreisprachig (deutsch, englisch, ungarisch) in die Erzählrollen, wechseln chorisch ins lautmalerisch Poetische und lyrisch Rhythmisierte oder vermummen sich zu Greisinnen mit Rollator, die beim Wiedersehen einen Todeskuss androhen. Die Gruppe lauscht dem Gesang des draussen versammelten Ruhrkohle-Chors, der zum Schluss in die Halle einzieht – für eine allerletzte Melodie. Amnesie und Neurasthenie, Somnambulismus, Trance, Halluzination und Allergien gegen das Leben quälen diese Figuren. Der Natur ist nicht zu trauen, auch wenn die anmutige Debbie Korley ausschert und ein feenhaftes Idyll in einer Textpassage aufleuchten lässt, das aber doch von den Schatten heimgesucht wird.

Frey nimmt sich aus Poes Prosawerk noch den *Die Morde in der Rue Morgue*[11], den in einem Solo Michael Maertens als Grand Macabre auftischt, sowie *Berenice*[12] und implantiert sie in die Dramaturgie der mit Ambivalenzen arbeitenden, hoch atmosphärischen Aufführung. Die in die Komik wegtanzende Morbidezza von *Berenice* schraubt sich hinauf in ein surreal zugespitztes, irres Stakkato der Stimmen und der Stimmung. Wir hören einen ebenso schlimm bedrückenden wie revuehaften Weck- und Warnruf, demnach es besser sei vor der Liebe zu flüchten. Indem Frey diese Schicksalsmelodie für die Poe-Ladies Madeline und Berenice beschwört und wie ein Requiem der Populärmusik gestaltet, gibt sie die Tonart für ihr Festival vor.

11 Vgl. Edgar Allan Poe, «Die Morde in der Rue Morgue». In: Ders., *Gesammelte Erzählungen in vier Bänden*. Bd. 2. Hrsg. von Günter Gentsch. Aus dem Amerikanischen von Barbara Cramer-Nauhaus, Erika Gröger und Heide Steiner. Frankfurt am Main: Insel/Suhrkamp 2008, S. 9–52.

12 Vgl. Edgar Allan Poe, *Berenice*. In: Ders. *Gesammelte Erzählungen in vier Bänden*. Bd. 1. Hrsg. von Günter Gentsch. Aus dem Amerikanischen von Barbara Cramer-Nauhaus, Erika Gröger und Heide Steiner. Frankfurt am Main: Insel/Suhrkamp 2008, S. 151–161.

D Auf gewisse Weise verwandeln sich die umgewidmeten Industriehallen in Todestempel, Mausoleen, pharaonische Pyramiden «grauer Wahngespenster»[13], von denen Poe spricht. Das Kohlezeitalter als Schattenreich – «Einer nach dem andern wurden sie alle zu Schatten»[14], heisst es bei Joyce in der Dubliner Erzählung – und mitsamt seinen Fördertürmen maskulines Symbol auch für den ausgeweideten Schoss der Natur. Frey spürt die «Verletzlichkeit der Räume»[15] und der vergangenen Zukunft, die in ihnen Ausdruck findet. Dabei gleichen die meisten eher Trutzburgen, massiv gebaut aus Eisen, Stahl und Ziegel, Macht und Gewinnstreben verkörpernd. Jedoch peripher wie die Saurier, die von der Erde verschwanden.

Literarische Traueranzeigen

Gleich bei ihrem ersten eigenen Bühnenprojekt nahm Frey den Tod an die Hand, indem sie sich der Dichterin Sylvia Plath annäherte, die sich 1963 das Leben genommen hat.[16] Die Besinnung auf diese literarischen Traueranzeigen, ob des in Zürich begrabenen Iren Joyce, ob des jung verstorbenen Amerikaners Poe, ob in der Saison 2022 Arthur Schnitzlers Seelendrama *Das weite Land*[17], erfolgt nicht aus dem Geist einer Postromantik. Der Aspekt der «Retrotopie»[18] als nostalgische Evokation von Ende, von Innenweltlichkeit und einer Umkleidung der ehemaligen Arbeitswelt durch literarhistorische Kostümierung interessiert Freys Ruhrtriennale nicht. Vielmehr der antizipierende Aspekt. Eine Welt von gestern – als Stoff, Motiv und Ort –, die wie ein ferner Spiegel funktioniert, in den wir blicken, um Gefährdungen für die Welt von heute und morgen zu sehen. «Warum», fragt Frey, «sind wir so konstruiert, dass wir nicht in der Lage sind, zu begreifen, was wir anrichten?»[19] Seltsame Gattung Mensch.

Freys Methode, sich Texten und Stoffen zu nähern, lässt sich im Sinne Walter Benjamins «anthropologischer Materialismus»[20] nennen: ein Sich-Annähern über Sinneseindrücke und Stofflichkeit, die Wahrnehmung des Einzelnen

13 Hier zitiert aus Poe, *Der Untergang des Hauses Usher*, a.a.O., S. 7.

14 Hier zitiert aus James Joyce, *Dubliner*. Aus dem Irischen von Friedhelm Rathjen. München: Manesse 2019, S. 390.

15 «Die Geister, die sie ruft», a.a.O., S. 44.

16 *Ich kann es besonders schön*, nach dem Roman *Die Glasglocke* von Sylvia Plath. Premiere am 5. Mai 1993, Komödie Foyer, Theater Basel.

17 Premiere am 20. August 2022, Jahrhunderthalle Bochum. (Wiener Premiere am 2. September 2022, Burgtheater / Akademietheater).

18 Zygmunt Bauman, *Retrotopia*. Aus dem Englischen von Frank Jakubzik. Frankfurt am Main: Suhrkamp 2017.

19 «Die Geister, die sie ruft», a.a.O., S. 44.

20 Den Begriff verwendet Walter Benjamin in seinem zweibändigen Buch *Das Passagen-Werk*. Frankfurt am Main: Suhrkamp 1982.

und Achtung für die Dinge und weniger ein Inszenieren von der reinen Idee her. Somit bilden die Industriehallen den idealen Spielort für sie. Sie sind etwas und sind es nicht mehr. Sind Kulissen und doch wiederum mehr als das: «Lieux de mémoire»[21], wie Gerard Mortier, Spiritus rector und Gründer der Ruhrtriennale, sie immer wieder genannt hat. Indes keine statischen Mahnmale, sondern dynamisch. Das robuste Menschenwerk hat Landschaft verwandelt, die sich nun zurückverwandelt. Freilich: in einen postindustriellen Freizeitpark, auch wenn sich die Natur nicht immer an die künstlich hergestellte Ordnung hält und sich vegetativ eigensinnig durchsetzt.

Im Schoss der Erde

Während der Industrie-Epoche wurde – Sprachbilder sind da deutlich – der Schoss der Erde gewaltsam geöffnet, ausgeweidet, geschändet, vergewaltigt. Eine Art Femizid. Für Frey ein «wichtiger Begriff, weil er Aufmerksamkeit dafür schafft und spezifiziert, was wir nicht wahrhaben wollen»[22]. Frey und ihr dramaturgisches Team nehmen die Einsicht auf, dass die historische, ökonomische und soziale Realität des Industriezeitalters in der Revier-Arbeitswelt durch die Abwesenheit der Frauen gekennzeichnet ist – ein Motiv, das zentral auch die Musiktheaterproduktion *Bählamms Fest*[23] von Leonora Carrington, Elfriede Jelinek und Olga Neuwirth in der Ausgabe 2021 der Ruhrtriennale bestimmt. Frey hat darüber mit der feministischen Ruhrgebietshistorikerin Uta C. Schmidt gesprochen, die sich damit beschäftigt, auch unter städtebaulichem Aspekt: Wo liegt die Zeche, wo sind die Männer, wo Wohnsiedlungen und Häuschen, wo die Frauen?

Zudem umgibt die Relikte der Industrie nunmehr eine Aura von Scheinhaftigkeit, die ebenso das Wesen der literarischen und dramatischen Figuren bestimmt, die sich Frey für ihre dreijährigen Inszenierungs-Recherchen

21 Vgl. Pierre Nora (Hrsg.), *Les lieux de mémoire*. Paris: Gallimard 1984–1992.

22 «Wo die Angst ist, da geht's lang!». Interview von Andreas Wilink mit Barbara Frey. In: *Nachtkritik.de*, 3. August 2021: https://nachtkritik.de/index.php?option=com_content&view= article&id=19823:barbara-frey-im-interview&catid=101&Itemid=84 (letzter Zugang am 24. September 2022).

23 *Bählamms Fest* von Olga Neuwirth, nach *La Fête de l'agneau / The Baa-Lamb's Holiday* von Leonora Carrington, Übersetzung von Heribert Becker. Libretto: Elfriede Jelinek. Regie: Dead Centre (Bush Moukarzel, Ben Kidd); Musikalische Leitung: Silvain Cambreling; Bühne und Kostüme: Nina Wetzel; Co-Bühne: Charlotte Spichalsky; Co-Kostüme: Anneke Goertz; Video: Jacl Pehlan; Video Associate Sebastien Dupouey; Licht Design: Patrick Fuchs, Stephen Dodd; Choreografie: Anne-Lise Brevers (mit Olivia Ancona); Klangregie Norbert Ommer; Dramaturgie: Barbara Eckle. Mit: Katrien Baerts, Dietrich Henschel, Andrew Watts, Marcel Beekman, Gloria Rehm, Linsey Coppens, Graham F. Valentine, Ensemble Modern, Solisten des Knabenchores der Chorakademie Dortmund. Theremin Vox: Lydia Kavina; Live-Electronik Performance José Miguel Fernandez; Live-Electronik und Sound Design: Markus Noisternig, Manuel Poletti (Music Unit, Paris). Premiere am 15. August 2021, Jahrhunderthalle Bochum.

ausgewählt hat. Und nicht nur für sich selbst: Die Musiktheater-Kreation, die das Festival 2022 eröffnete, hiess: *Ich geh unter lauter Schatten*[24] und tastete sich mit Kompositionen von Gérard Grisey, Giacinto Scelsi, Claude Vivier und Iannis Xenakis in den Grenzbereich vom Leben zum Tod vor. Schwellenbewegung, auch dies.

Künstler:innen sind hellhörig und hellsichtig für die Toten. Das Theater gilt Frey als Schauplatz von Séancen. In Anlehnung an Walter Benjamin ist ein Trauerspiel ein Spiel vor Traurigen.[25] Diese Traurigen, also wir, schauen auf die Bühne; was wir dort sehen, kann zum Trost werden.

Nochmals die Frage: Wie den Schauplätzen nahekommen, ohne ihnen beschädigend zu Leibe zu rücken? Für ihre Schnitzler-Inszenierung beantwortet Frey sie anders und im Kontrast zu der *Usher*-Aufführung des Jahres zuvor. Die Jahrhunderthalle Bochum verschwindet gleichsam. Der Spielraum ist schwarz verhangen. In das Monument stählernen Erfolgswillens, dessen Vergänglichkeit melancholisch stimmt wie ein prächtiger Grabtempel auf dem Wiener Zentralfriedhof, baut Barbara Frey für *Das weite Land* ein Mausoleum der Liebe. Der Katafalk ihrer Aufführung ist wie abgedichtet: und lässt nicht Platz für Unwesentliches. Unsichtbar wird alles Äusserliche, das doch wiederum den Bewohner:innen des Schnitzler-Universums, diesen Vorkriegs-Schlafwandler:innen, eignet.

Der plaudernde Konversationston ist bei Frey den Dialogen entzogen für eine knappe, schnelle, heruntertemperierte Screwball tragedy, wie auch Farbe und Muster aus den Kleidern entfernt sind; bis auf drei schwere Ledersessel fehlen Intérieurs. Die Personen sind schlank und schmal gefasst. Elastisch gehalten für das Arrangement auf dem Spielfeld und für Verschiebungen in der Statik der Beziehungen, während musikalische Zäsuren nervös die Szenenabfolge takten. Das ist anders und viel weniger stilisiert als etwa bei Robert Wilson, aber ebenso exakt geführt und wie auf Millimeterpapier vorgezeichnet.

24 *Ich geh unter lauter Schatten*, Werke von Gérard Grisey, Claude Vivier, Iannis Xenakis, Giacinto Scelsi. Regie: Elisabeth Stöppler; musikalische Leitung: Peter Rundel; Bühnenbild: Hermann Feuchtel; Kostüme; Susanne Maier-Staufen; Sound Design: Thomas Wegner; Licht Design: Ulrich Schneider; Dramaturgie: Barbara Eckle. Mit: Sophia Burgos, Kerstin Avemo, Kristina Stanek, Caroline Melzer, Eric Houzelot, Leonhard Reso, Chorwerk Ruhr, Klangforum Wien. Premiere am 11. August 2021, Jahrhunderthalle Bochum.

25 Vgl. Walter Benjamin, *Ursprung des deutschen Trauerspiels*. Hrsg. von Rolf Tiedemann. Frankfurt am Main: Suhrkamp 2000 (Taschenbuch Wissenschaft).

Alles schwarz. Im Hintergrund ein Trauerzug, der den durch Suizid geendigten Künstler Korsakow begleitet. Vorn sitzt Genia Hofreiter, die dem Friedhofsbesuch fernblieb. Durch einen transparenten Schleier-Vorhang treten die Übrigen hervor, wie aus dem Schattenreich. Oder sollte es gerad umgekehrt sein, und sie, Gespenster des Wirklichen, treten ein ins Schattenreich des Lebens? Entrée oder Exit?

Für den Sigmund-Freud-Zeitgenossen Schnitzler erregt die Sexualität psychische Konflikte und moralische Erschütterungen. Sie ist Antrieb gegen den Tod und ist sein Beförderer. Wovon handelt das Ehe- und Liebesdrama? Von «Herzen, in denen nichts verjährt»[26], und von solchen Organen, denen dieses Unbefristete fremd ist, vom tragischen Bewusstsein und vom Talent zu vergessen, vom Unordentlichen des Lebens und davon, dass «das Natürliche das Chaos»[27] sei, von Lüge und Misstrauen.

Eine unsichtbare Stimme erläutert anfangs – entomologisch entsetzlich anschaulich – den Befall von erdbestatteten Menschen durch bestimmte Insektenlarven und Käfertiere. Schnitzlers Drama verwandelt sich durch diesen Prolog zur Leichenbeschau an – scheinbar – lebendigen Körpern. Frey nimmt so den ortsspezifischen Gedanken von Natur, Renaturierung und (Arbeits-)Kultur auf, indem sie das Kreatürliche eindringen lässt in das Menschengemachte und -gedachte, und bringt zum Ausdruck, dass die ästhetische Produktion, die der elegante Connaisseur Schnitzler erschafft und die seine Figuren idealtypisch reproduzieren, dem Verwesen angehört. Eine Atmosphäre der Beklemmung und des Befremdens herrscht. Grössere Entfernung liegt zwischen den Menschen als nach Metern zählende Distanz. Extreme Vereinzelung. Kennen die Eheleute einander nun im Innersten oder überhaupt nicht: Michael Maertens als sanfter Gewalttäter Hofreiter und Katharina Lorenz als Verstandes-Vestalin Genia? Sie bleiben, ob im Zusammenbruch wie sie, ob in Annahme des Schicksals wie er, in ihrer ungeheuren Einsamkeit. Und Unfreiheit, mögen sie sich auch frei fühlen.

Plötzlich ein Wärme-Mensch inmitten der Kälte, ein weiblicher Körper, der sich seiner selbst bewusst mitteilt und verströmt. Bibiana Beglau als Frau Meinhold, deren Sohn Otto der Geliebte Genias wird und den Hofreiter im

26 Arthur Schnitzler, «Das weite Land». Tragikomödie in fünf Akten. In: Ders.: *Gesammelte Werke*. Bd. 1 und 2: «Die dramatischen Werke». Hrsg. von Robert O. Weiss. Frankfurt am Main: Fischer 1962 (Taschenbuch 1993), II. Akt, S. 55.

27 Ebd., III. Akt, S. 82.

Duell töten wird, zeigt im Gespräch mit Genia eine Herzensklugheit, die Härte einschliesst. Eine Komödiantin, was sonst! In einem sehr feinen Besetzungscoup spielt Beglau auch den lange von Frau Meinhold geschiedenen Herrn von Aigner: ein philosophischer Kopf, dem Schnitzler vorbehält, den Titel aufzulösen: «Die Seele ist ein weites Land»[28]. Gebrochene Helligkeit, darum geht es bei Schnitzler. Um Grautöne. Barbara Frey leuchtet sie aus: unerbittlich, peinvoll konzentriert.

Der Vorhang öffnet sich zum Schlussbild, nachdem der Tod dem Spiel das Ende setzt: Martin Zehetgruber türmt das Dolomitenpanorama, geborstene Bodenplatten und ein riesiges Fräs-Rad, das sich in den Stein frisst, für das Zerstörungswerk Leben. Kein Glücksrad. Sondern ein Rad, nicht unähnlich den für die Schwerarbeit entwickelten Werkzeuganlagen in der Maschinenhalle Zweckel. Nahezu widersinnig, ein von Bühnenbau-Händen kunstvoll entworfenes enormes Theaterschaustück in die Realität der einstigen Industriekathedrale zu platzieren. Aber eben dies erzeugt durch Spannung, Reibung und Austausch Erkenntnis.

28 Ebd., III. Akt, S.82.

Andreas Wilink

Les heures fantômes au royaume des ombres de l'ère industrielle

Barbara Frey metteuse en scène et directrice de la Ruhrtriennale

Gottfried Keller, poète et premier chancelier du canton de Zurich, parle d'une « tristesse silencieuse et souterraine »[1]. L'écrivain avait habité dans le quartier Rindermarkt de la vieille ville de Zurich, non loin de la salle Pfauen du Schauspielhaus, où Barbara Frey, en 2019, avait mis un terme à ses dix années à la tête de cette institution théâtrale, avec *Les Morts*[2] de James Joyce. En reprenant la direction artistique de la Ruhrtriennale, elle a apporté en dot, dans son mariage de trois ans avec l'ancien bassin du charbon et de l'acier, cette mise en scène de la dernière nouvelle du recueil *Gens de Dublin*[3] : un cadeau de portée symbolique car, parmi les dialogues que Barbara Frey a entamés, celui avec les morts est le plus durable. Les vivants et les morts communiquent entre eux. Adieu et arrivée. Ici-bas et au-delà. Extérieur et intérieur. Un chœur à plusieurs voix.

Le langage musical de Joyce était interprété par cinq comédiennes et comédiens alternant entre le parlé et le chanté. « On peut appeler sans prononcer un seul mot. »[4] C'est ce que l'on entend dans la pièce d'Anna Gmeyner, *Automatenbüfett*[5], mise en scène par Barbara Frey à Vienne en 2020 et invitée dans le cadre des Rencontres théâtrales de Berlin en 2021. Chez Barbara Frey, les êtres intermédiaires de Joyce sont des voyageur·euse·s passant de notre sphère dans une autre, indéterminée, et s'arrêtant dans une « salle des pas perdus », comme le français nomme les salles d'attente. Ils guettent les mots, de sorte que la soirée, imprégnée par l'incertitude de tout être, conserve une atmosphère flottante.

La tonalité en mineur de Joyce a aussi marqué le spectacle d'ouverture créé par Barbara Frey en 2021 pour la Ruhrtriennale[6]. Nous y rencontrons les créatures spectrales inventées par le maître de l'horreur sublime, Edgar Allan Poe, sans lequel ni Sherlock Holmes ni Alfred Hitchock n'auraient existé. *La Chute de la maison Usher*, un chef d'œuvre du 19e siècle, ouvre la chambre effrayante de l'inconscient.

1 Le 21 avril 1881, Gottfried Keller écrivit à Wilhelm Petersen : « Tous ceux qui connaissent ou sont quelque chose de plus que la seule question liée au pain quotidien sont plus ou moins tristes ; mais, en fin de compte, qui voudrait vivre sans cette tristesse silencieuse et souterraine, sans laquelle aucune véritable joie n'est possible. » Extrait tiré de : Id., *Gesammelte Briefe in vier Bänden*. Bd. III/1, édité sous la direction de Carl Helbling, Berne : Benteli, 1952, pp. 379–383 ; ici : p. 381. [Citation traduite par Ariane Gigon].

2 *Die Toten* de James Joyce. Première le 16 mai 2019, Pfauen, Schauspielhaus de Zurich. De plus amples informations sur l'ensemble des mises en scène de Barbara Frey sont disponibles dans la théâtrographie en fin d'ouvrage, pp. 331–346.

3 La mise en scène de Barbara Frey était basée sur cette version allemande : James Joyce, *Werke*, Bd. 1 : *Dubliner*, traduit de l'anglais par Dieter E. Zimmer, Francfort-sur-le-Main : Suhrkamp, 1969.

4 Anna Gmeyner, *Automatenbüffett* (1932), Francfort-sur-le-Main : Verlag der Autoren, (collection « TTX Theatertexte »), 2011, premier acte, scène VI, p. 17.

5 Première le 30 octobre 2020, Burgtheater de Vienne (Akademietheater).

6 *Der Fall des Hauses Usher* d'Edgar Allan Poe. Première le 14 août 2021, Maschinenhalle Zweckel, Gladbeck. (Première viennoise le 10 octobre 2021, Burgtheater).

F

Surtout : des maisons et des logements ! *La Chute de la maison Usher* a deux significations : la chute du bâtiment et celle de la lignée de Roderick et de sa sœur jumelle, Madeline. Le château, en train de moisir sous l'effet de champignons, exerce la violence de sa physique de pierre sur la psyché de ses habitants. Comme la villa de Norman Bates dans *Psycho*[7] ou les couloirs de Manderley, encore hantés par le fantôme de Rebecca[8]. Pour Barbara Frey, spécialiste de littérature, « la maison est la métaphore de l'âme »[9]. Face à la taille imposante des halles industrielles qui accueillent la Ruhrtriennale, Barbara Frey donne l'impression de faire un pas en arrière en tant que metteuse en scène et directrice de ce festival. Non par fausse modestie (même si elle semble fréquemment laisser la vedette à ses collègues et à ses collaborateur·trice·s artistiques), mais peut-être par crainte devant la violence et la brutalité des lieux. Comment s'approcher d'eux sans les blesser ? À peu près comme ça : dans la Maschinenhalle Zweckel de Gladbeck, les abîmes de l'âme de Poe investissent tout l'espace. Dans le concept scénographique mis en place par Martin Zehetgruber pour cette coproduction avec le Burgtheater de Vienne, les machines se transforment en décor. Elles apparaissent comme des corps étrangers et des objets animés, dont nous parvenons certes à estimer la puissance, mais dont le fonctionnement technique, qui s'est arrêté et s'est comme échappé depuis longtemps, nous reste mystérieux.

Obscurcissement au crépuscule

Sombre, gris, mélancolique – tristesse. Ce sont les mots que l'on lit le plus souvent dans les 25 pages du récit de Poe. Davantage qu'une idée, il s'agit plutôt d'un destin. D'une interrogation des morts. Nous entendons, en effet, dans le nom *Usher*, « ashes to ashes » (« les cendres retournent aux cendres », ndlt.). La dernière ligne nous apprend que la maison Usher est en « ruines »[10], comme la vie des trois personnages, dont l'un est le narrateur, qui parle à la première personne, tandis que les deux autres sont les jumeaux, Roderick et Madeline. Pour ces heures fantômes, les représentations de la pièce doivent commencer tard, afin que la lumière s'obscurcisse dans le crépuscule

7 Alfred Hitchcock, *Psychose [Psycho]*, 1960.

8 Daphne du Maurier, *Rebecca*, Londres : Victor Gollancz Limited, 1938.

9 «Die Geister, die sie ruft», entretien d'Andreas Wilink avec Barbara Frey, dans : *kultur.west*, édition spéciale consacrée à la Ruhrtriennale, juillet/août 2021, pp. 42–44 ; ici : p. 43. [Citation traduite par Ariane Gigon].

10 Cité ici d'Edgar Allan Poe, « La Chute de la maison Usher », dans : Id., *Nouvelles histoires extraordinaires*, traduction de l'anglais (États-Unis) par Charles Baudelaire, Paris : Folio, 1982, p. 157.

qui s'infiltre par les hautes fenêtres des lieux. Obscurcir – dans un double sens. En pénétrant à travers les lamelles en bois à l'intérieur des cadres de fenêtres, les lumières et les ombres forment des lignes, des îles, des surfaces tachetées, des motifs cubiques et recouvrent l'espace scénique, ses machines et rouages abîmés.

Deux pianos à queue sonnent la dernière heure comme s'ils voulaient lancer le *Dies irae*, avant que les pianistes ne soient abruptement remplacés par le bruit mugissant de la bande sonore. Plus tard monte le bourdonnement d'un train, crient et croassent des oiseaux, retentit un accordéon mélancolique. Le château est le quatrième personnage du récit de Poe, peut-être le véritable personnage principal. De la même manière, la Maschinenhalle de la mise en scène de Barbara Frey se matérialise elle aussi en personnage. Trois femmes et trois hommes en costume noir se serrent les uns contre les autres comme si chacun·e craignait d'être seul. Plus tard, ils se séparent ou se fondent en d'étranges existences doubles, se divisent, dans les rôles narratifs, en trois langues (allemand, anglais, hongrois), passent, en chœur, vers la poésie onomatopéique et un rythme lyrique, ou se masquent en vieillard·e·s avec déambulateur menaçant de donner le baiser de la mort lors de retrouvailles. Le groupe écoute le chant de la chorale Ruhrkohle rassemblée à l'extérieur, qui pénètre dans la salle à la fin du spectacle, pour une dernière mélodie. Amnésie et neurasthénie, somnambulisme, transe, hallucination et allergies à la vie tourmentent les personnages. Il ne faut pas faire confiance à la nature, même si la grâcieuse Debbie Korley, dans un passage du texte, s'écarte et allume un songe féérique, qui sera pourtant hanté par les ombres.

Barbara Frey utilise deux autres nouvelles d'Edgar Allan Poe, *Double assassinat de la rue Morgue*[11], joué, en solo par Michael Maertens en tant que Grand Macabre, ainsi que *Berenice*[12]. Elle les inscrit dans la dramaturgie d'une mise en scène hautement atmosphérique et travaillant avec des ambivalences. La morbidesse de la danse de Berenice, qu'elle pousse jusqu'au comique, se transforme en un *staccato* de voix et d'ambiance surréaliste et fou. Nous entendons un avertissement et un signal d'alarme aussi gravement oppressants que dignes d'une revue, selon lesquels il vaut mieux fuir l'amour. Avec cette mélodie du destin pour les dames de Poe, Madeline et Berenice, qui a un air de requiem de musique populaire, Barbara Frey donne le ton pour l'ensemble du programme de son festival.

11 Edgar Allan Poe, *Double assassinat de la rue Morgue, suivi du Mystère de Marie Roget*, traduction de l'anglais (États-Unis) par Charles Baudelaire, Paris: Librio, 2018.

12 Edgar Allan Poe, «Berenice», dans: Id., *Nouvelles histoires extraordinaires*, op. cit., pp. 120–133.

D'une certaine manière, les halles industrielles ainsi reconverties se transforment en temples de la mort, en mausolée, en pyramides pharaoniques des « sinistres fantômes »[13] dont parle Poe. L'époque du charbon comme royaume des ombres – « Un par un, ils devenaient tous des ombres »[14], dit Joyce dans les *Gens de Dublin* – mais, avec ses tours servant à l'extraction du minerai, également comme symbole masculin du ventre éviscéré de la nature. Barbara Frey ressent la « vulnérabilité des bâtiments »[15] et du futur déjà passé qui y est exprimé. En fait, la plupart d'entre eux ressemblent plutôt à des châteaux forts, construits massivement en fer, en acier et en briques, incarnant le pouvoir et la quête du profit, mais anecdotiques comme les dinosaures disparus de la surface de la terre.

Nécrologies littéraires

Barbara Frey s'était emparée du thème de la mort dès son premier projet scénique personnel, en se rapprochant de la poétesse Sylvia Plath, qui s'était suicidée en 1963[16]. La réflexion autour de ces nécrologies littéraires, que ce soit avec l'Irlandais James Joyce, enterré à Zurich, ou avec l'Américain Edgar Allan Poe, décédé jeune, ou encore avec le drame sur l'âme *Terre étrangère*[17] d'Arthur Schnitzler, mis en scène lors de l'édition 2022 de la Ruhrtriennale, n'est pas, pour Barbara Frey, le fruit d'un esprit post-romantique. La dimension de « retrotopia »[18], en tant qu'évocation nostalgique de la fin, de refuge dans des mondes intérieurs ou d'un habillage de l'ancien monde du travail par des costumes historiques et littéraires, n'est pas ce qui intéresse Barbara Frey pour ses mises en scène et son festival. Elle est plutôt intéressée par l'aspect anticipatif. Un monde d'hier – en tant que matière, motif et lieu – qui fonctionne comme un miroir lointain dans lequel nous regardons pour découvrir des menaces pesant sur le monde d'aujourd'hui et de demain. « Pourquoi », demande Barbara Frey, « sommes-nous construit·e·s de telle manière que nous ne sommes pas en mesure de comprendre les conséquences de ce que nous faisons ? »[19] Étrange genre humain.

13 Edgar Allan Poe, *La Chute de la maison Usher*, op. cit., p. 141.

14 James Joyce, « Les Morts », dans : Id., *Gents de Dublin*, traduction de l'anglais (Irlande) par Jacques Aubert, Paris : Gallimard, « collection Folio bilingue », 2013, p. 199.

15 « Die Geister, die sie ruft », art. cit., p. 44. [Citation traduite par Ariane Gigon].

16 *Ich kann es besonders schön* [*Je sais le faire très bien*], d'après le roman *La cloche de détresse* de Sylvia Plath. Première: 5 mai 1993, Komödie Foyer, Theater Basel.

17 Première le 20 août 2022, Jahrhunderthalle Bochum. (Première viennoise le 2 septembre 2022, Burgtheater / Akademietheater).

18 Zygmunt Bauman, *Retrotopia*, traduction de Frédéric Joly, Paris : Premier Parallèle, 2019.

19 « Die Geister, die sie ruft », art. cit., p. 44.

La méthode de Barbara Frey pour aborder les textes et les sujets peut être qualifiée, à la suite de Walter Benjamin, comme relevant du « matérialisme anthropologique »[20] : c'est une approche par le biais d'impressions sensorielles et par la matérialité, la perception de l'individuel et le respect des choses, plutôt qu'une mise en scène partant de l'idée pure. Ainsi, les halles industrielles constituent un lieu de jeu idéal. Ils sont quelque chose, et ne le sont plus. Ce sont des coulisses, et à nouveau davantage : des « lieux de mémoire »[21], comme Gérard Mortier, *spiritus rector* et fondateur de la Ruhrtriennale, les a régulièrement appelés. Des monuments non pas statiques, mais dynamiques. Le robuste travail de l'homme a transformé le paysage, qui se retransforme. Cependant : il se retransforme en un parc de loisirs post-industriel, même lorsque la nature ne respecte pas toujours l'ordre établi artificiellement et s'impose, par la végétation, avec obstination.

Dans le ventre de la terre

A l'époque industrielle – les métaphores sont ici très claires – le ventre de la terre a été ouvert de force, éviscéré, profané, violé. Une sorte de féminicide. Pour Barbara Frey, il s'agit d'un « concept important, car il crée l'attention et spécifie ce que nous ne voulons pas reconnaître »[22]. La metteuse en scène et son équipe dramaturgique sont d'avis que ce qui caractérise la réalité historique, économique et sociale de l'ère industrielle dans le monde du travail est l'absence des femmes – un motif qui est également central dans la pièce de théâtre musical *Bählamms Fest*[23], de Leonora Carrington, Elfriede Jelinek et Olga Neuwirth, présentée lors de l'édition 2021 de la Ruhrtriennale. Barbara Frey a évoqué ces questions avec l'historienne féministe de la Ruhr,

20 Walter Benjamin a esquissé ce concept dans son essai sur le surréalisme (1929) et dans son grand ouvrage inachevé, *Paris, capitale du xıxe siècle. Le livre des passages* (1927–1940). Voir : Id., *Œuvres II*, Paris : Gallimard, 2000 et Id., *Paris, capitale du xixe siècle. Le livre des passages*, Paris : Cerf, 1989.

21 Pierre Nora (éd.), *Les lieux de mémoire*, Sept volumes. Paris : Gallimard, « Collection Bibliothèque des Histoires », 1984–1992.

22 « Wo die Angst ist, da geht's lang! », entretien d'Andreas Wilink avec Barbara Frey, dans : *Nachtkritik.de*, 3 août 2021 : https://nachtkritik.de/index.php?option=com_content&view=article&id=19823:barbara-frey-im-interview&catid=101&Itemid=84 (consulté le 24 septembre 2022).

23 *Bählamms Fest*, d'Olga Neuwirth, d'àprès *La Fête de l'agneau / The Baa-Lamb's Holiday* de Leonora Carrington, version allemande de Heribert Becker ; libretto d'Elfriede Jelinek. Mise en scène : Dead Centre (Bush Moukarzel, Ben Kidd) ; direction musicale : Silvain Cambreling ; scénographie et costumes : Nina Wetzel ; assistance à la scénographie : Charlotte Spichalsky : assistance à la réalisation des costumes : Anneke Goertz ; vidéo : Jaci Pehlan ; associé à la réalisation des vidéos : Sebastien Dupouey ; éclairage : Patrick Fuchs, Stephen Dodd ; chorégraphie : Anne-Lise Brevers (avec Olivia Ancona) ; son : Norbert Ommer ; dramaturgie : Barbara Eckle. Avec : Katrien Baerts, Dietrich Henschel, Andrew Watts, Marcel Beekman, Gloria Rehm, Linsey Coppens, Graham F. Valentine, Ensemble Modern, les solistes du Chœur des jeunes chanteurs de l'Académie du théâtre de Dortmund ; thérémine vox : Lydia Kavina ; performance électronique en direct : José Miguel Fernandez ; électronique en direct et conception sonore : Markus Noisternig, Manuel Poletti (Music Unit, Paris). Première le 15 août 2021, Jahrhunderthalle Bochum.

F Uta C. Schmidt, qui s'y intéresse également d'un point de vue urbanistique : où se trouve la mine de charbon, où sont les hommes, où sont les lotissements et les maisonnettes, où sont les femmes ?

En outre, les vestiges de l'industrie sont désormais entourés d'une aura de faux-semblants, qui détermine également la nature des personnages littéraires et dramatiques choisis par Barbara Frey pour ses trois années de recherche théâtrale. Et pas seulement pour elle-même : la pièce de théâtre musical qui a ouvert le festival en 2022 s'intitulait *Ich geh unter lauter Schatten*[24] et tâtonnait, avec des compositions de Gérard Grisey, Giacinto Scelsi, Claude Vivier et Iannis Xenakis, aux frontières de la vie et de la mort. Mouvement sur un seuil, cela aussi.

Clairvoyants, les artistes sont à l'écoute des morts. Pour Barbara Frey, le théâtre est un lieu de séances de spiritisme. En référence à Walter Benjamin, une tragédie est un jeu pour les personnes tristes[25]. Ces dernières, c'est-à-dire nous, regardent la scène ; ce que nous voyons peut devenir une consolation.

Posons à nouveau la question : comment s'approcher des lieux sans les endommager ? Pour sa mise en scène du texte de Schnitzler, Barbara Frey y a répondu autrement, en contradiction, même, avec son travail consacré

à *La Chute de la maison Usher*, réalisé l'année précédente. La Jahrhunderthalle de Bochum disparaît presque. L'espace est recouvert de noir. Dans ce monument à la gloire de la volonté, en acier, de réussir, dont la fugacité a l'effet mélancolique d'un magnifique temple funéraire du cimetière central de Vienne, Barbara Frey construit, pour *Terre étrangère*, un mausolée de l'amour. Le catafalque de sa mise en scène est comme scellé : ce qui n'est pas essentiel n'y trouve aucune place. Tout ce qui est extérieur devient invisible, une qualité pourtant propre aux habitant·e·s de l'univers de Schnitzler, ces somnambules d'avant-guerre.

Barbara Frey remplace le ton de la conversation légère par celui de la tragédie loufoque, concis, rapide et tempéré, comme les couleurs et les motifs sont retirés des vêtements ; les décors sont vides de meubles, à l'exception de trois lourds fauteuils en cuir. Les personnes sont minces et fines. Elles

24 *Ich geh unter lauter Schatten* [*Je marche parmi des ombres*], œuvres de Gérard Grisey, Claude Vivier, Iannis Xenakis, Giacinto Scelsi. Mise en scène : Elisabeth Stöppler ; direction musicale : Peter Rundel ; scénographie : Hermann Feuchtel ; costumes : Susanne Maier-Staufen ; son : Thomas Wegner ; éclairage : Ulrich Schneider ; dramaturgie : Barbara Eckle. Avec : Sophia Burgos, Kerstin Avemo, Kristina Stanek, Caroline Melzer, Eric Houzelot, Leonhard Reso, Chœur de la Ruhr, Klangforum de Vienne. Première le 11 août 2021, Jahrhunderthalle Bochum.

25 Walter Benjamin, *Origine du drame baroque allemand*. Paris : Flammarion, 2000.

sont élastiques pour l'agencement sur le terrain de jeu et pour les déplacements dans la statique des relations, tandis que des césures musicales donnent un rythme nerveux à la succession des scènes. Le résultat est différent et beaucoup moins stylisé que chez Robert Wilson, par exemple, mais la mise en scène est menée avec autant de précision, comme tracée sur du papier millimétré.

Le royaume des ombres de la vie

Tout est noir. En arrière-plan, un cortège funèbre accompagne l'artiste Korsakov, qui avait mis un terme à sa vie en se suicidant. Devant, Genia Hofreiter, qui ne s'était pas rendue au cimetière, est assise. Les autres personnages apparaissent à travers un rideau de voile transparent, comme s'ils sortaient du royaume des ombres. Ou bien serait-ce justement l'inverse, et eux, les fantômes du réel, entrent dans le royaume des ombres de la vie ? Entrée ou sortie ?

Pour Arthur Schnitzler, contemporain de Sigmund Freud, la sexualité provoque des conflits psychiques et des bouleversements moraux. Elle est un moteur contre la mort, tout en la promouvant. De quoi parle ce drame conjugal et amoureux ? De « cœurs refus[a]nt la prescription »[26] et de ces organes pour lesquels la durée illimitée est étrangère, de la conscience tragique et du talent consistant à oublier, du désordre de la vie et du fait que « le naturel, c'est le chaos »[27], du mensonge et de la méfiance.

Au début, une voix invisible explique – de manière entomologique et horriblement claire – la contamination des personnes enterrées par certaines larves d'insectes et de coléoptères. Ce prologue transforme le drame de Schnitzler en un examen de cadavres sur des corps – apparemment – vivants. Barbara Frey reprend ainsi l'idée, propre à ce lieu, de la nature, de la renaturation et de la culture (du travail), en laissant apparaître ce qui relève des créatures dans ce qui a été fabriqué et conçu par l'être humain, et exprime ainsi le fait que la production esthétique d'Arthur Schnitzler, élégant connaisseur, reproduite idéalement par ses personnages, appartient en fait au monde de la décomposition.

26 Arthur Schnitzler, *Terre étrangère*, pièce de théâtre tragicomique en 5 actes, Nanterre : Nanterre-Amandiers, 1984, acte II, p. 113.

27 *Idem*, acte III, p. 129.

F

Une atmosphère d'appréhension et d'étrangeté règne. La distance entre les personnes est plus grande que celle qui se compte en mètres. Un isolement extrême. Les époux se connaissent-ils intimement, ou pas du tout : Michael Maertens, en Hofreiter doux et violent, et Katharina Lorenz en vestale spirituelle Genia ? Qu'ils s'effondrent, comme elle, ou qu'ils acceptent le destin, comme lui, ils restent dans leur immense solitude. Et l'absence de liberté demeure aussi, même s'ils se sentent libres.

Soudain, un être humain chaleureux au milieu du froid, un corps féminin qui, consciemment de lui-même, communique et rayonne. Bibiana Beglau, dans le rôle de Madame Meinhold, dont le fils Otto devient l'amant de Genia, et que Hofreiter tuera en duel, fait preuve, dans sa conversation avec Genia, d'une intelligence de cœur incluant la dureté. Une comédienne, quoi d'autre ! Dans une distribution très subtile des rôles, Bibiana Beglau interprète également Monsieur von Aigner, divorcé depuis longtemps de Madame Meinhold : un esprit philosophique auquel Schnitzler réserve le privilège d'expliquer le titre : « L'âme est une terre étrangère »[28]. De clarté brisée, voilà ce dont il s'agit chez Schnitzler. De nuances de gris. Barbara Frey les met en lumière : inexorable, douloureusement concentrée.

Le rideau s'ouvre sur l'image finale, après que la mort a mis fin à la pièce : Martin Zehetgruber empile le panorama des Dolomites, des dalles de sol fissurées et une énorme roue de fraisage qui ronge la pierre, pour l'œuvre de destruction qu'est la vie. Pas de roue de la fortune. Mais une roue, qui n'est pas sans rappeler les outils conçus pour les travaux lourds dans la Maschinenhalle de Zweckel. Presque absurde de placer un énorme élément scénographique, conçu avec art par les mains de constructeurs, dans la réalité de cette ancienne cathédrale industrielle. Mais c'est justement cela qui génère, par la tension, la friction et les échanges, la découverte.

28 *Ibidem.*

Andreas Wilink

L’ora degli spiriti nel regno delle ombre dell’era industriale

Barbara Frey, regista e direttrice artistica della Ruhrtriennale

Gottfried Keller, poeta e primo cancelliere del canton Zurigo, parla di una «silenziosa tristezza di fondo»[1]. Lo scrittore abitava nella zona del Rindermarkt, non lontano dall'edificio dello Schauspielhaus in piazza Pfauen, dove Barbara Frey, nel 2019, ha concluso i suoi dieci anni alla testa della prestigiosa istituzione teatrale zurighese con *I Morti* [2] di James Joyce. Nominata direttrice artistica della Ruhrtriennale per il periodo 2021–2023, la regista ha portato in dote, nel suo matrimonio temporaneo con l'ex bacino carbonifero e minerario tedesco, questa trasposizione scenica dell'ultimo episodio dei *Dublinesi* [3]. Un regalo di grande portata simbolica. Il dialogo più duraturo, fra i numerosi che Barbara Frey intrattiene, è infatti quello con i morti. I vivi e i morti sono in contatto fra loro. Commiato e arrivo. Mondo terreno e aldilà. Dentro e fuori. Un coro polifonico di voci.

Nella messinscena di Barbara Frey, i cinque interpreti esprimono la musicalità linguistica di Joyce alternando la recitazione al canto. «Si può urlare senza proferire una sola parola»[4], è una battuta pronunciata nella pièce *Automatenbüfett* di Anna Gmeyner che la regista svizzera ha presentato al Burgtheater di Vienna[5] nel 2020 e, l'anno seguente, le è valsa un invito al Theatertreffen di Berlino. Gli esseri ibridi di Joyce assumono, nell'interpretazione di Frey, le sembianze di viaggiatori provenienti dalla nostra sfera e diretti verso un'altra sfera indistinta che sostano in una «salle des pas perdus», come viene definita la sala d'attesa in francese. Sussurrando e origliando le parole, i personaggi contribuiscono a mantenere l'intera serata teatrale, impregnata dell'incertezza dell'essere, sospesa in un'atmosfera fluttuante.

La tonalità in bemolle de *I Morti* di Joyce ha influenzato anche la produzione portata in scena da Barbara Frey in apertura all'edizione 2021 del festival delle arti Ruhrtriennale[6], in cui incontriamo figure spettrali inventate dal massimo esperto dell'orrore sublime, senza il quale né Sherlock Holmes né

1 In una lettera del 21 aprile 1881, Gottfried Keller scrive a Wilhelm Petersen: «Più o meno tristi sono tutti coloro che sanno o sono qualcosa in più della mera preoccupazione per il pane quotidiano; ma in fin dei conti, chi vorrebbe vivere senza questa silenziosa tristezza di fondo, senza la quale non vi è vera gioia?» Brano tratto dall'edizione tedesca: Id., *Gesammelte Briefe in vier Bänden*, Bd. III/1, hrsg. von Carl Helbling, Bern: Benteli, 1952, p. 379–383; qui: p. 381. [Citazione tradotta da Paola Gilardi].

2 *Die Toten*, debutto il 16 maggio 2019, Pfauen, Schauspielhaus di Zurigo. Maggiori informazioni sulle produzioni di Barbara Frey sono disponibili nella teatrografia riportata in appendice, pp. 331–346.

3 La messinscena di Barbara Frey si basa sulla seguente versione tedesca: James Joyce, *Werke*, Bd. 1: *Dubliner*, Deutsch von Dieter E. Zimmer, Frankfurt am Main: Suhrkamp, 1969.

4 Anna Gmeyner, *Automatenbüffett* (1932), Frankfurt am Main: Verlag der Autoren, «TTX Theatertexte», 2011, atto I, scena 6, p. 17. [Citazione tradotta da Paola Gilardi].

5 Debutto il 30 ottobre 2020, Burgtheater di Vienna (Akademietheater).

6 *Der Untergang des Hauses Usher* di Edgar Allan Poe. Debutto il 14 agosto 2021, Maschinenhalle Zweckel, Gladbeck, nell'ambito della Ruhrtriennale. (Debutto viennese il 10 ottobre 2021, Burgtheater).

Alfred Hitchcock avrebbero mai potuto esistere: Edgar Allan Poe. Il testo prescelto è *La caduta della Casa Usher*[7], un capolavoro narrativo del XIX secolo che apre la camera degli orrori dell'inconscio.

Innanzitutto, case e abitazioni! *La caduta della Casa Usher* è qui da intendersi in due accezioni: la caduta dell'edificio e quella della casata, cioè Roderick e la sua sorella gemella Maddalena. La massiccia fisicità di pietra del castello fatiscente e infestato dai funghi esercita violenza sulla psiche dei suoi abitanti. Proprio come la villa di Norman Bates nel film *Psycho*[8] o i corridoi di Manderley abitati dal fantasma di *Rebecca*[9]. La studiosa di letteratura Barbara Frey interpreta «la casa come metafora dell'anima»[10]. Di fronte agli imponenti capannoni industriali sembra lei stessa fare un passo indietro, sia come regista che come direttrice artistica della Ruhrtriennale. Non per falsa modestia (benché Frey dia spesso l'impressione di lasciare le luci della ribalta agli artisti e artiste e alle altre persone con cui collabora), ma forse piuttosto per prudenza nei confronti della mole possente e della brutalità di questi fabbricati. Com'è possibile avvicinarvisi senza oltraggiarli? Ad esempio in questo modo: nella Maschinenhalle Zweckel di Gladbeck gli abissi dell'anima descritti da Poe si riversano sull'intero edificio. Nel concetto scenografico ideato da Martin Zehetgruber per questa coproduzione fra la Ruhrtriennale e il Burgtheater di Vienna, le apparecchiature si trasformano infatti in elementi scenici e appaiono ai nostri occhi come corpi estranei e oggetti animati di cui siamo in grado di valutare la potenza, ma il cui preciso funzionamento tecnico, ormai interrotto e perduto per sempre, rimane un mistero.

Oscuramento al crepuscolo

Greve, terrore, lugubre – malinconia. Sono le parole che compaiono con maggiore frequenza nella ventina di pagine del racconto di Poe. Non si tratta di concetti astratti, bensì di un destino segnato. L'autore è un negromante. Nel nome *Usher* riecheggia infatti la formula funeraria: «ashes to ashes»

7 Prima edizione in lingua originale: Edgar Allan Poe, «The Fall of the House of Usher», in: *Burton's Gentlemen's Magazine*, Philadelphia, 1839.

8 *Psycho* (1960). Regia di Alfred Hitchcock; copione di Joseph Stefano; musica di Bernard Hermann e con Antony Perkins nel ruolo di Norman Bates.

9 Prima edizione in lingua italiana: Daphne Du Maurier, *La prima moglie (Rebecca)*, traduzione di Alessandra Scalero, Milano: Mondadori, 1967. (Prima edizione originale: Id., *Rebecca*, London: Victor Gollancz Limited, 1938).

10 «Die Geister, die sie ruft», intervista in tedesco di Andreas Wilink a Barbara Frey, in: *kultur.west*, speciale Ruhrtriennale, luglio/agosto 2021, pp. 42–44; qui p. 43.

(«cenere alla cenere»). Nella frase finale la casa è in «rovine»[11] – come in frantumi è anche la vita dei tre protagonisti, l'io narrante e i gemelli Roderick e Maddalena. Per evocare gli spiriti, la messinscena di Frey deve iniziare in tarda serata, al crepuscolo, in modo da consentire all'oscurità di penetrare all'interno dalle alte finestre della sala. Oscuramento – in tutti i sensi. Grazie ad assi di legno applicate all'intelaiatura delle finestre, fasce, isole, chiazze e cubi di luce ed ombra prendono forma e si espandono nella sala ricoprendo anche i macchinari e gli ingranaggi usurati.

Due pianoforti a coda scandiscono l'ultima ora come se stessero per intonare il *Dies irae*, prima che la musica venga bruscamente sovrastata dal rombo del traffico della colonna sonora. In un secondo momento si sentono lo sferragliare di un treno, il cinguettio e lo starnazzare di uccelli, e il suono malinconico di una fisarmonica. Il castello è il quarto, forse il vero protagonista del racconto di Poe. In analogia, anche nella trasposizione scenica di Frey la Maschinenhalle di Gladbeck assume il ruolo principale. Tre donne e tre uomini in abiti neri si stringono gli uni agli altri, come se ognuno di loro temesse la solitudine. Più avanti, si separano o si fondono in strane doppie esistenze, si suddividono la narrazione in tre lingue (tedesco, inglese, ungherese), passano in coro a un registro poetico onomatopeico e lirico ritmico, oppure si cammuffano da vecchie munite di deambulatore che minacciano un bacio della morte a ogni incontro. Ad un tratto, il gruppo ode il coro della Ruhrkohle, riunitosi all'esterno, che alla fine farà il suo ingresso in sala per un'ultima melodia. I personaggi sono tormentati da amnesia e nevrastenia, sonnambulismo, trance, allucinazioni e allergia alla vita. Non ci si può fidare della natura, malgrado la leggiadra Debbie Korley, in un passaggio della pièce, si discosti dagli altri dando vita a un luminoso idillio fatato, che sarà tuttavia anch'esso offuscato dalle ombre.

Barbara Frey aggiunge anche brani di altri racconti di Poe – *I delitti della Rue Morgue*[12], che Michael Maertens recita come un Grand Macabre monologico, e *Berenice*[13] – e li intesse nella drammaturgia della sua messinscena altamente suggestiva e impostata sulle ambivalenze. La morbidezza tendente alla comicità di Berenice si altera in un folle e surreale staccato di voci e stati

11 La citazione è tratta dalla versione digitale della prima edizione italiana: Edgar Allan Poe, «La caduta della Casa Usher», in: Id., *Racconti incredibili*, saggio e versione di Baccio Emanuele Maineri, Milano: Pirola, 1869, pp. 82–92; qui: p. 92.

12 Esistono numerose edizioni italiane di questo primo racconto poliziesco della storia, p. es. Edgar Allan Poe, *I delitti della Rue Morgue*, traduzione di Mariarosa Mancuso, Milano: Feltrinelli, 2013.

13 Si veda la versione digitale della prima edizione italiana: Edgar Allan Poe, «Berenice», in: Id., *Storie incredibili*, saggio e versione di Baccio Emanuele Maineri, Milano: Pirola, 1869, pp. 59–69.

d'animo. È una sorta di campanello d'allarme e un avvertimento a metà fra l'opprimente e lo spettacolo di varietà, secondo cui è meglio fuggire dall'amore. Invocando questa melodia del Fato per le madamigelle di Poe, Maddalena e Berenice, e presentandola come un requiem di musica pop, Barbara Frey dà il tono all'intero programma del suo festival.

In un certo senso i capannoni industriali riconvertiti si trasformano in templi della morte, mausolei, piramidi faraoniche dei «sinistri e fatali spettri»[14] evocati da Poe. L'era del carbone come regno delle ombre – «Uno a uno, stavano diventando tutti ombre»[15], si legge nel racconto di Joyce – e con le sue torri per l'estrazione mineraria anche simbolo fallico del grembo sventrato della natura. Barbara Frey percepisce, da un lato, «la fragilità di questi spazi»[16] – benché abbiano l'aspetto di massicce fortezze di ferro, acciaio e mattoni e siano l'emblema della smania di potere e profitto – e, dall'altro, il futuro passato che rappresentano. Tuttavia sono ormai periferici, come i dinosauri scomparsi dalla faccia della terra.

Necrologi letterari

Già nel suo primo progetto teatrale Barbara Frey aveva affrontato il tema della morte cimentandosi con un testo della poetessa Sylvia Plath, suicidatasi nel 1963[17]. La sua riflessione in merito a questi necrologi letterari – basata sui testi dell'irlandese Joyce, sepolto a Zurigo, o dell'americano Poe, morto giovane, oppure sul dramma dell'anima *Terra sconfinata*[18] di Arthur Schnitzler, portato in scena nel 2022 – non si inserisce nel solco postromantico. Ciò che interessa a Frey, nel contesto della Ruhrtriennale, non è tanto la dimensione di «retrotopia»[19] intesa come l'evocazione nostalgica della fine, il rifugio nell'interiorità o la riesumazione del vecchio mondo del lavoro in una mascherata storico-letteraria, quanto piuttosto l'aspetto anticipatorio. Nel senso di un universo del passato – come tema, motivo e luogo – che

14 La citazione è tratta da Poe, «La caduta della Casa Usher», op. cit., p. 87.

15 La citazione è tratta da James Joyce, *I Dublinesi*, traduzione di Maurizio Bartocci, Firenze/Milano: Giunti/Bompiani, collana «I classici Bompiani», 2018, p. 266.

16 «Die Geister, die sie ruft», cit., p. 44.

17 *Ich kann es besonders schön*, ispirato al romanzo *La campana di vetro* di Sylvia Plath (titolo originale: *The Bell Jar*, 1963). Debutto: 5 maggio 1993, Komödie Foyer, Theater Basel.

18 Debutto il 20 agosto 2022, Jahrhunderthalle Bochum, nell'ambito della Ruhrtriennale. (Prima viennese il 2 settembre 2022, Burgtheater/Akademietheater).

19 Edizione italiana: Zygmunt Bauman, *Retrotopia*, traduzione di Marco Cupellaro, Bari: Laterza, 2017.

funge da specchio remoto, in cui possiamo scorgere le minacce incombenti sul mondo di oggi e di domani. «Perché», si chiede Barbara Frey, «siamo costruiti in modo tale da non comprendere le conseguenze delle nostre azioni?»[20] Strana specie, gli esseri umani.

Il metodo con cui Frey abborda testi e tematiche si avvicina a quello che Walter Benjamin ha definito «materialismo antropologico»[21], cioè un approccio basato in prevalenza sulle impressioni sensoriali e la materialità, la percezione dell'individuo e il rispetto per le cose, anziché sulla trasposizione scenica di un'idea astratta. In questo senso i capannoni industriali dismessi rappresentano un terreno di gioco ideale. Sono qualcosa e non lo sono più. Sono spazi scenici ma al contempo sono molto di più: «Lieux de mémoire»[22], come Gerard Mortier, *Spiritus rector* e fondatore della Ruhrtriennale, li ha denominati a più riprese. Non si tratta tuttavia di memoriali statici, bensì dinamici. Il massiccio intervento dell'uomo ha trasformato il paesaggio, che ora si sta tramutando di nuovo in un parco ricreativo postindustriale, benché la natura non sempre aderisca a quest'ordine creato artificialmente e prolifichi in modo anarchico.

Nel grembo di Madre Terra

Nell'era industriale – le metafore parlano chiaro – il grembo di Madre Terra è stato violentemente aperto, sventrato, profanato, violentato. Una sorta di femminicidio. Per Barbara Frey questa è una «nozione importante, perché richiama l'attenzione e specifica ciò che non vogliamo ammettere.»[23] La direttrice della Ruhrtriennale e il suo team pongono l'accento sul fatto che la realtà storica, economica e sociale dell'era industriale, in particolare nel campo del lavoro, è caratterizzata dalla pressoché totale assenza delle donne. Questa tematica è anche alla base dello spettacolo di teatro musicale *Bählamms Fest*[24] di Leonora Carrington, Elfriede Jelinek e Olga Neuwirth,

20 «Die Geister, die sie ruft», cit., p. 44.

21 Walter Benjamin conia questo concetto nel suo saggio: *I «passages» di Parigi*, a cura di Rolf Tiedemann, traduzione di Enrico Ganni, 2 voll., Torino: Einaudi, 2007. [Versione originale tedesca: Id., *Das Passagen-Werk*, hrsg. von Rolf Tiedemann. 2 Bde., Frankfurt am Main: Suhrkamp, 1982].

22 Cfr. Pierre Nora (éd.), *Les Lieux de mémoire*, 7 voll., Paris : Gallimard, 1984–1992.

23 «Wo die Angst ist, da geht's lang!», intervista in tedesco di Andreas Wilink a Barbara Frey, in: *Nachtkritik.de*, 3 agosto 2021: https://nachtkritik.de/index.php?option=com_content&view= article&id=19823:barbara-frey-im-interview&catid=101&Itemid=84 (consultato il 24 settembre 2022).

24 *Bählamms Fest* di Olga Neuwirth, ispirato a *La Fête de l'agneau / The Baa-Lamb's Holiday* di Leonora Carrington, traduzione tedesca di Heribert Becker. Libretto: Elfriede Jelinek; regia: Dead Centre (Bush Moukarzel, Ben Kidd); direzione musicale: Silvain Cambreling; scenografia e costumi: Nina Wetzel; collaborazione al a scenografia: Charlotte Spichalsky; collaborazione alla realizzazione dei costumi: Anneke Goertz; video: Jaci Pehlan; associato alla realizzazione video: Sebastien Dupouey; luci: Patrick Fuchs, Stephen Dodd; coreografia:

proposto nell'edizione 2021 del festival. Barbara Frey ne ha discusso con la storica e femminista Uta C. Schmidt, specializzata nello studio della regione della Ruhr, che si interessa a questa problematica anche sotto l'aspetto urbanistico e indaga, ad esempio, dove si trovano le miniere, dove gli uomini, dove i centri abitati e le case, e dove le donne.

Inoltre, i relitti industriali hanno tuttora un'aura di chimere che determina anche la natura dei personaggi letterari e drammatici che Frey ha scelto per il suo triennio di ricerca teatrale. E non solo per se stessa: il teatro musicale presentato in apertura dell'edizione 2022 della Ruhrtriennale era infatti intitolato *Ich geh unter lauter Schatten*[25] [*Cammino fra una miriade di ombre*] e si addentrava tramite composizioni di Gérard Grisey, Giacinto Scelsi, Claude Vivier e Iannis Xenakis nella zona di confine fra la vita e la morte. Anche questo, dunque, un movimento liminare.

Gli artisti e le artiste sono chiaroveggenti, hanno cioè la facoltà di udire e vedere i morti. Barbara Frey si serve del teatro per tenere delle sedute spiritiche. Come afferma Walter Benjamin, la tragedia è una rappresentazione teatrale per persone tristi[26]. Queste persone tristi, quindi noi, hanno lo sguardo rivolto al palcoscenico e ciò che vedono può essere di conforto.

Ma torniamo alla questione iniziale, cioè come sia possibile avvicinarsi a questi edifici senza oltraggiarli. Nella sua messinscena della pièce di Schnitzler, Barbara Frey risponde alla domanda in modo diverso e in contrasto rispetto a *La caduta della Casa Usher* dell'anno precedente. La Jahrhunderthalle di Bochum scompare totalmente. Lo spazio scenico è avvolto di nero. Per *Terra sconfinata* la regista costruisce un mausoleo dell'amore all'interno di un monumento di quella che fu una ferrea volontà di successo e la cui caducità infonde malinconia, come i magnifici sepolcri nel cimitero centrale di Vienna. Nella rappresentazione di Frey il catafalco è

Anne-Lise Brevers (con Olivia Ancona); regia del suono: Norbert Ommer; drammaturgia: Barbara Eckle. Interpreti: Katrien Baerts, Dietrich Henschel, Andrew Watts, Marcel Beekman, Gloria Rehm, Linsey Coppens, Graham F. Valentine, Ensemble Modern, i solisti del Coro dell'Accademia di Dortmund; theremin: Lydia Kavina; performance elettronica dal vivo: José Miguel Fernandez; concezione elettronica dal vivo e design del suono: Markus Noisternig, Manuel Poletti (Music Unit, Parigi). Debutto il 15 agosto 2021, Jahrhunderthalle Bochum, nell'ambito della Ruhrtriennale.

25 *Ich geh unter lauter Schatten*, opere musicali di Gérard Grisey, Claude Vivier, Iannis Xenakis, Giacinto Scelsi. Regia: Elisabeth Stöppler; direzione musicale: Peter Rundel; scenografia: Hermann Feuchtel; costumi; Susanne Maier-Staufen; design del suono: Thomas Wegner; design luci: Ulrich Schneider; drammaturgia: Barbara Eckle. Interpreti: Sophia Burgos, Kerstin Avemo, Kristina Stanek, Caroline Melzer, Eric Houzelot, Leonhard Reso, la corale Chorwerk Ruhr e il Klangforum di Vienna. Debutto l'11 agosto 2021, Jahrhunderthalle Bochum, nell'ambito della Ruhrtriennale.

26 Edizione italiana: Walter Benjamin, *Origine del dramma barocco tedesco*, traduzione di Flavio Cuniberto e con una prefazione di Gulio Schiavoni, Torino: Einaudi, 1999. [Edizione tedesca: Id., *Ursprung des deutschen Trauerspiels*, hrsg. von Rolf Tiedemann, Frankfurt am Main: Suhrkamp, «Taschenbuch Wissenschaft», 2000].

come sigillato e non lascia spazio al superfluo. Tutto ciò che è esterno diventa invisibile, il che si addice perfettamente ai personaggi – sonnambuli prebellici – dell'universo di Schnitzler.

Il tono colloquiale dei dialoghi di Schnitzler lascia il posto a una *screwball tragedy* dal ritmo sostenuto ma al contempo temperato, in cui anche gli abiti sono privi di colori e motivi; inoltre, a parte tre pesanti poltrone in pelle, non ci sono arredi. I personaggi sono esili e dai contorni sottili, mantenuti elastici per la disposizione nello spazio scenico e per gli spostamenti nella statica delle relazioni, mentre cesure musicali scandiscono nervosamente il susseguirsi delle scene. L'interpretazione di Barbara Frey diverge ed è molto meno stilizzata rispetto a quella di Robert Wilson, ad esempio, ma è altrettanto precisa e come disegnata su carta millimetrata.

Il regno delle ombre della vita

Tutto è nero. Sullo sfondo sfila un corteo funebre che accompagna la salma dell'artista Korsakow, morto suicida. Genia Hofreiter, che non si è recata al cimitero, siede in proscenio. Gli altri la raggiungono passando attraverso una tenda trasparente, come se provenissero dal regno delle ombre. Oppure è piuttosto il contrario, e sono loro, fantasmi del reale, ad entrare nel regno delle ombre della vita? Ingresso o dipartita?

Per Schnitzler, contemporaneo di Sigmund Freud, la sessualità suscita conflitti psicologici e scosse morali. È un impulso contro la morte e al contempo la provoca. Ma di cosa parla questo dramma incentrato sul matrimonio e l'amore? Di «cuori in cui niente cade in prescrizione»[27] e di quegli stessi organi a cui questa dimensione perpetua è estranea, della coscienza tragica e del talento di dimenticare, del disordine della vita e del fatto che «lo stato naturale… è il caos»[28], della menzogna e della diffidenza.

All'inizio, una voce fuori campo descrive, in gergo entomologico tanto preciso quanto orripilante, l'infestazione di salme umane da parte di larve di insetti e coleotteri. Questo prologo trasforma la pièce di Schnitzler in una necroscopia su corpi apparentemente vivi. Lasciando che la dimensione creaturale compenetri l'operato e il pensiero dell'uomo, Frey si riallaccia all'idea – propria a questi luoghi – della natura, della rinaturazione e della

27 Citazione tratta da Arthur Schnitzler, *Terra sconfinata*, tragicommedia in cinque atti, traduzione di Marina Pugliano, Bologna: Pendragon, 2019, atto II, p. 74–75. [Versione originale tedesca: Id., *Das weite Land*, Berlin: Fischer, 1911].

28 Ivi, atto III, p. 117.

cultura (del lavoro), e mette inoltre in evidenza che la creazione estetica del raffinato intenditore Schnitzler, riprodotta idealmente dai suoi personaggi, è ormai destinata alla decomposizione.

Prevale un'atmosfera di trepidazione e alienazione. Tra le persone c'è una distanza maggiore di quella contata in metri. Isolamento estremo. I due coniugi si conoscono o non si conoscono affatto: Michael Maertens nel ruolo del mite e violento Hofreiter e Katharina Lorenz nei panni della vestale dell'intelletto Genia? Che reagiscano con un collasso, come lei, o accettando il destino, come lui, entrambi rimangono intrappolati nella loro terribile solitudine. E totalmente privi di libertà – che si sentano liberi o meno.

All'improvviso si percepisce del calore umano in mezzo al gelo, un corpo femminile che comunica ed emana consapevolezza di sé. Bibiana Beglau nel ruolo della signora Meinhold, il cui figlio Otto diventerà l'amante di Genia e che Hofreiter ucciderà in duello, dà prova, nella sua conversazione con Genia, di una saggezza emotiva che include anche la durezza. Un'attrice, che altro! In un'azzeccata ripartizione dei ruoli, Bibiana Beglau interpreta anche il signor von Aigner, da tempo divorziato dalla signora Meinhold, una mente filosofica a cui Schnitzler conferisce l'onore di spiegare il titolo: «l'anima... è una terra sconfinata»[29]. Schnitzler parla di luminosità rifratta, di sfumature di grigio che Barbara Frey mette in luce: implacabile, in modo dolorosamente concentrato.

Il sipario si alza sull'immagine finale, dopo che la morte ha posto fine allo spettacolo: lo scenografo Martin Zehetgruber ammassa il panorama delle Dolomiti, lastre di pavimento rotte e un'enorme fresa che divora la pietra per raffigurare l'opera di distruzione della vita. Non una ruota della fortuna. Ma una ruota non dissimile dai macchinari creati per i lavori pesanti nella Maschinenhalle Zweckel. È quasi un paradosso collocare un enorme sfondo scnenografico, progettato ad arte dalle mani di costruttori specializzati, nella realtà di una cattedrale dell'era industriale. Ma è proprio da questa tensione, dall'attrito e dallo scambio che scaturisce la conoscenza.

29 Ibid.

Andreas Wilink

Witching Hours in the Shadows of Industrialisation

Barbara Frey as Stage Director and Artistic Director of the Ruhrtriennale

119

"A quiet, fundamental grief"[1] writes Gottfried Keller, poet and Zurich's First Cantonal Chancellor, who lived in the city's Rindermarkt neighbourhood – not far from the Schauspielhaus am Pfauen, where Barbara Frey concluded her ten-year directorship in 2019 with James Joyce's *The Dead.*[2] It was this staging of the last episode of *Dubliners*[3] that Frey, as new artistic director of the Ruhrtriennale, brought with her in 2021 into her three-year marriage with the former German coal-and-steel region. A dowry of symbolic weight as, among the dialogues in which Frey engages, the one with the dead is the most lasting. They, the living and the dead, are in communication with one another. Farewell and arrival. The here and the hereafter. Outer world and inner world. A choir of many voices.

Joyce's musical language was performed by a five-member ensemble, who alternated between speaking and singing. "We can shout without uttering a single word".[4] This is also what we hear in Anna Gmeyner's play *Automatenbüfett,* staged by Barbara Frey at the Vienna Akademietheater[5] and later invited to the Berlin Theatertreffen in 2021. Frey cast Joyce's hybrid creatures as travellers journeying from our sphere to an indeterminately different one, stopping over in a "salle des pas perdus", the French term for waiting room. The characters hear only the echoes of words, so that the evening – saturated with the uncertainty of all being – preserves a floating atmosphere.

The minor key struck by Joyce also influenced Frey's Ruhrtriennale opening production,[6] a work in which we encounter spooky figures dreamt up by Edgar Allan Poe, the expert in sublime horror without whom both Sherlock Holmes and Alfred Hitchcock would have been unthinkable: *The Fall of the House of Usher,* a masterful 19th century narrative that opens the cabinet of horrors, our unconscious.

Indeed, houses and buildings abound! *The Fall of the House of Usher* has a double meaning: the fall of the building and that of the lineage of Roderick and his twin sister Madeline. The stony physicality of the musty,

1 Gottfried Keller on 21 April 1881 to Wilhelm Petersen: "Everyone who knows more or is more than the question of our daily bread is touched by a degree of sadness; but in the end, who would choose to live without this quiet, fundamental grief, without which there is no true joy?" From: Id., *Gesammelte Briefe in vier Bänden.* Bd. III/1. Edited by Carl Helbling. Bern: Benteli 1952, pp. 379–383; here: p. 381. [Quote translated by Mary Carozza].

2 *Die Toten*, premiere on 16 May 2019, Pfauen, Schauspielhaus Zürich. For more information on Barbara Frey's productions see the list of works in this *MIMOS* edition, pp. 331–346.

3 James Joyce, *Dubliners.* First published by Grant Richards Ltd., London, 1914.

4 Anna Gmeyner, *Automatenbüffett* (1932). Frankfurt am Main: Verlag der Autoren 2011 (TTX Theatertexte), act 1, scene 6, p. 17. [Quote translated by Karen Oettli-Geddes].

5 Premiere on 30 October 2020, Vienna Burgtheater (Akademietheater).

6 *The Fall of the House of Usher* by Edgar Allan Poe. Premiere on 14 August 2021, Maschinenhalle Zweckel, Gladbeck. (Vienna premiere on 10 October 2021, Burgtheater).

mould-infested castle has a violent effect on the psyche of its inhabitants, much like Norman Bates's country house in *Psycho*[7] or the corridors of Manderley, home to the ghost of *Rebecca.*[8] The literary scholar in Frey sees "the house as a metaphor for the soul".[9] In view of the region's imposing industrial halls, it seems as if she as staging director – and as Ruhrtriennale artistic director – is taking a step back. Not out of false modesty (although Frey often seems to let her artistic colleagues and staff take the lead) but perhaps out of hesitancy in the face of the enormity – and violent history – of the performance venues. How can she get close to them without going in too far and damaging them? Her solution in the Gladbeck Maschinenhalle Zweckel location is to have Poe's abysses of the soul transferred entirely to the space. The machines themselves become the scenery that stage designer Martin Zehetgruber arranged for this co-production with the Vienna Burgtheater; they appear both as foreign bodies and animated objects whose mighty power we're able to estimate but whose former technical function, now lost and at a standstill, remains a mystery.

Darkening into dusk

Grey, terror, gloom. These are the words appearing most frequently in the twenty-plus pages of Poe's tale, each being more of a predestination than a simple term. Poe speaks with the dead. After all, the name *Usher* resonates with "ashes to ashes". In the last line of the work, the house is reduced to "fragments"[10] – as are the lives of the three characters, the first-person narrator and the twins, Roderick and Madeline. To stage its witching hours, the performance was scheduled to start late in order to darken in real-time with the twilight seeping in through the hall's high windows. A dimming – of the day and of the mind. Wooden slats were placed inside the window frames to create lighting effects, with swathes, islands, dappled surfaces and cubic patterns of light and shadow enveloping the performance space with its humped machinery and gearwheels.

Two grand pianos strike the last hour, as if wanting to intonate the *Dies irae*, before being abruptly eclipsed by the roar of the soundtrack's noisy traffic. Later, we hear the clatter of a train rattling in, birds squawking and

7 Alfred Hitchcock, *Psycho*, 1960.

8 Daphne du Maurier, *Rebecca*. London: Victor Gollancz Limited 1938.

9 "Die Geister, die sie ruft". Barbara Frey in conversation with Andreas Wilink. In: *kultur.west*. Special Ruhrtriennale. July/August 2021, pp. 42–44; here p. 43. [Quote translated by Karen Oettli-Geddes].

10 Edgar Allan Poe, *The Fall of the House of Usher*. Columbus, Ohio: Charles E. Merrill Publishing Company 1971, p. 23.

screeching, and the melancholic tones of the accordion. The castle is the fourth – perhaps the main – character in Poe's story. Accordingly, the industrial hall becomes the protagonist in Frey's theatrical realisation, too. In this space, three women and three men in black suits huddle closely together, as if each fear being alone. Later they separate or merge into curious double existences, share the role of the trilingual (German, English, Hungarian) narration, switch in chorus to onomatopoeic poetry and lyrical rhythms, or disguise themselves as old women hobbling along with walkers, threatening the kiss of death each time they meet. The group listens to the songs of the Ruhrkohle choir gathered outside, which then enters the hall at the end – for a very last melody. Amnesia and neurasthenia, somnambulism, trance, hallucination and a seeming allergy to life in general all torment these characters. Nature is not to be trusted, even if the graceful Debbie Korley steps away from the fray to cast a shine on a fairy-like idyll in a passage of text – which proves to be haunted by shadows nonetheless.

Barbara Frey also takes passages from Poe's proses *The Murders in the Rue Morgue,*[11] that Michael Maertens serves up in a solo role as the Grand Macabre, and from *Berenice,*[12] inserting them into the dramaturgy of the highly atmospheric staging of *The Fall of the House Usher,* a rendering that draws on ambivalence. The morbidezza of *Berenice,* veering off into comedy, spirals up into a surreal, mad staccato of voices and mood. We hear a wake-up and warning call that is as oppressive as it is revue-like, telling us it's better to flee from love. Using this fateful melody for Poe's females, Madeline and Berenice, and arranging it like a requiem of popular music, Frey sets the tone for her Ruhrtriennale festival.

In a way, the rededicated industrial halls are transformed into temples of death, mausoleums, and pharaonic pyramids of the "shadowy fancies"[13] that Poe speaks of. Or, as Joyce writes in the Dublin tale: "One by one, they were all becoming shades".[14] The coal age is depicted as a shadowy realm, its mechanical hoists a masculine symbol for nature's eviscerated womb. Frey senses the "vulnerability of these spaces"[15] and the bygone future they represent. Most buildings are more like fortresses, solidly built of iron, steel and brick, embodying power and the pursuit of profit; yet they're also peripheral, like the dinosaurs that disappeared from the face of the earth.

11 Cf. Edgar Allan Poe, "The Murders in the Rue Morgue". Short story first published in *Graham's Magazine*, USA, 1841

12 Cf. Edgar Allan Poe, *Berenice*. Short story first published in the Southern Literary Messenger, USA, 1835.

13 Edgar Allen Poe, *The Fall of the House of Usher*, loc. cit., p. 8.

14 James Joyce, *Dubliners*. New York: B.W. Huebsch 1917, p. 287.

15 "Die Geister, die sie ruft", loc. cit., p. 44. [Quote translated by Karen Oettli-Geddes].

As the subject of her very first stage production, Frey took death in hand with an exploration of the poet Sylvia Plath, who took her own life in 1963.[16] The director's reflections on such literary obituaries – whether on the Irish-born Joyce buried in Zurich, the short-lived American-born Poe, or Arthur Schnitzler's psychological drama *The Vast Domain*[17] staged in the 2022 season – aren't drawn from some kind of post-romantic spirit. For her Ruhrtriennale, Frey is not interested in "retrotopia",[18] an aspect that suggests a nostalgic evocation of the end, of inner worlds and a re-upholstering of an earlier working world with literary-historical costumes. Hers is a much more anticipatory aspect. She constructs a world of yesterday – of material, motif and place – that functions like a distant mirror into which we look to espy threats to the world of today and tomorrow. "Why," Frey asks, "are we built in such a way that we're unable to understand the harm we're causing?"[19] Strange human species.

Frey's method of approaching texts and themes can be termed "anthropological materialism"[20] as coined by Walter Benjamin: an approach based more on sensory impressions and materiality, the perception of the individual and a respect for things, and less on staging something based solely on an idea. This makes the industrial halls the ideal venues for her theatre productions. They are indeed something, but are no longer that something. They're backdrops, yet more than that: "lieux de mémoire",[21] as Gerard Mortier, spiritus rector and founder of the Ruhrtriennale, has often called them. Not static memorials, however, but dynamic. These robust man-made works have transformed the landscape, which is now transforming itself back, and – let's be honest – back into a post-industrial leisure park, even if nature doesn't always adhere to the artificially created order and stubbornly asserts its vegetative self.

16 *Ich kann es besonders schön*, after the novel *The Bell Jar* by Sylvia Plath. Premiere on 5 May 1993, Komödie Foyer, Theater Basel.

17 *Das weite Land*, premiere on 20 August 2022, Jahrhunderthalle Bochum. (Vienna premiere on 2 September 2022, Burgtheater / Akademietheater).

18 Zygmunt Baumann, *Retrotopia*. Cambridge: Polity Press 2017.

19 "Die Geister, die sie ruft", loc. cit. [Quote translated by Karen Oettli-Geddes].

20 Walter Benjamin uses the term in his two-volume book: *The Arcades Project*. Translated by Howard Eiland and Kevin McLaughlin. Cambridge MA: Harvard University Press 2002.

21 Cf. Pierre Nora (ed.), *Les lieux de mémoire*. Paris: Gallimard 1984–1992.

During the industrial epoch, the earth's womb was forcibly opened, eviscerated, desecrated, raped – the metaphors are vivid here. A form of femicide. For Frey, this is an "important concept because it draws attention to and explicitly describes what we don't wish to acknowledge".[22] Frey and her dramaturgical team highlight the fact that the historical, economic and social reality of the working world in the industrial age was marked by a noticeable absence of women – a motif that stands at the heart of the musical theatre production *The Baa-Lamb's Holiday*[23] by Leonora Carrington, Elfriede Jelinek and Olga Neuwirth, which was performed in the 2021 edition of the Ruhrtriennale. Frey discussed the subject with the feminist Ruhr region historian, Uta C. Schmidt, who has covered it from a range of perspectives, including the vantage of urban planning: where's the colliery located, where are the men, where are the housing estates and cottages – and where are the women?

In addition, the relics of this industrial past are now surrounded by an aura of illusion, which also determines the nature of the literary and dramatic figures Frey has chosen for her three years of research into stage production. And not only for herself: the musical theatre creation that opened the 2022 festival was called *Ich geh unter lauter Schatten,*[24] a work that tentatively probed its way into the transitional zone between life and death with compositions by Gérard Grisey, Giacinto Scelsi, Claude Vivier and Iannis Xenakis. Threshold-crossing here too.

22 "Wo die Angst ist, da geht's lang!" Andreas Wilink's interview with Barbara Frey. In: *Nachtkritik.de*, 3 August 2021: https://nachtkritik.de/index.php?option=com_content&view= article&id=19823:barbara-frey-im-interview&catid=101&Itemid=84 (last accessed on 24 September 2022). [Quote translated by Karen Oettli-Geddes].

23 *Bählamms Fest* by Olga Neuwirth after *La Fête de l'agneau / The Baa-Lamb's Holiday* by Leonora Carrington, translated into German by Heribert Becker. Libretto: Elfriede Jelinek; direction: Dead Centre (Bush Moukarzel, Ben Kidd); musical direction: Silvain Cambreling; stage design and costumes: Nina Wetzel; co-stage design: Charlotte Spichalsky; co-costume design: Anneke Goertz; video: Jaci Pehlan; video associate: Sebastien Dupouey; light design: Patrick Fuchs, Stephen Dodd; choreography: Anne-Lise Brevers (with Olivia Ancona); sound direction: Norbert Ommer; dramaturgy: Barbara Eckle. With: Katrien Baerts, Dietrich Henschel, Andrew Watts, Marcel Beekman, Gloria Rehm, Linsey Coppens, Graham F. Valentine, Ensemble Modern, soloists of the Boys Choir of the Choir Academy Dortmund; theremin vox: Lydia Kavina; live electronic performance: José Miguel Fernandez; live electronics and sound design: Markus Noisternig, Manuel Poletti (Music Unit, Paris). Premiere on 15 August 2021, Jahrhunderthalle Bochum.

24 *Ich geh unter lauter Schatten* [*I walk among many shadows*], works by Gérard Grisey, Claude Vivier, Iannis Xenakis, Giacinto Scelsi. Direction: Elisabeth Stöppler; musical direction: Peter Rundel; stage design: Hermann Feuchtel; costumes: Susanne Maier-Staufen; sound design: Thomas Wegner; light design: Ulrich Schneider; dramaturgy: Barbara Eckle. With: Sophia Burgos, Kerstin Avemo, Kristina Stanek, Caroline Melzer, Eric Houzelot, Leonhard Reso, Chorwerk Ruhr, Klangforum Wien. Premiere on 11 August 2021, Jahrhunderthalle Bochum.

Artists are clairaudient and clairvoyant for the dead. Indeed, Frey sees the theatre as a venue for séances. According to Walter Benjamin a tragedy is a play performed in front of sad people.[25] These sad people – meaning us – look at the stage, and what we see there can be of comfort.

Back to the question of the performance venues: how to get close without damaging them? For her Schnitzler production, Frey chooses a different and contrasting solution than in the *Usher* staged the previous year, making the Jahrhunderthalle Bochum disappear, as it were. The performance space is fully shrouded in black. In this monumental hall – dedicated to an iron will to succeed and with the melancholic transience of a magnificent funerary temple like Vienna's Central Cemetery – Barbara Frey builds a mausoleum of love for *The Vast Domain*. The catafalque of her production is as if hermetically sealed, leaving no room for the non-essential. Everything external is rendered invisible, a development that turns out to suit the inhabitants of Schnitzler's universe, these pre-war sleepwalkers.

In Frey's interpretation of Schnitzler's play, conversational tone is removed from the dialogue and replaced by a terse, fast, tempered screwball tragedy, just as colour and pattern are removed from the clothes; apart from three heavy leather armchairs, there is no interior design. The characters are thin and lean in outline, kept elastic for arrangement in the theatrical space and for shifts in relationship structures, while musical caesura set the jittery pace for changing scenes. This is different – and much less stylised – than a Robert Wilson interpretation, for example, but just as precisely directed and almost as if drawn on graph paper.

The shadowy realm of life

Everything is black. In the background, a funeral procession accompanies the artist Korsakow, who died by suicide. In front sits Genia Hofreiter, who failed to appear at the cemetery. The other figures emerge through a transparent veil-curtain, as if from the realm of shadows. Or should it be the other way round, and they, the ghosts of reality, enter the shadowy realm of life? Entrance or exit?

25 Cf. Walter Benjamin, *Ursprung des deutschen Trauerspiels*. Published by Rolf Tiedemann. Frankfurt am Main: Suhrkamp 2000 (Taschenbuch Wissenschaft).

For Schnitzler, a contemporary of Sigmund Freud, sexuality instigates psychological conflicts and moral turbulence. It acts in opposition to death, yet fosters it too. So what is Schnitzler's love and marriage drama about? About "hearts that never forget",[26] and about hearts to which this constancy is alien; about tragic awareness and the talent to forget; about the messiness of life and the fact that "the natural state… is chaos",[27] about lies and mistrust.

In a prologue, an invisible voice describes in entomologically horrifying clarity how certain insect larvae and bugs infest humans buried underground, thus transforming Schnitzler's drama into a post-mortem on – apparently – living bodies. With this staging, Frey returns to the notions associated with the Ruhr region – of nature, renaturation and (work) culture – by allowing the animalistic to penetrate human thoughts and works, thereby formulating the idea that the aesthetic production created by the elegant connoisseur Schnitzler and ideally represented by his characters is already in a state of decay.

An atmosphere of trepidation and alienation prevails. A greater distance lies between the characters than can be counted in metres. Extreme isolation. Do the married couples know the depth of each other's souls, or not at all? Couples like Michael Maertens' subtly violent Hofreiter and Katharina Lorenz's cerebral vestal Genia? They remain – whether in a state of breakdown like Genia, or in accepting fate like Hofreiter – trapped in their tremendous loneliness. And in their unfreedom, even though they may believe themselves to be free.

Suddenly a charismatic human in the midst of the cold appears, a female body that consciously communicates and radiates its womanly presence. Bibiana Beglau as Frau Meinhold – whose son Otto is Genia's lover and later killed by Hofreiter in a duel – reveals in her conversation with Genia a wise heart, but one with an edge. A comedienne, what else! In an excellent casting coup, Beglau also plays the character long divorced from Frau Meinhold: Herr von Aigner, a philosophical type whom Schnitzler gives the honour of solving the mystery of the title with the line: "the soul… is a vast domain".[28]

26 Arthur Schnitzler, *The Vast Domain.* Tragicomedy in five acts. In: Id., *Round dance and other plays*, translated by J.M.Q. Davies. New York: Oxford University Press 2004, act II, p. 232.

27 Ibid., act III, p. 253.

28 Ibid., act III, p. 253.

E And now we see what Schnitzler's work is about: brightness that dims. And shades of grey – which Barbara Frey illuminates, relentlessly, and in painstaking detail.

With death putting an end to the game, the curtain rises on the final image: Martin Zehetgruber's towering Dolomite panorama, shattered floor tiles and a huge milling wheel eating into the stone – representing the work of destruction that is life. Not a wheel of fortune, but a wheel not dissimilar to the machinery developed for heavy labour in the Maschinenhalle Zweckel. It feels almost absurd to place an enormous stage showpiece, designed by skilful set-builders, into the reality of the former industrial cathedral. But, ultimately, it's from this tension, friction and exchange that new wisdom is generated.

Andreas Wilink

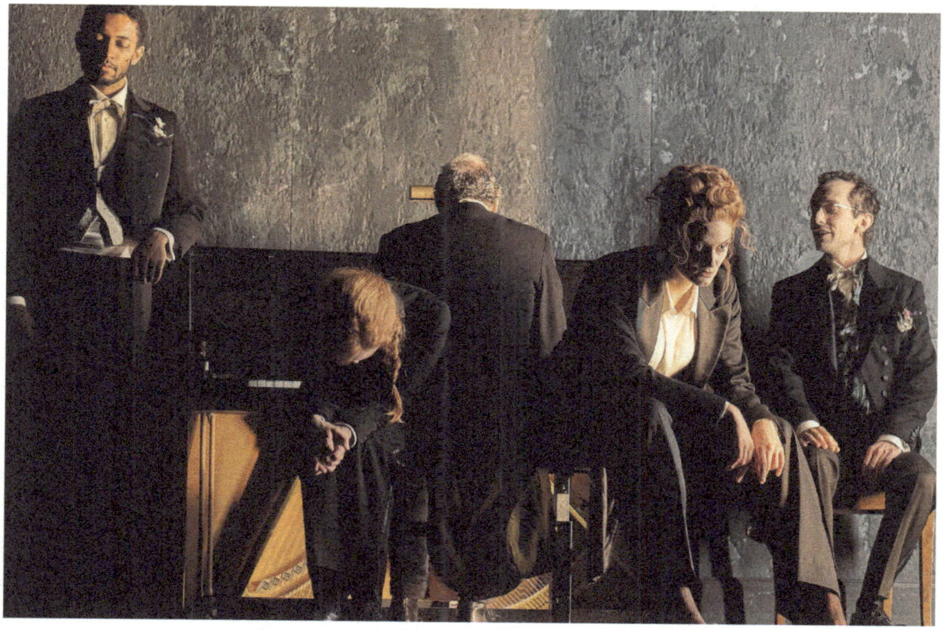

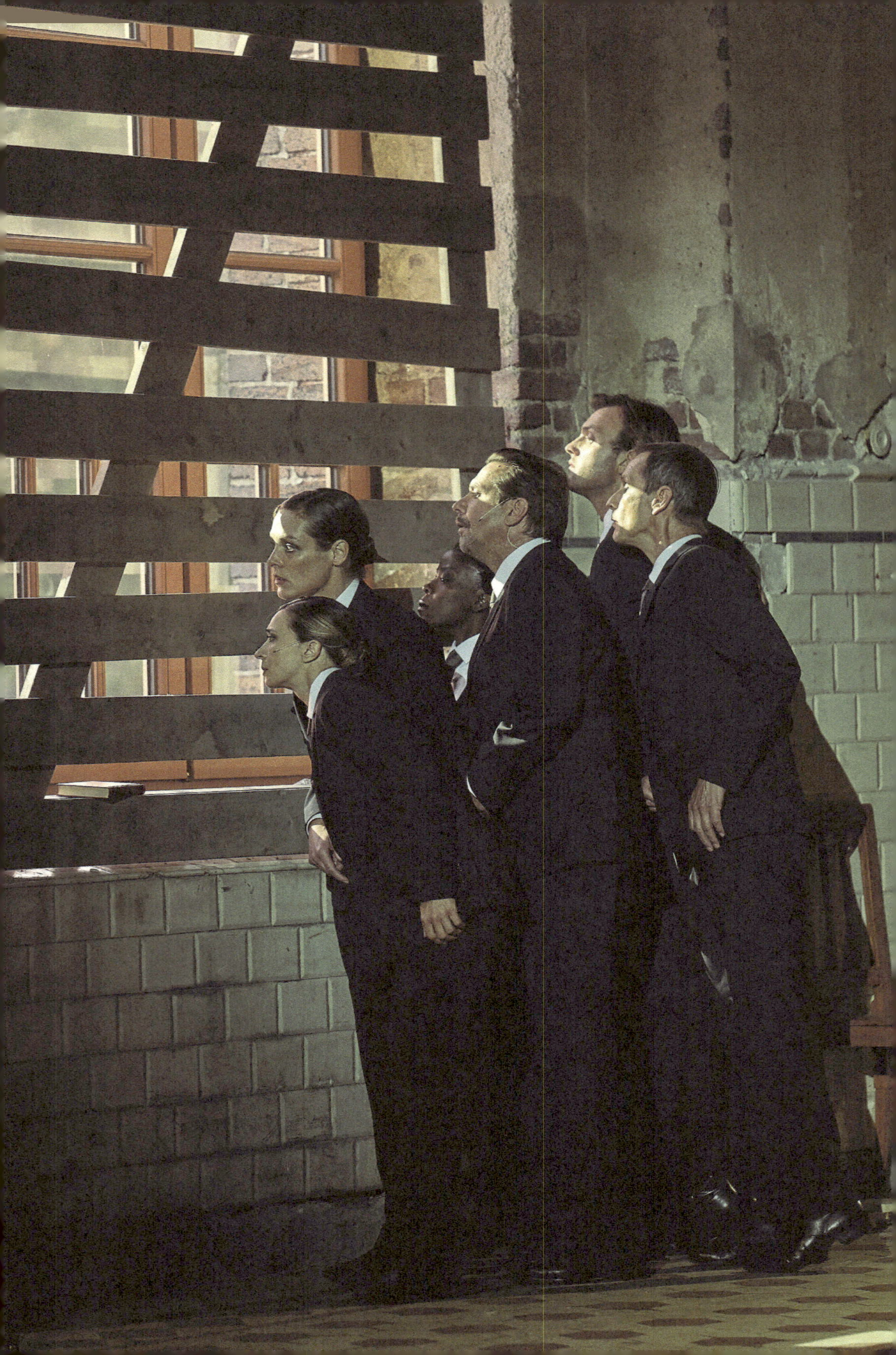

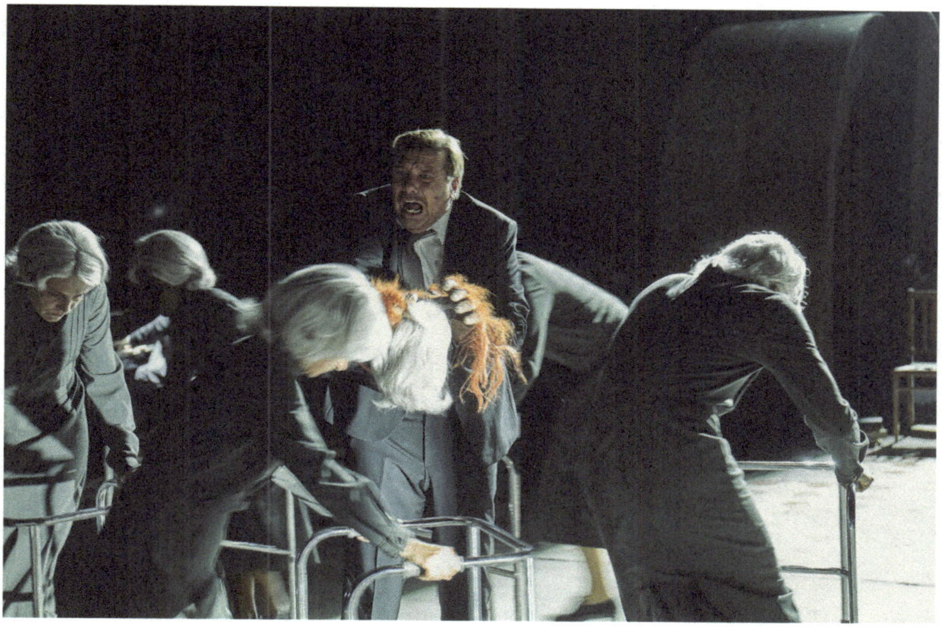

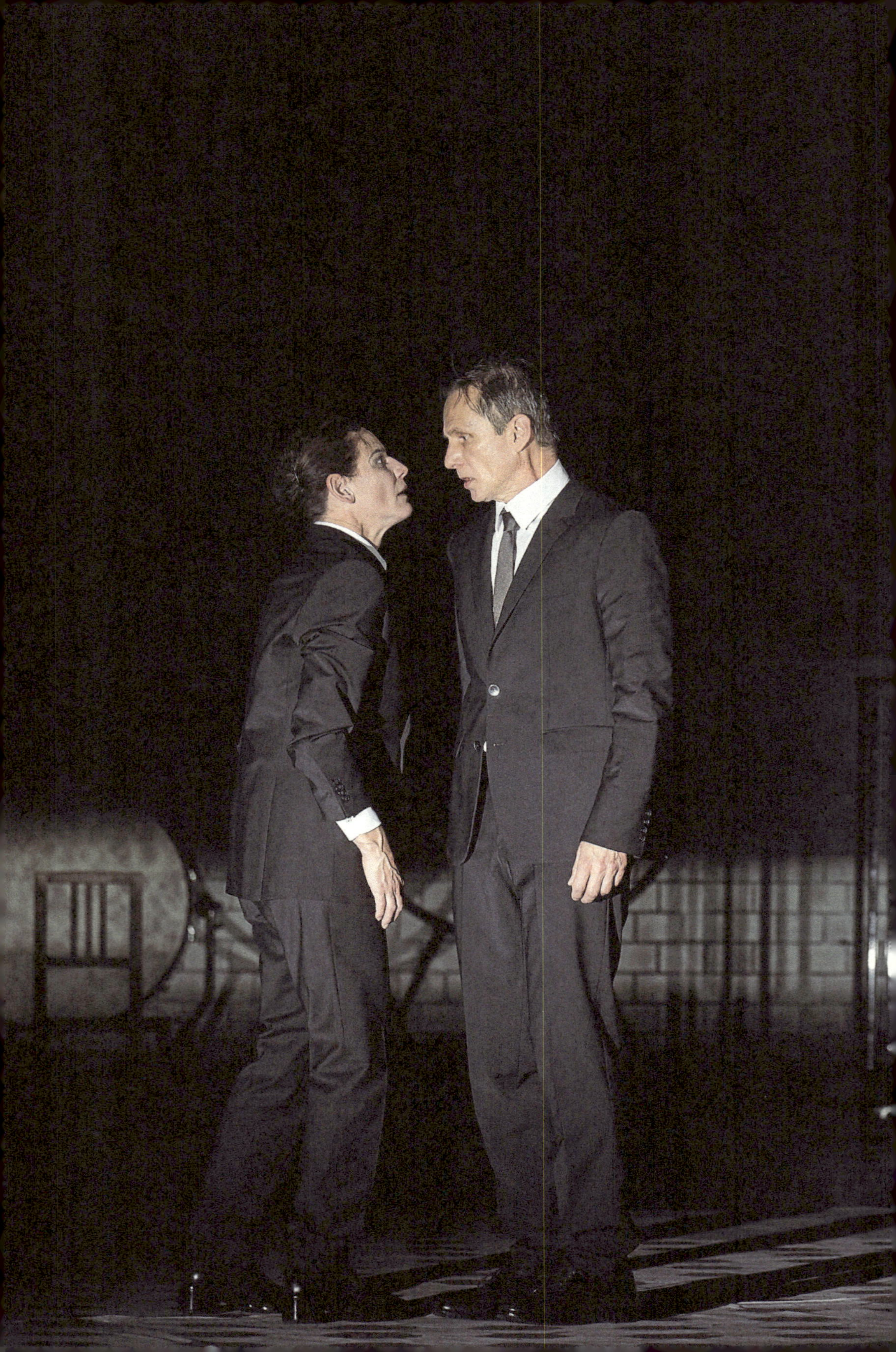

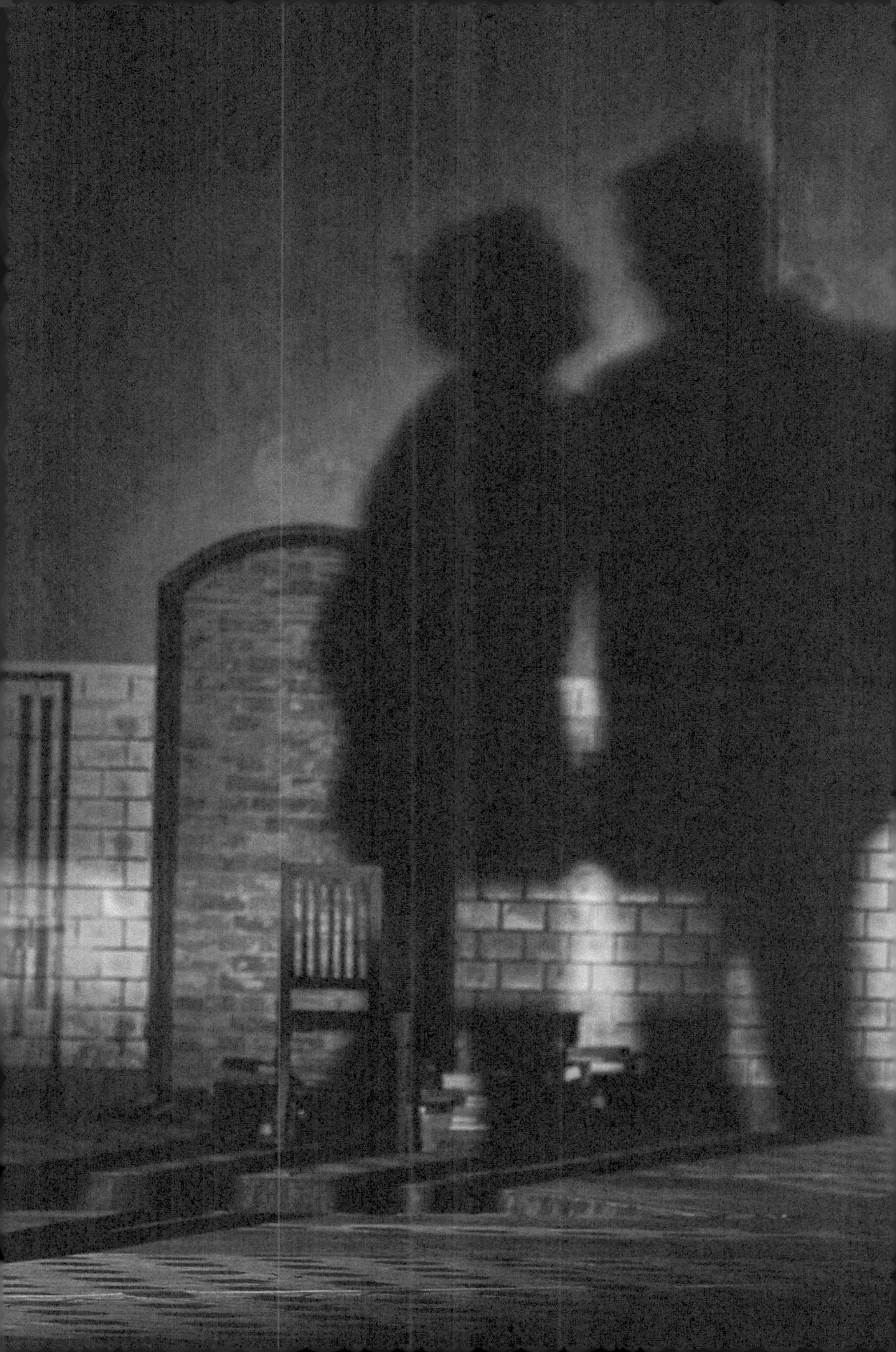

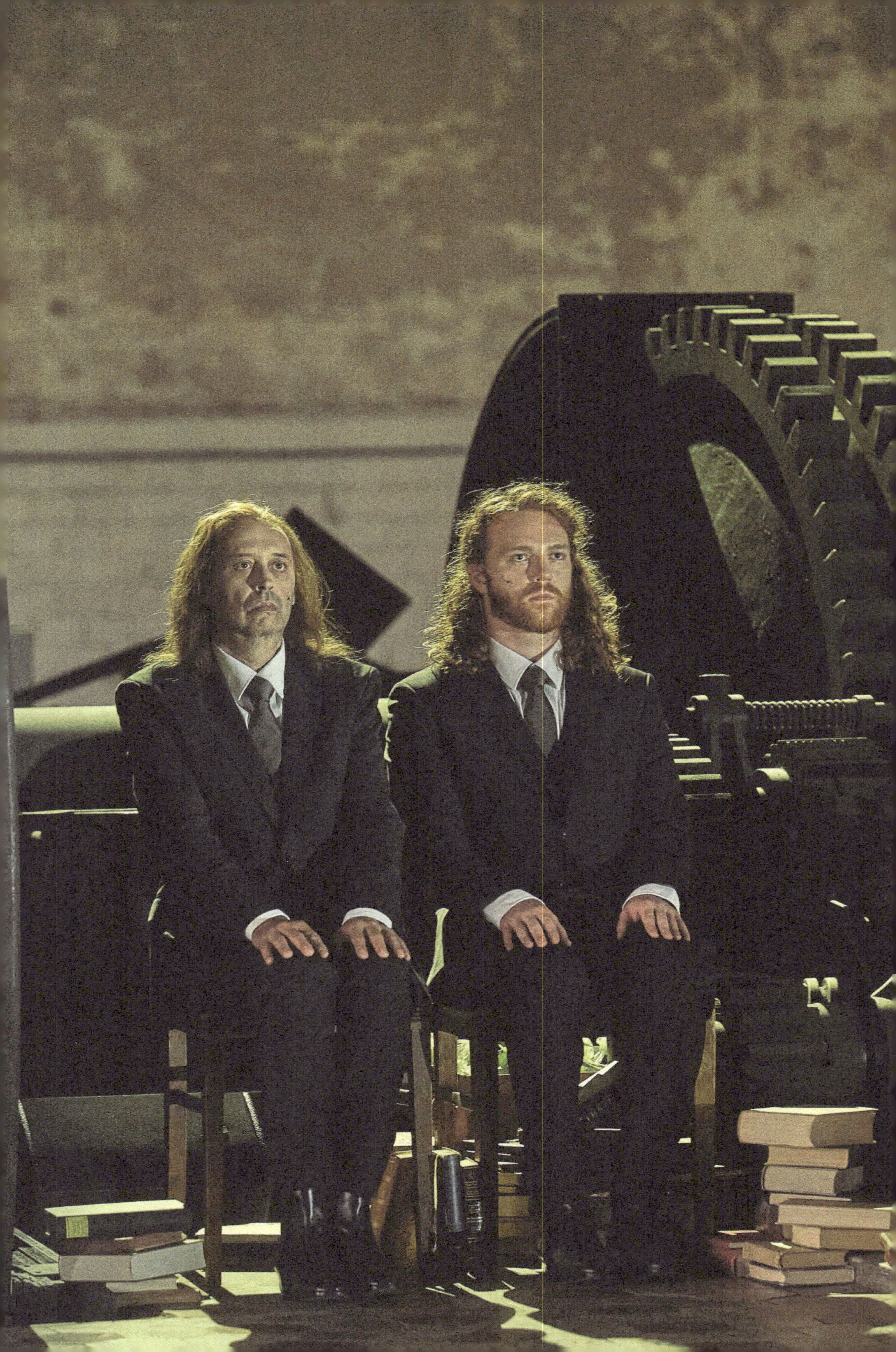

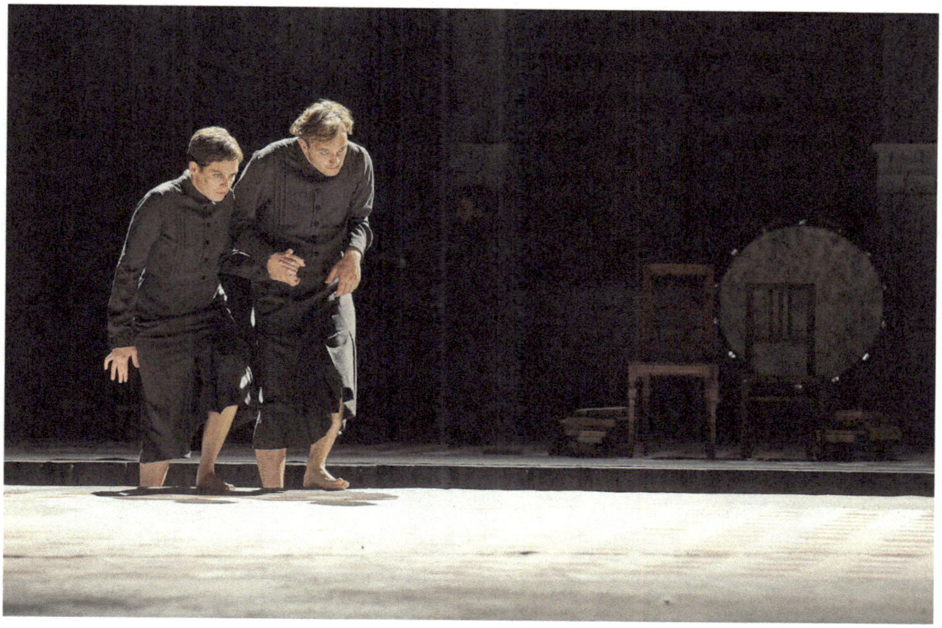

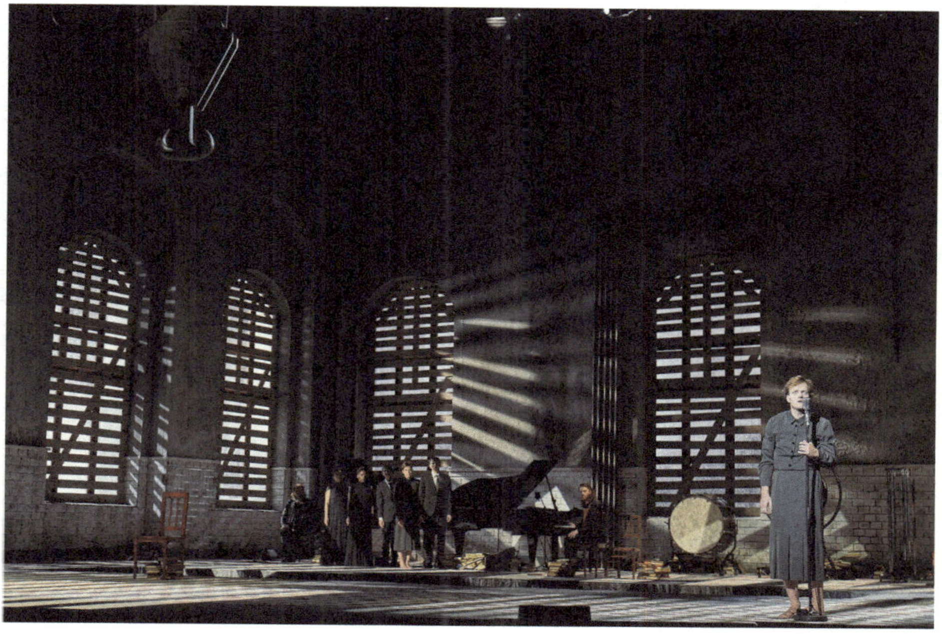

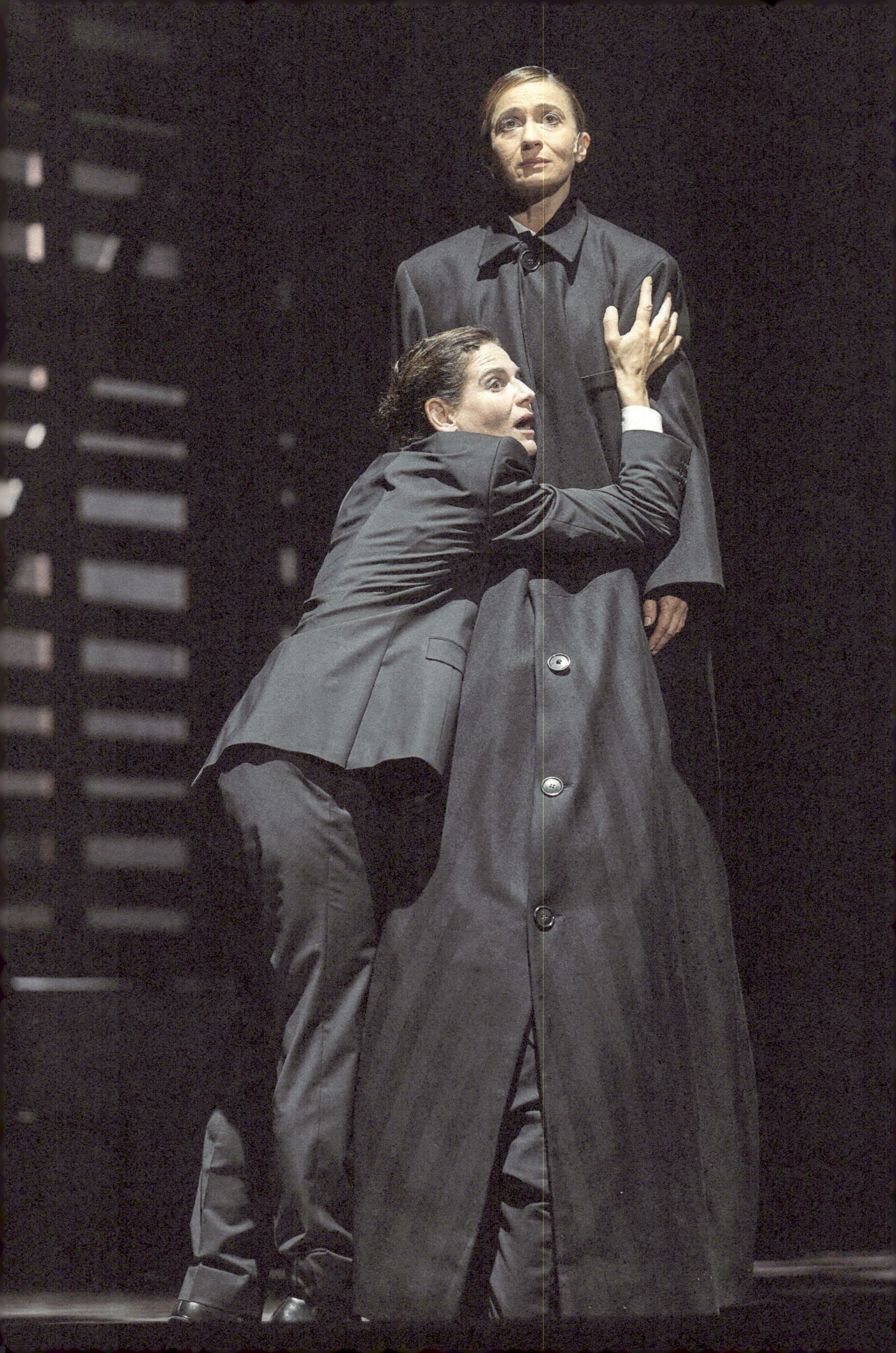

Judith Gerstenberg

Die Kunst der Wahrnehmung

Barbara Frey als Rezipientin

Die Zuschaukunst ist vielleicht die wahre Theaterkunst. Barbara Frey beherrscht sie auf besondere Weise. Um ein Bild von dieser Regisseurin und Intendantin zu zeichnen, ist daher dieser ihrer Gabe unbedingt Aufmerksamkeit zu zollen. Sie zu beschreiben, öffnet das Verständnis für ihre eigene künstlerische Sehnsucht, ihren künstlerischen Ausdruck, mehr noch – so wage ich zu behaupten: für ihren Weltbezug. Denn die Zuschaukunst ist eine Lebenskunst – gespeist aus dem Hunger nach Begegnung, nach Zusammenstössen, nach etwas, das aufstöbert, berührt.

Der Begriff der «Zuschaukunst» verkürzt freilich die komplexe Wahrnehmungswelt, um die es hier gehen muss. Denn nicht allein die Augen, sondern alle menschlichen Sinne ragen als Antennen in die sie umgebende Wirklichkeit – bei Barbara Frey sind diese allesamt hochsensible Instrumente, die gleichzeitig auf Empfangsbereitschaft eingestellt sind. Auch die «Theaterkunst» soll hier nicht allein als Bühnenkunst angesprochen werden, sondern als Ort, an dem im besten Fall alle Künste zusammenfinden und im schönsten Zusammenspiel sich gegenseitig befruchten. Gerade in den Inszenierungen dieser Regisseurin sind die Einflüsse der Literatur, der bildenden Kunst, des musikalischen wie auch choreografischen Denkens unübersehbar. In ihnen wendet sich Sprache in Musik, Musik ins Bild, das Bild in die Körper, und deren Ausdruck wendet sich wiederum in die Sprache, den Dialog, einen manchmal schmerzlich verpassten – in den katatonischen Haltungen der Figuren zeigt sich die ganze angestaute, unerlöste Sehnsucht nach ihm. Doch dies nur als Parenthese. Hier soll es um Barbara Frey als Wahrnehmende, Kunst-Sehende, als Zuschauerin gehen, um ihr Interesse, Verbindung aufzunehmen, ihre Liebe zu den Dingen und den Stimmen, die sie ortet, Stimmen auch aus der Vergangenheit, die sie im Getöse der krisengeschüttelten Gegenwart vernimmt, Stimmen, die Suchende sind oder waren, Suchende, wie sie selbst, die das existentielle Gefühl des Verlustes begleitet. Dieses Verlustempfinden ist zugleich bitter und süss, hält es doch das Versprechen am Leben, dass die Wirklichkeit auch eine andere sein kann.

Die Vermittlerin

Barbara Frey ist eine Leserin. Und Sammlerin. Viele Passagen ihrer Lektüren kann sie noch Jahre später auswendig zitieren. Sie hat sie zu ihren Begleitern gemacht, sie ihrem persönlichen Fundus hinzugefügt. Sie ist eine exquisite Kennerin der bildenden Kunst. Sie ist eine Liebhaberin der Musik. Und: Sie erweist sich als famose Vermittlerin dieser unterschiedlichen Künste, die sie gar nicht anders als im Zusammenspiel denken möchte. Wer von Barbara

Frey ein Bild beschrieben bekommt, eine Zeichnung, eine Skulptur, meint am Ende auch deren Klang gehört zu haben. Und wenn sie mit einem ihr Hörerlebnis eines Musikstücks teilt, empfindet man es so tief, dass man Scheu hat, dieses Gefühl durch das Nachhören zu überprüfen – aus Angst, es könnte sich verflüchtigen. Es sind keine bildungsbürgerlichen Lehrstunden, denen man da beiwohnt. Es werden einem vielmehr Vertrauensgeschenke überreicht. Denn diese Beschreibungen sind Mitteilungen, die Einblick in Barbara Freys Leidenschaften und Sehnsüchte gewähren, in ihr Selbstverständnis, das sich – vielleicht zuvörderst – als künstlerisches zu formulieren sucht. Wovon sie einem erzählt, sind von ihr erfahrene Begegnungen. Tatsächlich hat man nach diesen Gesprächen den Eindruck, durch ihre Worte jemanden kennengelernt zu haben. Es sind intime, kostbare Momente, die einer bestimmten Atmosphäre bedürfen, um ausgetauscht zu werden.

Gegen die Konzentrationsschwäche unserer Zeit

Small Talk liegt ihr nicht. Er fällt ihr sichtlich schwer. Floskeln verachtet sie. Lieber stiert Barbara Frey auf den Tisch und wartet, bis die Situation, die diese ihr abverlangt, vorübergezogen ist – allen Irritationen zum Trotz. Wenn sie in einen Dialog tritt, ist dieser intensiv. Sie weiss darum, was es für ein gutes Gespräch braucht und dass es einen etwas kostet – zuallererst Aufmerksamkeit. Ungeteilte. Das ist selten.

Durchaus mit Unterhaltungswert lässt sich beobachten, wie Gesprächspartner:innen zurückprallen, wenn Barbara Frey ihnen als Antwort auf eine Aussage, die mit einem nachgeschobenen «Du weisst schon, was ich meine» ergänzt wird, das geschmeidige «Ja» verweigert. Sie fragt nach, will es genau wissen, nichts überspringen, bittet um Präzision beim Sprechen und bei der Beschreibung des Sachverhalts. Es ist keine Pedanterie – auch wenn sie antizipiert, worauf ihr Gegenüber hinauswill –, sie fürchtet sich vor der benebelnden Kraft des Ungefähren, des schnell Hingeworfenen, der Fetischisierung von Begriffen, die in gegenwärtigen Diskursen eine kaum kontrollierbare Eigendynamik entfalten. Und oftmals müssen die Beteiligten einer solchen Runde überrascht feststellen, dass sie es tatsächlich genauer gar nicht zu sagen vermögen und eine Leerstelle zutage tritt, die erst gefüllt sein will, bevor man eine Haltung bezieht, sein Urteil fällt. Wir leben in einer ideologisierten Welt. Daher ist man gut beraten, sich beim Zuhören und Zuschauen zuweilen selbst zu misstrauen und zu prüfen, wie man zu seinen Urteilen kommt. Barbara Frey ist eine, die dem Nichtverstehen einen Wert beimisst. Doch dafür muss man es allererst zu erkennen bereit sein. Es ist nicht die diplomatische Zurückhaltung der

Schweizerin, die da vor den schnellen Bewertungen zurückschreckt, sondern das Wissen darum, dass eingehende Betrachtung die Grundlage allen kritischen Denkens ist.

Daher rebelliert Barbara Frey gegen die Konzentrationsschwäche unserer Zeit. Sie plädiert für einen Schutzraum, der eine Begegnung, eine wirkliche Kontaktaufnahme ermöglicht, sie plädiert für die Kunst – diese ist das Terrain, das sie verteidigt. «Bitte lasst uns über KUNST sprechen. Wozu sind wir hier?» bittet sie eindringlich, wenn der Betrieb mit seinen pragmatischen Forderungen allzu übermächtig wird und die Taktung ihres Terminkalenders vorgibt. Sie fällt Entscheidungen, wenn es Not tut, ohne viel Gezerre, aber sie fordert doch stets die notwendige Zeit ein für die für sie vorrangige Frage: «Wie geht man eine Verbindung ein? Wie nimmt man Kontakt auf? Wie verhält man sich etwas gegenüber, das man noch nicht kennt?» Das ist nicht nur die Frage, mit der einen die Kunst konfrontiert, sondern das Leben an sich: Neige ich mich diesem Unbekannten zu oder gehe ich nachhause, wenn ich es nicht in mein System einordnen kann, wenn die Kategorien «gefällt mir», «gefällt mir nicht» nicht greifen? Gefallen findet man in der Regel nur an etwas, das man schon kennt, das einen in seinem gegenwärtigen Bewusstsein bestätigt. Sich von der eigenen Voreingenommenheit immer wieder zu lösen, ist eine Herausforderung. Wie lange kann man etwas als Nichterkanntes zulassen, ihm eine Selbstverständlichkeit zuerkennen, ohne es zu bewerten und seinem eigenen Selbstverständnis einzugemeinden?

Die Kunst ermöglicht diesen Erfahrungsraum. Sie provoziert ihn. Sie hat sich per definitionem dem Blick ins Offene, Unbekannte verschrieben. Dies wird in vielen Diskussionen über die in Frage gestellte «Systemrelevanz» von Kunst beschworen. Doch leider ist die Kultur des Kunst-Sehens weitestgehend verloren gegangen. Denn gemeint ist nicht ihr Konsum: Elf Sekunden verweilt im Durchschnitt, laut einer Studie, ein:e Museumsbesucher:in vor einem Kunstwerk.[1] Da werden schnell die beschriftenden Täfelchen seitlich der Bilder zum eigentlichen Augenmerk: Titel, Künstler:in, Ort, Zeit, Besitzverhältnisse. Gebongt. Weiter. Auch der Theaterbesuch wird zunehmend den Gesetzmässigkeiten des Kommensurablen unterworfen. Es wird nur noch schwer akzeptiert, was sich einem unmittelbaren Verständnis entzieht.

1 Die erwähnte Studie, erstellt von Prof. Dr. Martin Tröndle für das Kunstmuseum St. Gallen, ist hier aus folgendem Artikel entnommen: Kathrin Streckenbach, *Museumsbesucher und ihre Herzfrequenz*. In: *Ärztezeitung.de*, 24. April 2012: https://www.aerztezeitung.de/Panorama/Museumsbesucher-und-ihre-Herzfrequenz-345695.html (letzter Zugriff am 13. November 2022).

D Wie also lässt sich die Wahrnehmung schulen, Empfänglichkeit ausbilden, die Liebe zu den Phänomenen lehren?

Barbara Freys Antwort darauf wäre vermutlich: durch Spaziergänge. Sie selbst ist eine passionierte Spaziergängerin, die sich täglich ziellos durch die Stadt treiben lässt. Und wäre es nicht eine so männlich geprägte literarische Figur des ausgehenden 19. Jahrhunderts, frühen 20. Jahrhunderts, so würde ich hier von dem Blick des «Flaneurs» sprechen, den sie kultiviert.

Der Blick des Flaneurs

Gleich dem Flaneur nimmt sie auf ihren täglichen Ausflügen die Welt, die Menschen, die Natur, Verhaltensweisen, Phänomene im Vorbeigehen, beim Schlendern, *en passant* wahr. Zunächst mit einem ungerichteten Panoramablick, offen für Signale aus allen Richtungen. Doch zu dieser scheinbar passiven Rezeptionshaltung gesellt sich die aktive Verarbeitung. Den Flaneuren wie auch Barbara Frey ist nicht gleichgültig, was sie sehen. Sie benutzen es, reflektieren, interpretieren, stellen Bezüge zwischen mitunter scheinbar nicht zusammenhängenden Phänomenen her. Sie sehen, nehmen wahr, beschreiben und suchen bzw. produzieren Sinn – oftmals an Stellen,

an denen man nichts dergleichen vermutet hätte. Dieser ist oft sehr viel erhellender als derjenige Sinn, der andernorts als Behauptung absichtsvoll gesetzt wird. Letzterer entpuppt sich leicht als Pose. Und ebenso – und hier höre ich auch auf, diesen Vergleich weiter zu bemühen – wie der Flaneur ist Barbara Frey eine Universalistin. Ob Kunst, Fussball, eine am Himmel vorüberziehende Wildgänsepopulation, der Zersetzungsprozess von Leichen, Auftritte von Politiker:innen, verlassene Industriebrachen oder das Verhalten eines Käfers an der Wand: Ihr Interesse an den Phänomenen ist universell. Und sie bringt – hindurchgreifend durch Zeitschichten, da sie in ihrem übervollen Fundus stets die Übersicht behält – jedes mit jedem in einen Zusammenhang.

Einen Ausstellungs-, einen Konzertbesuch, einen Theaterabend beschreibt sie denn auch als multiphänomenales Ereignis. Alles spielt mit hinein: das Wetter, der Rahmen, die Vorbereitungen, das Schnaufen des Nachbarn. Barbara Frey weiss sehr wohl, dass man nie unschuldig schaut, dass die Erinnerungen an anderes hineinspielen, das eigene Leben, die gegenwärtige Stimmung, und dass all das sich mit dem neuen Eindruck verwebt. Entscheidend aber ist – und hier behält diese Künstlerin eine grosse Klarheit –, dass man den Gegenstand der Betrachtung und die Position des Betrachters bzw. der Betrachterin nicht vermischt. Barbara Frey ist sich der eigenen

Wirksamkeit einer Perspektive und Position, von der aus sie schaut, stets bewusst. Damit etwas einen Wert erhält, bedarf es der Zutat des zugewandten Blicks. Man muss sich investieren – sich als Gegenüber kenntlich machen, als Gegenüber, das die Annäherung sucht, behutsam, tastend, fragend. Es ist ein zärtlicher Akt. Es liegt in der eigenen Verantwortung, dass sich ein Bild einstellt, eine Geschichte entzündet. Man muss eintreten in das uns umgebende, dichte Bedeutungsgewebe, das Zeichensystem, das es zu dechiffrieren und assoziierend zu reflektieren gilt. Man muss sich verbinden wollen.

Denn zu sehen sind zunächst nur die äussere Hülle, die Nahtstellen und Ränder. Nur, wenn man empfänglich ist, sind auch die Schwingungen in den Zwischenräumen zu erleben. Erst durch diese immaterielle Stofflichkeit entsteht die Kommunikation, ein mögliches Spiel. Kunst ist nichts anderes als ein Spiel, ein Kontaktangebot auf der Suche nach einem Menschen, der antwortet, der die Geste empfängt und dadurch für eine kleine Weile die Unbehaustheit auf Erden vergessen macht.

Verbindungen aufnehmen

Viele der Künstler:innen, die Barbara Frey in ihrer Funktion als Intendantin eingeladen hat und einlädt, erfahren durch sie eine solche Antwort. Sie empfängt die von ihnen in die Welt ausgesendete Geste und spielt sie zurück. Sie beschreibt ihnen, was sie gesehen, was sie erlebt hat – sie schenkt Bilder und Formulierungen, die ihnen neu sind, in denen sie sich aber – wenngleich manchmal überrascht – doch erkannt fühlen. Die Zutat ihres Blicks übernimmt zuweilen die Funktion einer Kernspaltung, die ungeahnte Bedeutungsechos freisetzt. Durch sie tritt das Kunstwerk noch einmal anders in Erscheinung.

Gelingt Barbara Frey die Begegnung nicht, findet sie keinen Zugang zu einem künstlerischen Ausdruck, kann sie mit etwas nichts anfangen, bedauert sie es aufrichtig. Sie kennt keine Häme über das Scheitern eines künstlerischen Versuchs, die selbstgewisse Aburteilung eine:r Künstler:in ist ihr fremd. Sie ist auch bereit, ihren Eindruck zu revidieren, hört zu, wenn andere es anders empfunden haben, überprüft ihre Position als Betrachterin und fragt sich – unglücklich über das Versäumnis –, warum diese es ihr wohl nicht erlaubte, in Kontakt zu treten. Das ist eine nicht zu unterschätzende Tugend für eine Intendantin. Eine zweite ist ihre Bereitschaft zu vertrauen, wenn sie sich einmal für jemanden entschieden hat. Jeder neue künstlerische Ausdruck braucht, um gedeihen zu können, eine gewisse Bodenwärme. Dieses notwendige Grundvertrauen in eine Arbeit und die Hinwendung zum womöglich noch vagen Gedanken, der erst seine Gestalt sucht, schenkt sie. Gastfreundschaft ist denn auch ein zentrales Selbstverständnis ihrer Aufgabe als Intendantin und Regisseurin. Sie weiss um die Bedeutung des Empfangs, und wie man den Ort zu bestellen hat, an den man einlädt.

Vom nächtlichen Schauen

Bemerkenswert im Zusammenhang der Wahrnehmung ist Barbara Freys Hingezogenheit zur Nacht. Wiederholt hat sie die nächtlichen Wälder William Shakespeares oder die Geisterstunden Edgar Allan Poes aufgesucht, andere Projekte von ihr trugen Titel wie *Nachtbuch Zürich*[2] oder *Nachtstück*[3]. Sie, die ihre ganze Konzentration versammelt, um zu schauen, genau zu schauen, begibt sich mutwillig immer wieder in Situationen, in denen das Sehvermögen durch die Dunkelheit eingeschränkt ist. Mit den klaren Konturen verschwimmt die Trennschärfe von Fiktion und Realität, Innenwelt und Aussenwelt. Mit dem Schwinden der visuellen Reize und/oder dem Verlust der Wachheit gewinnen jedoch das geistige Sehen und die Vorstellungskraft Raum. Die Nacht gehört den Geistern und allen zwielichtigen Gestalten, die im Schutz der Dunkelheit ihr Unwesen treiben. Von ihnen geht auf Barbara Frey eine grosse Anziehungskraft aus. Vielleicht, weil in der Vorstellungswelt sich ein Beziehungsreichtum herstellen lässt, der einem in der schnöden Wirklichkeit dann doch mancherorts verwehrt bleibt. Ausserdem ist die Nacht sinnbildlich die Hüterin vieler Geheimisse.

Das Geheimnis des Anderen zu wahren, nicht in ihn oder es einzudringen, ist Barbara Freys Credo. Sie bewahrt sich dadurch den Eros. Ausserdem beansprucht sie diesen Schutz für sich. Die Verhältnisse, die sie eingeht – sowohl zu Menschen als auch zu Kunstwerken –, sind Zwitterwesen aus grösstmöglich gesuchter Nähe und respektvoll gewahrter Distanz.

Frequenz suchen

In ihren eigenen Regiearbeiten versucht sie denn auch sehr behutsam die richtige Frequenz einzustellen, um die Mitteilungen anderer, die Mitteilungen der Toten, der Geister, der Stimmen, die sich zwischen den Textzeilen

2 *Nachtbuch Zürich*, Oper von Susanne Hinkelbein. Uraufführung am 5. März 1998, Theater am Neumarkt, Zürich. Weitere Informationen zu dieser und den anderen im vorliegenden Beitrag erwähnten Inszenierungen finden sich im Werkverzeichnis an Buchende, S. 331–346.

3 *Nachtstück*, ein Projekt ohne Worte von Barbara Frey und dem Schlagzeuger und Komponisten Fritz Hauser. Uraufführung am 4. März 2016, Schiffbau / Box, Schauspielhaus Zürich.

tummeln, empfangen zu können. Das ist oftmals eine Arbeit im Nanobereich und bedarf eines wiederholten Nachjustierens, damit das Rauschen des Äthers sich nicht über die Signale legt. So scheint mir, sieht sie ihre Aufgabe als Inszenierende auch darin, zu klären, wie der Rahmen beschaffen sein muss, wie die Weichen gestellt werden müssen, wohin die Wegweiser gerichtet sein müssen, um die richtige Aufmerksamkeit zu erlangen, damit die Schwingungen, die verborgenen Schichten, das Mitgeführte, Abgelagerte, die Verwundungen, die Leerstellen eines Textes spürbar werden. Dafür müssen die Ränder Ausstrahlung haben und das einschliessen, was nicht abbildbar, aber doch genau erzählt sein will. Das ist ein Handwerk, das beherrscht sein will. Es ist oftmals ein Weg durch Täler der Mühen, bevor man belohnt wird.

Ihre Zuschaukunst jedoch, ihr Kunst-Sehen macht sie zu einem glücksmächtigen Menschen. Ihre Zuschaukunst ermöglicht es ihr, den Augenblick mit Liebe und Sinnhaftigkeit anzufüllen und diesen Augenblick – hier borge ich mir eine Formulierung des Germanisten Peter von Matt, die er im Zusammenhang eines Gedichts von Robert Walser verwendet hat (beide Autoren spielen in Barbara Freys Leben übrigens eine prägende Rolle) – diesen Augenblick mit ihren «farbenschaffenden Augen», ihrer «farbenschaffenden Seele»[4] der zunehmenden Weltverfinsterung zu entreissen.

4 Zitiert aus Peter von Matt, *Wörterleuchten. Kleine Deutungen deutscher Gedichte.* Hanser: München 2015 (4. Auflage), S. 141. Der Autor setzt sich hier mit Roberts Walsers Gedicht *Was fiel mir ein?* auseinander.

Judith Gerstenberg

L’art de la perception

Barbara Frey, réceptrice

F

L'art du regard – ou du spectateur – est peut-être le véritable art théâtral. Barbara Frey l'exerce avec un talent particulier. Ce don, qui est le sien, occupe donc une place essentielle dans le portrait que je veux dresser de cette metteuse en scène et directrice de théâtre et de festival. Le décrire permet de mieux comprendre ses aspirations, son expression artistique, et plus encore – j'ose l'affirmer – son rapport au monde. Car l'art du regard est un art de vivre – nourri par la soif de rencontres, de chocs, de quelque chose qui débusque, qui touche.

Le concept d'« art du regard » est pourtant réducteur par rapport à la complexité de l'univers de la perception dont il est question ici. En effet, ce ne sont pas seulement les yeux, mais tous les sens qui se dressent comme des antennes face à la réalité qui les entoure – et chez Barbara Frey, ce sont des instruments hautement sensibles, simultanément disposés à recevoir des signaux. L'« art théâtral » ne doit pas non plus être abordé uniquement comme un art de la scène, mais comme un lieu où, dans le meilleur des cas, tous les arts se rencontrent et se stimulent mutuellement dans la plus belle des interactions.

De ce fait, les influences de la littérature, des arts plastiques, de la pensée musicale et chorégraphique sont évidentes chez cette metteuse en scène. Dans ses productions, le langage se transforme en musique, la musique en image, l'image en corps, et leur expression se transforme à son tour en langage, en dialogue, un dialogue parfois douloureusement égaré – et dont la nostalgie croissante et non assouvie se manifeste dans les attitudes catatoniques des personnages. Mais passons cette parenthèse. Nous allons considérer ici Barbara Frey en tant qu'observatrice attentive du monde et de l'art, en tant que spectatrice, pour analyser son intérêt à établir des liens, son amour pour les choses et les voix qu'elle repère, les voix du passé qu'elle entend dans le tumulte d'un présent en crise. Et ces voix sont ou étaient celles de chercheuses et chercheurs, comme elle, accompagnées par le sentiment existentiel de la perte. Ce sentiment de perte est à la fois amer et doux, car il maintient en vie la promesse que la réalité peut aussi être autre.

La médiatrice

Barbara Frey est une lectrice. Et une collectionneuse. Elle peut encore, plusieurs années après ses lectures, en citer par cœur de nombreux passages. Elle en a fait ses compagnons, les a ajoutés à son trésor personnel. Elle est aussi une excellente connaisseuse des arts visuels et une passionnée de musique. En outre, elle se révèle une médiatrice hors pair de ces différents arts, qu'elle se refuse de concevoir autrement qu'en interaction. Celui qui écoute Barbara Frey décrire un tableau, un dessin ou une sculpture a l'impression d'en avoir entendu le son. Et lorsqu'elle partage avec quelqu'un son expérience d'une composition musicale, on la ressent si profondément que l'on hésite à vérifier ce sentiment en écoutant à nouveau cette musique – de peur qu'il ne s'évapore. Ce ne sont pas, là, des leçons magistrales. Ce sont plutôt des cadeaux de confiance. Car ces descriptions donnent un aperçu des passions et des aspirations de Barbara Frey, de sa conception d'elle-même qui cherche – peut-être en premier lieu – à s'exprimer en tant qu'artiste. Ce qu'elle raconte, ce sont des rencontres qu'elle a vécues. En effet, après ces entretiens, on a l'impression d'avoir fait la connaissance de quelqu'un à travers ses mots. Ce sont des moments intimes, précieux, qui nécessitent une certaine atmosphère pour être partagés.

Contre les failles de concentration de notre temps

Le small talk ou, autrement dit, la causette n'appartient pas à son savoir-faire. Elle méprise les phrases toutes faites. Barbara Frey préfère rester silencieuse, les yeux fixés sur la table, et attendre que la situation propice à pareils échanges soit passée, et ceci en dépit de toutes les irritations que cela peut susciter. Lorsqu'elle entame un dialogue, il est intense. Elle sait ce que nécessite une bonne discussion, à commencer par de l'attention. Une attention sans concession. C'est rare.

On peut observer avec amusement comment les interlocuteurs·trice·s se rétractent lorsque Barbara Frey refuse de répondre par un nonchalant « oui » à une déclaration ponctuée d'un « tu vois ce que je veux dire ?» Elle pose des questions, veut savoir exactement ce qu'il en est, demande de s'exprimer et de décrire les faits avec précision. Ce n'est pas de la pédanterie – même si elle anticipe ce que son interlocuteur veut dire –, elle craint la force nébuleuse de l'à-peu-près, de ce qui est dit trop vite, de la fétichisation de concepts qui dans les discours actuels déploient une dynamique difficilement contrôlable. Or, souvent, les protagonistes d'une telle table ronde sont surpris de constater qu'ils ne sont pas en mesure d'être plus précis et qu'un vide se manifeste, un vide qui idéalement devrait être comblé avant toute prise de position ou jugement. Nous vivons dans un monde idéologisé. C'est pourquoi il est important de se méfier parfois de soi-même et d'examiner, en s'écoutant et en s'observant, le chemin qui mène aux jugements. Barbara Frey accorde de la valeur à la non-compréhension. Mais pour cela, il faut d'abord être prêt à la reconnaître. La Suissesse ne recule pas devant les évaluations rapides par retenue diplomatique, mais parce qu'elle sait que l'observation approfondie est la base de toute pensée critique.

Pour cette raison, Barbara Frey se rebelle contre le manque de concentration de notre époque. Elle plaide pour un espace protégé qui permette une rencontre, une véritable prise de contact, elle plaide pour l'art – car il est le terrain qu'elle défend. « S'il vous plaît, parlons d'ART. Pourquoi sommes-nous ici ? », demande-t-elle avec insistance lorsque l'institution culturelle et ses exigences pragmatiques deviennent trop envahissantes et imposent leur rythme à son emploi du temps. Elle prend des décisions quand il le faut, sans trop tergiverser, mais elle réclame toujours le temps nécessaire pour répondre à la question prioritaire à ses yeux : « Comment établir un lien ? Comment entrer en contact ? Comment se comporter face à quelque chose que l'on ne connaît pas encore ? » Ce n'est pas une question à laquelle seulement l'art nous confronte, mais la vie elle-même : « Est-ce que je me penche vers cet inconnu ou est-ce que je laisse tomber, si je n'arrive pas à le classer dans mon système, si les catégories ‹ j'aime ›, ‹ je n'aime pas › ne fonctionnent pas ? » En règle générale, on ne prend plaisir qu'à quelque chose que l'on connaît déjà, qui nous confirme dans notre conscience du présent. Se défaire sans cesse de ses propres préjugés est un défi. Combien de temps peut-on admettre quelque chose comme non reconnu, lui accorder une évidence, sans le juger et l'intégrer à sa propre compréhension de soi ?

L'art rend possible cet espace d'expérience. Il le provoque. Par définition, il s'engage à poser son regard sur l'ouvert et l'inconnu. C'est l'aspect invoqué dans de nombreuses discussions sur la « pertinence systémique » de l'art. Toutefois, malheureusement, la culture de la contemplation de l'art s'est largement perdue. Car il ne s'agit pas de consommation : selon une étude, un·e visiteur·euse de musée reste en moyenne onze secondes devant une œuvre d'art[1]. Les cartels qui accompagnent les tableaux deviennent alors rapidement le centre d'attention : titre, artiste, lieu, époque, conditions de propriété. C'est tout. Passons plus loin. La fréquentation des théâtres est elle aussi de plus en plus soumise aux lois de la commensurabilité. On accepte toujours plus difficilement ce qui échappe à une compréhension immédiate.

Alors, comment éduquer à l'observation, former la réceptivité, enseigner l'amour des phénomènes ?

Barbara Frey répondrait certainement de la manière suivante à ces interrogations : « Il faut apprendre grâce aux promenades. » Elle-même est une promeneuse passionnée qui se balade quotidiennement sans but dans la ville.

1 L'étude mentionnée, menée par le Prof. Dr. Martin Tröndle pour le Musée d'Art de Saint-Gall, est évoquée dans l'article suivant : Kathrin Streckenbach, «Museumsbesucher und ihre Herzfrequenz», dans : *Ärztezeitung.de*, 24 avril 2012 : https://www.aerztezeitung.de/Panorama/Museumsbesucher-und-ihre-Herzfrequenz-345695.html (consulté le 13 novembre 2022).

Et s'il ne s'agissait pas là d'une figure littéraire très masculine de la fin du XIXe siècle et du début du XXe siècle, je dirais qu'elle cultive le regard du « flâneur ».

Le regard du « flâneur »

Comme le flâneur, elle perçoit le monde, les gens, la nature, les comportements, les phénomènes lors de ses excursions quotidiennes en errant, en flânant, *en passant*. D'abord avec un regard panoramique non orienté, ouvert aux signaux venant de toutes les directions. Mais à cette attitude de réception apparemment passive s'ajoute un traitement actif. Les flâneurs, tout comme Barbara Frey, ne sont pas indifférents à ce qu'ils voient. Ils l'utilisent, réfléchissent, l'interprètent, établissent des liens entre des phénomènes qui semblent parfois sans rapport. Ils voient, perçoivent, décrivent et cherchent ou produisent du sens – souvent à des endroits où l'on n'aurait rien soupçonné de tel.

Le sens produit de cette façon est souvent beaucoup plus éclairant que celui placé de manière intentionnelle comme affirmation. Car ce dernier se révèle très vite être davantage une attitude. Enfin, et j'arrêterai ici cette comparaison, tout comme le flâneur, Barbara Frey est une universaliste. Qu'il s'agisse d'art, de football, d'une population d'oies sauvages passant dans le ciel, du processus de décomposition des cadavres, des discours d'hommes et de femmes politiques, de friches industrielles abandonnées ou du comportement d'un scarabée sur un mur : son intérêt pour les phénomènes est universel. Et elle les met en relation les uns avec les autres à travers les couches du temps, car elle garde toujours une vue d'ensemble de son inventaire débordant.

Elle décrit donc une visite d'exposition, un concert ou une soirée au théâtre comme un événement multi-phénoménal. Tout y participe : le temps, le cadre, les préparatifs, l'essoufflement du voisin. Barbara Frey sait très bien que l'on ne regarde jamais innocemment, que les souvenirs d'autres choses, ainsi que sa propre vie, l'humeur du moment entrent en jeu, et que tout cela imprègne la nouvelle impression. Mais l'essentiel – et sur ce point, cette artiste garde une grande clarté – est de ne pas mêler l'objet de l'observation avec la position de la personne qui observe. Barbara Frey est toujours consciente de l'influence particulière qu'exercent la perspective et la position à partir de laquelle elle observe. Pour que quelque chose ait de la valeur, il faut l'ingrédient du regard tourné vers l'autre. Il faut s'investir, se proposer en tant que vis-à-vis, un vis-à-vis qui cherche à se rapprocher, avec précaution, à tâtons, en posant des questions. C'est un acte de tendresse. Il est de la responsabilité individuelle qu'une image s'installe, qu'une histoire s'enflamme. Il faut entrer dans le tissu dense de significations qui nous entoure, le système de signes qu'il s'agit de décrypter et de réfléchir par association. Il faut vouloir se connecter.

En effet, on ne voit d'abord que l'enveloppe extérieure, les jointures et les bords. Ce n'est que si l'on est réceptif que l'on peut également ressentir les vibrations dans les espaces intermédiaires. Ce n'est qu'à travers cette matérialité immatérielle que naît la communication, un jeu possible. L'art n'est rien d'autre qu'un jeu, une offre de contact à la recherche d'une personne qui réponde, qui reçoive le geste et qui fasse ainsi oublier, pour un court instant, l'absence de refuge sur terre.

Établir une liaison

Beaucoup des artistes que Barbara Frey a invité·e·s et invite en tant que directrice de théâtre ou de festival reçoivent une pareille réponse de sa part. Elle accueille le geste qu'ils ont envoyé dans le monde et le leur renvoie. Elle leur décrit ce qu'elle a vu, ce qu'elle a vécu – elle leur offre des images et des formulations qui leur sont nouvelles, mais dans lesquelles ils ou elles se sentent reconnu·e·s, même s'ils ou elles sont parfois surpris·e·s. L'ingrédient de son regard a parfois la force d'une fission nucléaire, qui libère des échos de sens insoupçonnés. Grâce à elle, l'œuvre d'art apparaît davantage sous un autre jour.

Si Barbara Frey ne parvient pas à faire la rencontre, si elle ne trouve pas d'accès à une expression artistique, si elle ne peut rien faire avec quelque chose, elle le regrette sincèrement. Elle ne connaît pas la malveillance face à l'échec d'une tentative artistique, l'arrogante condamnation d'une ou un artiste lui est étrangère. Elle est également prête à revoir ses impressions, écoute si d'autres l'ont ressenti différemment, examine sa position d'observatrice et se demande – malheureuse d'avoir échoué – pourquoi celle-ci ne lui a pas permis d'établir un contact. C'est une vertu à ne pas sous-estimer pour une directrice artistique. Autre vertu, celle qui la conduit à faire confiance lorsqu'elle a choisi de travailler avec quelqu'un. Toute nouvelle expression artistique a besoin, pour pouvoir s'épanouir, d'une certaine chaleur. Elle offre cette confiance de base nécessaire dans une collaboration et prête attention à une idée, peut-être encore vague, qui cherche sa forme. L'hospitalité est également un élément central de sa mission de directrice artistique et de metteuse en scène. Elle connaît l'importance de l'accueil et la manière dont on doit soigner le lieu où l'on invite.

Dans ce contexte de la perception, l'attirance de Barbara Frey pour la nuit joue un rôle essentiel. Elle a côtoyé à plusieurs reprises les forêts nocturnes de William Shakespeare ou les heures des fantômes d'Edgar Allan Poe, et d'autres de ses projets portent des titres tels que *Nachtbuch Zürich* [2] ou *Nachtstück* [3]. Elle qui rassemble toute sa concentration pour observer, pour observer avec précision, se place volontairement toujours dans des situations où la vision est limitée par l'obscurité. Au crépuscule, avec les contours clairs, la séparation entre fiction et réalité, monde intérieur et monde extérieur s'estompe. Cependant, avec l'affaiblissement des stimuli visuels et/ou la perte de vigilance, la vision mentale et l'imagination gagnent du terrain. La nuit appartient aux fantômes et à tous les personnages louches qui sévissent sous le couvert de l'obscurité. Ils exercent une grande force d'attraction sur Barbara Frey. Peut-être parce que le monde imaginaire permet d'établir une richesse de liens que l'on ne trouve pas toujours dans la réalité sordide. De plus, la nuit est symboliquement la gardienne de nombreux secrets.

Or, préserver le mystère de l'autre, ne pas pénétrer ni l'un ni l'autre, est le credo de Barbara Frey. Elle préserve ainsi l'éros. En outre, elle revendique cette protection pour elle-même. Les relations qu'elle établit – aussi bien avec les personnes qu'avec les œuvres d'art – sont des relations hybrides entre la recherche d'un maximum de proximité et le maintien d'une distance respectueuse.

Recherche de fréquence

Dans ses propres mises en scène, elle essaie donc, très délicatement, de se connecter sur la bonne fréquence pour pouvoir capter les messages des autres, les messages des morts, des esprits, des voix qui se faufilent entre les lignes du texte. C'est souvent un travail à l'échelle nanométrique qui nécessite des réajustements répétés pour que le bruit de l'éther ne se superpose pas aux signaux. À mon sens, elle considère que sa tâche de metteuse en scène exige aussi de clarifier comment le cadre doit être constitué, comment les aiguillages doivent être posés, où les panneaux indicateurs doivent être

2 *Nachtbuch Zürich* [*Cahier de nuit de Zurich*], opéra de Susanne Hinkelbein. Création le 5 mars 1998, Theater am Neumarkt, Zurich. De plus amples informations sur l'ensemble des mises en scène de Barbara Frey sont disponibles dans la théâtrographie en fin d'ouvrage, pp. 331–346.

3 *Nachtstück* [*Nocturne*], un projet sans paroles de Barbara Frey et du percussionniste et compositeur Fritz Hauser. Création le 4 mars 2016, Schiffbau/Box, Schauspielhaus de Zurich.

F dirigés pour établir la concentration nécessaire, afin que les vibrations, les couches cachées, ce qui est emporté, déposé, les faiblesses, les espaces vides d'un texte soient perceptibles. Pour cela, les marges doivent avoir un rayonnement et inclure ce qui ne peut pas être représenté, mais qui doit quand même être raconté avec précision. Il s'agit d'un savoir-faire qu'il faut maîtriser. Et bien souvent la récompense ne vient qu'au terme d'un âpre et long chemin.

Mais son art du regard, sa contemplation de l'art, fait d'elle une personne puissante et heureuse. Son art du regard lui permet de remplir l'instant présent d'amour et de sens et – j'emprunte ici une formule utilisée par le germaniste Peter von Matt dans le contexte d'un poème de Robert Walser (les deux auteurs ont d'ailleurs joué un rôle marquant dans la vie de Barbara Frey) – d'arracher cet instant à l'obscurcissement croissant du monde grâce à ses « yeux créateurs de couleurs », grâce à son « âme créatrice de couleurs »[4].

4 Citation tirée de Peter von Matt, *Wörterleuchten. Kleine Deutungen deutscher Gedichte*. Hanser : Münich, 2015 (4e édition), p. 141. L'auteur se penche ici sur le poème *Was fiel mir ein?* de Robert Walser.

Judith Gerstenberg

L'arte della percezione

Barbara Frey e la sua ricettività

155

I La vera arte teatrale consiste forse nell'arte di osservare. Barbara Frey la padroneggia con singolare maestria. Per tracciare un ritratto della regista e direttrice artistica è quindi essenziale mettere in luce questo suo particolare talento. Descriverlo offre infatti una chiave di lettura delle sue aspirazioni artistiche, del suo modo di creare e ancor più – oserei dire – del suo rapporto con il mondo. Poiché l'arte di osservare è un'arte di vivere, alimentata dalla fame di incontri, di scontri, di qualcosa che scavi nel profondo, che commuova.

Il termine «arte di osservare» è indubbiamente riduttivo rispetto alla complessità dell'universo percettivo a cui si allude in questa sede. In effetti, non solo gli occhi, ma i cinque sensi sono protesi come antenne nella realtà circostante – e nel caso di Barbara Frey sono tutti strumenti altamente sensibili e predisposti alla ricezione simultanea di segnali. Inoltre, l'«arte teatrale» non è qui intesa esclusivamente come un'arte scenica, bensì come un luogo in cui, nella migliore delle ipotesi, tutte le arti si incontrano e si fecondano a vicenda in perfetta interazione. Nelle produzioni di questa regista gli influssi della letteratura, delle arti figurative, del pensiero musicale e coreografico sono infatti particolarmente evidenti. Nelle sue messinscene la parola si trasforma in musica, la musica in immagini, le immagini in corpi la cui espressività viene a sua volta tradotta in parole – un dialogo talora dolorosamente mancato, il cui desiderio crescente e inappagato si manifesta nelle posture catatoniche dei personaggi. Ma queste sono solo considerazioni a margine. Di seguito prenderemo in esame Barbara Frey come osservatrice del mondo e fruitrice d'arte, come spettatrice, e analizzeremo il suo interesse a entrare in connessione, il suo amore per le cose e le voci che sente, le voci del passato che percepisce nel tumulto del presente in crisi – voci di persone che, come lei, erano o sono costantemente alla ricerca e accompagnate da un esistenziale senso di perdita. Un senso di perdita al contempo amaro e dolce, perché mantiene viva la promessa che la realtà può essere anche diversa.

La mediatrice

Barbara Frey è un'appassionata lettrice. E una collezionista. È in grado di citare a memoria brani tratti dalle sue letture anche a distanza di molti anni. Sono divenuti ormai dei compagni di viaggio, fanno parte del suo bagaglio personale. È anche un'intenditrice d'arte. E un'amante della musica. Inoltre, è una comprovata mediatrice delle diverse discipline artistiche, che non intende concepire in altro modo se non in stretta interazione le une con le altre. Chiunque ascolti Barbara Frey descrivere un dipinto, un disegno o una scultura è convinto di averne udito anche la melodia. E quando condivide la sua esperienza di un brano musicale, la sensazione è così forte che si preferisce evitare di riascoltarlo per paura che tale percezione svanisca. Non si tratta di uno sfoggio di erudizione, bensì di una dimostrazione di fiducia. Queste descrizioni, infatti, sono messaggi che consentono di comprendere le passioni e le aspirazioni di Barbara Frey, l'immagine che ha di sé e si esprime – forse in primo luogo – attraverso l'arte. In sostanza, racconta di incontri che ha vissuto e gli interlocutori hanno in effetti l'impressione di avere conosciuto qualcuno attraverso le sue parole. Sono momenti intimi e preziosi che necessitano di una determinata atmosfera per poter essere condivisi.

Contro la mancanza di concentrazione del nostro tempo

Le chiacchiere non fanno per lei, la mettono visibilmente a disagio. Barbara Frey detesta le frasi fatte, preferisce fissare il tavolo in attesa che la situazione che richiede questo tipo di interazione sia passata, correndo il rischio di provocare irritazione. Quando si coinvolge in un dialogo, è sempre intenso. Conosce alla perfezione gli ingredienti per una buona conversazione e sa che esige uno sforzo: innanzitutto in termini di attenzione. Un'attenzione indivisa. Un bene raro.

È piuttosto divertente osservare come l'interlocutrice o l'interlocutore sussulti, quando Barbara Frey si rifiuta di rispondere con un disinvolto «sì» a un'affermazione seguita da un «sai cosa intendo». Pone domande, vuole sapere con esattezza senza tralasciare nessun dettaglio, pretende precisione nell'esprimersi e nell'esporre i fatti. Non è pedanteria – anche se anticipa dove la persona che le sta di fronte vuole andare a parare –, teme piuttosto il potere offuscante del vago, delle frasi buttate lì in fretta e furia, la feticizzazione di concetti che nei discorsi contemporanei sviluppano una dinamica propria difficilmente controllabile. Spesso, chi partecipa a questo tipo di dibattiti si rende conto con sorpresa di non riuscire ad esprimersi in modo chiaro e che è necessario colmare il vuoto creatosi, prima di poter prendere posizione o esprimere un giudizio. Viviamo in un mondo ideologizzato. Pertanto, mentre si ascolta e si osserva, è bene diffidare di se stessi ed esaminare attentamente come si giunge alle proprie valutazioni. Barbara Frey attribuisce un valore all'incomprensione. Bisogna però essere disposti a riconoscerla. La regista svizzera non rifugge dal trarre conclusioni affrettate per cautela diplomatica, bensì in virtù della sua consapevolezza che l'osservazione approfondita sia alla base di ogni forma di pensiero critico.

Barbara Frey si ribella contro la mancanza di concentrazione del nostro tempo. Rivendica uno spazio protetto che renda possibile l'incontro, entrare davvero in contatto; si batte per l'arte – questo è il territorio che difende. «Per favore, parliamo d'ARTE. Che ci facciamo qui altrimenti?», chiede con insistenza quando l'istituzione culturale, con le sue esigenze pragmatiche, diventa troppo opprimente e detta il ritmo dei suoi impegni. Se necessario, è in grado di prendere delle decisioni senza battere ciglio, ma pretende sempre il tempo necessario per ciò che ritiene prioritario: «Come si entra in connessione? Come si stabilisce un contatto? Come ci si relaziona con qualcosa che non si conosce ancora?» Non è solo l'arte a porci di fronte a queste domande, ma la vita stessa: «Mi apro all'incognito o rinuncio se non rientra nel mio sistema, se le categorie "mi piace" / "non mi piace" non valgono?» Di regola, apprezziamo solo ciò che conosciamo, che ci conferma nel nostro attuale stato di consapevolezza. Liberarsi in continuazione dei propri pregiudizi è una sfida. Per quanto tempo è possibile tollerare qualcosa di non identificato, darlo per scontato, senza giudicarlo né incorporarlo nella propria visione di sé e del mondo?

L'arte consente di fare questa esperienza. La stimola. Per definizione il suo sguardo è infatti proteso verso l'apertura e l'ignoto. Questo aspetto è evocato in molti dibattiti sulla questione della «rilevanza sistemica» dell'arte. Tuttavia, la cultura della contemplazione dell'arte è ormai andata in gran parte perduta. Con ciò non si intende una fruizione superficiale: in base a uno studio, i visitatori e le visitatrici di un museo trascorrono in media undici secondi davanti a un'opera d'arte[1]. Le didascalie poste ai lati dei dipinti catturano rapidamente l'attenzione: titolo, artista, luogo, epoca, proprietà. Bene. Passiamo oltre. Anche assistere a uno spettacolo teatrale è sempre più soggetto alle leggi della commensurabilità. È difficile accettare ciò che sfugge all'immediata comprensione.

Come possiamo dunque allenare la percezione, educare alla ricettività, insegnare l'amore per i fenomeni?

La risposta di Barbara Frey sarebbe probabilmente: facendo delle passeggiate. Lei stessa è un'appassionata camminatrice e gira ogni giorno senza meta per la città. Se non si trattasse di una figura letteraria così marcatamente maschile di fine Ottocento, inizio Novecento, direi che coltiva lo sguardo del «flâneur».

1 Lo studio menzionato, condotto dal prof. Martin Tröndle su incarico del Museo d'Arte di San Gallo, è citato nel seguente articolo: Kathrin Streckenbach, «Museumsbesucher und ihre Herzfrequenz», in: *Ärztezeitung.de*, 24 aprile 2012 : https://www.aerztezeitung.de/Panorama/Museumsbesucher-und-ihre-Herzfrequenz-345695.html (consultato il 13 novembre 2022).

Proprio come il flâneur, nelle sue passeggiate quotidiane Barbara Frey percepisce il mondo, le persone e i loro comportamenti, la natura, i fenomeni *en passant*, andando a zonzo. Dapprima attraverso una visione panoramica, non mirata, aperta ai segnali provenienti da ogni direzione. Tuttavia, questo atteggiamento di ricezione apparentemente passiva è connesso a un'elaborazione attiva. I flâneur, infatti, proprio come Barbara Frey, non sono indifferenti a ciò che vedono. Lo usano per riflettere, interpretare, mettere in relazione fenomeni a prima vista non correlati fra loro. Osservano, percepiscono, descrivono e cercano o producono significato – talvolta laddove non si sarebbe sospettato di trovare nulla del genere. E ciò risulta spesso più illuminante rispetto a un significato definito in modo intenzionale come asserzione. Di sovente quest'ultimo si rivela una mera posa. Oltretutto, proprio come il flâneur – e non mi dilungo oltre con questo paragone – Barbara Frey è un'universalista. Che si tratti di arte, di calcio, di una popolazione di oche selvatiche che passano in cielo, del processo di decomposizione dei cadaveri, delle apparizioni in pubblico di politici, di discariche industriali abbandonate o del comportamento di uno scarafaggio sul muro: il suo interesse per i fenomeni è universale. E li mette in relazione gli uni con gli altri attraverso i vari strati temporali, mantenendo sempre una visione d'insieme del suo straripante inventario personale.

Descrive una mostra, un concerto, uno spettacolo teatrale come un evento multi-fenomenico. Tutto è rilevante: le condizioni meteorologiche, il contesto, i preparativi, lo sbuffare del vicino. Barbara Frey sa bene che non si osserva mai con innocenza, che i ricordi di altre cose, la propria vita o lo stato d'animo attuale hanno un influsso, e che tutto ciò si intreccia alle nuove impressioni. Ma l'essenziale – e a tale proposito l'artista dimostra una grande lucidità – è non confondere l'oggetto osservato con la posizione dell'osservatore o dell'osservatrice. Barbara Frey è sempre consapevole dell'impatto della prospettiva e della posizione da cui osserva. Affinché qualcosa abbia un valore, non deve mancare l'ingrediente dello sguardo rivolto verso l'altro. Bisogna metterci impegno, proporsi come un interlocutore o un'interlocutrice che cerca un approccio, con cautela, tastando il terreno, ponendo domande. È un atto di tenerezza. Rientra nella sfera della responsabilità personale riuscire a creare un'immagine, a dare avvio a una storia. Bisogna compenetrare la fitta rete di significati che ci circonda, il sistema di segni da decifrare e su cui riflettere in modo associativo. Bisogna avere la volontà di entrare in connessione.

All'inizio, in effetti, si vedono solo l'involucro esterno, le cuciture e i bordi. Ma affinando la ricettività è possibile percepire le vibrazioni negli interstizi. Ed è proprio attraverso questa materialità immateriale che nasce la comunicazione, un gioco possibile. L'arte non è altro che un gioco, una proposta di contatto alla ricerca di una persona che risponda, che accolga il gesto e riesca a farci dimenticare per un po' il senso di spaesamento sulla terra.

Stabilire legami

Molti degli artisti e artiste che Barbara Frey ha invitato e invita nella sua funzione di direttrice teatrale o di festival, hanno ottenuto una tale risposta. Rileva il gesto che hanno inviato al mondo e offre loro un riscontro. Descrive ciò che ha visto, le sensazioni che ha provato, regala immagini e considerazioni per loro nuove, ma in cui – benché a volte con stupore – si riconoscono. L'ingrediente del suo sguardo assume talora la funzione di una fissione nucleare, liberando echi di significato inimmaginabili. Attraverso i suoi occhi, l'opera d'arte in questione appare in una luce diversa.

Se Barbara Frey non riesce a stabilire un incontro, se non trova una chiave d'accesso per una determinata espressione artistica, se non sa come prenderla, se ne rammarica sinceramente. Non è sprezzante di fronte al fallimento di un tentativo artistico e condannare un artista le è del tutto estraneo. È anche disposta a rivedere le sue impressioni, ascolta quando altri la pensano diversamente, analizza la sua posizione di spettatrice e si chiede – infelice per l'insuccesso – per quale ragione quest'ultima non le abbia permesso di entrare in contatto. Questo è un pregio da non sottovalutare per una direttrice artistica.

Il secondo pregio è la sua disponibilità a dare fiducia una volta che ha effettuato una scelta. Ogni nuova espressione artistica ha bisogno di un certo calore per fiorire. Barbara Frey offre la fiducia di base necessaria e rivolge la dovuta attenzione all'idea, forse ancora vaga, che sta cercando la sua forma. Anche l'ospitalità è un elemento essenziale della sua funzione di direttrice artistica e regista. Conosce l'importanza dell'accoglienza e sa come dev'essere predisposto il luogo in cui si invitano artiste e artisti.

Sulla contemplazione notturna

Il fascino di Barbara Frey per la notte gioca un ruolo importante nel contesto della percezione. Ha frequentato a più riprese le foreste notturne di William

Shakespeare o l'ora degli spiriti di Edgar Allan Poe; altri suoi progetti avevano titoli come *Nachtbuch Zürich*[2] o *Nachtstück*[3]. Proprio lei che focalizza la sua concentrazione sullo sguardo, sull'osservare da vicino, si addentra intenzionalmente in situazioni in cui la visione è limitata dall'oscurità. Al crepuscolo, non solo la nitidezza dei contorni viene meno, ma anche i confini tra finzione e realtà, mondo interiore e mondo esteriore si confondono. Con l'offuscarsi degli stimoli visivi e/o la perdita di lucidità, la vista spirituale e l'immaginazione si amplificano. La notte appartiene agli spiriti e a tutti i loschi figuri che operano le loro malefatte protetti dalle tenebre. Questi esseri esercitano un grande fascino su Barbara Frey. Forse perché nel mondo immaginario è possibile intessere una moltitudine di relazioni che nella sordida realtà sono spesso negate. Inoltre, simbolicamente, la notte è la custode di molti segreti.

Preservare il segreto dell'altro, anziché penetrarlo, è il credo di Barbara Frey. In questo modo si preserva l'eros. Inoltre, rivendica questa protezione anche per se stessa. Le relazioni che intrattiene – con le persone come con le opere d'arte – sono ibridi fra la volontà di avvicinarsi il più possibile e mantenere una rispettosa distanza.

Sintonizzarsi sulla giusta frequenza

Nelle sue messinscene Barbara Frey tenta anche, con cautela, di sintonizzarsi sulla giusta frequenza, per riuscire a captare i messaggi degli altri, i messaggi dei morti, degli spiriti, delle voci che si annidano tra le righe dei testi. Si tratta spesso di un lavoro su scala nanometrica che richiede ripetuti aggiustamenti, affinché il rumore dell'etere non sovrasti i segnali. A mio modo di vedere, lei stessa è convinta che rientri nel suo ruolo di regista anche il compito di chiarire come dev'essere costituito il contesto, come dev'essere impostata la rotta, dove bisogna indirizzare la segnaletica per attirare l'attenzione necessaria, in modo da riuscire a percepire le vibrazioni, gli strati nascosti, ciò che è trasportato, depositato in un testo, le sue fragilità, gli spazi vuoti. Per questo motivo, i bordi devono avere un'aura e includere ciò che non può essere rappresentato, ma che vuole essere comunque raccontato con precisione. È un mestiere che bisogna padroneggiare. Spesso la ricompensa si ottiene solo dopo un lungo ed estenuante cammino.

2 *Nachtbuch Zürich*, opera di Susanne Hinkelbein. Prima mondiale il 5 marzo 1998, Theater am Neumarkt, Zurigo. Maggiori informazioni sulle produzioni di Barbara Frey sono disponibili nella teatrografia in appendice, pp. 331–346.

3 *Nachtstück*, un progetto senza parole di Barbara Frey e del batterista e compositore Fritz Hauser. Prima mondiale il 4 marzo 2016, Schiffbau/Box, Schauspielhaus di Zurigo.

I

La sua arte di osservare, la sua contemplazione dell'arte fa di lei una persona ampiamente felice. La sua arte di osservare le consente di riempire ogni attimo d'amore e di attribuirgli un senso, ma anche – e qui prendo a prestito le parole che il germanista Peter von Matt ha usato in riferimento a una poesia di Robert Walser (fra l'altro, entrambi gli autori giocano un ruolo importante nella vita di Barbara Frey) – di strappare questo attimo, con i suoi «occhi creatori di colore», con la sua «anima creatrice di colore»[4] al crescente oscuramento del mondo.

4 Cfr. Peter von Matt, *Wörterleuchten. Kleine Deutungen deutscher Gedichte*, Hanser: München 2015 (4ª edizione), p. 141. L'autore fa qui riferimento alla poesia *Was fiel mir ein?* di Robert Walser. [Citazione tradotta da Paola Gilardi].

Judith Gerstenberg

Perception as an Art

Barbara Frey as Recipient

E The art of watching is perhaps the true art of theatre. And Barbara Frey has mastered it with particular skill. For this reason, no picture of the stage and artistic director is complete without paying due attention to this gift. Describing it unlocks an understanding of Frey's unique artistic longing, her artistic expression, and even more – I dare to say – of her relation to the world. For the art of watching is a living art – fed by a hunger for encounters, for collisions, for things that unearth the unexpected and that touch us.

The term "art of watching" admittedly oversimplifies the complex world of perception which is what my reflections ultimately come down to. For not only our eyes, but all our human senses act like antennae reaching out into the reality surrounding them – in the case of Barbara Frey, these antennae are highly sensitive instruments all adjusted to reception mode. Similarly, we should avoid referring to the "art of theatre" simply as a stagecraft but as a place where, ideally, all the arts converge and enrich each other in a sublime form of interplay – as in this director's productions, where there is no overlooking the influences of literature, the visual arts, and musical and choreographic thought processes. In her work, language is transformed into music, music into images, images into bodies, and bodies' expressions into language; in other words, into a sometimes painfully missing dialogue – with all the pent-up, unredeemed longing for what is absent revealed in the characters' catatonic positions. But that was a sidenote. Let's return to Barbara Frey as a perceiver, an art-seer, someone who watches; and her interest in establishing a connection, her love for the things and voices she discovers, voices also from the past that she hears amidst the din of the crisis-ridden present, voices that are, or were, seekers, like herself, forever accompanied by an existential feeling of loss. This sense of loss is both bitter and sweet, as it keeps alive the promise that this reality could also be different.

The mediator

Barbara Frey is a reader. And a collector. Years after getting to know a work, she's still able to quote many passages by heart. She's made them her companions, added them to her personal collection. She's also an exquisite authority on the visual arts. She's a music lover. And: she's proven to be a fine mediator of these different art forms, which she can't imagine in any other way than in interaction with each other. Anyone listening to Barbara Frey describe a picture, a drawing, or a sculpture ends up believing they also know how it sounds. And when she shares her experience of listening to a piece of music, we feel it so deeply that we hesitate to verify the sensation by listening to it again – for fear the feeling might vanish. However, these moments with her are not pretentious lessons where we're the learner. Rather: we receive gifts given in trust. For these descriptions are messages that provide insight into Barbara Frey's passions and longings, and into her perception of herself, which seeks – perhaps first and foremost – to formulate itself as an artist. What she's relating are encounters she's experienced. Indeed, after these conversations we feel we've actually met someone just through her words. They're intimate, precious moments that can only be shared in a certain atmosphere.

Countering our era's attention deficiency

Small talk is not her thing. She clearly finds it difficult. She despises empty formalities. Barbara Frey prefers to stare at the table and wait until the situation that calls for it has passed – despite the discomfort this causes. When she does enter into dialogue, it's intense. She knows what it takes to have a good conversation and what it costs – which is, above all else, attention. Undivided attention. And that's a rare thing.

It's quite entertaining to observe how people are taken aback when Barbara Frey refuses to give a comfortable "yes" in response to a statement followed up with a "You know what I mean?" She asks questions, wants to know all the details, doesn't want to skip anything, demands that we're precise when speaking and describing the facts. It's not pedantry – even though she's able to anticipate what her counterpart is getting at. Rather, she fears the befogging power of the vague, of too quickly formulated ideas, of the fetishization of concepts which, in contemporary discourse, develop a momentum of their own that is difficult to control. And often the participants in such a discussion are surprised to discover that they're actually unable to express themselves any more precisely, causing a void to emerge that must first be filled before a position can be taken or a judgement made. We live in an ideologized world. Therefore, in our listening and watching processes, we are well advised to mistrust ourselves at times and to question how we reach our judgements. Barbara Frey is someone who attaches value to not understanding. But to do so requires a willingness to first recognise the lack of understanding. It's not a Swiss-style diplomatic reserve that makes her cautious of coming to quick conclusions, but the knowledge that in-depth observation is the basis of all critical thinking.

This is why Barbara Frey rebels against our era's lack of attention. She pleads for a safe space that enables an encounter, real contact; she pleads for art – this is the terrain she defends. "Please let us talk about ART. What are we here for?" she urges when the pragmatic demands of business become all too overpowering and dictate the timing of her schedule. She makes decisions when necessity requires it, without much wrangling, but always insists on enough time for the questions she considers important: "How do I make a connection? How do I make contact? How do I behave towards something I don't yet know?" These are not the only questions that art confronts us with, but life itself does the same: "Do I lean in towards this unknown, or do I go home when it doesn't fit into my system, when the categories 'I like' and 'I don't like' are irrelevant?" As a rule, we find pleasure only in things we already know, that confirm us in our present consciousness. Always having to distance ourselves from our own bias is challenging. How long can we sit with something that we don't understand, how can we allow the unknown to become a truism, without passing judgement and without trying to incorporate it into our own worldview?

Art opens up space for this experience. It provokes it. By definition, art has assigned itself an open gaze, a gaze into the unknown. This is underlined in many discussions that challenge the relevance of art to society, to the "system". However, the culture of "art-seeing" – as opposed to "art-consuming" – has sadly been largely lost: a study has shown that museum visitors spend an average of eleven seconds in front of a work of art,[1] with the labels at the side of the pictures quickly becoming the real focus of attention: title, artist, place, time, ownership. Ticked off. On to the next. Even a visit to the theatre is increasingly subjected to the laws of the commensurable. What eludes immediate understanding is only accepted with difficulty.

So how can perception be schooled, receptivity trained, love for phenomena taught?

Barbara Frey's answer would probably be: by taking walks. She herself is a passionate walker who drifts aimlessly through the city every day. And if the term were not so loaded with the image of the masculine literary figure from the late 19th, early 20th century, I would say she cultivates the gaze of the "flaneur".

1 Reference to the study conducted by Prof. Dr. Martin Tröndle for the Kunstmuseum St. Gallen, taken from the following article: Kathrin Streckenbach, "Museumsbesucher und ihre Herzfrequenz". In: *Ärztezeitung.de*, 24 April 2012: https://www.aerztezeitung.de/Panorama/Museumsbesucher-und-ihre-Herzfrequenz-345695.html (last accessed on 13 November 2022).

Like a flaneur, Frey's daily excursions give her the opportunity to perceive the world, people, nature, behaviours and phenomena while wandering by, strolling, *en passant*. She starts with a random, panoramic gaze, open to signals from all directions – but then adds to this seemingly passive receptive mode a dose of active processing. Flaneurs like Barbara Frey are not indifferent to what they see. They use it, reflect on it, interpret it, and make connections between phenomena that may seem unrelated. They observe, perceive, describe and seek; and they produce meaning – often in places where others would have suspected nothing of the sort. This meaning is frequently much more illuminating than the kind that is deliberately set elsewhere in the form of an assertion. The latter easily turns out to be a pose. And just like the flaneur – and this is where my comparison ends – Barbara Frey is a universalist. Whether it's art, football, a flock of wild geese crossing the sky, the decomposition of corpses, politicians appearing in public, abandoned industrial wastelands, or the behaviour of a beetle on a wall: her interest in phenomena is universal. And, drawing from her ordered and abundant collection across different layers of time, she's able to make a connection between each and every one.

For instance, she describes a visit to an exhibition, a concert, an evening at the theatre as a multi-phenomenal event. Everything plays a role: the weather, the setting, the preparations, the person sniffing in the next seat. Barbara Frey knows all too well that we never watch anything in complete innocence, that memories of other things play into the experience – our own life, our present mood – and that all this is interwoven into the new impression. But what counts – and this is where our artist maintains remarkable clarity – is that we don't mix the object of our observation with our position as observers. Barbara Frey is consistently aware of the inherent effectiveness of the perspective and position from which she watches. For something to have value, it requires a special ingredient: our attentive gaze. We have to invest ourselves, make ourselves known as a counterpart – as a counterpart seeking to make an approach, cautiously, tentatively, questioningly. It's an act of great tenderness. We alone are responsible for letting an image emerge, a story ignite. We're obliged to enter into the dense web of meaning that surrounds us, into the system of signs to be deciphered and associations to be reflected upon. We must want to connect.

Because what we see first is just the outer shell, its seams and edges. Only when we're receptive are we able to pick up the vibrations in the connecting spaces; only through this immaterial materiality can communication emerge, a possible game. For art is nothing other than a game, an offer of connection in search of a person who will respond, who will receive the gesture and, in doing so, fleetingly suspend a sense of homelessness on earth.

Making connections

Many of the artists who Barbara Frey, in her capacity as artistic director, has invited and continues to invite experience how she offers this kind of response. She receives the gesture they send out into the world and plays it back. She describes to them what she has observed, what she has felt. She gives them images and formulations that are new to them, but in which – and sometimes surprisingly – they feel recognised. At times, the ingredient that is her gaze acts like nuclear fission, releasing echoes of utterly unexpected meaning. Through her, the work of art manifests itself anew.

If Barbara Frey feels an encounter has failed, if she can't access an artistic expression, if she doesn't know where to start, she is truly regretful. She doesn't heap scorn over the failure of an artistic attempt; self-assured condemnation of another artist is alien to her. She's also prepared to revise her impressions; she listens when others have felt differently, she re-examines her position as an observer and asks herself – unhappy about the disparity – why this position is likely to be what prevented her from connecting. This is a virtue for an artistic director that should not be underestimated. A second is her willingness to trust once she has chosen someone. Every new artistic expression needs a certain amount of warm and fertile ground from which to flourish. She is able to grant both this fundamental level of trust and devote her energy to the possibly still vague idea that is still seeking its form. In the same vein, hospitality is key to her understanding of her responsibility as artistic and stage director. She knows what it means to receive people and how to appoint a place to which invitations are issued.

Nocturnal gazing

In the context of perception, Barbara Frey's fascination with the night is striking. On many occasions, she has sought out the nocturnal forests of William Shakespeare or the witching hours featured in the works of Edgar Allen Poe. Other examples of her projects have had titles like *Nachtbuch*

Zürich[2] or *Nachtstück.*[3] She – exercising all her powers of concentration to observe, to observe closely – deliberately enters into situations where vision is obscured by darkness. Along with the clear contours of daylight, the distinct separation between fiction and reality, between the inner and outer world, also begins to blur. However, with the gradual disappearance of visual stimuli and/or the loss of alertness, more space evolves for mental vision and imagination. The night belongs to ghosts and all the shady characters who make mischief under the cover of darkness. Barbara Frey finds herself strongly drawn to them, perhaps because, in the world of imagination, a richness of relationships can be created that is often denied to us in our mundane reality. And, symbolically speaking, the night is the guardian of many secrets.

The goal is to safeguard the secret of the other, however, not to penetrate it: this is Barbara Frey's credo. In doing so, she preserves Eros. What's more, she claims this protection for herself, too. The relationships she enters into – both with people and with works of art – are hybrid forms of the greatest possible degree of closeness mixed with respectfully maintained distance.

Seeking the right frequency

In her work as stage director, she takes pains to ensure that her frequency is set to a position from which she can receive the messages broadcast by others – the messages of the dead, the ghosts, the voices that frolic between the lines of a text. This often amounts to work conducted in the nano range and requires repeated readjustments to prevent the noise of the ether from covering the signals. So it seems to me that she also sees her job of staging artworks as one of clarifying how the framework must be created, how the course must be set, in which direction the signposts must be pointed in order to achieve the right attention, so that the vibrations, the hidden layers, the accumulated, the deposited, the wounds, the voids in a text are felt. For this, the edges must radiate something out to the world and incorporate the narrative that cannot be depicted, but nevertheless wants to be told with accuracy. This is a craft that must first be mastered. It's often a path strewn with hardship before any reward is forthcoming.

2 *Nachtbuch Zürich*, opera by Susanne Hinkelbein. Premiere on 5 March 1998, Theater Neumarkt, Zurich. Further information on Barbara Frey's productions can be found in the list of works, pp. 331–346.

3 *Nachtstück*, a project without words by Barbara Frey and the percussionist and composer Fritz Hauser. Premiere on 4 March 2016, Schiffbau/Box, Schauspielhaus Zürich.

E

Barbara Frey's art of watching, however, her art-seeing, makes her a powerfully happy person. Her art of watching enables her to fill the present moment with love and significance – and here I'm borrowing a phrase from the Germanist Peter von Matt, which he used in the context of a poem by Robert Walser (both authors play a formative role in Frey's life) – and, with her "colour-creating eyes", with her "colour-creating soul"[4] to wrest this moment from the growing darkness of this world.

4 See Peter von Matt, *Wörterleuchten. Kleine Deutungen deutscher Gedichte.* Hanser: Munich 2015 (4th edition), p. 141. Here the author is exploring Roberts Walser's poem *Was fiel mir ein?* [Quote translated by Karen Oettli-Geddes].

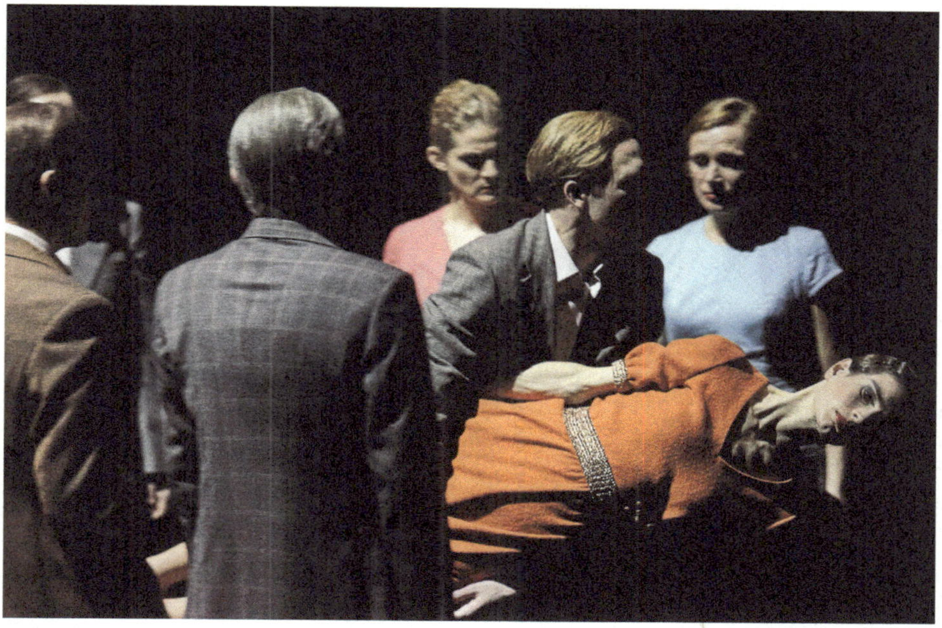

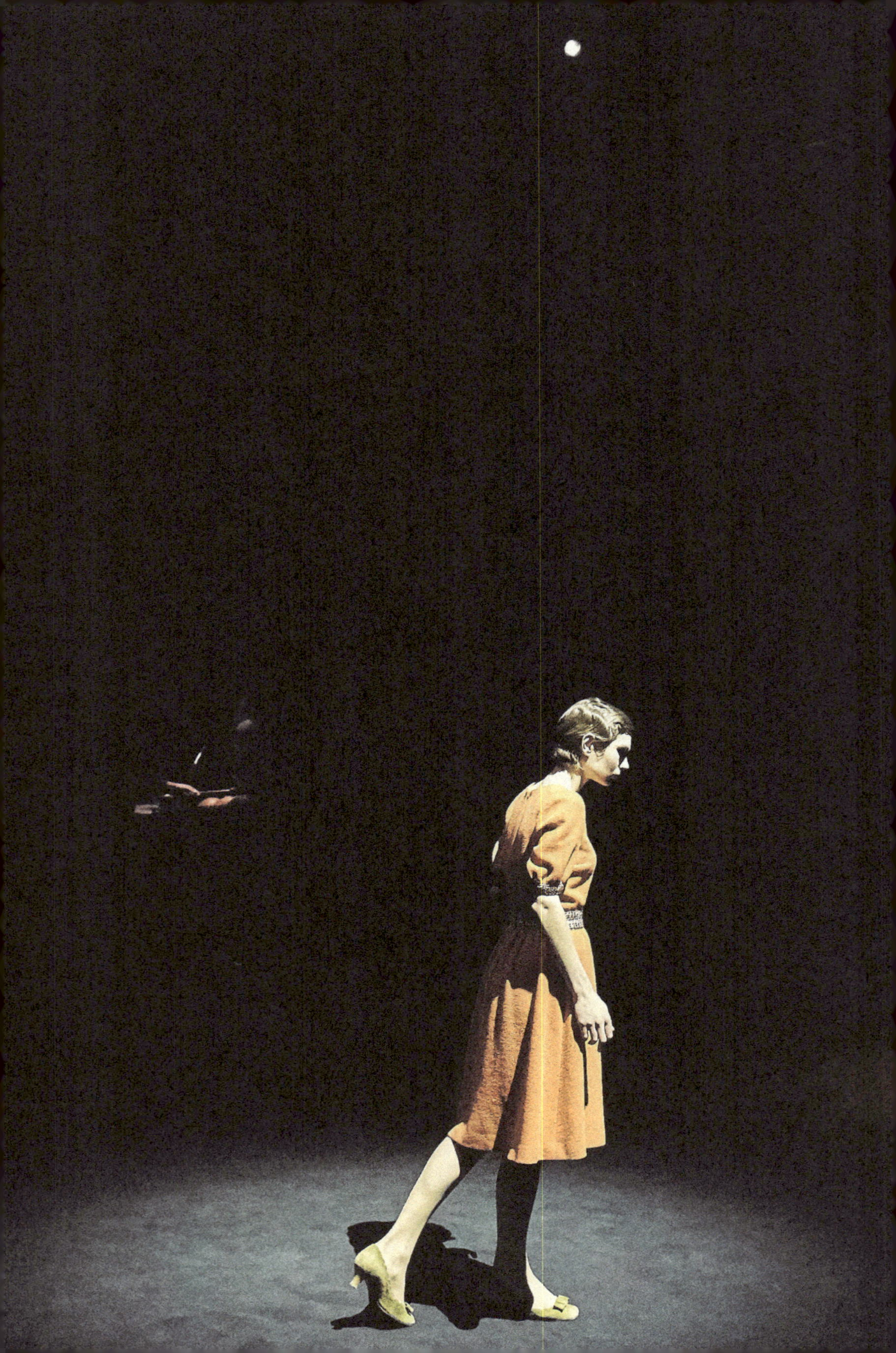

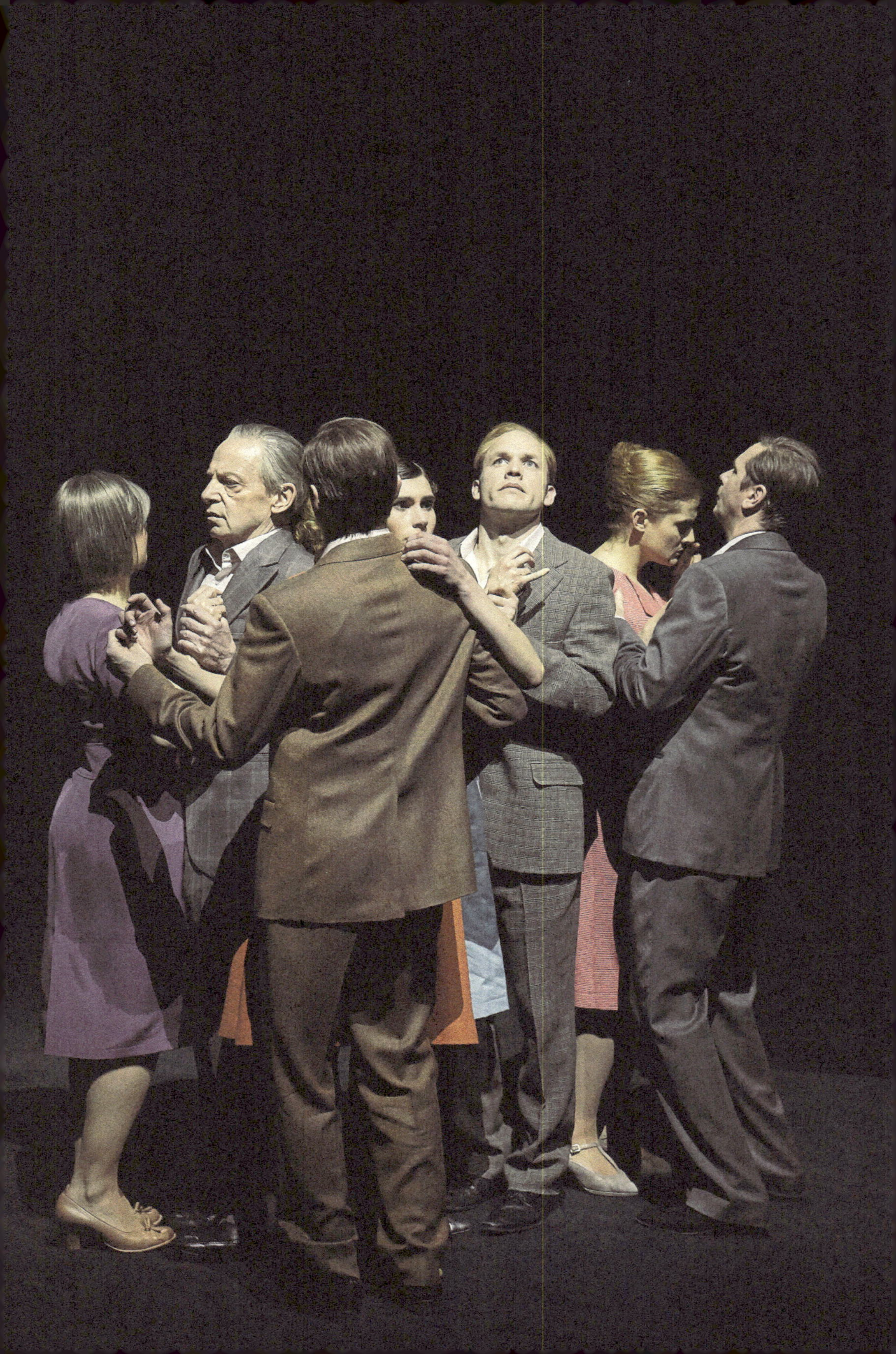

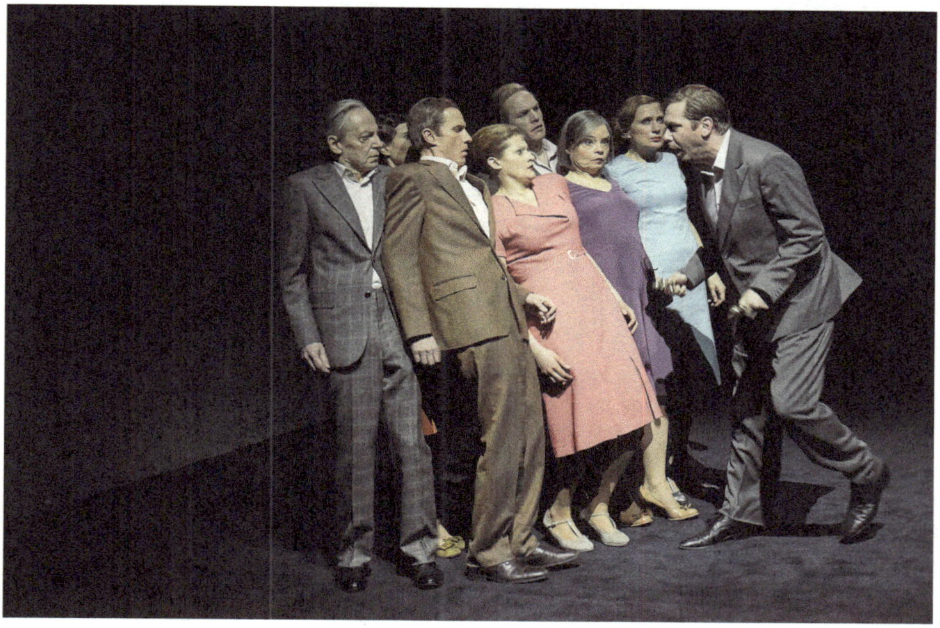

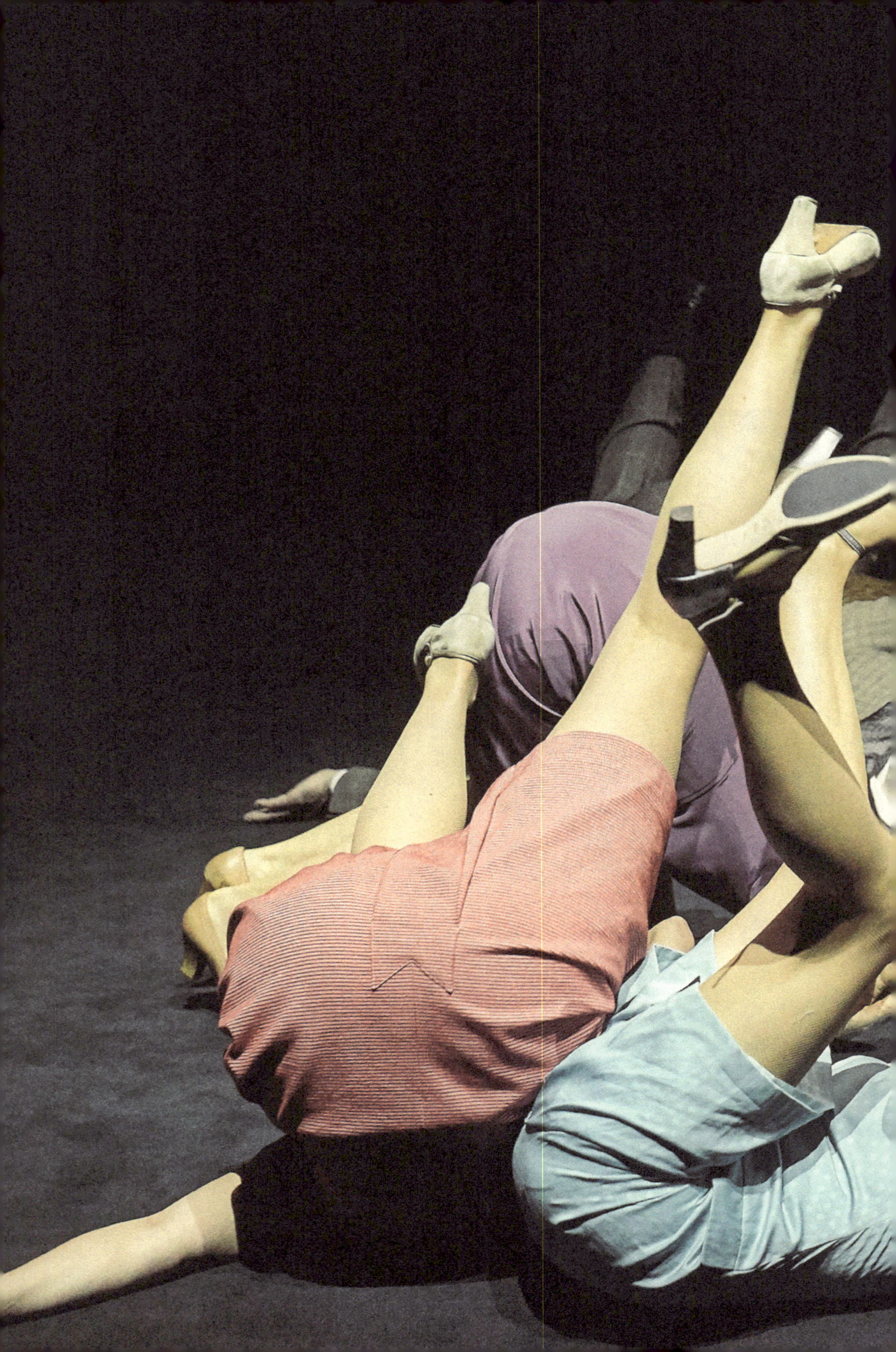

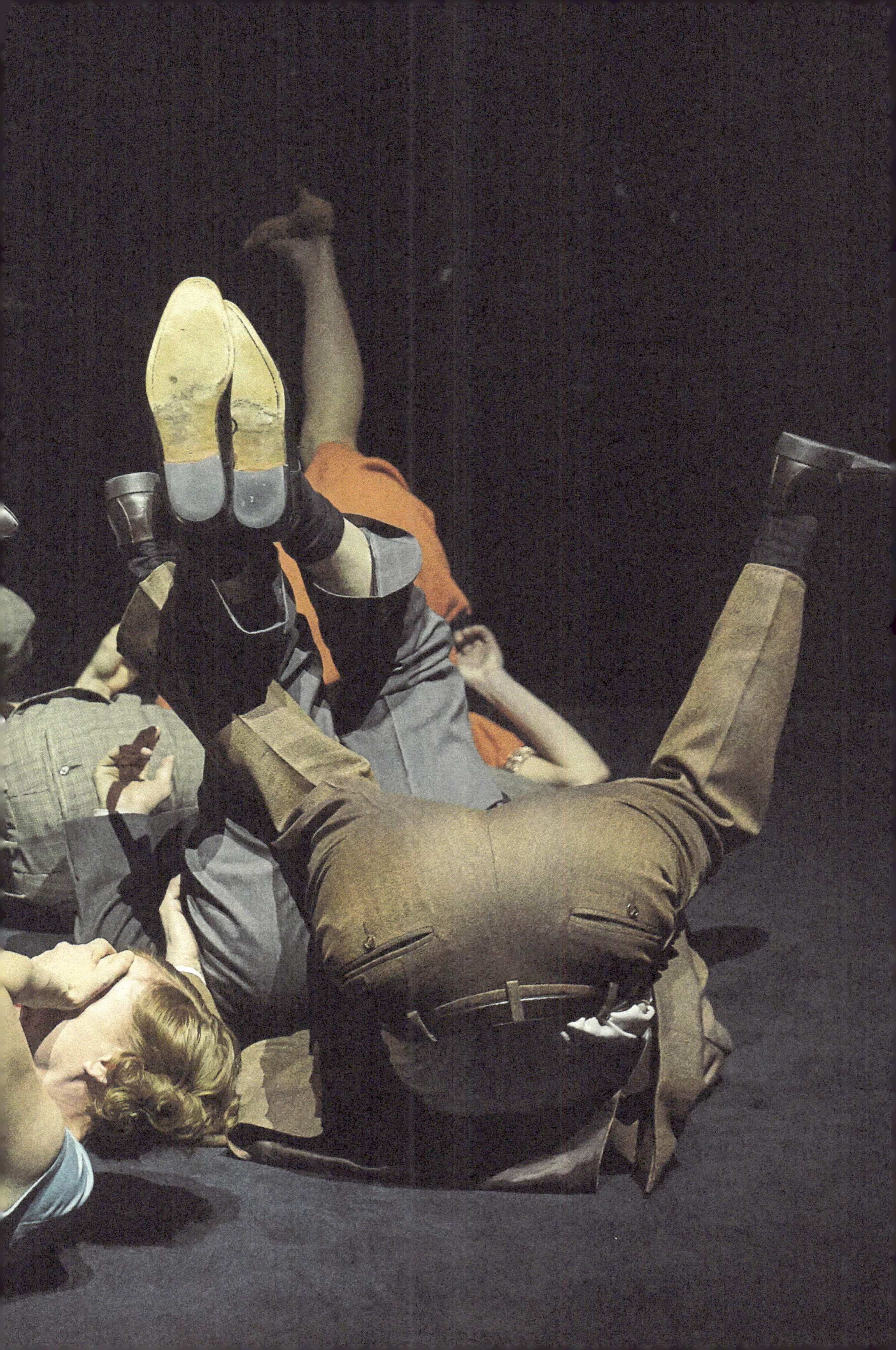

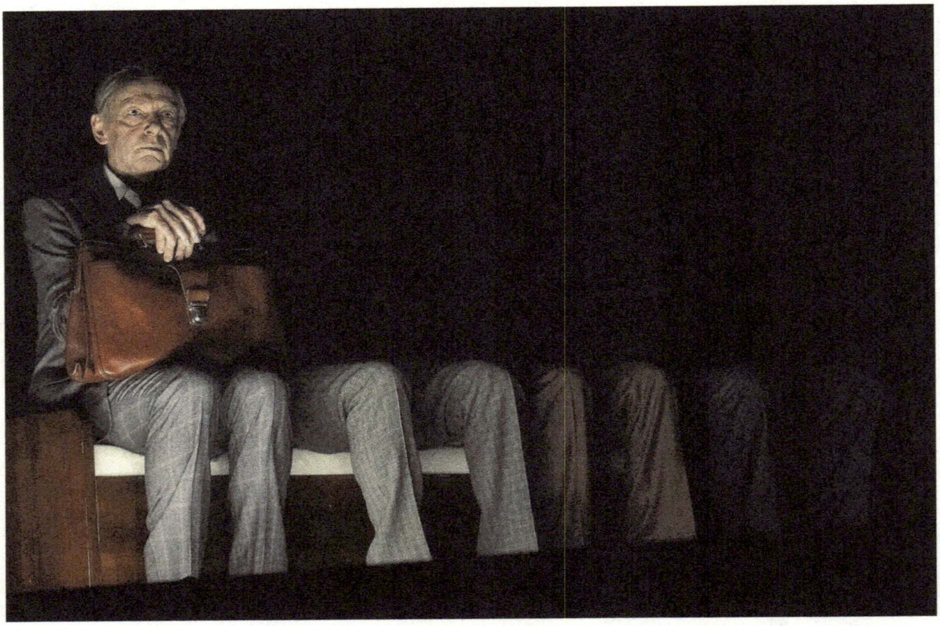

Mats Staub

«Auch die Weltstars machen nichts her im Zoom»

D In der Intendanz von Barbara Frey bei der Ruhrtriennale 2021–2023 ist Mats Staub assoziierter Künstler und Teil des Dramaturgie-Teams. Während zahlreicher Zoom-Besprechungen notierte er immer wieder Ausdrücke und Zitate von Barbara Frey auf kleinen Zettelchen. Aus den inzwischen über hundert Notaten hat er für *MIMOS* eine charakteristische Auswahl zusammengestellt.

F Mats Staub est artiste associé et engagé dans l'équipe de dramaturgie de Barbara Frey durant sa direction artistique du festival Ruhrtriennale 2021–2023. Au cours de nombreuses réunions sur Zoom, il a noté à plusieurs reprises des expressions et des citations de Barbara Frey sur de petits bouts de papier. Pour *MIMOS*, parmi la centaine de ces notes, il a opéré une sélection qui est proposée dans les pages suivantes.

I Mats Staub è artista associato e fra i responsabili della drammaturgia del festival Ruhrtriennale, diretto nel periodo 2021–2023 da Barbara Frey. Durante le numerose riunioni via Zoom ha annotato a più riprese su dei foglietti di carta espressioni e citazioni della direttrice artistica e regista. Per *MIMOS*, fra le oltre cento annotazioni raccolte, ha selezionato una scelta rappresentativa presentata di seguito.

E Mats Staub is an associated artist and member of Barbara Frey's dramaturgy team during her tenure as artistic director of the Ruhrtriennale 2021–2023. Over the course of numerous Zoom meetings, he noted down more than a hundred Barbara Frey quotes and expressions on small pieces of paper. For the present *MIMOS* edition, he has compiled a selection of the most characteristic.

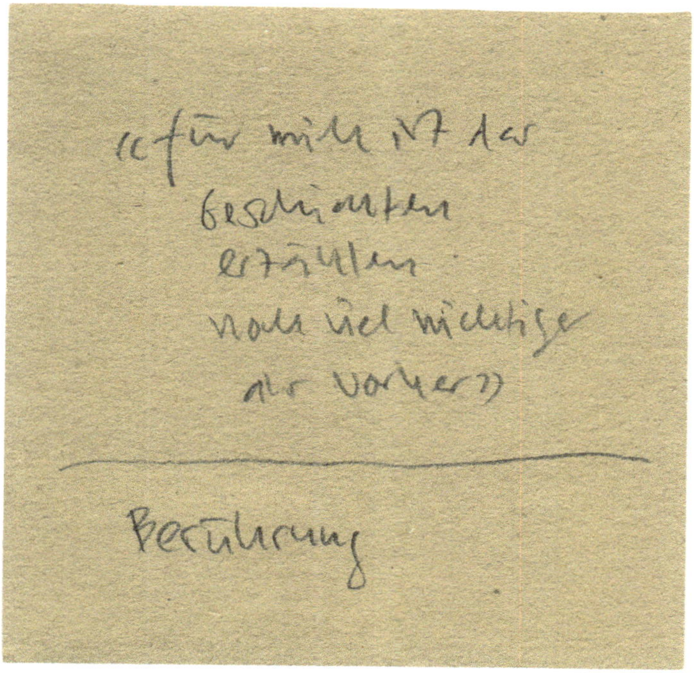
«für mich ist das
Geschichten
erzählen
noch viel wichtiger
als vorher»

Berührung

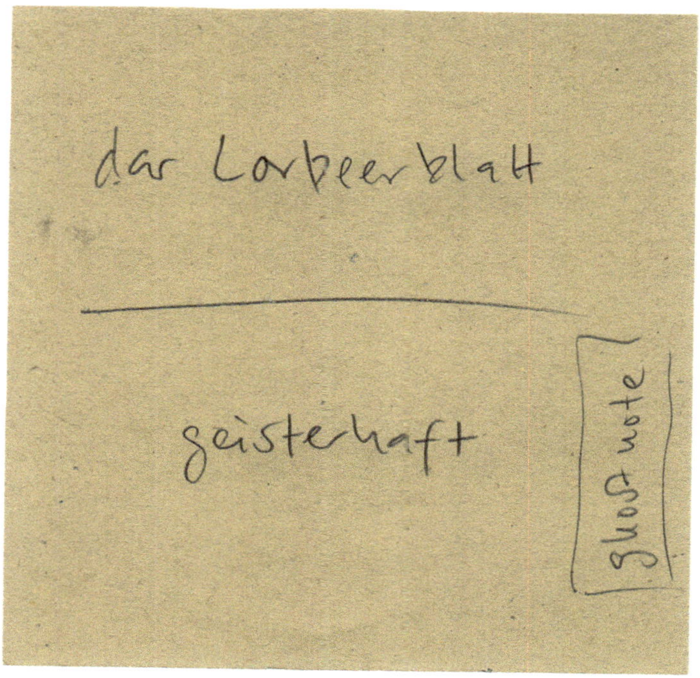
das Lorbeerblatt

geisterhaft

ghost note

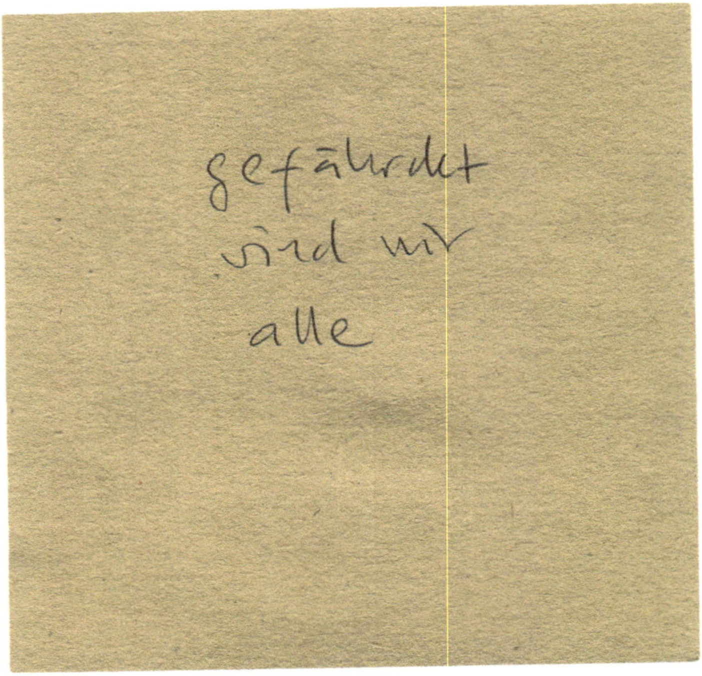
gefährdet
sind wir
alle

182

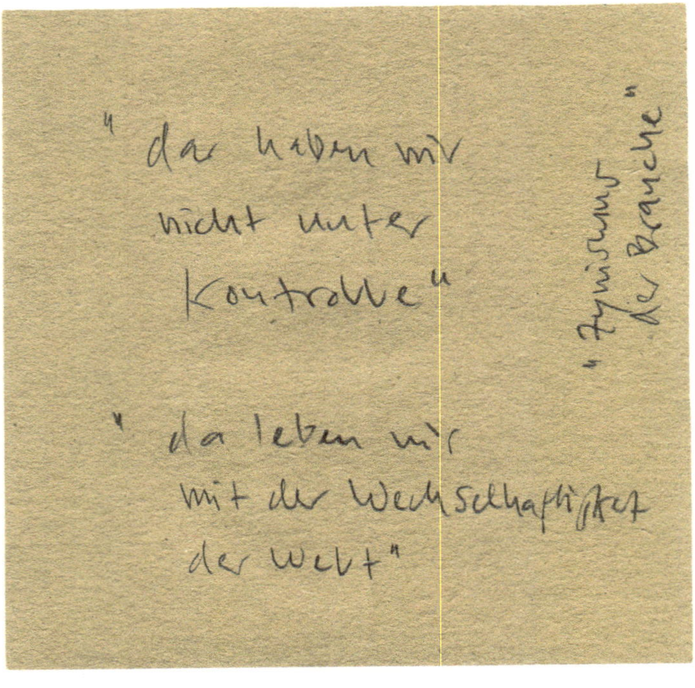
„das haben wir
nicht unter
Kontrolle"

„da leben wir
mit der Wechselhaftigkeit
der Welt"

„Zynismus
der Branche"

"das gehört
zu den
im Moment
nicht
beantwortbaren
Fragen"

"Auch die Weltstars
machen nichts her
im Zoom".

"Wir sind auf dem Weg
in die absolute
Gemütsschwärze"

eklatanter
Mangel
an Zärtlichkeit

Liebe zum
Dialog

es gibt
so viele
Einsamkeiten

---

langsam
vor sich hin
vereinsamen

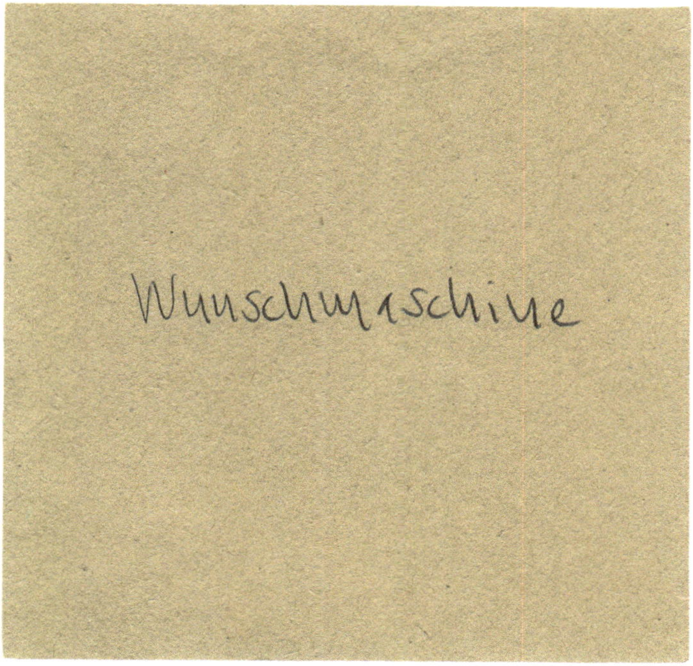
Wunschmaschine

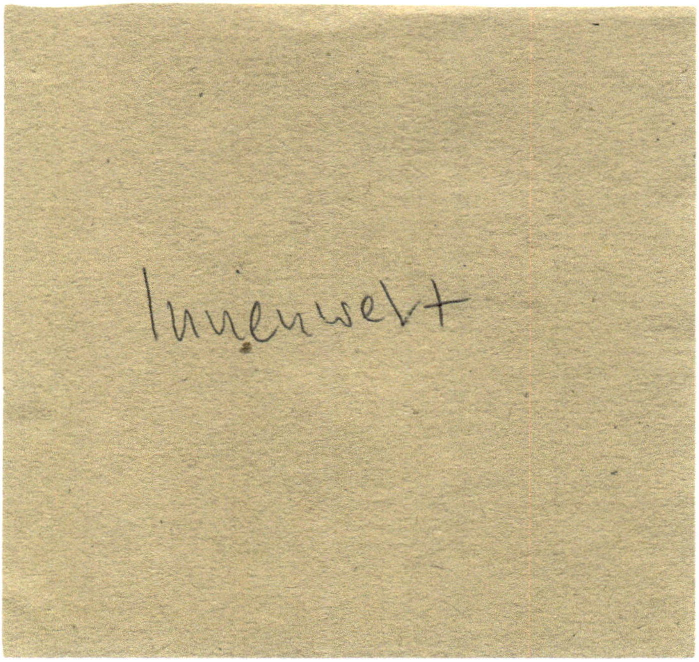
Innenwelt

Verschiebebahnhof

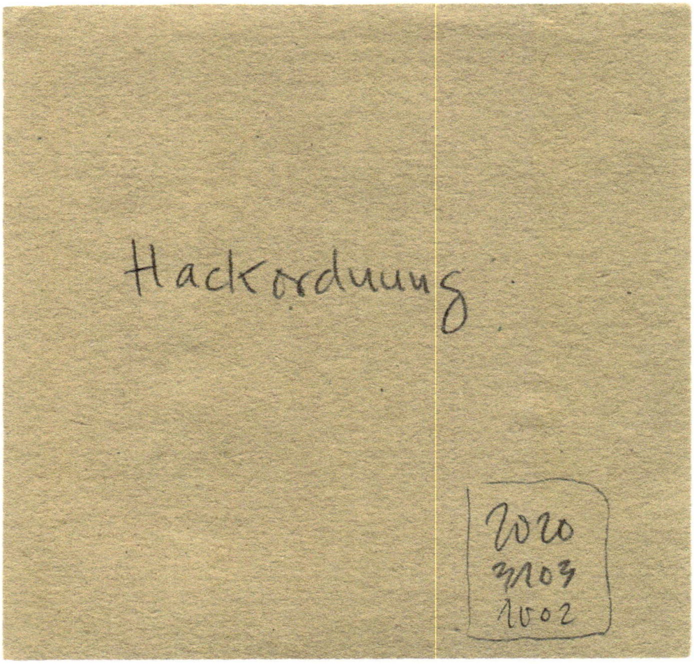
Hackordnung
2020
3103
1002

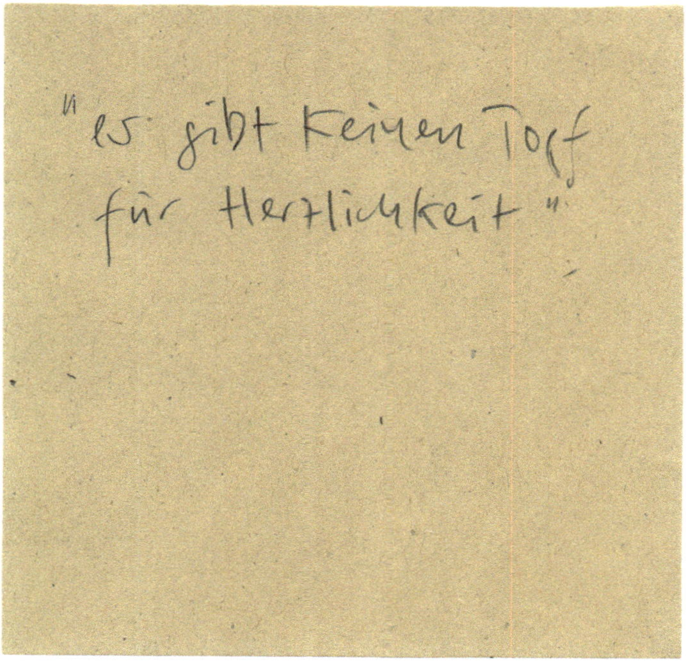
"es gibt keinen Topf
für Herzlichkeit"

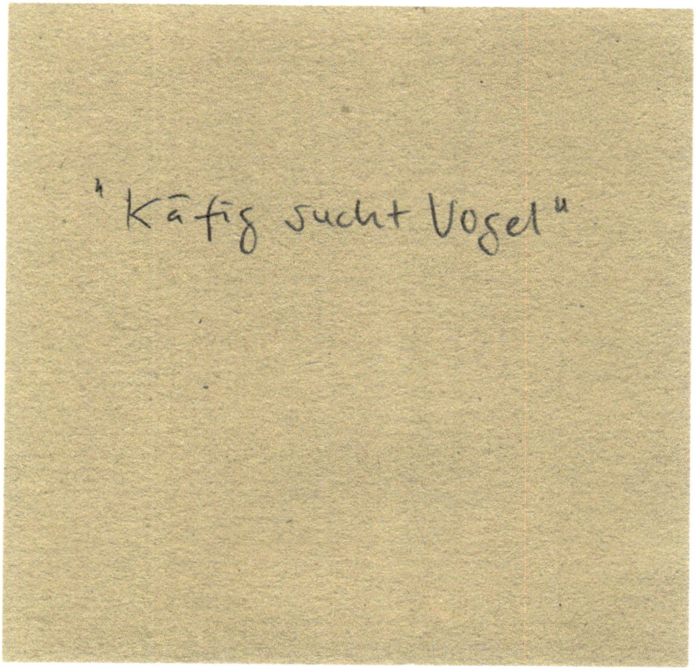
"Käfig sucht Vogel"

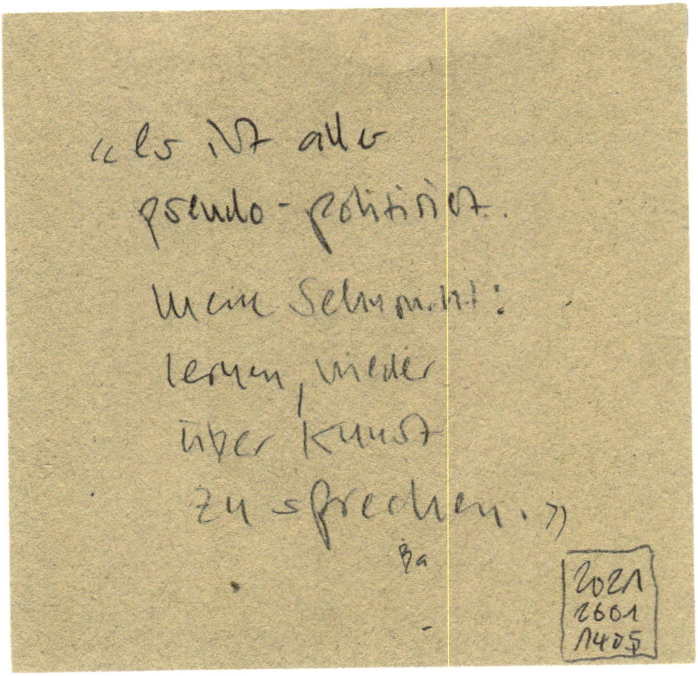
«Es ist alles
pseudo-politisiert.
Mein Sehnsucht:
lernen, wieder
über Kunst
zu sprechen.»
Ba
2021
2601
1405

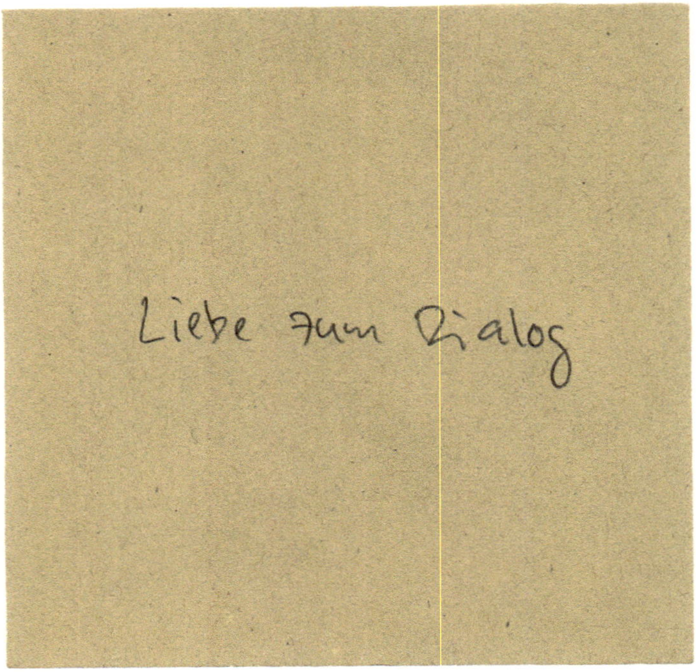
Liebe zum Dialog

S. 181

«Für mich ist das Geschichtenerzählen noch viel wichtiger als vorher»

Berührung

Das Lorbeerblatt

Geisterhaft

Ghost note

S. 182–183

Gefährdet sind wir alle

«Das haben wir nicht unter Kontrolle»

«Da leben wir mit der Wechselhaftigkeit der Welt»

«Zynismus der Branche»

«Das gehört zu den im Moment nicht beantwortbaren Fragen»

«Auch die Weltstars machen nichts her im Zoom»

«Wir sind auf dem Weg in die absolute Gemütsschwärze»

S. 184–185

Eklatanter Mangel an Zärtlichkeit

Liebe zum Dialog

Es gibt so viele Einsamkeiten

Langsam vor sich hin vereinsamen

Wunschmaschine

Innenwelt

S. 186–187

Verschiebebahnhof

Hackordnung

«Es gibt keinen Topf für Herzlichkeit»

«Käfig sucht Vogel»

S. 188

«Es ist alles so pseudo-politisiert. Meine Sehnsucht: lernen, wieder über Kunst zu sprechen.»

Liebe zum Dialog

p. 181

« Pour moi, raconter des histoires est encore plus important qu'avant »

Le toucher

La feuille de laurier

Fantomatique

Ghost note

p. 182–183

Nous sommes toutes et tous à risque

« Ça, nous ne le contrôlons pas »

« Là, nous vivons avec les aléas du monde »

« Le cynisme du secteur »

« Cela fait partie des questions auxquelles il n'est actuellement pas possible de répondre »

« Même les stars mondiales ne brillent pas sur Zoom »

« Nous avançons vers la noirceur absolue de l'esprit »

p. 184–185

Manque flagrant de tendresse

Amour du dialogue

Il y a tant de solitudes

Plonger lentement dans la solitude

Machine à souhaits

Monde intérieur

p. 186–187

Gare de triage

Ordre hiérarchique

« Il n'y a pas de pot pour la cordialité »

« Cage cherche oiseau »

p. 188

« Tout est tellement pseudo-politisé. Mon désir : réapprendre à parler d'art. »

Amour du dialogue

p. 181

«Per me raccontare storie è ancora più importante di prima»

Toccare

La foglia d'alloro

Spettrale

Ghost note

p. 182–183

Siamo tutti a rischio

«È una cosa che non abbiamo sotto controllo»

«Conviviamo con la mutevolezza del mondo»

«Il cinismo del settore»

«Questa è una delle domande a cui al momento non è possibile rispondere»

«Nemmeno le stelle internazionali brillano su Zoom»

«Ci stiamo incamminando verso l'oscuramento totale dell'animo»

p. 184–185

Palese mancanza di tenerezza

Amore per il dialogo

Ci sono così tante solitudini

Sprofondare lentamente nella solitudine

Macchina dei desideri

Mondo interiore

p. 186–187

Scalo di smistamento

Ordine gerarchico

«Non esiste un contenitore per la cordialità»

«Gabbia cerca volatile»

p. 188

«Tutto è pseudo-politicizzato. Il mio desiderio: imparare di nuovo a parlare d'arte.»

Amore per il dialogo

p. 181

"For me, telling stories
has become more important
than ever"

Touch

The laurel leaf

Ghostly

Ghost note

p. 182–183

We're all endangered

"That's something
we can't control"

"We're living with the
volatility of this world"

"Cynicism of the industry"

"That's one of the questions
not answerable right now"

"Even international stars are
no better on Zoom"

"We're on our way to absolute
emotional blackness"

p. 184–185

A blatant lack of tenderness

Love of dialogue

There are so many kinds
of loneliness

Slowly becoming lonely

Wish machine

Inner world

p. 186–187

Shunting station

Pecking order

"There's no pot
for kind-heartedness"

"Cage seeks bird"

p. 188

"It's all so pseudo-politicised.
My yearning: to learn to talk
about art again."

Love of dialogue

Alexandra Althoff

«Sie ist auch heute noch ein Punk»

Gespräch mit Katharina Lorenz und Michael Maertens

191

RÉSUMÉ

Katharina Lorenz et Michael Maertens décrivent leur longue collaboration avec Barbara Frey comme un voyage fascinant et enrichissant. Le point de départ avait été l'humour anarchiste de la metteuse en scène, qui libère de nombreuses énergies. Les deux comédien·ne·s du Burgtheater de Vienne parlent de leur évolution artistique, encouragée par Barbara Frey, ainsi que de la confiance et du respect mutuel comme fondements de leurs audaces scéniques. Lors des répétitions, un groupe soudé d'artistes explore les relations humaines, tout en laissant certains secrets aux personnages et en développant un langage scénique commun avec une exactitude méticuleuse. À la fin de ce travail intense avec les pièces choisies, Barbara Frey réussit même à faire que sa troupe perde son trac de la première.

RIASSUNTO

Nell'intervista, Katharina Lorenz e Michael Maertens descrivono la loro pluriennale collaborazione con Barbara Frey come un viaggio affascinante e arricchente che ebbe inizio grazie all'umorismo anarchico della regista, in grado di liberare energie creative. I due attori del Burgtheater di Vienna parlano della propria evoluzione artistica, che Barbara Frey ha incentivato, e anche del rispetto e della fiducia reciproci come fondamento per le loro audaci sperimentazioni teatrali. Durante le prove, un gruppo affiatato di artiste e artisti indaga le relazioni umane, lasciando però ai personaggi un margine di mistero e sviluppando un linguaggio scenico comune con meticolosa precisione. Al termine di questo intenso confronto con le pièce prescelte, Barbara Frey riesce persino a far perdere al suo ensemble la paura del debutto.

ABSTRACT

In this interview, Katharina Lorenz and Michael Maertens describe their many years of collaboration with Barbara Frey as a fascinating, enriching journey, all of which started with the theatre maker's anarchic humour – one with catalytic powers. The two actors from the Vienna Burgtheater talk about their artistic development, fostered by Frey, and about mutual respect and trust being the prerequisite for taking risks on stage. The rehearsals for Frey's productions bring together a group of inveterate explorers who delve deep into human relationships – while still granting their characters secrets – and create a shared stage language developed with meticulous precision. Once this intensive examination of the material is completed, Frey's ensemble ultimately discovers that any fears of the premiere have since evaporated.

Wir treffen uns auf einer Probebühne im Burgtheater, dessen Ensemble Katharina Lorenz und Michael Maertens angehören.[1] Die beiden sind langjährige Mitstreiter:innen der Regisseurin Barbara Frey. Mit Michael Maertens sind in sechzehn Jahren ebenso viele Inszenierungen in Wien (seit 2006) und Zürich (2009–2019) entstanden. Katharina Lorenz hat (seit 2011) bereits siebenmal mit Barbara Frey am Burgtheater zusammengearbeitet. Als Intendantin der Ruhrtriennale 2021–2023 setzt Frey auf eine jährliche Koproduktion mit dem Burgtheater in ihrer Regie.

1 Das Gespräch fand am 2. November 2022 im Burgtheater Wien statt.

Alexandra Althoff (AA) Ihre erste gemeinsame Arbeit war Barbara Freys Wien-Debüt mit *Arsen und Spitzenhäubchen* 2006 im Akademietheater.[2] Erinnern Sie sich an Ihre erste Begegnung?

Michael Maertens (MM) Ich erinnere mich, dass ich – typisch Schauspieler – bei unserer ersten Begegnung nur an mich gedacht habe. Ich wollte die Rolle des Mortimer Brewster spielen. Es gibt doch diesen berühmten Film *Arsen und Spitzenhäubchen* aus den vierziger Jahren.[3] Den haben wir als Kinder sehr geliebt! Was Cary Grant in dieser Rolle für einen Quatsch gemacht hat – wir haben uns totgelacht. Dann habe ich gehört, das Stück wird am Burgtheater gemacht. Zum ersten Mal in meinem Leben bin ich sofort in die Dramaturgie hochgerannt und habe gefragt: «Ist das schon besetzt?» Im Sommer 2005 inszenierte Barbara Frey bei den Salzburger Festspielen Ödön von Horváths *Geschichten aus dem Wiener Wald*.[4] Da habe ich mich getraut, auf sie zuzugehen: «Hallo, mein Name ist Michael Maertens.» [Er macht Barbara Frey nach]: «Jaja, ich kenne sie.» Und ich: «Ich möchte mich bewerben, ich möchte gerne in *Arsen und Spitzenhäubchen* mitspielen.» Ich habe auch ein bisschen gelogen und gesagt: «Ich kenne Ihre Arbeiten.» Bis zu diesem Zeitpunkt kannte ich nämlich nur den Salzburger Horváth, der hatte mir auch sehr gut gefallen, und andere Arbeiten nur vom Hörensagen. Sie hat sich zunächst zurückgehalten. Mein Eindruck war, sie fand das charmant. Eine Woche später rief das Theater an und sagte, ich habe die Rolle und die Regisseurin freue sich wahnsinnig. Das war unsere erste Begegnung.

AA Wie ging es weiter?

MM Dann ging es los mit den Proben. Es dauerte nur wenige Tage, und ich hatte mich komplett verliebt in Barbaras eigenartige Herangehensweise an diese Screwball-Komödie. Sie hat jeden Satz durchforscht und ist psychologisch an die Figuren herangegangen. Das hat irrsinnig gut funktioniert. Ich habe ihre Sprache verstanden, obwohl sie Schweizerin ist, und sie hat meine Sprache verstanden, obwohl ich Hamburger bin. In ihren sehr skurrilen Humor habe ich mich auch verliebt. Ich habe viele Jahre in der

2 Premiere am 14. Juni 2006, Burgtheater Wien (Akademietheater). Weitere Informationen zu dieser und den anderen im vorliegenden Beitrag erwähnten Inszenierungen von Barbara Frey finden sich im Werkverzeichnis an Buchende, S. 331–346.

3 *Arsen und Spitzenhäubchen* (Originaltitel: *Arsenic and Old Lace*), Verfilmung nach dem gleichnamigen Theaterstück von Joseph Kesselring (1941). Regie: Frank Capra, Drehbuch: Julius J. und Philip G. Epstein. Mit: Cary Grant, Raymond Massey, Peter Lorre, Priscilla Lane, Jack Carson, u.a., 1944.

4 Premiere am 22. Juli 2005 im Rahmen der Salzburger Festspiele.

Schweiz gearbeitet und den Humor nicht verstanden. Nie musste ich lachen, worüber die Schweizer:innen lachten. Aber Barbara hat einen Humor, den wir Hamburger:innen oder auch Berliner:innen und Wiener:innen sehr gut verstehen. Überhaupt vereint sie viele Persönlichkeiten in sich, sie ist nicht nur Schweizerin, das ist sie bestimmt auch irgendwo. Sie hat einen beinah anarchischen Humor. Das hat natürlich auch mit ihrer Intelligenz zu tun. Wir haben uns auf einer Humorebene getroffen, und in der Genauigkeit der Arbeitsweise.

AA Können Sie beschreiben, was Barbara als psychologisch so genau arbeitende Regisseurin ausmacht?

MM Sie beherrscht ihr Handwerk und ist völlig unbeirrt. Schon in dieser ersten gemeinsamen Arbeit zeigten sich alle ihre Fähigkeiten. Kirsten Dene und Libgart Schwarz spielten meine männermordenden Tanten. Die beiden haben sich respektiert, hatten aber ein sehr angespanntes Verhältnis. Das war schon toll zu beobachten, wie intelligent Barbara die beiden geführt hat. Wie sie eine nicht unkomplizierte Ausgangssituation produktiv machen konnte für die skurrile Beziehung der beiden Tanten. Mit der Arbeit entdeckte Barbara auch ihre grosse Liebe zu Wien und den Burgtheaterschauspieler:innen. Glücklicherweise war ich dabei! [Lacht].

AA Ihre erste Arbeit mit Barbara Frey, Frau Lorenz, war ebenfalls eine Komödie: *Der ideale Mann* von Oscar Wilde in der Bearbeitung von Elfriede Jelinek.[5] Welche Erinnerungen verbinden Sie damit?

Katharina Lorenz (KL) Bevor die Proben anfingen, war ich sehr aufgeregt. Das war meine erste Zusammenarbeit mit Barbara Frey und Michael Maertens als Spielpartner und dann waren wir gleich als ein so schräges Ehepaar besetzt. Vorbild für unsere Rollen waren der österreichische Exfinanzminister Karl-Heinz Grasser und die Society Lady Fiona Swarovski. Ich hatte grosse Lust auf diese groteske, witzige Figur, aber sie war mir fremd. Wir haben uns über den Humor gefunden. Der setzt Kräfte frei, und meine anfängliche Angst war wie weggeblasen. Die Herausforderung blieb aber gross. Ich hatte so eine Rolle noch nie gespielt und wusste zu diesem Zeitpunkt noch gar nicht, dass ich auch eine komische Seite habe.

5 Uraufführung am 23. November 2011, Burgtheater Wien (Akademietheater).

D Barbara sieht oft etwas, das du selbst noch gar nicht von dir kennst, und dann sagt sie: «Doch, du kannst das, du bist eine Komikerin.» Sie vertraut und schenkt Vertrauen. Es zeichnet sie aus, dass sie einem etwas zumutet. Ich beobachte das auch, wenn sie mit anderen Schauspieler:innen arbeitet, da bin ich richtig baff. Deshalb ist es auch so spannend. Nie habe ich das Gefühl der Wiederholung. Wir treffen uns immer wieder neu. Unsere Zusammenarbeit bedeutet für mich fortwährende Veränderung und Entwicklung.

MM Es gib ja Regisseur:innen, die denken: «Der kann das gut, dann besetzen wir ihn auch so.» Ich war schon vor meiner Begegnung mit Barbara, wenn ich das sagen darf, ein anerkannter Komiker. Aber sie hat schnell gemerkt, «der ist nicht nur ein Komiker». Das führte dann zu ganz tollen Rollen, die ich spielen durfte. *Platonow*[6] war eine wichtige Arbeit für mich. Eine Rolle, die mir andere vielleicht gar nicht zugetraut hätten. Ebenso Richard III.[7], der in Barbaras Inszenierung ein verletztes, zartes Wesen war und nicht ein Berserker der bösen, toxischen Männlichkeit. Den Friedrich Hofreiter aus Schnitzlers *Das weite Land*[8] hätte mir fast niemand zugetraut. Da gibt es auch viele, die gesagt haben: «Was? Michi Maertens, das ist doch kein Hofreiter!» Mit Barbara habe ich eine Regisseurin an meiner Seite, die all das in mir sieht.

AA Ihr Hofreiter ist durchaus ein Gegenentwurf zur Erwartungshaltung des Wiener Publikums.

MM Für mich war das eine Überraschung. Ich bin im *Weiten Land* offenbar für viele eine völlig unbekannte Farbe – ohne dieses klare männliche, geschäftsmännische Gebaren. Hofreiters grosses Selbstbewusstsein ist aber bereits ab Stückbeginn erschüttert, er ist zutiefst verunsichert und nicht halb so stark, wie er tut. Das steht so im Stück. Trotzdem haben das viele als Bruch mit der Figuren-Tradition gesehen. Ich weiss immer noch nicht, was die Österreicher:innen eigentlich erwarten.

6 *Platonow* von Anton Tschechow, deutsche Fassung von Werner Buhss. Premiere am 1. April 2011, Pfauen, Schauspielhaus Zürich. Siehe dazu auch den Beitrag von Barbara Villiger Heilig in diesem *MIMOS*-Band, S. 231f.

7 *Richard III.* von William Shakespeare, deutsche Fassung von Thomas Brasch. Premiere am 31. März 2012, Pfauen, Schauspielhaus Zürich. Siehe dazu auch den Beitrag von Barbara Villiger Heilig in diesem *MIMOS*-Band, S. 231.

8 Premiere am 20. August 2022 im Rahmen der Ruhrtriennale, Jahrhunderthalle Bochum. (Wiener Premiere am 2. September 2022, Akademietheater). Siehe dazu auch den Beitrag von Andreas Wilink in diesem *MIMOS*-Band, S. 96ff.

KL Dieser Hofreiter ist ein Mann *unserer* Zeit. Das Publikum erlebt seine Angst und Zerrissenheit – auch seine Skrupellosigkeit, Egozentrik und Feigheit. Genia lässt sich nicht in die Karten schauen, denn sie will sich nicht beherrschen lassen. Permanent wird in sie hineininterpretiert, dagegen wehrt sie sich. Auch sie übt Macht aus. Sie ist eben eine Hofreiterin! Barbara hat mich ermutigt: «Trau dich, unsympathisch zu sein, trau dich, nicht zu gefallen.» Sie sucht den Widerstand und hat uns auf die Radikalität im Denken dieser Figuren aufmerksam gemacht. Das war für mich schon überraschend. In Barbaras Inszenierung beäugt jede:r jede:n. Es ist eine Gesellschaft des Argwohns. Schnitzler kann ja auch «kulinarisch» werden, gefällig. Wobei gerade die Pointen dann oft untergehen. Bei uns wurden sie genau herausgearbeitet. An der Schärfe der Sprache haben wir extrem lange gefeilt. Die Strichfassung war richtungweisend für unser Spiel. Barbara hat die Essenz herausskelettiert. So haben wir mit ihr auf dieses Stück geschaut. Ganz ohne Kitsch und Sentiment. Hofreiter geht über Leichen, am Ende des Stücks wird er buchstäblich zum Mörder.

AA Barbara Frey beschreibt Theater als Gemeinschaftskunst. Sie geht in den Proben gemeinsam mit den Schauspieler:innen auf die Suche, Sie alle wollen etwas verstehen, der Ausgangspunkt ist ein Nichtwissen. Wie haben Sie sich der Figur Genia angenähert?

KL Als wir mit den Proben für *Das Weite Land* anfingen, hat Barbara zur Inspiration Bilder auf der Probebühne aufgehängt. Ein riesiger Wandteppich mit Kunst. Für Genia hat sie mir das Bild einer Skulptur von Louise Bourgeois gezeigt.[9] Da sitzt eine Spinne in einem Sessel. Barbara hat damit eine Allegorie geschaffen. Natürlich habe ich anschliessend keine Spinne gespielt, aber dieses Bild hat meine Darstellung der Rolle tief geprägt. Es beschreibt ein Seelenleben oder einen Zustand. Eine Position der Macht, aber auch ein Bild der Angst und Einsamkeit. Mit solchen Hinweisen schafft Barbara, uns nahe zu bringen, was sie ausdrücken möchte, was sie beschäftigt. Manchmal ist das so komplex oder auch in sich widersprüchlich, dass es sich nicht in Worte fassen lässt. Sie formuliert die Figuren nicht aus, sondern lässt ihnen ein Geheimnis. Es kann ja auch nicht stimmen, wenn man alles erklären kann.

9 Siehe dazu die Publikation Louise Bourgeois, *L'araignée et les tapisseries*. Zürich: Hauser & Wirth 2014.

MM Zu dem «Nichtwissen» möchte ich ergänzen, dass Barbara minutiös vorbereitet auf die Proben kommt. Das sind wirklich faszinierende Reisen mit ihr, die unglaublich bereichernd sind. Nicht mal Peter Stein kann da meiner Meinung nach mithalten, in der umfassenden Bildung, die sie mitbringt in bildender Kunst, Musik, Literatur, Film, Theater... Barbara ist zudem irrsinnig neugierig und stürzt sich immer wieder in neue Abenteuer. Sie geht nicht auf Nummer sicher.

AA Haben Sie sich auf Experimente mit Barbara Frey eingelassen?

MM Als Barbara mir das *Nachtstück*[10] vorgestellt hat, hat sie mich in die Zürcher Kronenhalle eingeladen und sich ganz vorsichtig herangetastet: «Ein Projekt... mit einem tollen Schlagzeuger... da wird aber kein Wort gesprochen.» Meine innere Stimme sagte: «Ja! Keinen Text lernen!» Im Ernst, ich war glücklich, denn mir war klar, das wird eine intensive, spannende Arbeit mit dieser musikalischen Regisseurin. Wir haben uns Gemälde von Edward Hopper angeschaut, das war der Ausgangspunkt. Es ging um den Absturz ins Unbewusste, um unheimliche Begegnungen, heimliche Beobachtungen, Einbildungen, Angst. Es entstanden bedrohliche, verstörende Momente, es gab aber auch Raum für den absurden Humor eines Jacques Tati. Der Musiker und Komponist Fritz Hauser, mit dem Barbara schon seit mehr als dreissig Jahren zusammenarbeitete, hat mit einer Vielzahl von Perkussionsinstrumenten ein beeindruckendes Konzert dazu abgeliefert. Das war eine Inszenierung an der Schnittstelle zwischen Theater, Konzert und bildender Kunst.

AA Wie entwickelt Barbara Frey solche Projekte?

KL Was Michi über das *Nachtstück* erzählt, erinnert mich an *Der Untergang des Hauses Usher*[11]. In einer Szene stehen wir, um ein Bespiel zu nennen, als Gruppe zusammengerottet und singen, dann senken sich unsere Köpfe. Das ist wie ein innerer Zustand, eine Melancholie, die uns überkommt. Was wir da spielen, würde wahrscheinlich jede:r von uns anders beschreiben.

10 Ein Projekt ohne Worte von Barbara Frey und dem Schlagzeuger und Komponisten Fritz Hauser. Uraufführung am 4. März 2016, Schiffbau/Box, Schauspielhaus Zürich.

11 *Der Untergang des Hauses Usher* von Edgar Allan Poe, deutsche Fassung von Barbara Cramer-Nauhaus und Erika Gröger. Premiere im Rahmen der Ruhrtriennale am 14. August 2021, Maschinenhalle Zweckel, Gladbeck. (Wiener Premiere am 10. Oktober 2021, Burgtheater). Siehe dazu auch den Beitrag von Andreas Wilink in diesem *MIMOS*-Band, S. 91ff.

Aber das kann sich niemand alleine zuhause ausdenken, das entsteht gemeinsam mit Barbara auf der Probe. Auch das *Automatenbüfett*[12] hat eine Poesie, etwas Traumwandlerisches.

Barbara vermag es, auf der Probe eine kreative Atmosphäre zu schaffen. Das ist ein gemeinsamer Takt, ein Gespür, oder Instinkt, aus dem dann szenische Vorgänge oder Bilder entstehen. Sie schafft Räume von einer unglaublichen Konzentration. Keine Handys, kein Gerede. Diese Konzentration erzeugt Tiefe. Auf diese Weise können wir in die Figuren und Geschichten einsteigen. Wir sind in diesen Stunden, in denen wir mit ihr in einem Probenraum sind, in einer anderen Welt. Der Prozess ist immer geschützt, sie lässt uns nicht damit allein. Sie schenkt viel, aber sie verlangt auch viel. Wenn wir beschliessen, gemeinsam ein Stück herauszubringen, gehen wir mit ihr einen Pakt ein und werden zu einer eingeschworenen Gemeinschaft.

AA Gibt es auch Reibungsmomente?

MM Sie empfindet es als absolute Unverschämtheit, wenn man sich zum Bespiel mit Edgar Allan Poe beschäftigt und sich dann nicht voll darauf fokussiert, sondern nebenbei mal kurz auf *Spiegel Online* schaut. Das hat mit ihrem unfassbaren Respekt dem betreffenden Werk gegenüber zu tun. In der Beziehung ist sie radikal. Ich bin manchmal unkonzentriert und denke an profane Dinge wie Fussball. Das akzeptiert sie auch alles. Aber für den Zeitraum der Probe braucht sie die volle Aufmerksamkeit. Sie hört alle Geräusche im Raum.

KL Sie hört aber auch jeden falschen Ton. Das ist einfach gnadenlos. Sie ist eine sehr genaue Beobachterin. Ich weiss, dass ich ihr nichts vormachen kann. Natürlich möchte ich ihr auch nichts vormachen. Sie bemerkt, wenn es nicht stimmt, wenn ich nicht drin bin, wenn ich lüge. Das benennt sie dann auch. Es gehört für mich zu meinem Beruf, mich dem auch aussetzen. In der eigenen Komfortzone zu bleiben, führt zu nichts. Aber es ist anstrengend. Auch jetzt, während ich darüber spreche, komme ich gleich ins Schwitzen [sie lacht herzlich] – weil es mir so viel bedeutet.

MM Schauspielerei ist ja eine einzige Mutprobe. Natürlich ist es für uns angenehm, wenn wir uns verstecken und machen können, was wir wollen. Je klüger und besser die Regie, desto grösser ist unsere Furcht. Es gibt dann

12 *Automatenbüfett* von Anna Gmeyner. Premiere am 30. Oktober 2020, Burgtheater Wien. Eingeladen zum Berliner Theatertreffen 2021. Siehe dazu auch den Beitrag von Margarete Affenzeller in diesem *MIMOS*-Band, S. 205–210.

D kein Entfliehen. Die Hürden sind bei Barbara manchmal ganz schön hoch. Aber du willst sie auch nicht enttäuschen, weil du so wahnsinnig respektierst, was sie fordert. Sie geht nie den einfachen Weg. Selbstverständlich gibt es auf Proben auch immer wieder Rückschritte, oder es geht auf einmal ganz langsam. Das schmerzt sie sehr. Man ist dann verunsichert und fragt sich: «Warum ist sie jetzt so düster?» Da bin ich ein guter Gefährte, weil ich ihr oft mit Humor und Leichtigkeit aus der Verdüsterung heraus helfen kann. Wie wir Schauspieler:innen manchmal brauchen, dass sie uns sagt: «Das wird schon werden.» Wir müssen es zusammen aushalten, auch mal auf Abwege zu gehen.

AA Was meinen Sie genau mit «Verdüsterung»?

KL Ich habe mal meinen Ensemble-Kollegen Niki Ofczarek gefragt: «Jetzt ist sie so verdüstert, was ist denn passiert?» Da hat er gesagt: «Nein, Katharina, sie ist konzentriert – wirklich nur konzentriert.» Diese Momente der Verdüsterung sind eine Form der Konzentration. Es gibt ein Foto von Barbara als Baby, das aus dem Kinderwagen in die Welt schaut. Da hat sie den gleichen Blick wie jetzt, wenn sie sich konzentriert. Dieses Kinderbild ist unglaublich! Sie ist als Beobachterin auf die Welt gekommen.

MM Barbara war wohl kein einfaches, sondern ein wildes Kind. Sie war eine der ersten Punkerinnen in Basel, hat als einzige Frau in einer Punkband gespielt. Sie ist eine hervorragende Schlagzeugerin.

KL «Die Frau mit dem härtesten Schlag», nannte man sie in der Szene. Sie ist heute noch ein Punk, wenn ich das sagen darf.

MM Ein anarchischer Punk.

KL Wer das nicht sieht, kennt sie einfach nicht gut.

MM Das ist ja nicht so offensichtlich, sie wirkt sehr distinguiert, ernst und tief.

KL Das ist nur eine Seite.

AA Wie lotet Barbara Frey als Regisseurin Grenzen aus?

KL Diese Radikalität, auf Dinge zu blicken, zu wühlen, sich nicht zufrieden zu geben. Selbst wenn etwas mal gut war, das reicht dann einfach nicht. Es wird weiter gebohrt und gebohrt. Das kenne ich auch von Jürgen Gosch. Obwohl die beiden unterschiedlich in ihrer Arbeitsweise sind, gibt es viel, was sie verbindet. Die beiden sind für mich die wichtigsten Regisseur:innen.

MM Stimmt. Für mich auch. Es ist ja interessant, dass die beiden uns gefunden haben.

AA Barbara Freys Inszenierungen sind geprägt von einem präzisen Zusammenspiel von Rhythmus, Sprachklang, Musik, Geräuschen, Pausen und Stille. Muss ich mir das wie eine Partitur vorstellen?

MM Du hast ein Netz. Aber du kannst es dehnen oder die Maschen enger machen. Auch auf eine Premiere bist du irrsinnig gut vorbereitet, weil du schon vorher von Barbara gescannt wurdest. Sicherer kann man gar nicht sein. Barbara wirkt, wenn sie auf den Proben alleine da sitzt, wie tausend Zuschauer:innen.

Margarete Affenzeller

Süsswasserträume in der Provinz

Anna Gmeyners *Automatenbüfett* im Akademietheater Wien

205

RÉSUMÉ

Depuis plus de quinze ans, Barbara Frey collabore régulièrement avec le Burgtheater de Vienne. En 2020, sa mise en scène d'*Automatenbüfett* a permis de redécouvrir l'autrice Anna Gmeyner (1902-1991). Injustement resté dans des tiroirs depuis sa création il y a 90 ans, ce drame traite de la société appauvrie d'une petite ville à une époque de bouleversements. Grâce à une mise en scène musicalement sophistiquée et peuplée de personnages sculpturaux, la pièce a connu une éclatante renaissance. Pour cette production, Barbara Frey et son équipe ont été invitées aux Rencontres théâtrales de Berlin en 2021.

RIASSUNTO

Barbara Frey collabora da oltre quindici anni con il Burgtheater di Vienna e, nel 2020, ha contribuito in modo determinante alla riscoperta dell'autrice Anna Gmeyner (1902-1991) portando in scena la sua pièce *Automatenbüfett*, scritta novant'anni orsono e rimasta ingiustamente in gran parte relegata in un cassetto. La trama ruota attorno alla società impoverita di una cittadina in un'epoca di grandi sconvolgimenti. Grazie a una messinscena musicalmente sofisticata e popolata da personaggi scultorei, l'opera di Gmeyner ha vissuto una folgorante rinascita. Per questa produzione, nel 2021, Barbara Frey e il suo ensemble sono stati invitati al Theatertreffen di Berlino.

ABSTRACT

Barbara Frey has been directing productions on a regular basis at the Vienna Burgtheater for over fifteen years. In 2020 she rendered due service to the forgotten author Anna Gmeyner (1902-1991) with a staging of *Automatenbüfett*. The drama, which had - unjustly - remained largely tucked away in drawers since being written ninety years ago, deals with an impoverished small-town society in times of upheaval. With a musically sophisticated production populated by sculptural figures, Gmeyner's play was given the revival it deserved. Accordingly, Barbara Frey and her colleagues were honoured with an invitation to the 2021 Berlin Theatertreffen festival.

«Anyone with information about the german exile writer Anna Gmeyner?»[1] – Die 1902 in Wien geborene und nach der Machtübernahme der Nationalsozialisten wie vom Erdboden verschluckte Autorin Anna Gmeyner musste in den Achtzigerjahren gar mittels Annonce aufgespürt werden. Da lebte sie schon lange zurückgezogen in ihrer Exilheimat England. Mehrfach gab es im Verlauf der Jahrzehnte Wiederentdeckungsversuche, hatte Anna Gmeyner doch einst eine vielversprechende Karriere als Dramatikerin und Drehbuchautorin gestartet. Aber erst dank Barbara Freys Inszenierung des Stücks *Automatenbüfett*[2] 2020, die als eine der «zehn bemerkenswerten Aufführungen des Jahres» zum Berliner Theatertreffen eingeladen war, wird ihrem Werk nun spürbar mehr Aufmerksamkeit zuteil. Der Verlag der Autoren hat 2022 zwei ihrer Dramen neu herausgegeben.[3]

Barbara Frey, die Theaterarchäologin und Frauenförderin? Keineswegs. Besieht man sich die Inszenierungsliste der Regisseurin, so dominieren dort nicht die abgedrängten Autorinnen, sondern die üblichen Klassiker, von Shakespeare über Molière und Lessing zu Ibsen, Tschechow und Beckett. Frey steht also keineswegs im Ruf, sich am Theater besonders für weibliche Perspektiven zu interessieren. Immer rangiert bei ihr an allererster Stelle das Stück, seine Figuren und die Sprachmusik, die es zum Schwingen bringen kann. Verfasseridentität? Ist zweitrangig. Da hatte Anna Gmeyner als am Kanon vorbeigeschrammte Aussenseiterin wahrlich Glück!

Frey hob das neunzig Jahre alte Volksstück, das von einer nervösen Kleinstadtgesellschaft zu einer Zeitenwende handelt, derart hingebungsvoll aus der Vergessenheit, dass einem Eva, Herr Adam und die sie auf seltsame Weise verbindende Karpfenzucht im fiktiven Ort Seebrücken bald genau so vertraut erscheinen wie die Nöte und Träume der altbekannten Horváth-Protagonist:innen Kasimir, Karoline und Co. Ja, das 1932 am Hamburger Thalia-Theater uraufgeführte *Automatenbüfett*[4] kann seine Zeitgenossenschaft

1 Diese Annonce schaltete die Mannheimer Verlegerin Lisette Buchholz 1983 auf der Suche nach Anna Gmeyner im Journal der *Association of Jewish Refugees* und in der deutsch-jüdischen Exilzeitung *Aufbau*.

2 *Automatenbüfett* von Anna Gmeyner. Premiere am 30. Oktober 2020, Burgtheater Wien (Akademietheater). Weitere Informationen zu dieser und den anderen im vorliegenden Beitrag erwähnten Inszenierungen von Barbara Frey finden sich im Werkverzeichnis an Buchende, S. 331–346.

3 Anna Gmeyner, *Automatenbüfett / Welt überfüllt*. Zwei Theaterstücke. Frankfurt am Main: Verlag der Autoren 2022 (Theaterbibliothek).

4 *Automatenbüfett* von Anna Gmeyner. Regie: Hans Stiebner. Mit u.a.: Maria Loja (Frau Adam), Ernst Leudesdorff (Adam), Anneliese Born (Eva), Willy Maertens (Pankraz), Carl-Heinz Schroth (Puttgam), Hermann Bräuer (Schulrat Wittibtöter). Uraufführung am 25. Oktober 1932, Kammerspiele im Thalia Theater, Hamburg. Der Hinweis stammt aus: Erich August Greeven (Hrsg.), *110 Jahre Thalia-Theater Hamburg (1843-1953). Eine kleine Chronik*. Hamburg: Conrad Kayser 1953, S. 57. Erwähnenswert ist auch die schweizerische

mit den sozialkritischen Dramen Ödön von Horváths nicht verhehlen. Kein Wunder, waren Gmeyner und Horváth doch im gleichen Alter und erlebten ihre ersten Bühnenerfolge synchron Anfang der Dreissigerjahre in Berlin. Er erhielt 1931 den Kleist-Preis, sie 1932 eine «ehrenvolle Erwähnung»[5]. Die Wiederentdeckung darf sich nun zu Recht das Burgtheater auf die Fahnen heften – auf Empfehlung der Autorin Sasha Marianna Salzmann, die Anna Gmeyner im Band *Spielplan-Änderung!*[6] vorstellte. Dass die Initiative geglückt ist, hängt indes einzig an der überaus stimmigen Inszenierung Barbara Freys.

Das Automatenbüfett muss man sich als zeitlose Gastwirtschaft mit modernem Snackautomaten vorstellen, ein Treffpunkt für Abgebaute und Ausgesperrte. Im grauen Halbrund mit erleuchteten Entnahmetürchen (Bühne: Martin Zehetgruber) finden sie Unterstand und Ansprache. Selbst wer keine Münze mehr hat, dem gelingt es hier, ganz zum Missfallen der Wirtin, eine Wurst oder ein Bier zu ergattern. «Glaskasten und Bierhähne die Wand entlang»[7] heisst es in der Regieanweisung. Auch Lebensmüde finden Zutritt, namentlich Eva, die sich wegen ihres Grobianfreundes im Fischteich das Leben nehmen will, aber von Herrn Adam gerettet wird. Noch tropfnass wähnt sie sich nun in seiner Schuld und kommt seinem höflich und ganz unschuldig vorgetragenen Ansinnen nach, sich für die Verwirklichung seines Karpfenbruttraums doch als Liebespfand bei den Stadthonoratioren einzubringen. Von deren geneigter Zustimmung hängt nämlich das Projekt einer grossen, gewinnbringenden Fischzucht ab. Gleichgültig und müde wandelt Eva durch das Büfett. Doch sie wird am Ende den Kopf aus der Schlinge ziehen!

Dem Dramentext zuhören

Barbara Frey erweist sich wie so oft als genau Horchende. Einen Theatertext zu lesen, bedeutet für die ehedem erstinstanzliche Musikerin (Schlagzeug) auch, ihm zuzuhören, seinem inneren Klang hinterher zu spüren. Und so inszeniert sie das *Automatenbüfett* entlang eines tragenden Soundtracks,

Erstaufführung von Gmeyners Stück unter dem Titel *Im Trüben Fischen*. Regie: Leopold Lindtberg (Träger des Hans-Reinhart-Rings 1969); Bühnenbild: Hermann Sieg. Neben Therese Giehse in der Hauptrolle als Frau Adam spielten u.a. Erwin Kaiser, Josef Zechell, Hermann Wlach und Leny Marenbach. Premiere am 12. September 1933, Schauspielhaus Zürich.

5 Der Kleist-Preis ging 1932 an Else Lasker-Schüler und Richard Billinger, während Anna Gmeyner und Walter Bauer mit einer ehrenvollen Erwähnung bedacht wurden. Vgl. die Liste der Preisträger:innen: http://www.kleist.org/index.php/die-kleist-preise/55-kleistpreis-1912-1932/98-kleistpreistraeger-1912-1932 (letzter Zugriff am 11. Oktober 2022).

6 Simon Strauß (Hrsg.), *Spielplan-Änderung! – 30 Stücke, die das Theater heute braucht*, Stuttgart: Tropen 2020.

7 Anna Gmeyner, *Automatenbüfett / Welt überfüllt*, a.a.O., S. 14.

den sie den Kleinstadtmenschen bei ihren abwartenden, auflauernden, verstohlenen Manövern abgelauscht hat. Was machen diese Leute? Sie richten zum eigenen Zweck ihre Gefühle vorzugsweise ökonomisch aus. In Zeiten der Weltwirtschaftskrise ist Zuwendung bares Geld. In Barbara Freys mechanisch-kunstvoll gebautem Kleinstadtsoziotop verkörpert folglich ein leibhaftiger Pianist das «automatische Klavier» – darin mag man obendrein auch eine Reminiszenz an Freys Landsmann Christoph Marthaler sehen. Vor allem aber macht es deutlich: Die geschäftstüchtige Wirtin spart gern Personal ein. Der Mann am Klavier (Thomas Hojsa) tritt jeweils zu gegebener Zeit und nicht ohne Quietschton aus seiner Automatentür heraus und versieht stoisch seinen Tasten-Dienst. Er sitzt am anderen Ende der bierhell erleuchteten Büfettglaswand in einem Wartehäuschen, in das man, wie beim Bier, ebenfalls eine Münze einwerfen kann.

Die subtile Tonspur ist so etwas wie das Zentralnervensystem des Abends, auch dann, wenn die berühmte (Horváthsche) Stille herrscht. Manchmal passen sich die Schauspieler:innen dem Rhythmus des Klaviers ganz und gar an oder sie wiegen sich in einer verräterisch belanglosen Melodie. Das verschafft den Dialogen Luft. Ein inszenatorischer Höhepunkt ist dahingehend die Radioansprache des Schulrates mit Namen Wittibtöter, der sich in puncto des von Herrn Adam vorangetriebenen Karpfenzuchtprojekts zum Thema «Mensch und Fisch» (sic!) seine Gedanken gemacht hat. Diese mit Spannung erwartete, aus einem alten Hörfunkgerät erklingende Rede zwingt dann aber ob ihrer unermesslichen Fadesse und Trägheit die gesamte versammelte Zuhörerschaft in Zeitlupe stehend in den Schlaf.

Über wechselnde Intendanzen hinweg ist Barbara Frey seit über fünfzehn Jahren regelmässig am Burgtheater tätig und gestand, sich in Wien ein wenig heimisch zu fühlen. Dieses Verbundenheitsgefühl ist auch an Schauspielerinnen und Schauspieler geknüpft, die Frey seither in der Donaumetropole zur Seite stehen, allen voran Michael Maertens, Maria Happel, Katharina Lorenz und Nicholas Ofczarek. Gemeinsam mit ihnen hat sie Komödien von Eugène Labiche und Oscar Wilde zur Aufführung gebracht, jeweils in Neufassungen Elfriede Jelineks, oder Werke von Franz Molnár und Arthur Schnitzler erkundet. So *Das weite Land* 2022 in einer Koproduktion mit der Ruhrtriennale.[8]

8 Vgl. den Beitrag von Andreas Wilink, in diesem *MIMOS*-Band, S. 96ff.

Mehr als andere Wiener Arbeiten Freys lebt aber das *Automatenbüfett* von einer durch die Musik getragenen, choreografierten Körperkomik. Über skulpturale Posen und Bewegungen der einzelnen wie auch der Gruppe, weit weg von sozialrealistischer Imbissbuden-Betriebsamkeit, bringt der Abend die Tragik der Verhältnisse zum Vorschein: Die suizidale, vom Teichwasser ewig unterkühlte Eva (Katharina Lorenz) umarmt, einmal gerettet, den eckigen Radiator so innig und vertrauensvoll, wie es ihr wohl nie bei einem Menschen gelingen würde. Es ballt der in der Provinz und in seinem brettsteifen Körper gefangene Karpfenzüchter Adam (Michael Maertens) seine Hände immer wieder entschlossen zu Mäusefäusten – im Kampf um einen grösseren Horizont (er träumt nicht nur von Fischkonservenfabriken, sondern auch von einem befahrbaren Kanal direkt zum Meer). Es überwacht seine Gattin, die Büfett-Wirtin (Maria Happel), mit penibel aneinandergepressten Knien argwöhnisch ihre Selfservice-Theke. Der Strassenhändler Puttgam (Dörte Lyssewski) wiederum kauert stets bodennah auf dem an ihm scheinbar angewachsenen Mini-Holzstuhl, eine nicht mehr wegzubekommende Déformation professionelle, die ein Bordsteinkantenjob mit sich bringt. Und mit weit in die Luft hineinstechenden Storchenbeinen, seinen biegsamen Körper zielgenau nachziehend, pirscht sich der Lustmolch Pankraz (Christoph Luser) zu jeder Tages- und Nachtzeit gierig an Eva heran. Ein Solo-Ballett der Verschlagenheit.

Mit dem *Automatenbüfett* wurde Barbara Frey nicht nur – nach *Onkel Wanja* 2004[9] – zum zweiten Mal zum Berliner Theatertreffen eingeladen, sie erhielt für ihre Regie auch den österreichischen Nestroy-Preis. Damit hat sie sich selbst einen Gefallen getan, vor allem aber der von den Nationalsozialisten vertriebenen und in weiterer Folge literarisch verstummten Autorin Anna Gmeyner einen unermesslichen Dienst erwiesen. Die hellhörige, in ihrer körperbetonten, musikalischen Erzählweise bestechende Inszenierung Barbara Freys hat die inneren Kammern dieses *Automatenbüfetts* aufgedehnt und gezeigt, dass in diesem Stück viele Tonlagen lauern und es seine lange Zeit des Unbeachtetseins gut überstanden hat. Der Abend ruft geradezu dazu auf, weitere Lesarten für den Text zu finden.

9 *Onkel Wanja* von Anton Tschechow. Premiere am 26. Juni 2003, Residenztheater, Bayerisches Staatsschauspiel München. Eingeladen zum Berliner Theatertreffen 2004.

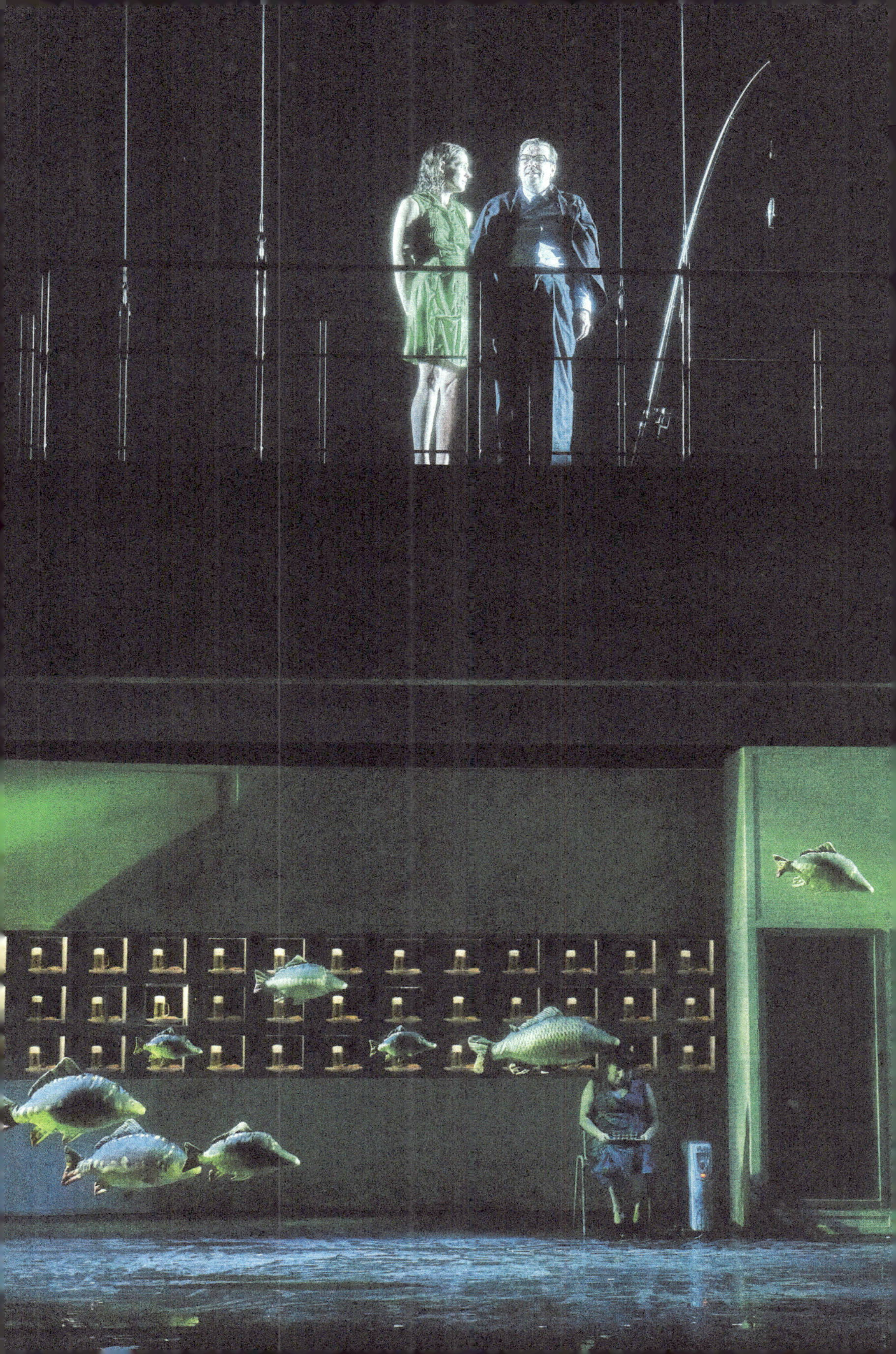

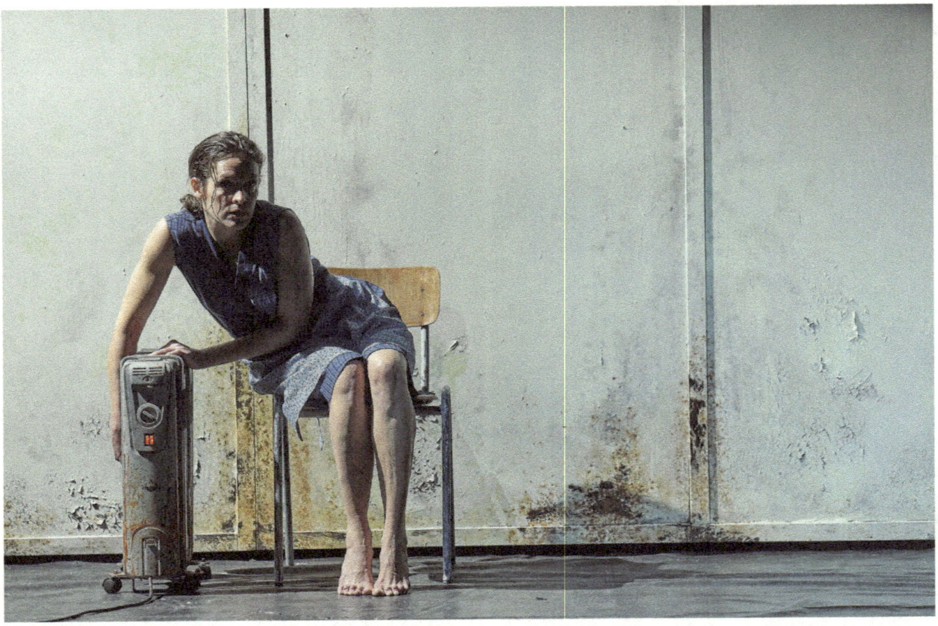

212

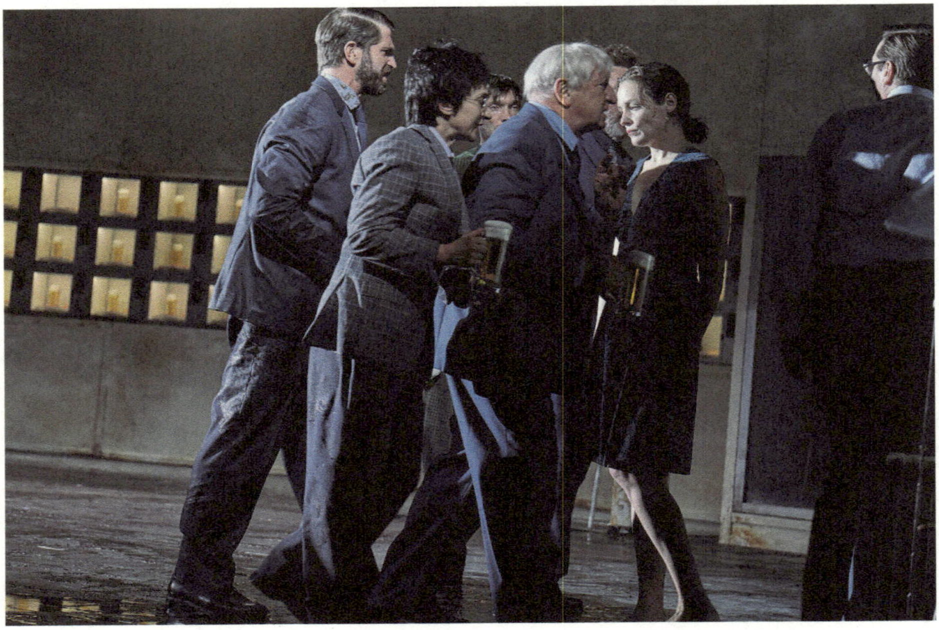

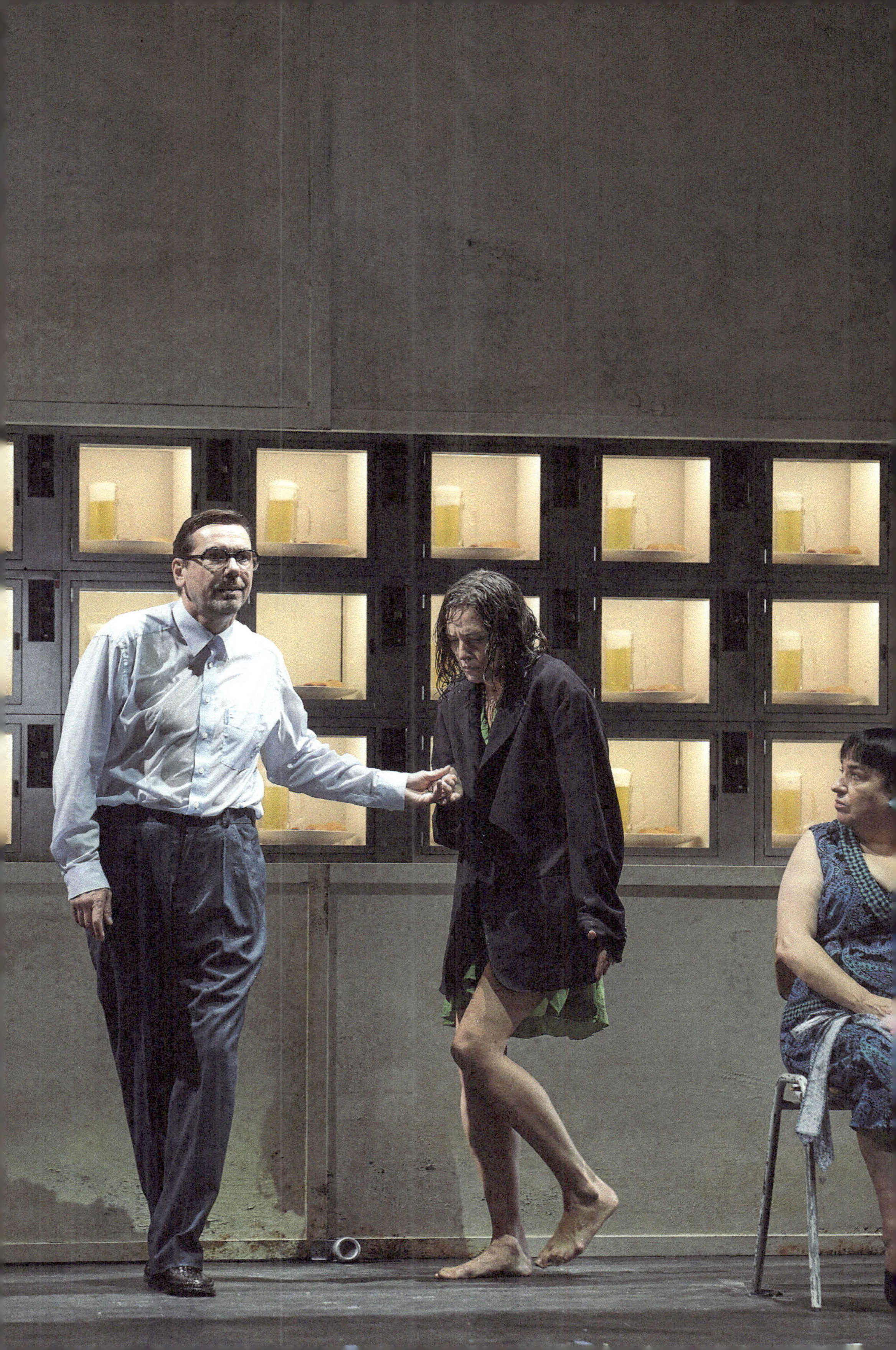

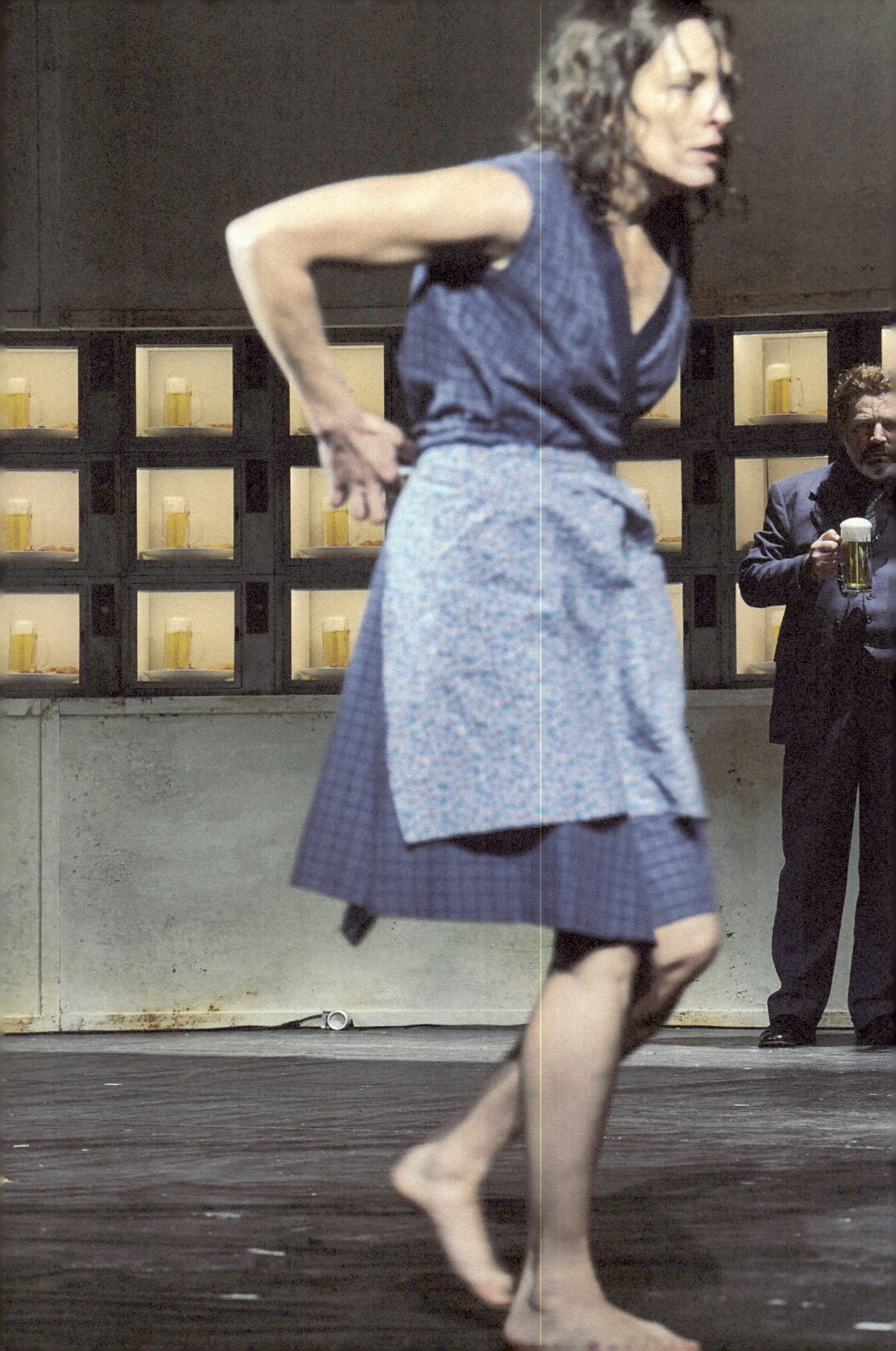

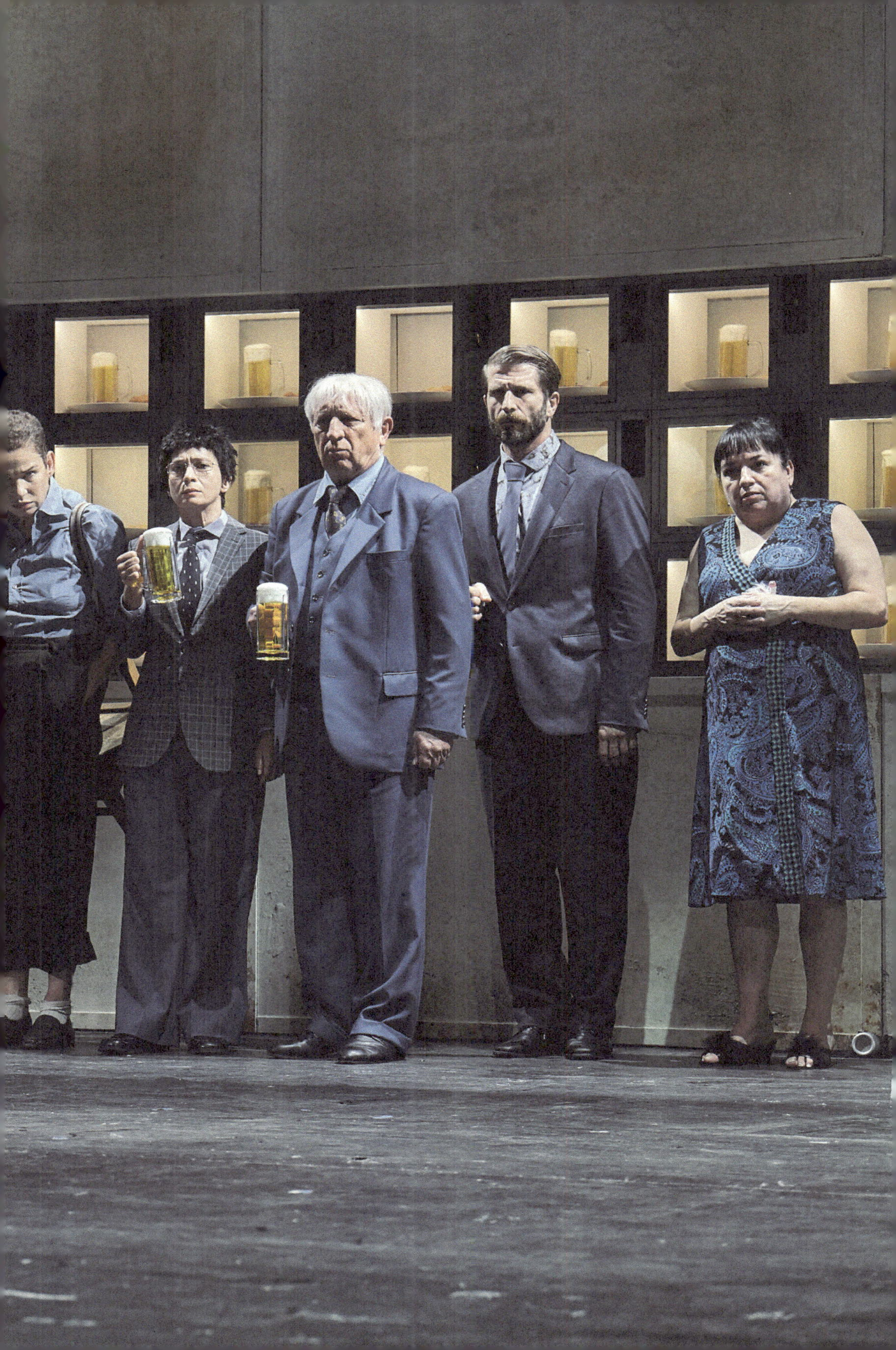

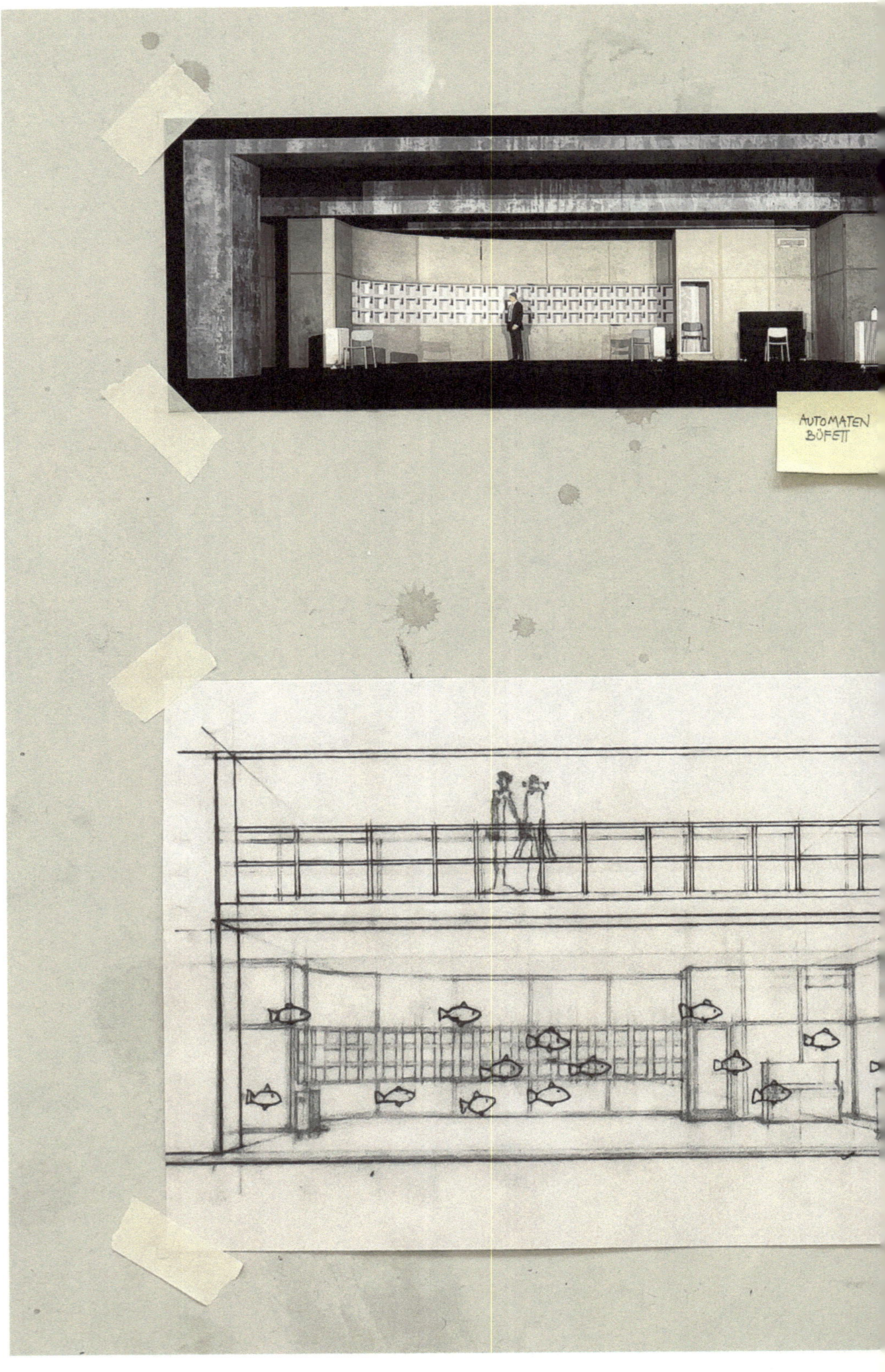
AUTOMATEN
BÜFETT

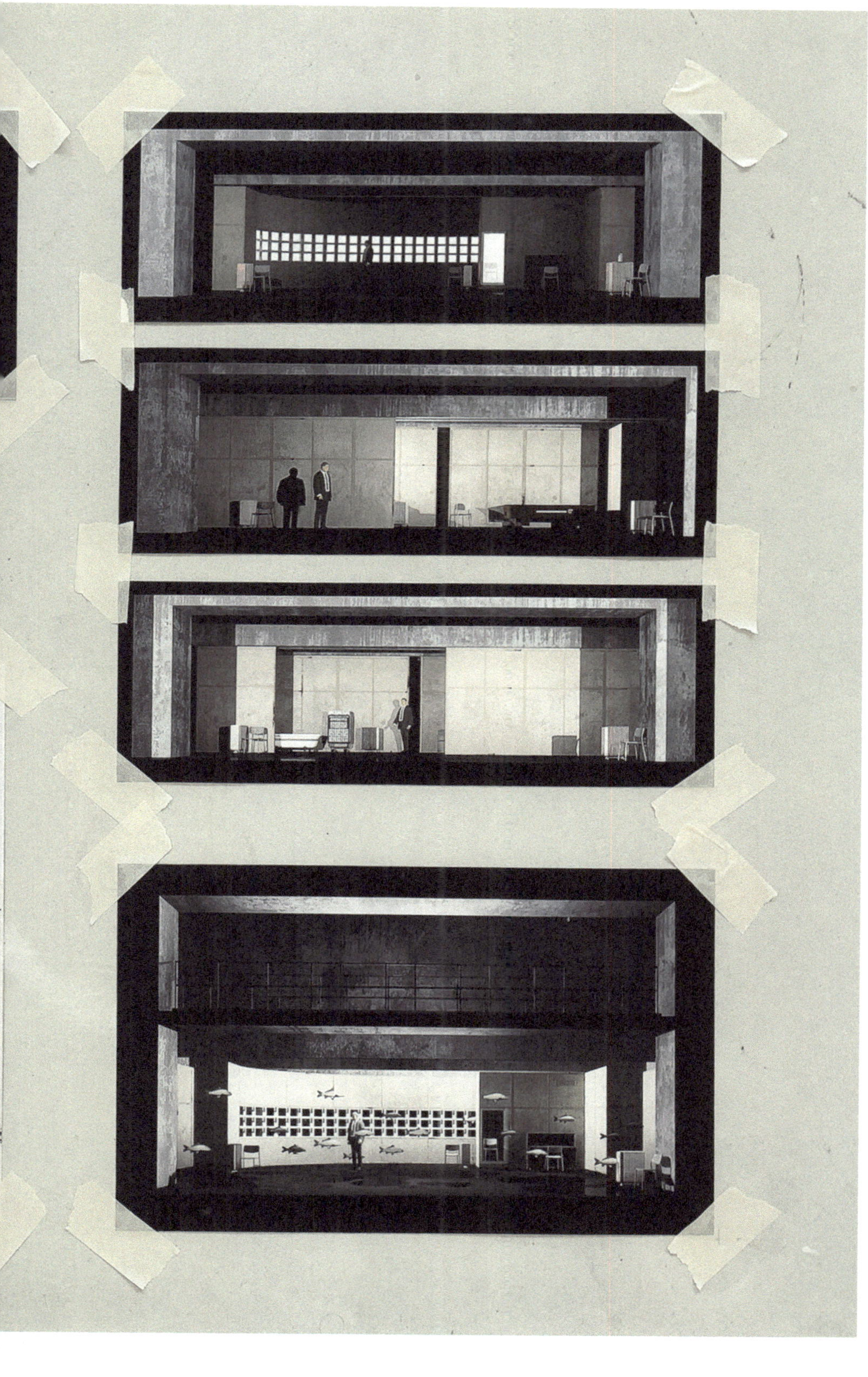

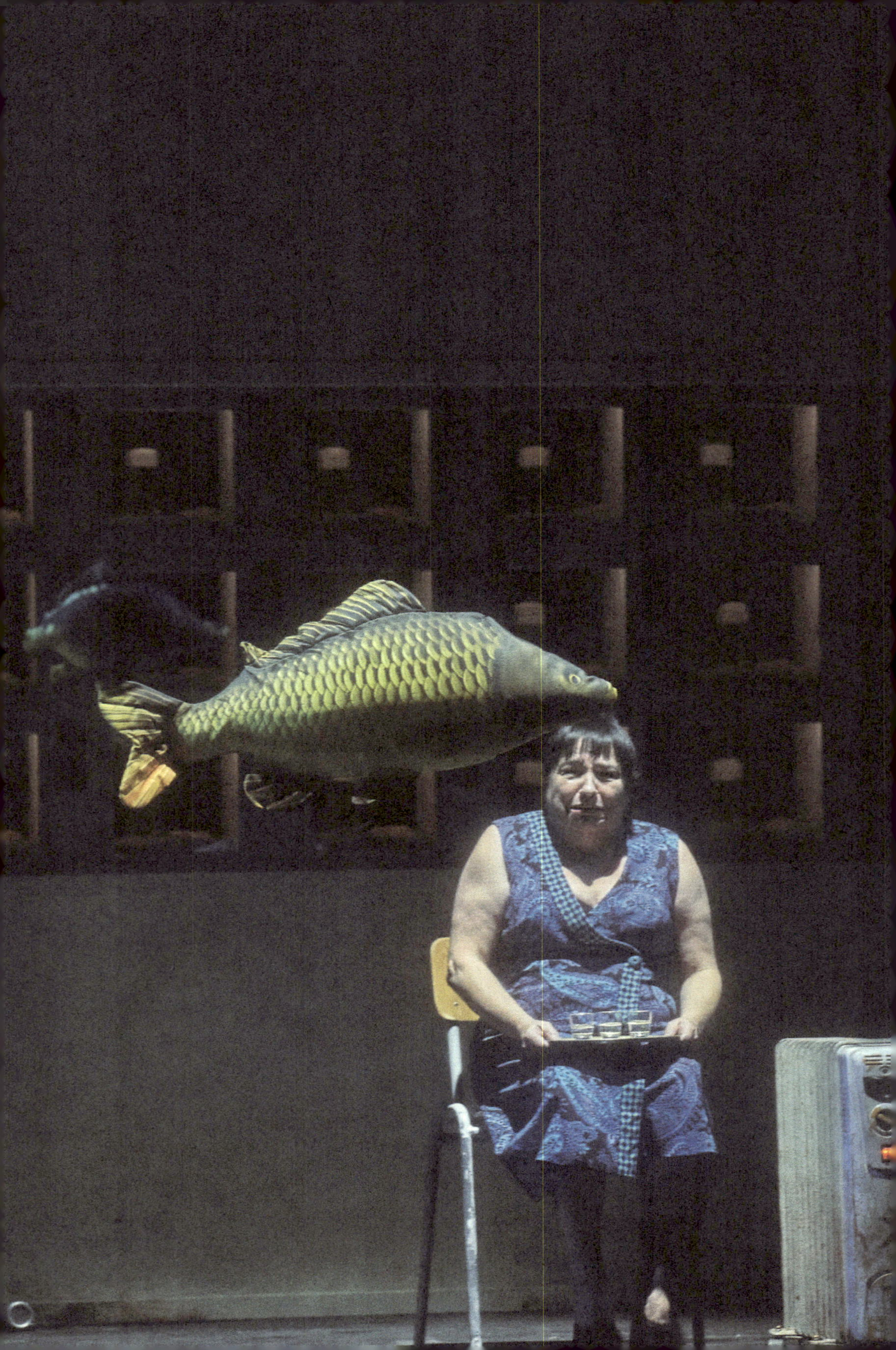

Andreas Karlaganis

Textkontinente erkunden

Stückwahl und Dramaturgiearbeit mit Barbara Frey

219

RÉSUMÉ

Andreas Karlaganis a collaboré, en tant que dramaturge, à de nombreuses mises en scène de Barbara Frey. Quand ils travaillent sur de nouveaux sujets, en particulier des pièces classiques, la réflexion commence par des lectures, suivies par des discussions et par l'élaboration d'une version abrégée. La metteuse en scène met sa rigueur intellectuelle, l'acuité de sa pensée et son sens de l'humain au service des textes. Elle lit, rédige des notes, écoute de la musique, regarde des tableaux, jette des ponts par-delà les époques, les disciplines, les styles et les genres. C'est ainsi que des mises en scène réduites à l'essentiel voient le jour. Langage, mouvement et musique les composent. Barbara Frey ne suit pas le texte avec une fidélité aveugle, elle cherche plutôt à s'en rapprocher le plus possible. Elle extrait l'existence humaine du passé et lui donne la parole, pour nous.

RIASSUNTO

Andreas Karlaganis ha accompagnato numerose produzioni teatrali di Barbara Frey nel ruolo di drammaturgo. Il confronto con una nuova pièce, in particolare nel caso di classici, inizia con un'attenta lettura a tavolino, seguita da discussioni e dall'elaborazione di una versione abbreviata del copione. La regista esamina i testi con rigore intellettuale, acume ed empatia. Consulta libri, prende appunti, ascolta musica, osserva dipinti, getta ponti tra le epoche, le varie discipline e forme artistiche. Il risultato è una messinscena ridotta all'essenziale, composta da linguaggio, movimento e musica. Barbara Frey non rimane ciecamente fedele al testo, ma tenta piuttosto di avvicinarsi il più possibile ad esso. Riporta in superficie l'esistenza umana del passato e le dà voce, per noi.

ABSTRACT

The dramaturg Andreas Karlaganis has contributed to many of Barbara Frey's productions. The examination of the material, especially the classics, begins with sitting together for a close reading at the table, detailed conversations, and decisions on what is to be cut. To listen her way into the texts, the director draws on her profound intellectual rigour, mental acuity and human empathy: reading books, taking notes, listening to music and looking at paintings, she builds bridges between epochs, artistic disciplines, forms and genres. The result is a production – composed of language, movement and music – reduced to the essential. Barbara Frey is not blindly faithful to a text, but rather seeks its closest possible proximity. She uncovers human existence from the past and has it speak to us.

Als Dramaturg habe ich viele Inszenierungen Barbara Freys von der ersten Lektüre des Stücks bis zum Premierenapplaus begleitet. Die Entscheidung, ein Stück zu inszenieren, trifft Barbara Frey in der Regel rasch. *Automatenbüfett*[1], ein selten gespieltes Drama der Wiener Dramatikerin Anna Gmeyner, hat sie während eines Fluges gelesen und mir nach der Landung mitgeteilt, dass sie es inszenieren wolle. Zu diesem Zeitpunkt wussten wir noch nicht, wie wir für dieses Volksstück aus dem Jahr 1932, mit etwas zu grossem Personal und einer eher filmischen und ausufernden dramaturgischen Struktur, eine spielbare Fassung erstellen könnten. Für William Shakespeares *Hamlet*[2] wiederum hat sie sich entschieden, nachdem sie den Schauspielabsolventen Jan Bülow bei einem Vorsprechen kennenlernte. Nach der Stückwahl beginnt die lange und intensive Auseinandersetzung mit den Stoffen, die Monate später ihren Weg auf die Bühne finden sollen. Die erste Etappe dieser Arbeit, an der sich später Dutzende von Menschen beteiligen werden, ist eine intime Beschäftigung am Tisch. Zu zweit arbeiten wir an der Textfassung, die wir schliesslich dem Ensemble für die Leseproben zur Verfügung stellen.

Im Jahr 2018 war es also *Hamlet*, Shakespeares längstes Drama. Komplex und widersprüchlich, mit vielen nicht aufzulösenden Konflikten, verschleierten Beweggründen und Handlungsspuren, die der Autor nicht eindeutig weiterverfolgt. Wie kann man einen solchen riesigen Textkontinent erkunden? Es war klar, dass wir eine Deutung und entsprechende Kürzungen vornehmen müssten. Wir sassen in ihrer Zürcher Wohnung, umringt vom Grün hoher Bäume, und packten unsere Textbücher aus. Barbara Frey schlug vor, erst mal das Unnötigste wegzustreichen. Danach sollten wir wieder lesen, darüber reden und weiter streichen, damit sich, wie beim langsamen Garen einer Suppe, eine Essenz bilde.

Das Reduzieren, das Intensivieren, die allmähliche Entwicklung der Aromen, das ist für mich ein schlagendes Bild. Es lässt sich auf viele unserer gemeinsamen Arbeiten anwenden.

Manches weicht rasch dem prägnanten Strich: die Diener und Zimmermädchen, der konventionelle Auftritt, die Begrüssungsfloskeln – alle in der Zeit verhafteten Bezüge, die nicht mehr von Bedeutung sind, verschwinden. Im nächsten Schritt wird es schwieriger. Die Sorge steigt, jenes wesentliche

1 Premiere am 30. Oktober 2020, Burgtheater Wien (Akademietheater). Zu Barbara Freys Inszenierung von Anna Gmeyners *Automatenbüfett* siehe auch den Beitrag von Margarete Affenzeller im vorliegenden *MIMOS*-Band, S. 205–210. Weitere Informationen zu dieser und den anderen hier erwähnten Regiearbeiten von Barbara Frey finden sich im Werkverzeichnis an Buchende, S. 331–346.

2 Premiere am 13. September 2018, Pfauen, Schauspielhaus Zürich.

Element im Organismus eines Dramas unvorsichtig wegzuschneiden, welches dessen Geburt auf der Bühne erst ermöglicht. An manchen Stellen wird ein harter Kampf geführt: «Müssen wir dich töten, Fortinbras?», fragten wir uns am Küchentisch. Der Strich sollte weniger die Bedeutung verändern als die Stärke freilegen. Bei den Proben arbeitet Barbara Frey mit dem Ensemble in diese Richtung weiter und sucht nach einer kohärenten und spannenden Erzählung, komponiert aus Sprache, Bewegung und Musik. Dabei ist kein unverdienter Effekt erlaubt, alles muss hergeleitet und beglaubigt sein. Je weniger das Auge zu sehen und das Ohr dabei zu hören bekommt, desto bedeutender werden die Worte, Gesten und Bewegungen. Es entsteht ein Sog zwischen den Menschen auf der Bühne, der sich ins Publikum überträgt.

Bei *Hamlet* fanden wir schliesslich mit der Unterstützung einer erhellenden Studie des Literaturhistorikers Stephen Greenblatt[3] zur Essenz des Dramas. Shakespeare verfasste eine Überschreibung einer zu seiner Zeit populären Rachetragödie. Zunächst folgt er dieser Vorlage, und der Geist von Hamlets ermordetem Vater beschwört seinen Sohn, ihn zu rächen. Doch bevor der Geist wieder unter den Brettern des hohlen Bühnenbodens verschwindet, bittet er seinen Sohn, ihn nicht zu vergessen: «Remember me.»[4] Der tote Vater, die Erinnerung an die Vergangenheit also, soll den melancholischen

Prinzen begleiten und somit auch das Theaterpublikum und die Künstlerinnen und Künstler, die sich während Jahrhunderten mit diesem Stück auseinandersetzten.

Das weite Land[5] von Arthur Schnitzler entstand 2022 als Koproduktion der Ruhrtriennale mit dem Burgtheater Wien. Das Stück ist behaftet mit Schlagworten und Erwartungshaltungen, die einen heutigen Zugang versperren: «Drama des Fin de Siècle», «Seitensprungkomödie», der berühmte «Schnitzler-Ton»... Es entpuppt sich bei der Lektüre zudem als Drama der Auf- und Abtritte. Menschen fahren mit ihren Wagen vor, grüssen freundlich, spielen Tennis, führen intime Gespräche, verabschieden sich. Was bleibt übrig, wenn man hier den Stift ansetzt, wenn man auf den Plauderton verzichtet, wenn die Förmlichkeiten verschwinden? Barbara Frey wollte keine Vergangenheit imitieren, sondern dem Stoff so nahe wie möglich

3 Vgl. Stephen Greenblatt, *Hamlet im Fegefeuer*. Aus dem Amerikanischen von Klaus Binder. Frankfurt am Main: Suhrkamp 2008 (Originalfassung: Ders., *Hamlet in Purgatory*. Princeton University Press 2013).

4 William Shakespeare: *Hamlet*. a.a.O., 1. Akt, 5. Szene.

5 Premiere im Rahmen der Ruhrtriennale am 20. August 2022 in der Jahrhunderthalle Bochum; Wiener Premiere am 2. September 2022 im Burgtheater (Akademietheater). Zu dieser Inszenierung siehe auch den Beitrag von Andreas Wilink sowie das Gespräch zwischen Barbara Frey und Lukas Bärfuss im vorliegenden *MIMOS*-Band, S. 96ff. bzw. S. 314ff.

kommen. Wir hofften auf den diagnostischen Blick des Arztes Schnitzler, der die Beziehungs- und Spannungsgeflechte, die erotischen Triebe und die Freundschaften wie mit einem Skalpell seziert – und trennten uns von der Hälfte des Textes. Nachdem wir ihn vom Kolorit der Zeit, der kompetenten Theaterkonvention befreit hatten, entdeckten wir Figuren, die kommen und gehen – und einander dabei beobachten und belauschen, analog zur «unheimlichen Fähigkeit, die Wahrheit gleichermassen zu verbergen und zu verraten»[6], wie der Schnitzler-Biograph Peter Gay die Besonderheit dieses Autors beschreibt. Wir sehen Menschen von heute, gezeichnet von den Spuren der Massenindustrie und der Vergnügungssucht, die Schnitzler in der Glühbirnenfabrikation und der Hotelindustrie bereits erkannte.

Es sind langsame gemeinsame Lektüren am Tisch. Sie folgen unerbittlich den Fragen: Was passiert hier eigentlich? Warum sagen die Figuren das? Was meinen sie damit? Bei der Lektüre stösst man auch immer mal auf Probleme und Unklarheiten, die sich nicht überlesen oder später überspielen lassen. Sie bringen zum Nachdenken und lösen Fragen aus. Barbara Frey reflektiert ihre Gedanken in klarer und präziser Sprache und mit ihrer eindringlichen, vom Schweizer Idiom gefärbten Stimme. Sie horcht mit intellektueller Strenge, gedanklicher Schärfe und menschlicher Anteilnahme in die Texte hinein. Überall könnte eine Spur zu finden sein. Wenn Hamlet auf Polonius' Frage, was er lese, antwortet: «Words, words, words»[7], spricht der dänische Prinz dann von zusammenhängenden «Worten», die Inhalt und Sinn stiften und eine kohärente Welt abbilden? Oder meint er für sich stehende, einzelne «Wörter» und bezieht sich auf eine Welt in Scherben?

Grenzenloses Hineindenken

Nicht allein die Lektüre des Dramas ist prägend in der Vorbereitung. In seiner Shakespeare-Biographie *Will in der Welt* imaginiert Stephen Greenblatt einen Dichter, der aufmerksam wahrnimmt, sich alles merkt, was er sieht, hört und liest, und dies zu seiner eigenen Kunst macht.[8] Vielleicht erklärt auch dieses Merkmal, warum Barbara Frey Shakespeares Werk so nahesteht und sie sich seinen Komödien, Tragödien und Sonetten wiederholt widmet.

6 Peter Gay, *Das Zeitalter des Doktor Arthur Schnitzler. Innenansichten des 19. Jahrhunderts.* Aus dem Englischen von Ulrich Enderwitz, Monika Noll und Rolf Schubert-Noll. Frankfurt am Main: Fischer 2012, S. 63. (Originalfassung: Ders., *Schnitzler's Century: The Making of Middle-class Culture, 1815–1914.* London: Allen Lane / The Penguin's Press 2001).

7 William Shakespeare: *Hamlet*, a.a.O., 2. Akt, 2. Szene.

8 Stephen Greenblatt, *Will in der Welt. Wie Shakespeare zu Shakespeare wurde.* Aus dem Englischen von Martin Pfeiffer. Berlin: Berlin Verlag 2006, S. 12. (Originalfassung: Ders., *Will in the World. How Shakespeare Bekame Shakespeare.* Northon and Company 2004).

D

Mit offenem Ohr, aufmerksamem Geist und zugewandtem Blick beobachtet Barbara Frey das Geschehen auf der Welt. Die Anteilnahme und Neugierde, das Hineindenken in andere Menschen, andere Zeiten und Kulturen kennt keine Grenzen. Sie betrachtet und beobachtet, hört hin, liest, unterstreicht und markiert in Büchern, macht sich Notizen. Sie hört Musik, betrachtet Gemälde, stellt Bezüge her, schlägt Brücken durch die Jahrhunderte, zwischen den Sparten, Gattungen und Genres. Gemälde von Francisco de Goya und Caspar David Friedrich inspirieren sie genauso wie die Filme von Robert Bresson, Jiří Trnka und aus dem Pixar-Studio. Die Musik Leoš Janáčeks und Benjamin Brittens genauso wie das Werk von Pink Floyd und Metallica.

So weicht Ophelias Blumenmonolog zwar aus der Fassung, doch verschwindet die Szene nicht spurlos von der Bühne. Ophelias Trauer übersetzt Barbara Frey mit *Aerial*, einem Song von Kate Bush, und der vielfachen Wiederholung von dessen letzter Zeile «I want to be up on the roof»[9]. Und eine zarte Melodie Peggy Lees, welche ihre Erinnerung an das im lodernden Feuer verschwindende Haus ihrer Kindheit beschwört, ersetzt in Barbara Freys *Hamlets* Inszenierung den Monolog des Schauspielers über Hekubas Trauer, während Troja in Schutt und Asche zerfällt: «If that's all there is my friends, then let's keep dancing»[10]. Momente empathischen Zaubers.

Der Ariadnefaden der Kunst

Wenn wir Stücke spielen, die vor hunderten von Jahren geschrieben wurden, werden wir am Theater oft mit der Frage konfrontiert, was uns diese Texte heute noch erzählen. In einem Gespräch, das wir 2019 gemeinsam mit Beatrice und Peter von Matt führten, meinte Barbara Frey, dass in dem Wort «noch» die Aufforderung zur Überwindung stecke.[11] Es suggeriere einen Zustand, der ein mögliches Ende beinhalte. Sie glaube nicht daran, dass gute Literatur überwunden werden könne. Barbara Frey stellte in diesem Gespräch die zentrale Frage in der Auseinandersetzung mit Kunst: «Ich kann mir kaum vorstellen, dass ein Mensch im Neuen Museum in Berlin vollkommen gleichgültig und gelangweilt an Nofretete vorbeigeht. Denn was er sieht, ist eine Frau, die ihn anschaut. Wenn man die Chauvet-Zeichnungen, die 34 000 Jahre alt sind, betrachtet, strahlen sie in einer solchen

9 Zitat aus dem Song *Aerial* von Kate Bush, 2005.

10 Zitat aus dem Song *Is That All There Is* von Peggy Lee, 1969.

11 «Man kann alles erzählen», Barbara Frey, Beatrice von Matt und Peter von Matt im Gespräch mit Andreas Karlaganis. In: *Schauspielhaus Zürich: 2009–2019*. Berlin: Theater der Zeit 2019, S. 42–48; hier: S. 42.

Unmittelbarkeit, als wären sie letzten Mittwoch um 15 Uhr entstanden. Wie kann es sein, dass sie so auf uns wirken? Was ist dieser seltsame Ariadnefaden der Kunst, der uns berührt und erschüttert?»[12]

In der Auseinandersetzung mit Theater hat der Begriff der Werktreue einen etwas schalen Beigeschmack. Er riecht nach Konvention und Gewohnheit, nach verstaubter Vergangenheit, und er stellt jene Künstlerinnen und Künstler, die in ihrer Theaterarbeit präzise dem Text folgen, in eine konservative, ja reaktionäre Ecke. Der Begriff bildet meiner Meinung nach nicht ab, was tatsächlich geschieht, wenn man ein Drama genau studiert und nach einer szenischen Umsetzung sucht, die sich nah am Originaltext bewegt. Denn es geht hier mehr um eine Begegnung auf Augenhöhe als um ehrfurchtsvolle Erstarrung. Man ist dem Text nicht blindlings treu, sondern sucht vielmehr dessen grösstmögliche Nähe. Eine unmittelbare Verbindung zwischen dem gesprochenen Wort und dem Publikum, dessen Anteilnahme man weckt. Die Frage nach seiner Aktualität beantwortet der Text in diesem Fall aus sich selbst heraus. Man spielt oder spricht ihn nicht einfach nach, und man «pflegt» auch nicht unreflektiert eine «Tradition». Eher lässt man in der Vergangenheit verfasste Gedanken zu sich sprechen. Konflikte, die nicht überwunden werden können und von Menschen berichten, die, wie wir, in ihrem verzweifelten, unerhörten, widersprüchlichen und komischen Verhalten manchmal Gutes wollen und oft das Schlechte tun. Würden die Texte von Arthur Schnitzler, Marieluise Fleisser, Heinrich von Kleist oder William Shakespeare im Theater nicht irritieren, erschüttern oder Trost spenden, gerieten sie vielleicht in Vergessenheit. Barbara Frey beschreibt ihre Wahrnehmung der Welt durch diese Dramen. In ihrer Arbeit konzentriert sich ihr Blick allein auf die Menschen auf der Bühne, deren Stimmen, Gesichter und Gesten und sie lässt sie so sprechen und handeln, dass man denkt, es gäbe dazu keine Alternative. Es ist Barbara Freys Blick auf das Leben, durch die Augen der Kunst.

12 Ebd.

Barbara Villiger Heilig

Traumtheater

Barbara Frey als erste Intendantin am Schauspielhaus Zürich (2009–2019)

227

A Dream Within a Dream[1] hiess das pochende Herzstück der zehnjährigen Intendanz von Barbara Frey am Schauspielhaus Zürich. In der Box des Schiffbaus inszenierte die Direktorin, die während all der Jahre ihr Haus auch als Regisseurin – oder umfassender: als Künstlerin – prägte, 2010 eine szenische Installation aus Klang, Farbe, Sprache. Der Schlagzeuger Fritz Hauser und der Schauspieler Robert Hunger-Bühler widmeten sich darin Edgar Allan Poes dichterischer Alchemie: Sie wurde vor unseren Augen und Ohren zum ge- und erlebten Traum. Eine gute Stunde bloss dauerte das Wunderwerk, die Erinnerung daran glänzt als unheimliches Chiaroscuro vielsagend-geheimnisvoll bis heute.

Das also, zum Beispiel, bleibt.

Theater ist Gegenwart: Hier und jetzt findet «es» statt, in einem Raum, der Spielende und Zuschauende zusammenbringt (und ausserdem, unsichtbar hinter den Kulissen, all jene, die für den technischen Ablauf einer Vorstellung verantwortlich sind). Im Glücksfall – und so einer war der Poe-Abend – wird die Bühne zum Fenster ins Gemüt derjenigen, die im dunklen Saal sitzen, ihren eigenen Körper vergessen dürfen und ganz aufgehen können in dem, was sie wahrnehmen. Diese Wahrnehmung aber ist immer auch eine Spiegelung: In den Bildern, die uns die Bühne vor Augen führt, finden wir nicht selten uns selber wieder. Und genau wie im Traum, der, obwohl wir ihn vergessen, seine Spuren im Alltag hinterlässt, wirkt das Erlebnis einer Theateraufführung idealerweise in unserem Inneren weiter.

Barbara Frey kennt solche Sphären offensichtlich. Und genau diese Sphären, weiss sie, lotet die Kunst aus. Nicht nur die Theaterkunst. In einem Mini-Essay, den Frey im Dezember 2010 für die *Neue Zürcher Zeitung* schrieb, nannte sie die *Insomnia Drawings* von Louise Bourgeois «eine Art unheimliche Einladung in die Untiefen der eigenen Seele»: «Man wird erinnert an etwas, was man in sich trägt, das verborgen liegt, versteckt zwischen Tag und Nacht, Wachsein und Traum, Angst und Trost.»[2]

1 *A Dream Within a Dream* von Edgar Allan Poe. Uraufführung am 18. Dezember 2010, Schiffbau/Box, Schauspielhaus Zürich. Weitere Informationen zu dieser und den anderen im vorliegenden Beitrag erwähnten Inszenierungen von Barbara Frey finden sich im Werkverzeichnis an Buchende, S. 331–346.

2 Barbara Frey, «Zuckerwasser». In: *Neue Zürcher Zeitung*, 17. November 2012, S. 55.

D

Unvergesslich ist das Finale, mit dem die Regisseurin Barbara Frey den Schlusspunkt ihrer Zürcher Intendanz setzte: *Die Toten*[3] nach der Erzählung aus den *Dubliners* von James Joyce. Der irische Dichter ist auf dem Friedhof Fluntern begraben (in unmittelbarer Nachbarschaft der Schauspielerin Therese Giehse, deren Grab Frey gern Besuch abstattete[4]). Und der Tod ist in diesem Text omnipräsent – als Folie, vor der das Leben aufscheint. Die überbordende Üppigkeit, mit der Joyce seine Kompatrioten schildert, wenn sie sich aus gesellschaftlichem Anlass versammeln, dimmte Frey drastisch zurück: zum fernen Abglanz, zum leisen Echo, endlich zum schmerzlichen Nachhall einstiger Liebe. Ein Traum im Traum: gemessenes Requiem in einer Grabesgruft aus schimmerndem Marmorimitat, akkurate Choreografie mit sechs Personen – oder Geistern? – im Frack. Chorische Silbenrezitation (Zitate aus *Ulysses* und *Finnegans Wake*) simulierte Smalltalk. Untergründiges Summen sorgte für eine Spannung, die man erst dann bemerkte, wenn sie sich schliesslich und immer wieder in Gesang entlud. An Klavier und Hackbrett waltete der Musikmeister Jürg Kienberger. Durch Dur und Moll, von Bach zu Folk, aus dem Diesseits ins Jenseits zauberte er Töne. Die Szene atmete.

Von Barbara Freys Meisterschaft, jenes Zwischenreich auszukundschaften, das Unbewusstes ins Bewusstsein lockt: Davon konnte man in den runden zehn Jahren, in denen die Theaterfrau – und allererste Frau in der Chefposition! – am Schauspielhaus Zürich wirkte, einiges mitnehmen. Einerseits dank ihrer eigenen Arbeiten, anderseits dank der Auswahl von Künstlerinnen und Künstlern, die sie einlud. Wobei sie keinen Einheitsstil anvisierte, sondern ganz unterschiedliche Regiehandschriften forderte und förderte.

Der Hang zur Komik

Eine Verbindung ergab sich dennoch: durch die Ensemblemitglieder, die den verschiedenen Stilen oder Ästhetiken menschliche Gesichter gaben. Und durch Bühnen- und Kostümbildnerinnen, die regelmässig, in ändernden Konstellationen, wiederkehrten. Die feminine Form ist in diesem Fall absichtlich gewählt: Auffällig viele Künstlerinnen arbeiteten an Barbara Freys Haus, drei davon oft mit der Chefin persönlich: Bettina Meyer, Bettina

3 *Die Toten* nach der gleichnamigen Erzählung von James Joyce mit Texten aus *Ulysses* und *Finnegans Wake*. Premiere (deutschsprachige Erstaufführung) am 16. Mai 2019, Pfauen, Schauspielhaus Zürich.

4 Vgl. «Theater ist kein Wettrennen». Gespräch von Barbara Villiger Heilig mit Barbara Frey und Andreas Karlaganis. In: *Theater der Zeit*, Januar 2018, Heft 1, S. 11.

Munzer, Bettina Walter. Tatsächlich, drei Bettinas – einer der Zufälle, die, so scheint mir, perfekt zum Sinn für leicht absurde Komik passen, der die meisten von Barbara Freys hiesigen Inszenierungen durchzog und damit auch meinen persönlichen Rückblick auf ihre Intendanz prägt. Eine Komik, wohlgemerkt, die todernst sein konnte: bei Franz Kafka etwa, dessen *Prozess*[5] sie auf die Bühne brachte. Oder bei Witold Gombrowicz (*Yvonne, die Burgunderprinzessin*[6]), oder bei Eugène Labiche (*Die Affäre Rue de Lourcine*[7]): das Komische und das Abgründige als Kippmomente.

Besagte Vaudeville-Komödie von Labiche reiste, mit Nicholas Ofczarek und Michael Maertens als verkatertem Protagonistenduo, im Rahmen eines Gastspiels vom Wiener Burgtheater an, wo Barbara Frey bis heute regelmässig inszeniert. Im Gegenzug spielte der Burgschauspieler Michael Maertens regelmässig auch in ihrem Zürcher Ensemble mit: als Alceste in Molières *Menschenfeind*[8], als Shakespeares Richard III.[9], als Truffaldino in Goldonis *Diener zweier Herren*[10]... Für seine leicht somnambule Wesensart scheint das Traumtheater dieser Regisseurin wie massgeschneidert.

Denkwürdig sein Platonow in Anton Tschechows titellos gebliebenem Jugendstück, das Frey kurz und bündig *Platonow*[11] nannte, weil letztlich alle Figuren um die Hauptfigur rotieren – welcher Maertens ein Höchstmass von bösem, nicht zuletzt auch das gesamte Umfeld entlarvendem Zynismus mitgab. Diese Aufführung war eine dysphorische Sternstunde, in der sich der Traum, der bei Barbara Frey immer mitschwingt, als unangenehm fiebriger Sommernachtstraum manifestierte. Trotzdem ist mir davon auch ein bunt fröhliches, die Ödheit des Landlebens konterkarierendes Farbspektrum in Erinnerung. Ausserdem jedoch das, was die Inszenierung nebst allen ausstatterischen Details so gross machte: das Ensemble, bestehend aus Friederike Wagner, Markus Scheumann, Klaus Brömmelmeier, Miriam Maertens, Jan Bluthardt, Siggi Schwientek, Ursula Doll, Gottfried Breitfuss, Nicolas Rosat, Niklas Kohrt, Franziska Machens, Yvon Jansen, Lambert Hamel.

5 *Der Prozess* nach Franz Kafka. Premiere am 12. September 2013, Pfauen, Schauspielhaus Zürich.

6 *Yvonne, die Burgunderprinzessin* von Witold Gombrowicz. Premiere am 10. Januar 2015, Schiffbau/Halle, Schauspielhaus Zürich.

7 *Die Affäre Rue de Lourcine* von Eugène Labiche, erweiterte Neufassung von Elfriede Jelinek. Premiere am 18. April 2015, Burgtheater Wien.

8 *Der Menschenfeind* von Molière, deutsche Fassung von Jürgen Gosch und Wolfgang Wiens. Premiere am 17. Januar 2013, Pfauen, Schauspielhaus Zürich.

9 *Richard III.* von William Shakespeare, deutsche Fassung von Thomas Brasch. Premiere am 31. März 2012, Pfauen, Schauspielhaus Zürich.

10 *Der Diener zweier Herren* von Carlo Goldoni. Premiere am 3. April 2014, Pfauen, Schauspielhaus Zürich.

11 *Platonow* von Anton Tschechow, deutsche Fassung von Werner Buhss. Premiere am 1. April 2011, Pfauen, Schauspielhaus Zürich.

Sei es durch Phlegma, Anmut, Dreistigkeit, Zurückhaltung, kratzbürstigen Charme, ostentative Schlampigkeit oder höfliches Wegschauen (und so fort): Charaktertypisch dynamisierte jede und jeder das Wimmelbild, das auf der Bühne sofort zu vibrieren begann.

Was ist ein Ensemble?

Den Ensemblegedanken, wie ihn Barbara Frey seit ihrem Antritt am Schauspielhaus als programmatisch betont hatte, setzte sie umgehend in die Praxis um. Er gehörte zur Gesamtinszenierung des Hauses, die mehr bedeutete als eine Summe von inszenierten Stücken. Doch was genau ist ein Ensemble? Und was ist ein Ensemble im Zeitalter von Diversitätsdebatte, Genderdiskussion und Identitätsdiskurs?

Zum Thema Diversität auf der Bühne äusserte sich Frey – im Januar 2018, ihrem zweitletzten Jahr – verhalten: Eine Durchmischung könne man nicht übers Knie brechen, stattfinden werde sie aber ohnehin. Für sie als Regisseurin stünden «Konstellationen und die Möglichkeit zu Kontinuität im Vordergrund, nicht die Herkunft»[12] – ein Statement, das auf ihrem Bekenntnis zu Verbindlichkeit oder, altmodischer, Treue basierte. Und apropos Gender: In ihrer Inszenierung von *Der zerbrochne Krug*[13] hatte sie den Ruprecht mit Inga Busch, Frau Brigitte mit Graham F. Valentine besetzt. Nicht, um irgendetwas zu beweisen, sondern weil die beiden, wie es typisch ist für ihren Beruf, eine Rolle spielten. Und wie sie das taten! Ruprecht war ein aufbrausend-unreifer Bursche, mehr Kind als Mann; Frau Brigitte eine ältliche Unzufriedene, der die Weiblichkeit abhandengekommen war.

Dieser Kleist, lange geplant, wollte auch kein Kommentar zur punktgenau mit der Zürcher Premiere weltweit anrollenden #MeToo-Welle sein. Hingegen wurde die Inszenierung unversehens zum Beweis, dass grosse Literatur stets neu auf die Tagesaktualität trifft: Stichwort Übergriffigkeit und Missbrauch.

Und an die Literatur hat sich Barbara Frey gehalten. Sie inszenierte Superklassiker wie Friedrich Schillers *Maria Stuart*[14] (als psychologischen Politthriller mit einer überragenden Carolin Conrad in der Rolle der Elisabeth),

12 «Theater ist kein Wettrennen». a.a.O., S. 12.

13 *Der zerbrochne Krug* von Heinrich von Kleist. Premiere am 21. Oktober 2017, Pfauen, Schauspielhaus Zürich.

14 *Maria Stuart* von Friedrich Schiller. Premiere am 17. September 2009, Schiffbau/Halle, Schauspielhaus Zürich.

William Shakespeares *Hamlet*[15] (als Totenmesse) oder Georg Büchners *Leonce und Lena*[16] (wo Freys Skepsis gegenüber der Luxus-Stadt Zürich zum Ausdruck kam, mit der die gebürtige Baslerin und zeitweise Wahlberlinerin nie ganz warm wurde). Sie holte vom Kanon ausgeschlossene Stücke wie Marieluise Fleissers *Fegefeuer in Ingolstadt*[17] ins düstere Rampenlicht (mit Lilith Stangenberg, Jirka Zett, Patrick Güldenberg – auch die Jugend zählte zum Ensemble!). Sie brachte Uraufführungen heraus: von Lukas Bärfuss (der zu Beginn ihrer Intendanz als Dramaturg beschäftigt war) *Malaga*[18] und *Frau Schmitz*[19], ausserdem einen kurzen Einakter im Rahmen der Veranstaltungsreihe zum Thema «Arm und Reich»[20] (eben: Zürich und das Missbehagen hinsichtlich der sozialen Schere).

Postdramatik

Die intellektuelle Debatte nämlich wurde, in Ergänzung zum Bühnengeschehen, sehr wohl auch während Barbara Freys Direktion geführt, bei Podiumsgesprächen, Publikumsdiskussionen u.a.m.: Die «diskursive Schiene» zählt längst ganz selbstverständlich und überall zum Stadttheaterbetrieb. Dass aber die diskursverliebte Postdramatik am Zürcher Schauspielhaus nicht überhandnahm, rechne ich Barbara Frey hoch an. Sie liess nicht fraglos zu, dass der Trend zu Dokumentartheater, Rechercheprojekten, autobiografischen Schicksalserzählungen und Laiendarstellungen das Literaturtheater von den Bühnen am Pfauen und im Schiffbau verdrängte, sondern erhielt dem Theater seine ursprüngliche Kunst, den Modellfall zum Experimentierfeld zu machen, sprich: das Werk als Inszenierung zu verlebendigen, in der sich soziale Beziehungen, menschliche und politische, je nach Regie und Besetzung individuell entfalten.

Gleichwohl bot sie auch jungen, postdramatisch sozialisierten Regisseur:innen die Möglichkeit, ihre Sicht und Praxis der theatralischen Dinge zu präsentieren: Daniela Löffner nah am Text, aber heutig kostümiert, Dušan

15 *Hamlet* von William Shakespeare. Premiere am 13. September 2018, Pfauen, Schauspielhaus Zürich.

16 *Leonce und Lena* von Georg Büchner. Premiere am 15. September 2011, Pfauen, Schauspielhaus Zürich.

17 *Fegefeuer in Ingolstadt* von Marieluise Fleisser. Premiere am 16. September 2010, Pfauen, Schauspielhaus Zürich.

18 *Malaga* von Lukas Bärfuss. Uraufführung am 9. Mai 2010, Pfauen, Schauspielhaus Zürich.

19 *Frau Schmitz* von Lukas Bärfuss, Mitarbeit Barbara Frey. Uraufführung am 22. Oktober 2016, Pfauen, Schauspielhaus Zürich.

20 «Arm und Reich – Drei neue Stücke»: *Nabokovs Tinterklecks* von Michail Schischkin, *Rechne* von Händl Klaus, *Die schwarze Halle* von Lukas Bärfuss. Uraufführung am 4. Mai 2013, Schiffbau/Box, Schauspielhaus Zürich.

David Pařízek im Modus der witzigen Dekonstruktion. Christopher Rüping, mittlerweile ein preisgekrönter Star, wurde in Zürich von Barbara Freys Nachfolgern als Hausregisseur engagiert.

Mit jenen Regiekünstlern, die unter dem Label «Postdramatisches Theater» rubriziert wurden (im 1999 erschienenen Standardwerk von Hans-Thies Lehmann[21]), nachdem sie ihre para-, anti- oder eben postkanonischen Bühnenprojekte schon über ein Jahrzehnt verwirklicht hatten, pflegte Barbara Frey seit ihrer Berliner Zeit freundschaftlichen Umgang: namentlich mit Christoph Marthaler, Frank Castorf und René Pollesch. Als Zürcher Intendantin lud sie die drei Kollegen wiederholt ans Schauspielhaus ein. Solcher Einladungspraxis sind etliche Kult-Produktionen, aber auch ein unvergesslicher Flop zu verdanken: *Der Hofmeister*[22] von Jakob Michael Reinhold Lenz zog sich bei Castorf über endlose Stunden hin (spät nach Mitternacht traten noch ein paar echte Gänse auf). Dass Marthaler sich mit *Mir nämeds uf öis*[23] – der Stücktitel tarnte süsse Rache unter Scheinheiligkeit – im Dezember 2017 auf ein Comeback im Pfauen einliess, lag an Freys geduldigem Insistieren und ihrem beharrlichen Glauben an das, was sie «Einsicht in die Notwendigkeit von Komplizenschaft»[24] nennt. (Zur Erinnerung: Zürich, die Heimatstadt des international gefeierten Theaterkünstlers, hatte sich 2004 den Skandal geleistet, ihn abrupt vom Intendantenposten abzusetzen.)

Die Schiffbauhalle, Marthalers Hinterlassenschaft[25], war ein Kernstück der Intendanz von Barbara Frey, auch wenn sich dieses Erbe verschiedentlich als benutzertechnische Knacknuss erwies. Erst seitdem – ein Beispiel – Freys Team der Lobby die gesetzlich vorgeschriebenen Fluchtwege verpasste, darf das Pausenpublikum dort in Sesseln verweilen.

21 Hans-Thies Lehmann, *Postdramatisches Theater*. Frankfurt am Main: Verlag der Autoren 1999.

22 *Der Hofmeister* von Jakob Michael Reinhold Lenz. Regie: Frank Castorf; Bühne: Hartmut Meyer; Kostüme: Jana Findeklee, Joki Tewes; Licht: Markus Keusch; Dramaturgie: Roland Koberg. Mit: Gottfried Breitfuss, Robert Hunger-Bühler, Ursula Doll, Lilith Stangenberg, Julia Kreusch, Aurel Manthei, Patrick Güldenberg, Winnie Böwe, Irina Kastrinidis, Rudolf K. Rath, Siggi Schwientek, Niklas Kohrt, Franz Beil. Premiere am 14. Januar 2010, Schiffbau/Halle, Schauspielhaus Zürich.

23 *Mir nämeds uf öis* von Christoph Marthaler und Ensemble. Regie: Christoph Marthaler; Bühne: Duri Bischoff; Kostüme: Sara Kittelmann; Musikalische Leitung/Einstudierung: Bendix Dethleffsen; Video: Andi A. Müller; Licht: Rainer Küng; Dramaturgie: Malte Ubenauf. Mit: Tora Augestad, Gottfried Breitfuss, Raphael Clamer, Jean-Pierre Cornu, Bendix Dethleffsen, Ueli Jäggi, Bernhard Landau, Elisa Plüss, Nicolas Rosat, Nikola Weisse, Stefan Wirth, Susanne-Marie Wrage; (Siggi Schwientek fiel krankheitshalber aus). Uraufführung am 14. Dezember 2017, Pfauen, Schauspielhaus Zürich.

24 «Theater ist kein Wettrennen», a.a.O., S. 13.

25 Die denkmalgeschützte Industriehalle, in der einst Schiffe gebaut wurden, ist zwischen 1996 und 2000 von den Architekten Ortner & Ortner renoviert und um Neubauten ergänzt worden. Eingeweiht wurde der Schiffbau im September 2000 mit Christoph Marthalers *Hotel Angst*. Im Schiffbau befinden sich auch Probebühnen, Werkstätten und Büros des Schauspielhauses, ebenso ein Restaurant, eine Bar sowie der Jazzclub Moods.

Die grosse Halle, ein leerer Raum. Lustvoll wurde sie unter Freys Ägide auch von anderen Produktionsteams in Besitz genommen. Memorable Aufführungen fanden dort statt. Zwei herausgegriffene Exempel: Stefan Pucher und sein Bühnenbildner Stéphane Laimé erlaubten Robert Hunger-Bühler in Arthur Millers *Tod eines Handlungsreisenden*[26], auf der Cinemascope-Bühne im schnittigen Ford Thunderbird vorzufahren, und kredenzten Friederike Wagner eine hausfrauenfreundliche Einbauküche samt Fernseher – die Materialisierung des American Dream (als ein Alptraum, wie sich herausstellen sollte). Und Karin Henkel, eine der mutigsten Regisseurinnen ihrer Generation, die weder denkerische noch logistische Hyperkomplexität scheut, wagte sich, unterstützt wiederum von Stéphane Laimé, an Krzysztof Kieślowskis *Dekalog. Die zehn Gebote*[27], wie die theatralische Fassung der Kunstfilmserie in Zürich hiess, führte das Publikum entlang von vier sich manchmal kreuzenden Parcours durch das verschachtelte Epos. Stationendrama und Simultantheater in einem, sprengte diese Aktion mancherlei Grenzen. Als Nils Kahnwald vor der Vollziehung des Todesurteils an der letzten Zigarette zog, öffnete sich eine metaphysische Dimension.

Das Schwere und das Leichte, beides fand unter Barbara Freys Intendanz Platz. Für schwerelose Leichtigkeit, die trotzdem nicht auf Tiefgang verzichtete, war zuverlässig Werner Düggelin zur Stelle. Seine auf alles Überflüssige, insbesondere Requisiten, verzichtende Regiearbeit war so etwas wie Choreografie: Spitzentanz jenes französisierenden Esprits, den «der Dügg» einst als junger Mann aus Paris mitgebracht hatte. Mit der Künstlerkollegin Frey teilte er vieles. Nebst Basel (wo er als legendärer Intendant in die Historie einging) den feinen Humor, ausserdem den Hang zum Minimalismus – und die Musikalität. Einmal reduzierte er ein bereits ausgearbeitetes Bühnenmusikkonzept auf wenige Anfangstakte einer späten Schubert-Klaviersonate. Die Wirkung: Sie weckten eine unstillbare Sehnsucht.

26 *Tod eines Handlungsreisenden* von Arthur Miller. Regie: Stefan Pucher; Bühne: Stéphane Laimé; Kostüme: Marysol del Castillo; Video: Sebastian Pircher, Christian Sarna; Licht: Markus Keusch; Musik: Christopher Uhe; Dramaturgie: Katja Hagedorn. Mit: Robert Hunger-Bühler, Friederike Wagner, Sean McDonagh, Jan Bluthardt, Jonas Gygax, Michaela Steiger, Siggi Schwientek, Markus Scheumann, Julia Kreusch, Larissa Eichin, Jasmin Friedrich, Olivier Tobler. Premiere am 17. September 2010, Schiffbau/Halle, Schauspielhaus Zürich.

27 *Die zehn Gebote* nach Krzysztof Kieślowskis und Krzysztof Piesiewicz Filmzyklus *Dekalog*, deutsche Fassung von John von Düffel, Stefanie Carp, Karin Henkel. Regie: Karin Henkel; Bühne: Stéphane Laimé; Kostüme: Klaus Bruns; Musik: Daniel Regenberg; Video: Hannes Francke; Licht: Michel Güntert; Dramaturgie: Stefanie Carp. Mit: Carolin Conrad, Dagna Litzenberger Vinet, Lena Schwarz, Friederike Wagner, Rea Claudia Kost, Hilke Altefrohne, Vreni Urech, Christian Baumbach, Gottfried Breitfuss, Jean Chaize, Fritz Fenne, Nils Kahnwald, Milian Zerzawy, Hannes Francke, Marc Hemantha Hufschmid (Schlagzeug), Hipp Mathis (Bass), Aurel Kuthy, Thierry Voigt. Premiere am 24. September 2015, Schiffbau/Halle, Schauspielhaus Zürich.

D Im Sommer 2019 feierte Barbara Frey mit denen, die ihre Zürcher Direktionszeit auf, hinter und vor der Bühne miterlebt hatten, ein rauschendes Abschlussfest. Im Winter darauf kam die Pandemie. Alles wurde anders, auch im Theater. Ende einer Ära.

Barbara Villiger Heilig

Barbara Villiger Heilig

Théâtre du rêve

Barbara Frey, première directrice du Schauspielhaus de Zurich (2009–2019)

237

A Dream Within a Dream[1] peut être considéré le « cœur battant » des dix années de Barbara Frey à la tête du Schauspielhaus de Zurich. Dans la salle du Schiffbau (annexe du Schauspielhaus), la directrice, qui a également imprégné cette prestigieuse institution théâtrale de son travail de metteuse en scène – ou plus largement d'artiste – avait proposé en 2010 une installation scénique faite de sons, de couleurs et de paroles. Le percussionniste Fritz Hauser et l'acteur Robert Hunger-Bühler avaient plongé dans l'alchimie poétique d'Edgar Allan Poe, en la transformant devant nos yeux et nos oreilles en un rêve vécu et ressenti. Ce miracle n'avait duré qu'une heure, mais son souvenir brille encore aujourd'hui comme un clair-obscur inquiétant et mystérieux.

Voici donc, par exemple, ce qui subsiste.

Le théâtre est le présent : il a lieu ici et maintenant, dans un espace qui réunit acteur·trice·s et spectateur·trice·s (tout comme ceux et celles qui, invisibles dans les coulisses, assurent le déroulement technique d'une représentation). En cas de chance – et la soirée consacrée à Edgar Allan Poe en fut une – la scène devient une fenêtre vers l'esprit de ceux et celles qui sont assis·e·s dans la salle obscure, parvenant à oublier leur propre corps et à se fondre entièrement dans ce qu'ils perçoivent. Mais cette perception est aussi synonyme de réverbération. Il n'est pas rare que nous nous retrouvions nous-mêmes dans les images qu'offre la scène. Et tout comme le rêve qui, même si nous l'oublions, laisse des traces dans notre quotidien, l'expérience d'une représentation théâtrale continue idéalement d'imprégner notre intériorité.

Manifestement Barbara Frey côtoie de telles sphères. Elle sait surtout que l'art explore précisément ces sphères-là. Et pas seulement l'art théâtral. Dans un mini-essai qu'elle avait écrit en décembre 2010 pour la *Neue Zürcher Zeitung*, elle qualifie les *Insomnia Drawings* [*Les dessins d'insomnie*] de Louise Bourgeois d'une « sorte d'invitation mystérieuse dans les profondeurs de sa propre âme »[2]. Et elle précise : « On se remémore quelque chose que l'on porte en soi, qui est caché, dissimulé entre le jour et la nuit, la veille et le rêve, la peur et la consolation. »[3]

1 *A Dream Within a Dream* d'Edgar Allan Poe. Création le 18 décembre 2010, Schiffbau/Box, Schauspielhaus de Zurich. De plus amples informations sur l'ensemble des mises en scène de Barbara Frey sont disponibles dans la théâtrographie en fin d'ouvrage, pp. 331–346.

2 Barbara Frey, « Zuckerwasser », dans : *Neue Zürcher Zeitung*, 17 novembre 2012, p. 55. [Citation traduite par Anne Fournier].

3 *Idem.*

F

Le feu d'artifice avec lequel la metteuse en scène Barbara Frey a conclu sa direction zurichoise est inoubliable : *Les Morts*[4], adaptation de la nouvelle du recueil *Gens de Dublin* de James Joyce. Le poète irlandais repose dans le cimetière zurichois (non loin de l'actrice Therese Giehse, dont Barbara Frey a souvent visité la tombe[5]). Et la mort est omniprésente dans ce texte, comme une toile de fond devant laquelle la vie se déroule. Barbara Frey a réduit la luxuriance exubérante avec laquelle Joyce décrit ses compatriotes lorsqu'ils se réunissent pour une occasion mondaine à un reflet lointain, un écho discret, finalement à la résonance douloureuse d'un amour passé. Cela est devenu un rêve dans le rêve, un requiem mesuré dans un tombeau en faux marbre scintillant, une chorégraphie minutieuse avec six personnes – ou fantômes ? – en queue de pie. La récitation chorale de syllabes (citations d'*Ulysse* et de *Finnegans Wake*) simulait une conversation. Des bourdonnements souterrains ont créé une tension, que l'on a remarquée seulement lorsqu'ils ont fini par se transformer en chant. Le musicien Jürg Kienberger a fait naître, au piano et au hackbrett, des sons qui allaient du majeur au mineur, de Bach au folk, de l'ici-bas à l'au-delà. La scène respirait.

Les dix ans de Barbara Frey à la direction du Schauspielhaus – elle fut la première femme à occuper ce poste ! – ont montré son talent dans l'exploration de ce royaume intermédiaire qui attire l'inconscient vers la conscience. Avec cette décennie, la metteuse en scène a laissé un double héritage, d'une part, grâce à ses propres créations, d'autre part, grâce au choix des artistes invité·e·s. Barbara Frey n'a pas visé un unique style, mais a exigé et encouragé des mises en scène très différentes.

Le penchant vers le comique

Un lien s'est quand même créé. Il s'est noué grâce aux membres de la troupe, qui ont donné des visages humains aux différents styles ou esthétiques, et grâce aux scénographes et créatrices de costumes, qui revenaient régulièrement, dans des constellations changeantes. Dans ce dernier cas, je choisis à dessein le genre féminin puisqu'un nombre remarquablement élevé d'artistes féminines ont travaillé chez Barbara Frey au Schauspielhaus, parmi lesquelles trois de façon très étroite : Bettina Meyer, Bettina Munzer, Bettina Walter. Et oui, trois Bettina – une coïncidence qui, à mes yeux, s'accorde

4 *Die Toten*, d'après la nouvelle *Les Morts* de James Joyce avec des extraits d'*Ulysses* et *Finnegans Wake*. Première en langue allemande le 16 mai 2019, Pfauen, Schauspielhaus de Zurich.

5 Cf. «Theater ist kein Wettrennen», entretien mené par Barbara Villiger Heilig avec Barbara Frey et Andreas Karlaganis, dans: *Theater der Zeit*, cahier 1, janvier 2018, p. 11.

parfaitement avec le sens du comique légèrement absurde qui a teinté la plupart des mises en scène de Barbara Frey, et qui pimente donc aussi ma rétrospective de sa période zurichoise. Ce comique pouvait, c'est vrai, être mortellement sérieux : comme chez Franz Kafka, dont elle a mis en scène *Le procès*[6]. Ou chez Witold Gombrowicz (*Yvonne, princesse de Bourgogne*[7]), ou encore chez Eugène Labiche (*L'affaire de la rue de Lourcine*[8]) : ici, dans l'interprétation de Frey, le comique et l'insondable étaient moments de bascule.

La comédie vaudevillesque d'Eugène Labiche, avec Nicholas Ofczarek et Michael Maertens dans le rôle du duo de protagonistes à la gueule de bois, a été invitée aussi au Burgtheater de Vienne, prestigieuse institution autrichienne avec laquelle Barbara Frey collabore régulièrement encore aujourd'hui. En contrepartie, Michael Maertens, membre de la troupe du Burgtheater, a joué à plusieurs reprises dans des productions zurichoises de Barbara Frey, p. ex. le rôle d'Alceste dans *Le Misanthrope*[9] de Molière, celui de Richard III[10] de Shakespeare et celui du personnage titre dans *Arlequin, valet de deux maîtres*[11] de Goldoni ... Le théâtre du rêve de cette metteuse en scène semble taillé sur mesure pour la nature légèrement somnambule de ce comédien.

Autre moment mémorable : son Platonov, inspiré d'une pièce de jeunesse d'Anton Tchekhov restée sans titre. Barbara Frey l'a nommée simplement *Platonov*[12], car finalement tous les personnages tournent autour de la figure principale, à laquelle l'acteur Michael Maertens a donné un maximum de cynisme malveillant démasquant son entourage. Ce spectacle a signifié un fort moment dysphorique, durant lequel le rêve, toujours présent chez Barbara Frey, a pris la forme d'un songe d'une nuit d'été désagréablement fiévreux. J'en garde néanmoins aussi le souvenir d'une palette de couleurs joyeuses qui contrastaient avec la grisaille de la vie à la campagne. Mais ce qui a rendu la mise en scène si impressionnante, ajouté à tous les détails de

6 *Der Prozess*, d'après Franz Kafka. Première le 12 septembre 2013, Pfauen, Schauspielhaus de Zurich.

7 *Yvonne, die Burgunderprinzessin* de Witold Gombrowicz. Première le 10 janvier 2015, Schiffbau/Halle, Schauspielhaus de Zurich.

8 *Die Affäre Rue de Lourcine* d'Eugène Labiche, nouvelle version allemande élargie par Elfriede Jelinek. Première le 18 avril 2015, Burgtheater de Vienne.

9 *Der Menschenfeind* de Molière, version allemande de Jürgen Gosch et Wolfgang Wiens. Première le 17 janvier 2013, Pfauen, Schauspielhaus de Zurich.

10 *Richard III* de William Shakespeare, version allemande de Thomas Brasch. Première le 31 mars 2012, Pfauen, Schauspielhaus de Zurich.

11 *Der Diener zweier Herren* de Carlo Goldoni. Première le 3 avril 2014, Pfauen, Schauspielhaus de Zurich.

12 *Platonov* d'Anton Tchekhov. Première le 1er avril 2011, Pfauen, Schauspielhaus de Zurich.

la scénographie, c'est la troupe d'actrices et acteurs, composée de Friederike Wagner, Markus Scheumann, Klaus Brömmelmeier, Miriam Maertens, Jan Bluthardt, Siggi Schwientek, Ursula Doll, Gottfried Breitfuss, Nicolas Rosat, Niklas Kohrt, Franziska Machens, Yvon Jansen et Lambert Hamel. Que ce soit par le flegme, la grâce, l'audace, la retenue, le charme égrillard, la négligence ostentatoire ou le détournement poli du regard (etc.), chacun et chacune a dynamisé avec le caractère de son personnage spécifique le fourmillement qui s'est instantanément mis à vibrer sur la scène.

Qu'est-ce qu'une troupe ?

L'esprit de troupe, de collectif, que Barbara Frey a souligné comme élément fondamental dès son arrivée au Schauspielhaus, a très vite marqué le travail au quotidien. Il faisait partie de l'identité globale de la maison, dépassant la simple somme des pièces mises en scène. Mais qu'est-ce qu'une troupe exactement ? Et que représente ce concept à l'époque du débat sur la diversité, de la discussion sur le genre et du discours sur l'identité ?

En janvier 2018, une année avant son départ, Barbara Frey s'est exprimée avec retenue au sujet de la diversité sur scène. Selon elle, il est impossible d'imposer un mélange représentatif de la diversité, mais celle-ci va se manifester de toute façon. À ses yeux de metteuse en scène, « ce sont les constellations et la possibilité d'une continuité qui priment, non pas l'origine des artistes »[13] – une déclaration basée sur son penchant pour l'engagement à long terme ou, plus vieux style, son adhésion à la fidélité. Toutefois, à propos de genre : dans sa mise en scène de *La cruche cassée*[14], elle avait confié le rôle de Ruprecht, un personnage masculin, à la comédienne Inga Busch et celui de Madame Brigitte à Graham F. Valentine. Non pas pour prouver quoi que ce soit, mais parce que tous deux, comme le veut leur métier, jouaient un rôle. Et de quelle manière ! Ruprecht devint un jeune homme irascible et immature, plus un enfant qu'un homme ; Madame Brigitte fut une vieille insatisfaite dont la féminité s'était évaporée.

Cette lecture de la célèbre pièce de Heinrich von Kleist, que Frey avait programmée depuis longtemps, ne s'était pas voulue commentaire de la vague #MeToo, apparue précisément au moment de la première zurichoise. Mais

13 «Theater ist kein Wettrennen», art. cit., p.12.

14 *Der zerbrochne Krug* d'Heinrich von Kleist. Première le 21 octobre 2017, Pfauen, Schauspielhaus de Zurich.

la mise en scène a prouvé, sans l'avoir déclaré, que la grande littérature trouve toujours écho dans l'actualité. Les mots clés dans ce cas spécifique sont transgression et abus.

Or, Barbara Frey est restée fidèle à la littérature. Elle a mis en scène de grands classiques comme *Maria Stuart*[15] de Friedrich Schiller (elle en a fait un thriller politique et psychologique avec une très convaincante Carolin Conrad dans le rôle d'Elisabeth), *Hamlet*[16] de William Shakespeare (sous forme de requiem) ou *Leonce et Lena*[17] de Georg Büchner (où on y retrouvait le scepticisme de Barbara Frey face à la ville du luxe qu'est devenue Zurich, ville pour laquelle la Bâloise et Berlinoise de cœur n'a jamais vraiment vibré). Elle a remis aux avant-postes des pièces oubliées, comme *Fegefeuer in Ingolstadt*[18] de Marieluise Fleisser (avec Lilith Stangenberg, Jirka Zett, Patrick Güldenberg – la jeunesse avait aussi sa place dans la troupe !). Elle a donné vie sur scène à de nouvelles pièces de Lukas Bärfuss (qui au début de l'ère Barbara Frey fut à ses côtés en tant que dramaturge), telles que *Malaga*[19] et *Frau Schmitz*[20], et elle a aussi présenté une pièce en un acte du même auteur dans le cadre d'un cycle consacré au thème « Pauvreté et Richesse »[21] (une nouvelle fois Zurich et le malaise lié aux disparités sociales).

Théâtre postdramatique

Le débat intellectuel a enrichi la vie scénique durant l'ère de Barbara Frey, lors de tables rondes, de discussions avec le public, etc. Car, certes, la « voie discursive » fait depuis longtemps partie intégrante de l'activité des théâtres institutionnels. Mais si le courant postdramatique amoureux du discours n'a pas pris le dessus au Schauspielhaus, c'est tout à l'honneur de la Bâloise. Elle n'a pas voulu que la mode du théâtre documentaire, des projets de recherche, des récits autobiographiques et des représentations d'amateurs évince le répertoire des scènes du Pfauen et du Schiffbau. Elle a laissé au théâtre son art originel, qui consiste à faire du cas modèle un champ

15 *Maria Stuart* de Friedrich Schiller. Première le 17 septembre 2009, Schiffbau/Halle, Schauspielhaus de Zurich.

16 *Hamlet* de William Shakespeare. Première le 13 septembre 2018, Pfauen, Schauspielhaus de Zurich.

17 *Leonce und Lena* de Georg Büchner. Première le 15 septembre 2011, Pfauen, Schauspielhaus de Zurich.

18 *Fegefeuer in Ingolstadt* de Marieluise Fleisser. Première le 16 septembre 2011, Pfauen, Schauspielhaus de Zurich.

19 *Malaga* de Lukas Bärfuss. Création le 9 mai 2010, Pfauen, Schauspielhaus de Zurich.

20 *Frau Schmitz* de Lukas Bärfuss en collaboration avec Barbara Frey. Création le 22 octobre 2016, Pfauen, Schauspielhaus de Zurich.

21 «Arm und Reich – Drei neue Stücke» : *Nabokovs Tintenklecks* de Michail Schischkin ; *Rechne* de Händl Klaus ; *Die schwarze Halle* de Lukas Bärfuss. Création le 4 mai 2013, Schiffbau/Box, Schauspielhaus de Zurich.

F d'expérimentation, à transposer sur scène une œuvre littéraire, dans laquelle les relations sociales, humaines et politiques s'épanouissent de façon spécifique en fonction de la mise en scène et de la répartition des rôles.

Parallèlement, elle a permis à de jeunes artistes postdramatiques de présenter leur vision et leur pratique théâtrale, p. ex. Daniela Löffner, fidèle au texte mais avec des costumes contemporains ; Dušan David Pařízek en mode de déconstruction amusante ; ou encore Christopher Rüping, désormais star reconnue et primée, qui a été engagé à Zurich par les successeurs de Barbara Frey comme metteur en scène en résidence.

Depuis son expérience berlinoise, Barbara Frey a entretenu des relations amicales avec les metteurs en scène considérés comme les pionniers du label « théâtre postdramatique » (en 1999 paraît à ce sujet l'ouvrage de référence de Hans-Thies Lehmann[22]), que sont Christoph Marthaler, Frank Castorf et René Pollesch et dont les projets scéniques para-, anti- ou même post-canoniques se concrétisaient désormais depuis plus d'une décennie. Devenue directrice artistique du Schauspielhaus de Zurich, elle les a invités à plusieurs reprises. On doit à ces invitations quelques productions cultes, mais aussi un flop inoubliable : *Le Précepteur*[23] de Jakob Michael Reinhold Lenz, mis en scène par Frank Castorf, s'est prolongé durant des heures interminables (avec des oies en chair et en os, qui ont fait leur apparition bien après minuit). Si Christoph Marthaler a accepté de créer une nouvelle production au Pfauen – en décembre 2017, avec *Mir nämeds uf öis*[24], littéralement : *Nous le prenons sur nous*, titre qui camouflait une douce vengeance sous de la tartuferie –, c'est grâce à la patiente insistance de Barbara Frey et à sa foi tenace en ce qu'elle appelle « une prise de conscience sur la nécessité de la complicité »[25]. (Pour rappel, Zurich, ville natale de l'artiste à la renommée internationale Christoph Marthaler, s'était offert le luxe de le destituer brutalement de son poste de directeur du Schauspielhaus en 2004).

22 Hans-Thies Lehmann, *Le Théâtre postdramatique*, traduit de l'allemand par Philippe-Henri Ledru, Paris: Arche, 2002. (Version originale: Id., *Postdramatisches Theater*. Frankfurt am Main: Verlag der Autoren, 1999).

23 *Der Hofmeister* de Jakob Michael Reinhold Lenz. Mise en scène: Frank Castorf; scénographie: Hartmut Meyer; costumes: Jana Findeklee, Joki Tewes: éclairage: Markus Keusch; dramaturgie: Roland Koberg. Avec: Gottfried Breitfuss, Robert Hunger-Bühler, Ursula Doll, Lilith Stangenberg, Julia Kreusch, Aurel Manthei, Patrick Güldenberg, Winnie Böwe, Irina Kastrinidis, Rudolf K. Rath, Siggi Schwientek, Niklas Kohrt, Franz Beil. Première le 14 janvier 2010, Schiffbau/Halle, Schauspielhaus de Zurich.

24 *Mir nämeds uf öis* de Christoph Marthaler et son ensemble. Mise en scène: Christoph Marthaler; scénographie: Duri Bischoff; costumes: Sara Kittelmann; direction musicale/répétions: Bendix Dethleffsen; vidéo: Andi A. Müller; éclairage: Rainer Küng; dramaturgie: Malte Ubenauf. Avec: Tora Augestad, Gottfried Breitfuss, Raphael Clamer, Jean-Pierre Cornu, Bendix Dethleffsen, Ueli Jäggi, Bernhard Landau, Elisa Plüss, Nicolas Rosat, Nikola Weisse, Stefan Wirth, Susanne-Marie Wrage (Siggi Schwientek était absent pour cause de maladie). Création le 14 décembre 2017, Pfauen, Schauspielhaus de Zurich.

25 «Theater ist kein Wettrennen», art. cit., p. 13.

F

La salle du Schiffbau, héritage de l'ère Marthaler à Zurich[26], a joué un rôle central pendant les dix ans de direction artistique de Barbara Frey, même si cet héritage s'est révélé à plusieurs reprises être un casse-tête du point de vue technique. Il a, par exemple, fallu attendre que l'équipe de Barbara Frey fasse aménager les issues de secours prescrites par la loi dans le hall d'entrée, pour que le public puisse y bénéficier de fauteuils à l'entracte.

Grave, léger, métaphysique

La grande halle du Schiffbau est un vaste espace vide. Sous l'égide de Barbara Frey, d'autres équipes de production s'en sont emparées avec plaisir, donnant parfois vie à des spectacles mémorables. Deux exemples : Stefan Pucher et son scénographe Stéphane Laimé ont permis au comédien Robert Hunger-Bühler, dans *Mort d'un commis voyageur*[27] d'Arthur Miller, d'arriver sur la scène en cinémascope au volant de sa Ford Thunderbird, et ont offert à sa partenaire de jeu Friederike Wagner une cuisine équipée avec téléviseur – matérialisation du rêve américain (qui s'est avéré être un cauchemar). Karin Henkel, l'une des metteuses en scène les plus audacieuses de sa génération, qui ne craint pas l'hypercomplexité intellectuelle et logistique, s'est risquée, toujours avec l'aide de Stéphane Laimé, au *Décalogue. Les dix commandements*[28], titre donné à la version théâtrale de la série de films d'art et d'essai de Krzysztof Kieslowski. Elle l'a fait en conduisant le public dans l'épopée à travers quatre parcours qui se croisaient parfois. À la fois « Stationen-Theater » [« drame à étapes »] et théâtre simultané, cette démarche a fait éclater bien des frontières. Lorsque Nils Kahnwald a tiré sur sa dernière cigarette avant l'exécution de la sentence de mort, c'est ainsi une dimension métaphysique qui s'est ouverte.

26 La halle industrielle classée monument historique, dans laquelle on construisait autrefois des bateaux, a été transformée entre 1996 et 2000 par les architectes Ortner & Ortner et complétée par de nouveaux espaces. Le Schiffbau a été inauguré en septembre 2000 avec *Hotel Angst* de Christoph Marthaler. Il abrite également les scènes de répétition, des ateliers et des bureaux du théâtre, ainsi qu'un restaurant, un bar et le club de jazz Moods.

27 *Tod eines Handlungsreisenden* d'Arthur Miller. Mise en scène : Stefan Pucher ; scénographie : Stéphane Laimé ; costumes : Marysol del Castillo ; vidéo : Sebastian Pircher, Christian Sarna ; éclairage : Markus Keusch ; musique : Christopher Uhe ; dramaturgie : Katja Hagedorn. Avec : Robert Hunger-Bühler, Friederike Wagner, Sean McDonagh, Jan Bluthardt, Jonas Gygax, Michaela Steiger, Siggi Schwientek, Markus Scheumann, Julia Kreusch, Larissa Eichin, Jasmin Friedrich, Olivier Tobler. Première le 17 septembre 2010, Schiffbau/Halle, Schauspielhaus de Zurich.

28 *Die zehn Gebote*, d'après la série de films *Le Décalogue*, réalisée par Krzysztof Kieślowskis et Krzysztof Piesiewicz ; version allemande de John von Düffel, Stefanie Carp, Karin Henkel. Mise en scène : Karin Henkel ; scénographie : Stéphane Laimé ; costumes : Klaus Bruns ; musique : Daniel Regenberg ; vidéo : Hannes Francke ; éclairage : Michel Güntert ; dramaturgie : Stefanie Carp. Avec : Carolin Conrad, Dagna Litzenberger Vinet, Lena Schwarz, Friederike Wagner, Rea Claudia Kost, Hilke Altefrohne, Vreni Urech, Christian Baumbach, Gottfried Breitfuss, Jean Chaize, Fritz Fenne, Nils Kahnwald, Milian Zerzawy, Hannes Francke, Marc Hemantha Hufschmid (batterie), Hipp Mathis (basse), Aurel Kuthy, Thierry Voigt. Première le 24 septembre 2015, Schiffbau/Halle, Schauspielhaus de Zurich.

F Le grave comme le léger ont trouvé leur place pendant les dix ans sous la direction de Barbara Frey. Le metteur en scène bâlois Werner Düggelin, invité lui aussi à plusieurs reprises, a offert au public du Schauspielhaus des productions d'une légèreté en apesanteur, sans pour autant renoncer à la profondeur. Son travail, hostile à tout ce qui est superflu, en particulier aux accessoires, prenait souvent l'allure d'une chorégraphie : un ballet digne de cet esprit français que « der Dügg » avait ramené de Paris lorsqu'il était jeune artiste. Werner Düggelin, décédé en 2020, avait de nombreux points communs avec sa collègue Barbara Frey : Bâle (où il est entré dans l'histoire en tant que directeur légendaire), l'humour subtil, le penchant pour le minimalisme – et la musicalité. Une fois, il a réduit un concept de musique de scène déjà très élaboré à quelques mesures d'ouverture d'une tardive sonate pour piano de Schubert. Résultat : elles ont suscité une nostalgie insatiable.

L'été 2019, Barbara Frey a célébré en grande pompe son départ du Schauspielhaus, accompagnée de ceux et celles qui, devant, derrière et sur la scène, ont marqué sa décennie de direction artistique. L'hiver suivant, la pandémie est arrivée. Tout a changé, même au théâtre. C'était la fin d'une époque.

Barbara Villiger Heilig

Barbara Villiger Heilig

Teatro onirico

Barbara Frey, prima direttrice dello Schauspielhaus di Zurigo (2009–2019)

A Dream Within a Dream[1] può essere considerato il cuore pulsante del decennio in cui Barbara Frey ha diretto lo Schauspielhaus di Zurigo, lasciando una traccia indelebile anche come regista – o più in generale come artista. Nella sala dello Schiffbau/Box, seconda sede dello Schauspielhaus, nel 2010 ha presentato al pubblico *A Dream Within a Dream*: un'installazione scenica composta da suoni, colori e parole, nella quale il percussionista Fritz Hauser e l'attore Robert Hunger-Bühler si sono cimentati con l'alchimia poetica di Edgar Allan Poe, trasformandola davanti ai nostri occhi e per le nostre orecchie in un sogno realmente vissuto. Il miracolo è durato poco più di un'ora, ma il suo ricordo risplende ancora oggi come un inquietante e misterioso chiaroscuro.

Queste impressioni, ad esempio, rimangono.

Il teatro è presenza: prende vita qui e ora in uno spazio che riunisce attrici, attori e il pubblico (e anche tutti coloro che gestiscono, invisibili dietro le quinte, gli aspetti tecnici di una rappresentazione). In casi fortunati – e la serata dedicata a Poe rientra senza dubbio in questa categoria – il palcoscenico diviene una finestra nella mente di quanti siedono nel buio della platea e a cui è concesso il privilegio di dimenticare il proprio corpo, lasciandosi totalmente assorbire da ciò che percepiscono. Ma queste percezioni sono sempre anche un riflesso: nelle immagini che si susseguono sulla scena, ritroviamo spesso noi stessi. E come un sogno che, pur relegato nell'oblio, lascia tracce nella vita di tutti i giorni, l'esperienza di uno spettacolo teatrale continua, idealmente, a lavorare dentro di noi.

Barbara Frey conosce ovviamente queste sfere. E sa bene che sono esattamente le sfere in cui l'arte si addentra. Non solo le arti sceniche. In un breve saggio, pubblicato nel dicembre del 2010 sulla *Neue Zürcher Zeitung*, aveva definito gli *Insomnia Drawings* di Louise Bourgeois «una sorta di inquietante invito nelle profondità della propria anima»[2], precisando che «ci ricordano qualcosa che portiamo dentro di noi, che giace nell'ombra, celato fra il giorno e la notte, la veglia e il sogno, la paura e la consolazione»[3].

1 *A Dream Within a Dream* di Edgar Allan Poe. Prima assoluta il 18 dicembre 2010, Schiffbau/Box, Schauspielhaus di Zurigo. Maggiori informazioni sulle produzioni di Barbara Frey sono disponibili nella teatrografia in appendice, pp. 331–346.

2 Barbara Frey, «Zuckerwasser», saggio pubblicato in: *Neue Zürcher Zeitung*, 17 novembre 2012, p. 55. [Citazione tradotta da Paola Gilardi].

3 Ibid.

Indimenticabile, in questo senso, è il gran finale con cui la regista, nel 2019, ha concluso la sua carriera al timone dello Schauspielhaus di Zurigo: *I Morti*[4], basato sull'omonimo racconto dei *Dublinesi* di James Joyce. Il poeta irlandese è sepolto nel cimitero di Fluntern (nelle immediate vicinanze della tomba dell'attrice Therese Giehse, alla quale Barbara Frey amava rendere visita[5]). In questo testo la morte è onnipresente – come una filigrana attraverso cui traspare la vita. Frey ha attenuato drasticamente l'esuberante opulenza con cui Joyce ritrae i suoi compatrioti riuniti per un'occasione mondana, riducendola a un riflesso lontano, a una fievole eco, al doloroso balenio di un amore passato. Un sogno nel sogno: un sobrio requiem all'interno di una tomba in finto marmo, un'accurata coreografia con sei personaggi – o fantasmi? – in frac. La recitazione corale e sillabica (citazioni dall'*Ulisse* e dal *Finnegans Wake*) simulava il chiacchiericcio. Il mormorio in sottofondo creava una tensione percettibile solo quando, a più riprese, si scaricava in un canto. Il geniale Jürg Kienberger dominava la scena al pianoforte e al dulcimer, incantando il pubblico con melodie in diesis e in bemolle, da Bach al folk, da questo mondo e dall'aldilà. Il palcoscenico respirava.

Nel decennio in cui ha diretto lo Schauspielhaus di Zurigo – come prima donna in assoluto a ricoprire questa carica – è stato possibile trarre parecchi insegnamenti dalla maestria di Barbara Frey nell'esplorare il regno inter-

medio, in grado di portare l'inconscio alla luce della coscienza. Da un lato, attraverso le sue stesse creazioni e, dall'altro, tramite la rosa degli artisti e artiste da lei invitati. Non mirava a uno stile uniforme ma, al contrario, ha sempre richiesto e incoraggiato stili registici diversi.

La propensione alla comicità

Un legame è venuto comunque a crearsi: grazie ai membri della compagnia stabile che davano un volto ai diversi stili ed estetiche, come pure tramite le scenografe e le costumiste regolarmente coinvolte in produzioni dell'istituzione zurighese, seppur in costellazioni diverse. Il genere femminile è qui scelto di proposito, in quanto spiccano le numerose artiste ingaggiate presso lo Schauspielhaus, tre delle quali collaboravano in modo stretto con la padrona di casa Barbara Frey: Bettina Meyer, Bettina Munzer, Bettina

4 *Die Toten*, messinscena basata sul racconto *I Morti* di James Joyce con brani dall'*Ulisse* e da *Finnegans Wake*. Prima in lingua tedesca il 16 maggio 2019, Pfauen, Schauspielhaus di Zurigo.

5 Cfr. «Theater ist kein Wettrennen», intervista di Barbara Villiger Heilig a Barbara Frey e Andreas Karlaganis, in: *Theater der Zeit*, gennaio 2018, n. 1, p. 11.

Walter. Tre Bettine – una delle coincidenze che, a mio modo di vedere, ben si addice al senso dell'umorismo vagamente assurdo di cui era impregnata la maggior parte delle messinscene di Barbara Frey e che quindi influisce anche sulla mia personale retrospettiva dei suoi dieci anni a Zurigo. Una comicità che poteva essere anche mortalmente seria: come nel caso del *Processo*[6] di Franz Kafka. Oppure in *Yvonne, principessa di Borgogna* [7] di Witold Gombrowicz, o ancora nel *Delitto della rue de Lourcine* [8] di Eugène Labiche, in cui la comicità e l'abisso fungevano da punti di svolta.

La commedia vaudeville di Labiche menzionata più sopra, con Nicholas Ofczarek e Michael Maertens nei panni dei due protagonisti in preda ai postumi di una sbornia, è stata realizzata al Burgtheater di Vienna, con cui Barbara Frey collabora tuttora regolarmente, ed è approdata a Zurigo nell'ambito di una tournée. In contropartita, Michael Maertens, membro della compagnia stabile del Burgtheater, partecipava spesso a messinscene zurighesi: ad esempio nel ruolo di Alceste nel *Misantropo*[9] di Molière, oppure come protagonista nel *Riccardo III*[10] di Shakespeare o nelle vesti di Truffaldino nel *Servitore di due padroni* [11] di Goldoni... Con la sua aria vagamente trasognata, l'attore sembra fatto apposta per il teatro onirico di questa regista.

Particolarmente degna di nota è la sua interpretazione di Platonov nella pièce giovanile di Anton Čechov, rimasta senza titolo e che Frey ha denominato semplicemente *Platonov* [12], dal momento che tutti i personaggi ruotano attorno al protagonista, a cui Maertens ha conferito una massima dose di perfido cinismo che aveva essenzialmente lo scopo di smascherare l'ambiente circostante. Questo spettacolo può essere considerato un magico momento disforico in cui la dimensione onirica, che riecheggia sempre nelle creazioni di Barbara Frey, si è manifestata come un sogno di una notte di mezza estate fastidiosamente febbrile. Nella mia memoria, tuttavia, è rimasta impressa anche una variopinta tavolozza di colori sgargianti in contrasto

6 *Der Prozess*, basato sull'omonimo romanzo di Franz Kafka. Debutto il 12 settembre 2013, Pfauen, Schauspielhaus di Zurigo.

7 *Yvonne, die Burgunderprinzessin* di Witold Gombrowicz. Debutto il 10 gennaio 2015, Schiffbau/Halle, Schauspielhaus di Zurigo.

8 *Die Affäre Rue de Lourcine* di Eugène Labiche, nuova versione ampliata di Elfriede Jelinek. Debutto il 18 aprile 2015, Burgtheater di Vienna.

9 *Der Menschenfeind* di Molière, versione tedesca di Jürgen Gosch e Wolfgang Wiens. Debutto il 17 gennaio 2013, Pfauen, Schauspielhaus di Zurigo.

10 *Richard III.* di William Shakespeare, versione tedesca di Thomas Brasch. Debutto il 31 marzo 2012, Pfauen, Schauspielhaus di Zurigo.

11 *Der Diener zweier Herren* di Carlo Goldoni. Debutto il 3 aprile 2014, Pfauen, Schauspielhaus di Zurigo.

12 *Platonow* di Anton Čechov, versione tedesca di Werner Buhss. Debutto il 1º aprile 2011, Pfauen, Schauspielhaus di Zurigo.

con il grigiore della vita di campagna. Oltre ai vari dettagli dell'allestimento scenico, un altro aspetto ha fatto di questo spettacolo un capolavoro: il cast di attori e attrici, composto da Friederike Wagner, Markus Scheumann, Klaus Brömmelmeier, Miriam Maertens, Jan Bluthardt, Siggi Schwientek, Ursula Doll, Gottfried Breitfuss, Nicolas Rosat, Niklas Kohrt, Franziska Machens, Yvon Jansen, Lambert Hamel. Tramite la flemma, la grazia, la sfrontatezza, la reticenza, il fascino pungente, l'ostentata sciatteria o l'educata distrazione dello sguardo (e così via): grazie alle peculiarità dei loro personaggi ognuno di loro ha contribuito a dinamizzare l'immagine brulicante che ha iniziato a vibrare sul palcoscenico.

Cos'è una compagnia stabile?

Fin dal suo arrivo allo Schauspielhaus, Barbara Frey ha evidenziato la centralità dell'idea di compagnia stabile, dello spirito collettivo, non solo a parole, ma mettendola subito in pratica. Questa dimensione era parte integrante dell'identità della sua istituzione teatrale che non si riduceva quindi alla mera somma degli spettacoli portati in scena. Ma cos'è esattamente una compagnia stabile? E cosa s'intende con questo termine nella nostra epoca contraddistinta da accesi dibattiti sulla diversità, le questioni di genere e il discorso identitario?

Frey si è espressa con reticenza in merito alla tematica della diversità sul palcoscenico. Nel gennaio del 2018, durante il suo penultimo anno alla testa dello Schauspielhaus, ha affermato che l'eterogeneità non può essere imposta, ma diventerà comunque una realtà. Dal suo punto di vista di regista, tuttavia: «le costellazioni e la possibilità di dare continuità alla collaborazione sono in primo piano, non l'origine»[13] – una presa di posizione radicata nella sua piena adesione al principio dell'impegno o, più all'antica, della fedeltà. E per quanto riguarda le questioni di genere: nella sua messinscena de *La brocca rotta*[14] aveva assegnato il ruolo di Ruprecht a Inga Busch e quello della signora Brigitte a Graham F. Valentine. Non per dimostrare alcunché, ma perché calarsi nei panni di un personaggio è un tratto distintivo della loro professione. E con quale bravura lo hanno fatto! Ruprecht ha assunto le sembianze di un ragazzo irascibile e immaturo, più bambino che uomo; mentre Brigitte incarnava una donna invecchiata e frustrata che aveva ormai perso la sua femminilità.

13 «Theater ist kein Wettrennen», cit., p. 12.

14 *Der zerbrochne Krug* di Heinrich von Kleist. Debutto il 21 ottobre 2017, Pfauen, Schauspielhaus di Zurigo.

Questa versione della celebre pièce di Kleist, programmata molto tempo prima, non aveva l'obiettivo di commentare l'ondata di #MeToo, riversatasi sul mondo proprio in concomitanza con il debutto in scena a Zurigo. D'altro canto, lo spettacolo può inaspettatamente essere assurto a prova che la grande letteratura trova sempre nuovi punti d'incontro con l'attualità: nel caso specifico in merito alle problematiche delle molestie e dell'abuso.

Barbara Frey è rimasta fedele alla letteratura. Ha trasposto in scena superclassici fra cui *Maria Stuarda* [15] di Friedrich Schiller (come un thriller psicologico con una straordinaria Carolin Conrad nel ruolo di Elisabetta), l'*Amleto* [16] di William Shakespeare (in forma di requiem) o *Leonce e Lena* [17] di Georg Büchner (in cui Frey ha espresso il suo scetticismo nei confronti dell'opulenta città di Zurigo che la basilese, e per un certo periodo berlinese d'adozione, non ha mai sentito sua). D'altro canto, ha portato sotto la cupa luce dei riflettori pièce escluse dal canone come *Purgatorio a Ingolstadt* [18] di Marieluise Fleisser (con Lilith Stangenberg, Jirka Zett, Patrick Güldenberg – anche giovani attori e attrici facevano parte della compagnia!). Inoltre, ha curato la regia per la prima assoluta di due opere di Lukas Bärfuss (che all'inizio della sua direzione artistica era ingaggiato allo Schauspielhaus come drammaturgo): *Malaga* [19] e *Frau Schmitz* [20], nonché un breve testo in un atto nell'ambito di un ciclo dedicato al tema «Povertà e Ricchezza» [21] (di nuovo: Zurigo e la problematica del divario sociale).

Teatro postdrammatico

Accanto agli spettacoli, allo Schauspielhaus trovava spazio anche il dibattito intellettuale, sotto forma di tavole rotonde, discussioni con il pubblico, e via dicendo. Da tempo e un po' ovunque la «linea discorsiva» è ormai parte integrante del cartellone dei teatri stabili. Riconosco tuttavia a Barbara Frey

15 *Maria Stuart* di Friedrich Schiller. Debutto il 17 settembre 2009, Schiffbau/Halle, Schauspielhaus di Zurigo.

16 *Hamlet* di William Shakespeare. Debutto il 13 settembre 2018, Pfauen, Schauspielhaus di Zurigo.

17 *Leonce und Lena* di Georg Büchner. Debutto il 15 settembre 2011, Pfauen, Schauspielhaus di Zurigo.

18 *Fegefeuer in Ingolstadt* di Marieluise Fleisser. Debutto il 16 settembre 2010, Pfauen, Schauspielhaus di Zurigo.

19 *Malaga* di Lukas Bärfuss. Prima assoluta il 9 maggio 2010, Pfauen, Schauspielhaus di Zurigo.

20 *Frau Schmitz* di Lukas Bärfuss, in collaborazione con Barbara Frey. Prima assoluta il 22 ottobre 2016, Pfauen, Schauspielhaus di Zurigo.

21 «Arm und Reich – Drei neue Stücke»: *Nabokovs Tintenklecks* di Michail Schischkin, *Rechne* di Händl Klaus, *Die schwarze Halle* di Lukas Bärfuss. Prima assoluta il 4 maggio 2013, Schiffbau/Box, Schauspielhaus di Zurigo.

il merito di non avere permesso che nel teatro da lei diretto il filone post-drammatico, amante del dibattito, prendesse il sopravvento. Non ha consentito che il trend del teatro documentario, dei progetti di ricerca, della narrazione autobiografica e degli interpreti amatoriali sostituisse il teatro letterario nelle sale del Pfauen e dello Schiffbau. Si è, al contrario, impegnata a preservare l'arte originaria del teatro che consiste nel trasformare un caso esemplare in un campo di sperimentazione o in altre parole: nel dare vita a un testo in cui le relazioni sociali, umane e politiche si dipanano sulla scena in un determinato modo a seconda della regia e delle attrici e attori coinvolti.

Al contempo, ha però anche offerto a giovani registi e registe appartenenti alla corrente post-drammatica l'opportunità di presentare il proprio punto di vista e le proprie pratiche teatrali: Daniela Löffner, vicina al testo ma in veste contemporanea; Dušan David Pařízek con la sua esilarante modalità decostruzionista. O ancora Christopher Rüping, divenuto ormai una star pluripremiata, e che i successori di Barbara Frey hanno ingaggiato come regista in residenza allo Schauspielhaus di Zurigo.

Durante il suo periodo berlinese, Barbara Frey aveva stretto rapporti di amicizia con quei registi etichettati con il marchio di «teatro post-drammatico» (nel fondamentale saggio di Hans-Thies Lehmann, pubblicato nel 1999[22]), benché si dedicassero da oltre un decennio a progetti scenici para-, anti-canonici o addirittura post-canonici, fra cui in particolare Christoph Marthaler, Frank Castorf e René Pollesch. In qualità di direttrice artistica ha invitato a più riprese questi tre colleghi allo Schauspielhaus. Da questi inviti sono nate creazioni divenute ormai di culto, ma anche un indimenticabile flop: nell'interpretazione di Castorf, *Il precettore*[23] di Jakob Michael Reinhold Lenz si protraeva per interminabili ore (a mezzanotte inoltrata sono entrate in scena addirittura alcune oche in carne ed ossa). Si deve alla paziente insistenza di Barbara Frey e alla sua ostinata fiducia in quella che lei stessa definisce «la consapevolezza del bisogno di complicità»[24] se Marthaler, nel dicembre del 2017, abbia accettato di mettere di nuovo piede

22 Hans-Thies Lehmann, *Il teatro postdrammatico*, a cura di Sonia Antinori e con una postfazione di Gerardo Guccini, Imola: Cue Press, 2017. [Versione originale tedesca: Id, *Postdramatisches Theater*, Frankfurt am Main: Verlag der Autoren, 1999].

23 *Der Hofmeister* di Jakob Michael Reinhold Lenz. Regia: Frank Castorf; scenografia: Hartmut Meyer; costumi: Jana Findeklee, Joki Tewes; luci: Markus Keusch; drammaturgia: Roland Koberg. Con: Gottfried Breitfuss, Robert Hunger-Bühler, Ursula Doll, Lilith Stangenberg, Julia Kreusch, Aurel Manthei, Patrick Güldenberg, Winnie Böwe, Irina Kastrinidis, Rudolf K. Rath, Siggi Schwientek, Niklas Kohrt, Franz Beil. Debutto il 14 gennaio 2010, Schiffbau/Halle, Schauspielhaus di Zurigo.

24 «Theater ist kein Wettrennen», cit., p. 13.

a Zurigo, realizzando appositamente per il Pfauen *Mir nämeds uf öis*[25] [*Ne assumiamo la responsabilità*] – il titolo celava una dolce vendetta sotto il manto del buonismo. (Ricordiamo che Zurigo, città natale dell'artista teatrale di fama internazionale, nel 2004 aveva dato scandalo, rimuovendolo bruscamente dalla funzione di direttore artistico dello Schauspielhaus).

L'edificio dello Schiffbau[26], eredità di Marthaler, è stato uno degli elementi cardine della direzione artistica di Barbara Frey, nonostante questo lascito si sia rivelato in diverse occasioni una sfida, soprattutto sul piano tecnico. Ad esempio, solo dopo che il team di Frey ebbe installato nell'atrio le vie di fuga richieste dalla legge, il pubblico potè accomodarsi sulle poltrone durante gli intervalli.

Pesante, leggero, metafisico

La sala principale dello Schiffbau consiste in un ampio spazio vuoto. Sotto l'egida di Frey anche altri artisti e artiste ne hanno preso possesso con entusiasmo, dando vita a spettacoli memorabili. Due esempi su tutti: Stefan Pucher e il suo scenografo Stéphane Laimé hanno consentito a Robert Hunger-Bühler, in *Morte di un commesso viaggiatore*[27] di Arthur Miller, di fare ingresso sulla scena in formato «cinemascope» a bordo di un'elegante Ford Thunderbird, e hanno costruito per Friederike Wagner una cucina arredata a misura di casalinga e munita di televisore: la materializzazione del Sogno Americano (ma al contempo un incubo, come il pubblico ha potuto constatare nel corso della rappresentazione). Karin Henkel – una delle registe più coraggiose della sua generazione, che non teme l'ipercomplessità né sul piano intellettuale né tantomeno su quello logistico – ha osato raccogliere la sfida, anch'essa affiancata dallo scenografo Stéphane Laimé, cimentandosi

25 *Mir nämeds uf öis* di Christoph Marthaler e il suo ensemble. Regia: Christoph Marthaler; scenografia: Duri Bischoff; costumi: Sara Kittelmann; direzione musicale e prove: Bendix Dethleffsen; video: Andi A. Müller; luci: Rainer Küng; drammaturgia Malte Ubenauf. Con: Tora Augestad, Gottfried Breitfuss, Raphael Clamer, Jean-Pierre Cornu, Bendix Dethleffsen, Ueli Jäggi, Bernhard Landau, Elisa Plüss, Nicolas Rosat, Nikola Weisse, Stefan Wirth, Susanne-Marie Wrage; (Siggi Schwientek non ha potuto partecipare per motivi di salute). Prima assoluta il 14 dicembre 2017, Pfauen, Schauspielhaus di Zurigo.

26 Il padiglione industriale dismesso, un tempo adibito alla costruzione navale e oggi classificato fra i monumenti storici, è stato ristrutturato tra il 1996 e il 2000 dagli architetti Ortner & Ortner e integrato con nuovi spazi. Lo Schiffbau è stato inaugurato nel settembre 2000 con la prima assoluta di *Hotel Angst* di Christoph Marthaler. Lo Schiffbau ospita anche sale prove, laboratori e uffici dello Schauspielhaus, oltre a un ristorante, un bar e il jazz club Moods.

27 *Tod eines Handlungsreisenden* di Arthur Miller. Regia: Stefan Pucher; scenografia: Stéphane Laimé; costumi: Marysol del Castillo; video: Sebastian Pircher, Christian Sarna; luci: Markus Keusch; musica: Christopher Uhe; drammaturgia: Katja Hagedorn. Con: Robert Hunger-Bühler, Friederike Wagner, Sean McDonagh, Jan Bluthardt, Jonas Gygax, Michaela Steiger, Siggi Schwientek, Markus Scheumann, Julia Kreusch, Larissa Eichin, Jasmin Friedrich, Olivier Tobler. Debutto il 17 settembre 2010, Schiffbau/Halle, Schauspielhaus di Zurigo.

nel monumentale *Decalogo*. Ne *Die zehn Gebote* [28], com'è stata intitolata la trasposizione scenica della serie di film sperimentali firmati da Krzysztof Kieślowski, la regista ha guidato il pubblico attraverso l'intricata epopea lungo quattro percorsi che a tratti si intersecavano. Questa produzione, un misto fra un dramma in stazioni di reminescenza medievale e il teatro simultaneo, ha infranto molti confini. In uno dei momenti salienti, quando Nils Kahnwald ha dato un ultimo tiro alla sigaretta prima dell'esecuzione capitale, si è aperta una dimensione metafisica.

Nei dieci anni sotto la direzione artistica di Barbara Frey, la pesantezza e la leggerezza erano rappresentate in egual misura. Il regista Werner Düggelin, anch'esso invitato a più riprese, ha regalato allo Schauspielhaus di Zurigo produzioni di una leggerezza eterea, ma non prive di profondità. La sua regia, caratterizzata dalla rinuncia radicale al superfluo, in particolare ai requisiti di scena, si avvicinava al lavoro coreografico: una danza sulle punte di quell'*esprit* francesizzante che «Dügg» aveva portato con sé dagli anni degli esordi a Parigi. Con questo suo collega Frey aveva molto in comune. Oltre a Basilea (dove è passato alla storia come leggendario direttore artistico del Theater Basel), condividevano il senso dell'umorismo, la propensione al minimalismo e la musicalità. Una volta Düggelin ridusse perfino un concetto di musica scenica già elaborato a poche battute iniziali di una sonata per pianoforte di Schubert. L'effetto fu quello di risvegliare un desiderio insaziabile.

Nell'estate del 2019 Barbara Frey ha organizzato una festa d'addio in pompa magna con tutte e tutti coloro che avevano preso parte alla sua direzione dello Schauspielhaus di Zurigo sul palcoscenico, dietro le quinte e in platea. L'inverno successivo è scoppiata la pandemia. Tutto è cambiato, anche a teatro. Fine di un'era.

28 *Die zehn Gebote*, ispirato al ciclo di film *Il decalogo* di Krzysztof Kieślowski e Krzysztof Piesiewicz, versione tedesca di John von Düffel, Stefanie Carp, Karin Henkel. Regia: Karin Henkel; scenografia: Stéphane Laimé; costumi: Klaus Bruns; musica: Daniel Regenberg; video: Hannes Francke; luci: Michel Güntert; drammaturgia: Stefanie Carp. Con: Carolin Conrad, Dagna Litzenberger Vinet, Lena Schwarz, Friederike Wagner, Rea Claudia Kost, Hilke Altefrohne, Vreni Urech, Christian Baumbach, Gottfried Breitfuss, Jean Chaize, Fritz Fenne, Nils Kahnwald, Milian Zerzawy, Hannes Francke, Marc Hemantha Hufschmid (batteria), Hipp Mathis (basso), Aurel Kuthy, Thierry Voigt. Debutto il 24 settembre 2015, Schiffbau/Halle, Schauspielhaus di Zurigo.

Barbara Villiger Heilig

Dream Theatre

Barbara Frey as First Female Artistic Director of Schauspielhaus Zürich (2009–2019)

What remains?

A Dream Within a Dream[1] can undoubtedly be considered the "beating heart" of Barbara Frey's ten-year directorship at Schauspielhaus Zürich. Staged in the theatre's Schiffbau Box auditorium in 2010 by an artistic director who also made her mark on this renowned institution as a stage director – or, more comprehensively, as an artist – the production consisted of a scenic installation of sound, colour and language. Percussionist Fritz Hauser and actor Robert Hunger-Bühler turned their talents to Edgar Allan Poe's poetic alchemy, transforming it into a living dream before our very eyes and ears. The result was a wondrous work that lasted just over an hour, and the memory of it continues to shine as an eerie *chiaroscuro*, meaningful and mysterious at the same time.

That, for example, remains.

Theatre is a direct experience: "it" takes place in the here and now, in a space that brings actors and audiences together (as well as all those technicians hidden behind the scenes responsible for smooth operations). With luck – and this was the case at the aforementioned Poe performance – the stage becomes a window into the minds of the onlookers who, sitting in the dark hall, are allowed to forget their own bodies and become fully absorbed in what they see and perceive. But this perception will ultimately always be a reflection too, for we commonly recognise ourselves in the images presented on stage. And just like a dream, which – although forgotten – leaves traces on our daily lives, the experience of a theatre performance will ideally go on working its magic on our inner selves.

That Barbara Frey knows these spheres is clear. And that these are the spheres art seeks to explore. But not only theatre art. In a brief essay Frey wrote for the *Neue Zürcher Zeitung* in December 2010, she called Louise Bourgeois's *Insomnia Drawings* "a kind of uncanny invitation into the depths of one's own soul".[2] And: "We are reminded of something we carry within ourselves that lies hidden, concealed between day and night, waking and dreaming, fear and solace."[3]

1 *A Dream Within a Dream* by Edgar Allan Poe. World premiere on 18 December 2010, Schiffbau/Box, Schauspielhaus Zürich. For more information on Barbara Frey's productions see the list of works in this *MIMOS* edition, pp. 331–346.

2 Barbara Frey, "Zuckerwasser". In: *Neue Zürcher Zeitung*, 17 November 2012, p. 55.

3 Ibid.

E Quite unforgettable is the production that marked the end of Barbara Frey's Zurich directorship: *Die Toten,* based on the short story *The Dead* in James Joyce's *Dubliners*.[4] The Irish poet is buried in the Fluntern cemetery (in the immediate vicinity of actor Therese Giehse, whose grave Frey liked to visit).[5] And death is indeed omnipresent in this text – as a backdrop against which life shines. While Joyce's narrative had his compatriots wallowing in excessive opulence as they gathered for a social occasion, Frey radically reduced this indulgence, cutting it down to a distant reflection, to a faint echo, and ultimately to a painful recollection of lost love. A dream within a dream: a measured requiem in a tomb of shimmering imitation marble, a meticulous choreography with six people – or ghosts? – in tailcoats. We heard choral recitations of syllables (quotes from *Ulysses* and *Finnegans Wake*) simulating small talk, and underlying humming creating a tension that was only noticed when it eventually –and then repeatedly – erupted into song. Presiding at the piano and dulcimer was musical maestro Jürg Kienberger, whose magical tones flitted from major to minor, from Bach to folk, from this world to the other. And? The scene breathed life.

There's a mastery to the way Barbara Frey explores the in-between worlds that lure the unconscious into consciousness and much was learned of this during the ten years in which she – the very first woman to hold the position of artistic director! – operated at Schauspielhaus Zurich. On the one hand this was due to her own productions, and on the other to the selection of artists she invited. She didn't seek a uniform style but purposefully strove for a range of differing directorial signatures.

Inclined to the comical

A connection nevertheless emerged: through the members of the ensemble who gave human faces to her different styles and aesthetics. And through female stage and costume designers who regularly returned to Zurich, albeit in changing constellations. The reference to female is deliberate: a strikingly large number of female artists worked at Barbara Frey's theatre, three of them often with the boss herself: Bettina Meyer, Bettina Munzer, Bettina Walter. Yes, three Bettinas – one of the coincidences that, it seems to me, align perfectly with the sense of slightly absurd comedy that ran through

4 German language premiere on 16 May 2019, Pfauen, Schauspielhaus Zürich.

5 "Theater ist kein Wettrennen", Barbara Villiger Heilig in conversation with Barbara Frey and Andreas Karlaganis. In: *Theater der Zeit*, issue 1, January 2018, p. 11.

most of Barbara Frey's productions in Zurich, and which also shapes my personal review of her directorship. A comedy, mind you, that could be deadly serious: with Franz Kafka, for example, whose *Trial*[6] was staged under her direction. Or with Witold Gombrowicz (*Ivona, Princess of Burgundia*),[7] or with Eugène Labiche (*The Rue de Lourcine Affair*),[8] where the comical and the catastrophic act as tipping points.

The aforementioned vaudeville comedy by Labiche, with Nicholas Ofczarek and Michael Maertens as the two hungover protagonists, came to the Schauspielhaus as a guest production from the Vienna Burgtheater, where Barbara Frey regularly directs to this day. In return, Burgtheater actor Michael Maertens would often join her Zurich company: as Alceste in Molière's *Misanthrope,*[9] as Shakespeare's Richard III,[10] as Truffaldino in Goldoni's *The Servant of Two Masters,*[11] and more. Frey's dream theatre seems to be tailor-made for the actor's slightly somnambulistic air.

A particularly memorable performance was his Platonov in Anton Chekhov's untitled play that the author wrote in his youth, succinctly entitled *Platonov*[12] by Frey, as all the characters ultimately revolve around the main role. Maertens imbued the part with a maximum of evil cynicism – a cynicism that he also used to unmask his whole environment. The performance proved to be a dysphoric moment of glory in which the dream-like state, always associated with Barbara Frey, manifested itself as an unpleasant, feverish midsummer night's dream. Nevertheless, I also remember a vibrant and cheerful spectrum of colours counteracting the boredom of country life. What also made the production so strong, apart from all the stage design details, was the cast: Friederike Wagner, Markus Scheumann, Klaus Brömmelmeier, Miriam Maertens, Jan Bluthardt, Siggi Schwientek, Ursula Doll, Gottfried Breitfuss, Nicolas Rosat, Niklas Kohrt, Franziska Machens, Yvon Jansen, and Lambert Hamel. Whether it was their phlegmatic mood,

6 *Der Prozess*, after Franz Kafka. Premiere on 12 September 2013, Pfauen, Schauspielhaus Zürich.

7 *Yvonne, die Burgunderprinzessin* by Witold Gombrowicz. Premiere on 10 January 2015, Schiffbau/Halle, Schauspielhaus Zürich.

8 *Die Affäre Rue de Lourcine* by Eugène Labiche, expanded new version by Elfriede Jelinek. Premiere on 18 April 2015, Vienna Burgtheater.

9 *Der Menschenfeind* by Molière. Premiere on 17 January 2013, Pfauen, Schauspielhaus Zürich.

10 *Richard III* by William Shakespeare. Premiere on 31 March 2012, Pfauen, Schauspielhaus Zürich.

11 *Der Diener zweier Herren* by Carlo Goldoni. Premiere on 3 April 2014, Pfauen, Schauspielhaus Zürich.

12 *Platonow* by Anton Chekhov. Premiere on 1 April 2011, Pfauen, Schauspielhaus Zürich.

aloofness, grace, audacity, reticence, prickly charm, uber-slovenliness, or their discreet glances in the opposite direction (and more), each actor added their particular dynamic to the buzzing scene which instantly began to vibrate.

What is an ensemble?

Barbara Frey had emphasised the idea of the ensemble as a complete entity on her arrival at the Schauspielhaus Zürich and lost no time in putting it into practice: it became part of the theatre's whole staging concept, which meant more than the sum of staged plays. But what exactly is an ensemble? And what is an ensemble in an age of debate on diversity, gender and identity issues?

In a statement made in January 2018, her penultimate year, she displayed caution on the topic of diversity on stage: diversity isn't something you can force, but it will happen anyway. For her as a stage director, "constellations and the chance for continuity take priority, not someone's origins"[13] – a declaration based on her belief in commitment, or old-fashioned loyalty. And speaking of gender: in her production of *The Broken Jug*,[14] she had cast Inga Busch as Ruprecht and Graham F. Valentine as Frau Brigitte. Not to make a point, but because both actors, as is the case in theatre, were simply playing a role. And how! Busch as Ruprecht was a quick-tempered, immature lad, more child than man, while Valentine as Frau Brigitte was an elderly malcontent who had lost her femininity.

This Kleist production – that had been scheduled long in advance – was not intended as a commentary on the global #MeToo movement, the peak of which coincided with the Zurich premiere. However, the production unexpectedly became proof of how great literature always manages to touch the current nerve: think harassment and abuse.

And Barbara Frey remained loyal to literature. She staged quintessential classics like Friedrich Schiller's *Mary Stuart*[15] (as a psychological political thriller with an outstanding Carolin Conrad in the role of Elizabeth), William Shakespeare's *Hamlet*[16] (as a requiem) and Georg Büchner's *Leonce and*

13 "Theater ist kein Wettrennen", loc. cit., p.12.

14 *Der zerbrochne Krug* by Heinrich von Kleist. Premiere on 21 October 2017, Pfauen, Schauspielhaus Zürich.

15 *Maria Stuart* by Friedrich Schiller. Premiere on 17 September 2009, Schiffbau/Halle, Schauspielhaus Zürich.

16 *Hamlet* by William Shakespeare. Premiere on 13 September 2018, Pfauen, Schauspielhaus Zürich.

Lena[17] (in which Frey expressed her scepticism towards luxury-oriented Zurich, a city that the Basel native and occasional Berlin citizen never really warmed to). She brought plays excluded from the canon into the gloomy limelight – for instance Marieluise Fleisser's *Fegefeuer in Ingolstadt*[18] (with Lilith Stangenberg, Jirka Zett and Patrick Güldenberg; even young people were part of her ensemble!). And she staged world premieres: *Malaga*[19] and *Frau Schmitz*[20] by Lukas Bärfuss (employed as a dramaturg at the beginning of her directorship) as well as a short one-act play as part of the series of events on the topic of "Rich and Poor"[21] (there we have it: Zurich and the unease around its social divide).

Post-dramatic theatre

In addition to the many productions, Barbara Frey's directorship incorporated its fair share of intellectual debate: in the form of panel discussions, audience discussions, and other formats. After all, being "open to discourse" is a practice embedded in city theatres everywhere. But I give Barbara Frey due credit for not allowing the discourse-loving post-dramatists to gain the upper hand at Zurich's Schauspielhaus. Rather than meekly acquiescing to works following the trend for documentary theatre, research projects, autobiographical narratives and amateur performances to oust literary theatre from the Pfauen and Schiffbau stages, she preserved the theatre's original art of turning a model case into a place of experimentation: of injecting life into works by creating productions in which social relationships, both human and political, evolve in different ways depending on director and cast.

At the same time, she also offered young directors socialised in post-dramatic theatre the opportunity to present their views and practices: Daniela Löffner stuck closely to the text but costumes were modern; Dušan David Pařízek directed in witty deconstruction mode. And Christopher Rüping, now an award-winning star, was hired as in-house stage director in Zurich by Barbara Frey's successors.

17 *Leonce und Lena* by Georg Büchner. Premiere on 15 September 2011, Pfauen, Schauspielhaus Zürich.

18 *Fegefeuer in Ingolstadt* by Marieluise Fleisser. Premiere on 16 September 2011, Pfauen, Schauspielhaus Zürich.

19 *Malaga* by Lukas Bärfuss. World premiere on 9 May 2010, Pfauen, Schauspielhaus Zürich.

20 *Frau Schmitz* by Lukas Bärfuss, in collaboration with Barbara Frey. World premiere on 22 October 2016, Pfauen, Schauspielhaus Zürich.

21 "Arm und Reich – Drei neue Stücke": *Nabokovs Tintenklecks* by Michail Schischkin, *Rechne* by Händl Klaus, *Die schwarze Halle* by Lukas Bärfuss. World premiere on 4 May 2013, Schiffbau/Box, Schauspielhaus Zürich.

E

Since her time in Berlin, Barbara Frey had always been on friendly terms with the directors who, after staging their para-, anti- and post-canonical projects for over a decade, were cast under the label of "post-dramatic theatre" (in Hans-Thies Lehmann's standard work published in 1999)[22]: namely, Christoph Marthaler, Frank Castorf and René Pollesch. As Zurich artistic director, she regularly started inviting these three colleagues to the Schauspielhaus, a practice which led to several cult productions, but also an unforgettable flop: Castor's production of Jakob Michael Reinhold Lenz's *The Tutor*[23] dragged on for endless hours (with a few live geese appearing on stage way past midnight).

In December 2017, Marthaler agreed to return to the Pfauen stage with his production of *Mir nämeds uf öis*[24] [*We take it upon ourselves*] – a title that hid sweet revenge under a layer of sanctimony. That this took place was due to Frey's patient insistence and her persistent belief in what she calls "insight into the necessity of complicity".[25] (A reminder: in 2004, Zurich, the city in which Marthaler was born, had afforded itself the scandal of abruptly dismissing the internationally celebrated theatre maker as artistic director).

The Schiffbau hall, Marthaler's legacy,[26] was given prominence under Barbara Frey's directorship, even though parts of the heritage proved to be a technical challenge. One example: only once Frey's team had installed the legally required escape routes in the lobby were theatregoers allowed to sit and relax in its armchairs during the intermissions.

22 Hans-Thies Lehmann, *Postdramatic Theatre*. Translated by Karen Jürs-Munby. London/New York: Routledge 2006. (Original German version: *Postdramatisches Theater*. Frankfurt am Main: Verlag der Autoren 1999).

23 *Der Hofmeister* by Jakob Michael Reinhold Lenz. Direction: Frank Castorf; set design: Hartmut Meyer; costumes: Jana Findeklee, Joki Tewes; light: Markus Keusch; dramaturgy: Roland Koberg. With: Gottfried Breitfuss, Robert Hunger-Bühler, Ursula Doll, Lilith Stangenberg, Julia Kreusch, Aurel Manthei, Patrick Güldenberg, Winnie Böwe, Irina Kastrinidis, Rudolf K. Rath, Siggi Schwientek, Niklas Kohrt, Franz Beil. Premiere on 14 January 2010, Schiffbau/Halle, Schauspielhaus Zürich.

24 *Mir nämeds uf öis* by Christoph Marthaler and Ensemble. Direction: Christoph Marthaler; set design: Duri Bischoff; costumes: Sara Kittelmann; musical direction/reharsals: Bendix Dethleffsen; video: Andi A. Müller; light: Rainer Küng; dramaturgy: Malte Ubenauf. With: Tora Augestad, Gottfried Breitfuss, Raphael Clamer, Jean-Pierre Cornu, Bendix Dethleffsen, Ueli Jäggi, Bernhard Landau, Elisa Plüss, Nicolas Rosat, Nikola Weisse, Stefan Wirth, Susanne-Marie Wrage; (Siggi Schwientek absent due to illness). World premiere on 14 December 2017, Pfauen, Schauspielhaus Zürich.

25 "Theater ist kein Wettrennen", loc. cit., p. 13.

26 The listed industrial hall, a former shipyard, was converted and extended from 1996 to 2000 by architects Ortner & Ortner. The Schiffbau was inaugurated in September 2000 with Christoph Marthaler's *Hotel Angst*. Also located here are the rehearsal stages, workshops and Schauspielhaus' offices, as well as a restaurant, a bar and the jazz club Moods.

A huge hall, an empty space. During Frey's tenure, other production teams leapt at the chance to take command of the vast Schiffbau auditorium. Memorable performances were staged there, with two examples worth singling out: in Arthur Miller's *Death of a Salesman,*[27] Stefan Pucher and his set designer Stéphane Laimé gave Robert Hunger-Bühler the chance to drive onto the Cinemascope stage in a sleek Ford Thunderbird while gifting Friederike Wagner the perfect housewife's fitted kitchen, complete with its own television – the materialisation of the American Dream (a nightmare, as it turned out). And Karin Henkel, one of the boldest directors of her generation, and never one to shy away from the most hyper-complex intellectual or logistical challenge, ventured – also with Stéphane Laimé at her side – to take on Krzysztof Kieślowski's *The Decalogue*. In *Die zehn Gebote,*[28] as the theatrical version of the arthouse film series was called in Zurich, Henkel took theatregoers by the hand, guiding them along four, at times intersecting routes through the entirety of the convoluted epic work. Packing the genres of *Stationendrama* ("station drama") and simultaneous theatre into one, the undertaking broke many boundaries. And when Nils Kahnwald took a drag on his last cigarette before facing his death sentence, a metaphysical dimension opened up.

Heaviness and lightness: both were given space under Barbara Frey's directorship. When weightless buoyancy was called for, without forgoing depth, Werner Düggelin was her reliable partner. His directing style, which dispensed with anything superfluous, especially props, was something akin to choreography: a style that dances *en pointe* with the French-infused esprit that "Dügg" had brought from Paris as a young man. He and Frey had much in common. In addition to Basel (where he went down in history as a legendary artistic director), they shared a subtle sense of humour as well as a penchant for minimalism – and musicality. On one occasion he took an

27 *Tod eines Handlungsreisenden* by Arthur Miller. Direction: Stefan Pucher; set design: Stéphane Laimé; costumes: Marysol del Castillo; video: Sebastian Pircher, Christian Sarna; light design: Markus Keusch; music: Christopher Uhe; dramaturgy: Katja Hagedorn. With: Robert Hunger-Bühler, Friederike Wagner, Sean McDonagh, Jan Bluthardt, Jonas Gygax, Michaela Steiger, Siggi Schwientek, Markus Scheumann, Julia Kreusch, Larissa Eichin, Jasmin Friedrich, Olivier Tobler. Premiere on 17 September 2010, Schiffbau/Halle, Schauspielhaus Zürich.

28 *Die zehn Gebote*, after Krzysztof Kieślowski's and Krzysztof Piesiewicz's film cycle *The Decalogue*, German theatre version by John von Düffel, Stefanie Carp, Karin Henkel. Direction: Karin Henkel; set design: Stéphane Laimé; costumes: Klaus Bruns; music: Daniel Regenberg; video: Hannes Francke; light: Michel Güntert; dramaturgy: Stefanie Carp. With: Carolin Conrad, Dagna Litzenberger Vinet, Lena Schwarz, Friederike Wagner, Rea Claudia Kost, Hilke Altefrohne, Vreni Urech, Christian Baumbach, Gottfried Breitfuss, Jean Chaize, Fritz Fenne, Nils Kahnwald, Milian Zerzawy, Hannes Francke, Marc Hemantha Hufschmid (drums), Hipp Mathis (bass), Aurel Kuthy / Thierry Voigt. Premiere on 24 September 2015, Schiffbau/Halle, Schauspielhaus Zürich.

E

elaborately prepared stage music concept and reduced it to the few opening bars of a late Schubert piano sonata. The effect: the music awakened an insatiable longing.

In the summer of 2019, Barbara Frey hosted a glittering farewell party for those who had shared in the experience of her Zurich directorship on, behind and before the stage. The following winter, the pandemic struck. Everything changed, even in theatre. It was the end of an era.

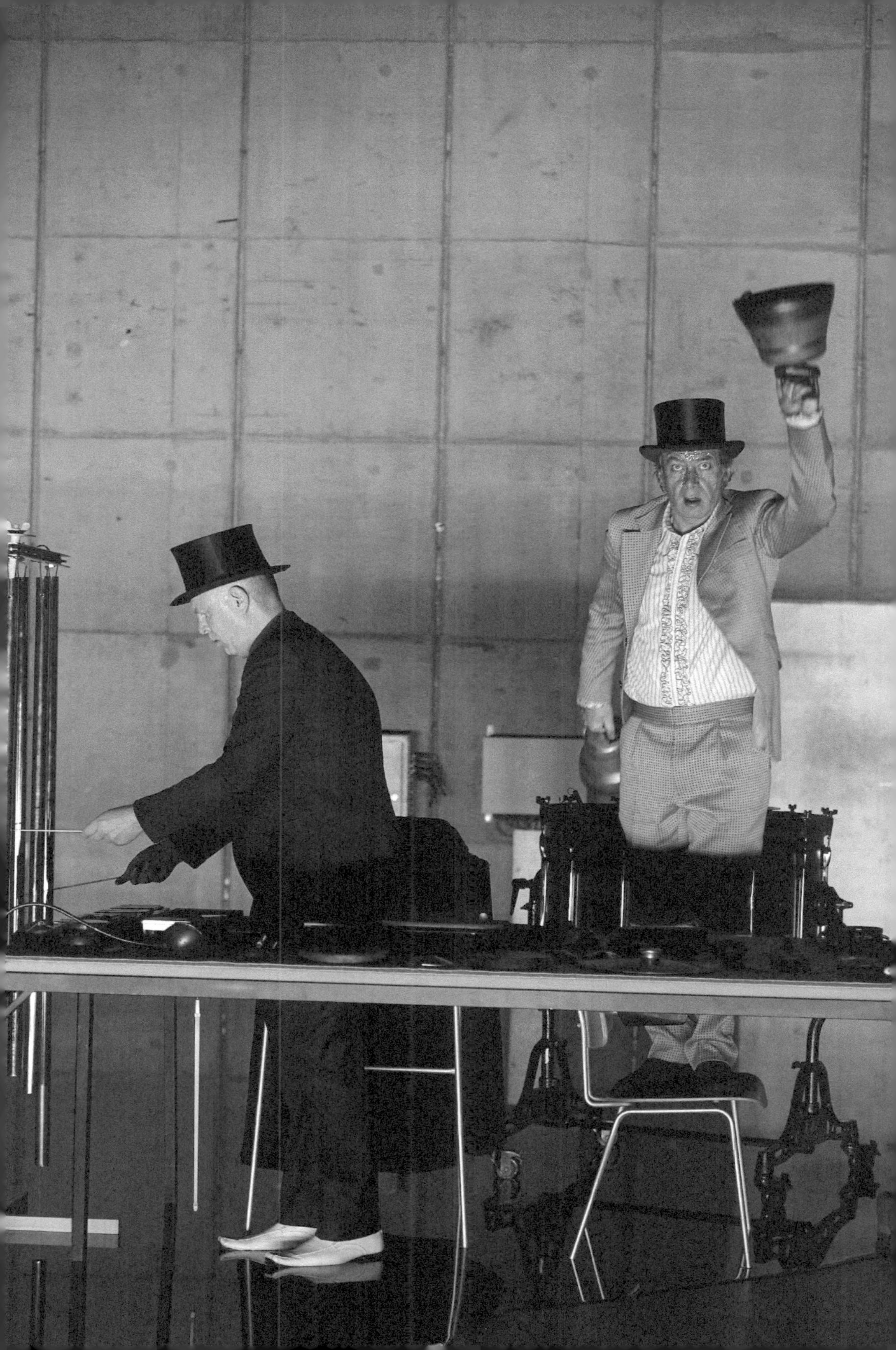

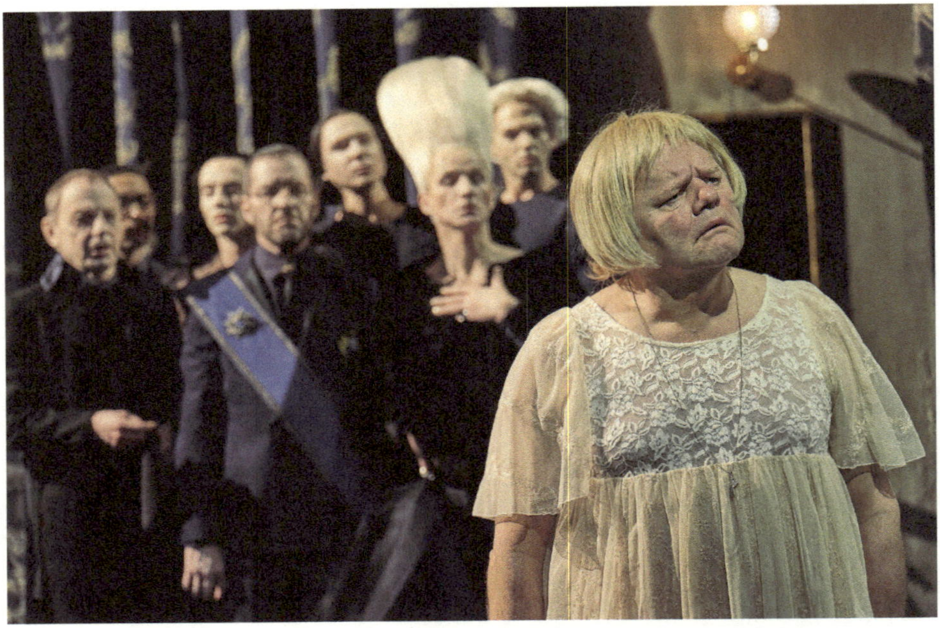

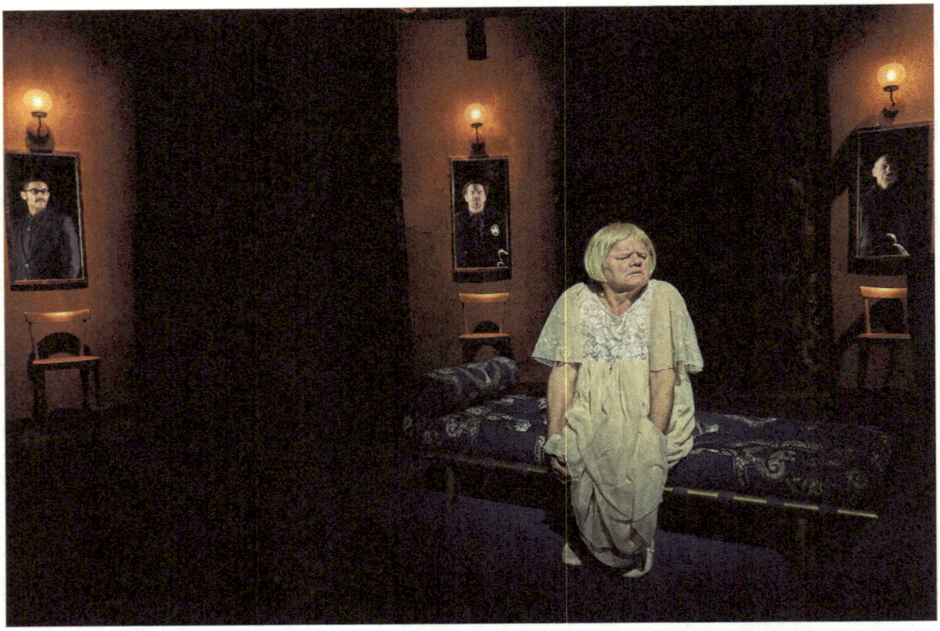

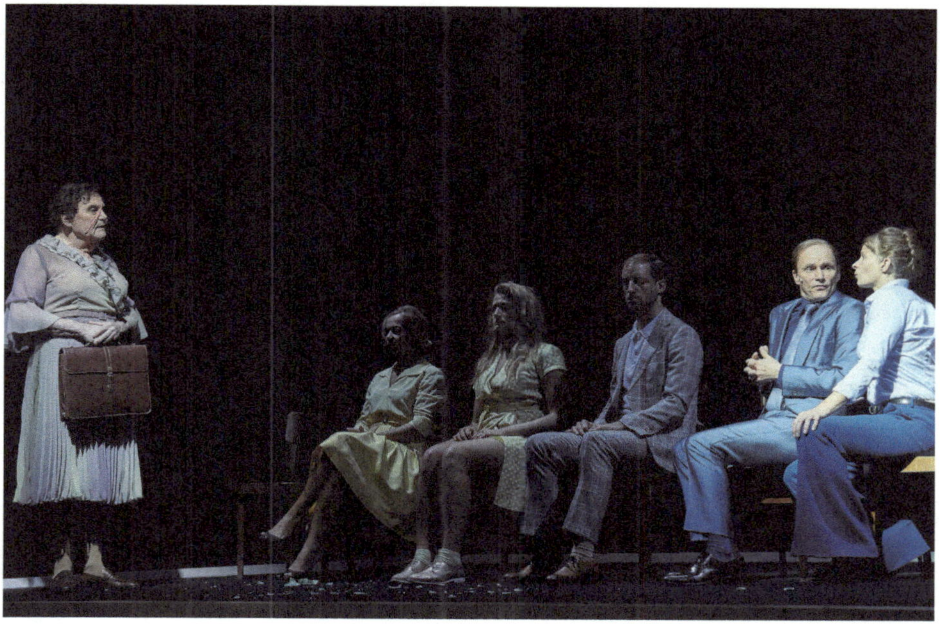

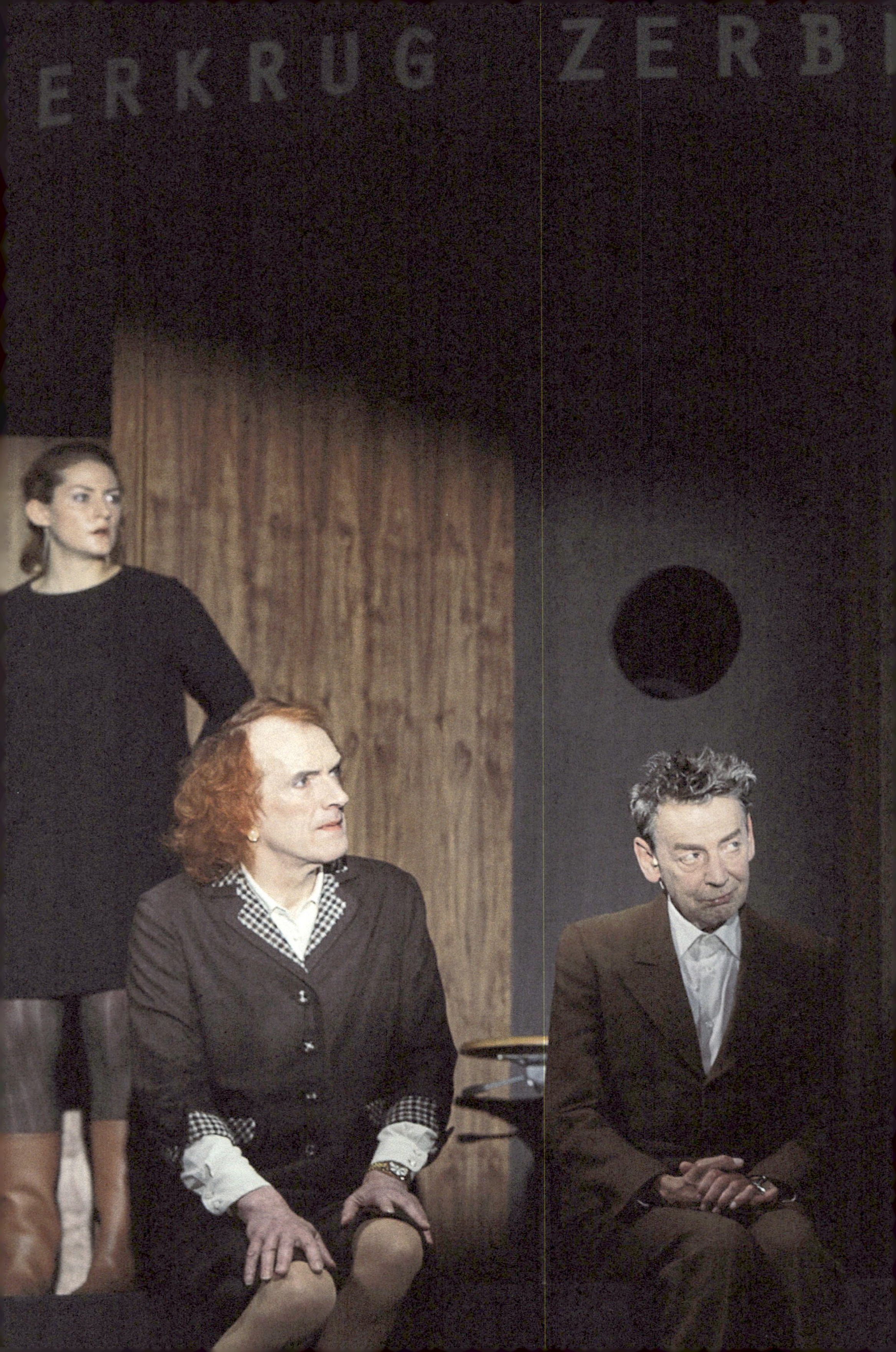
ERKRUG ZERB

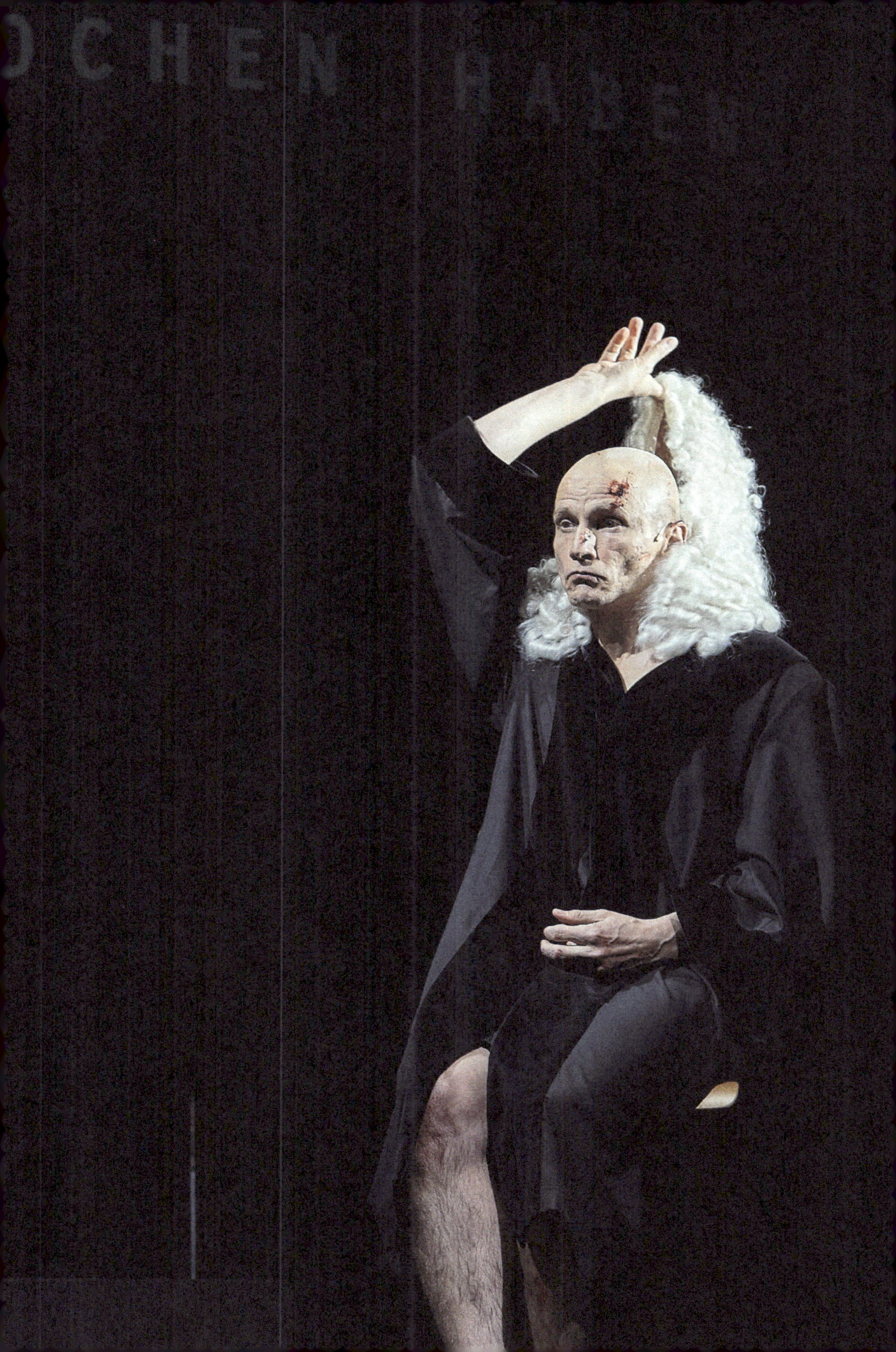

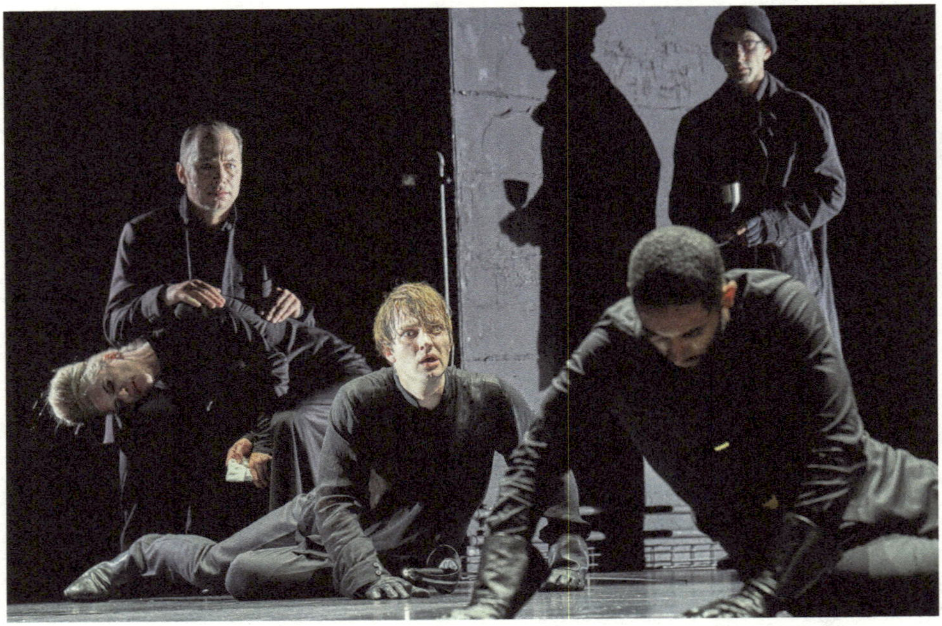

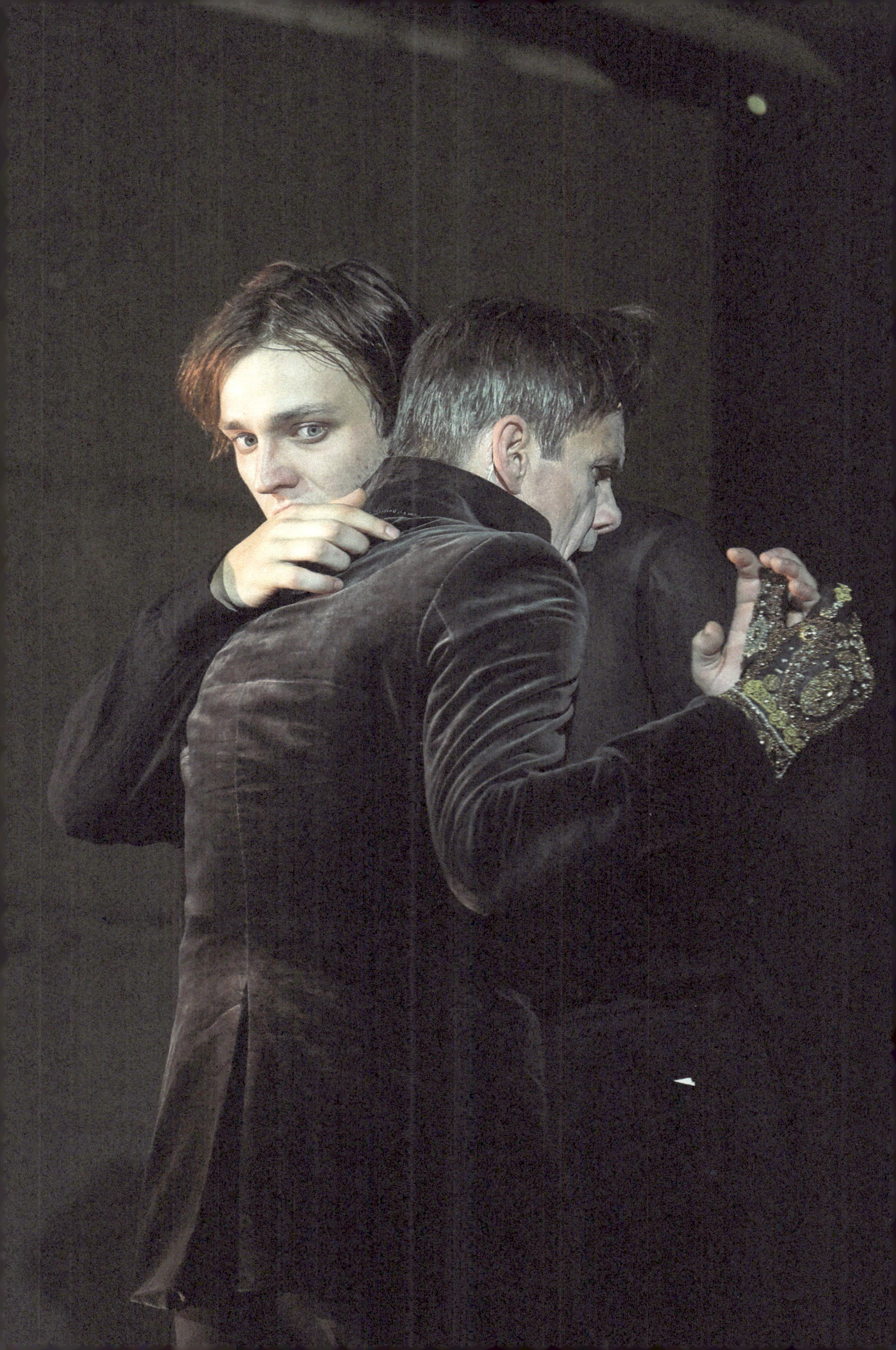

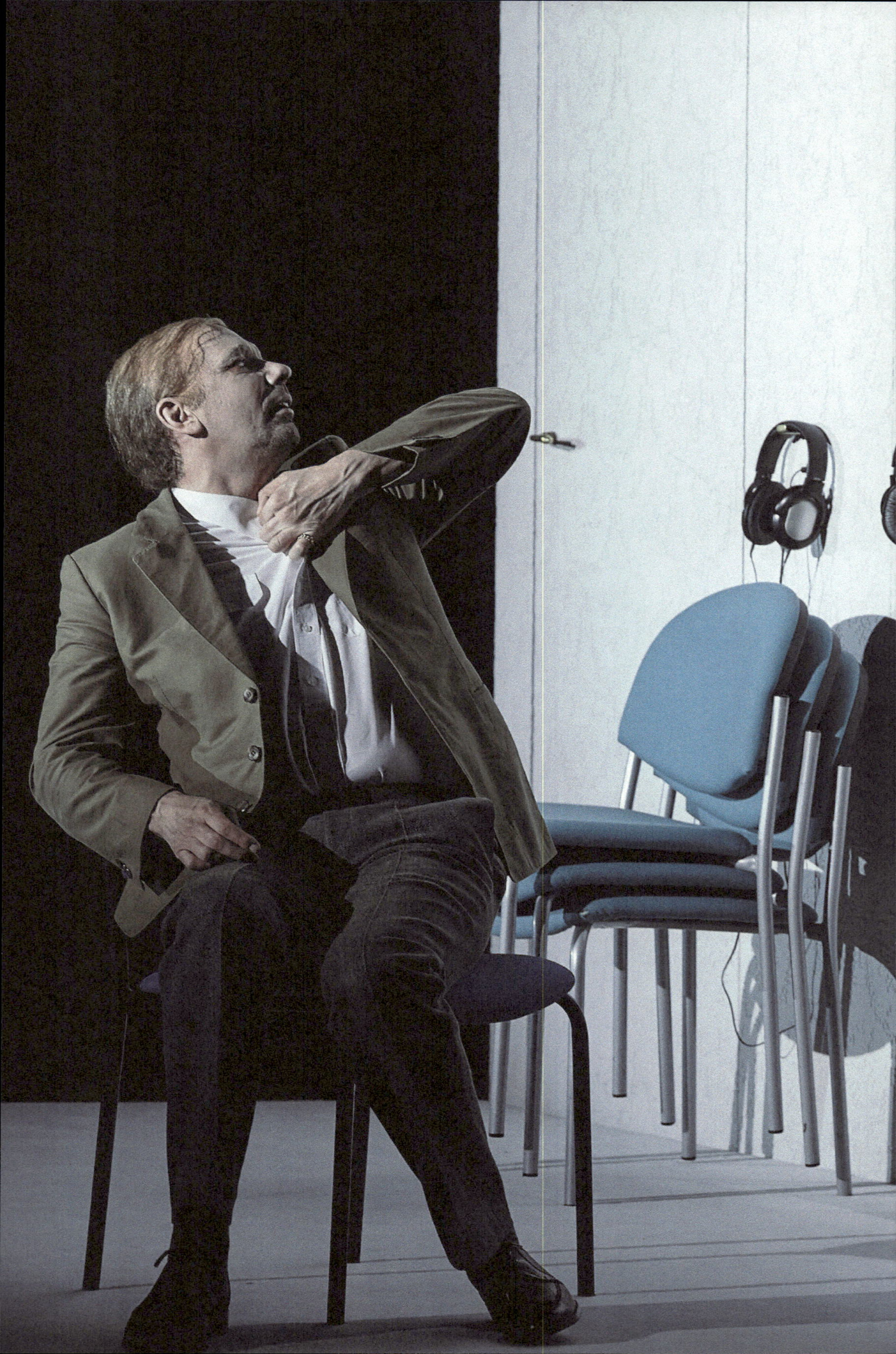

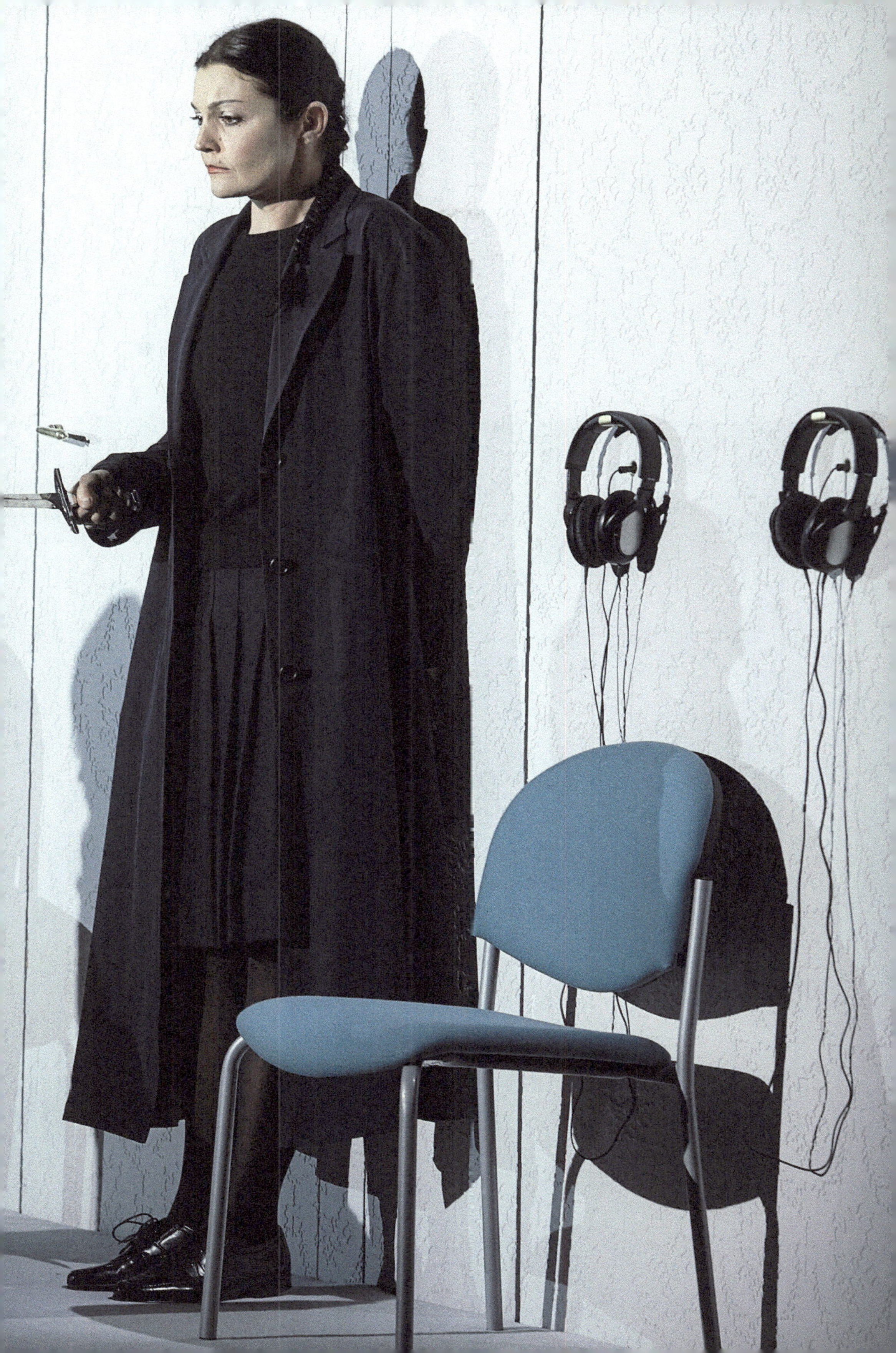

276

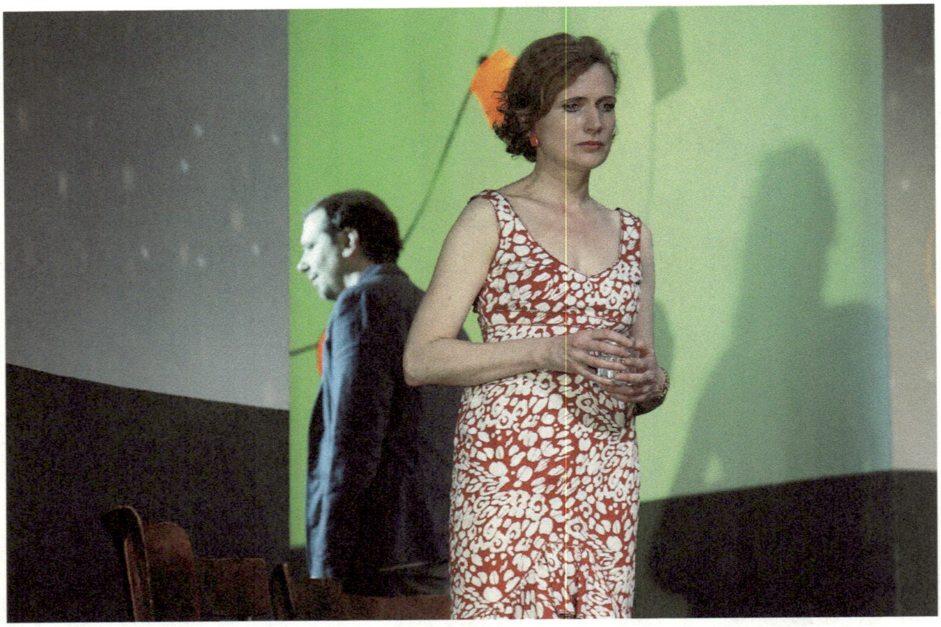

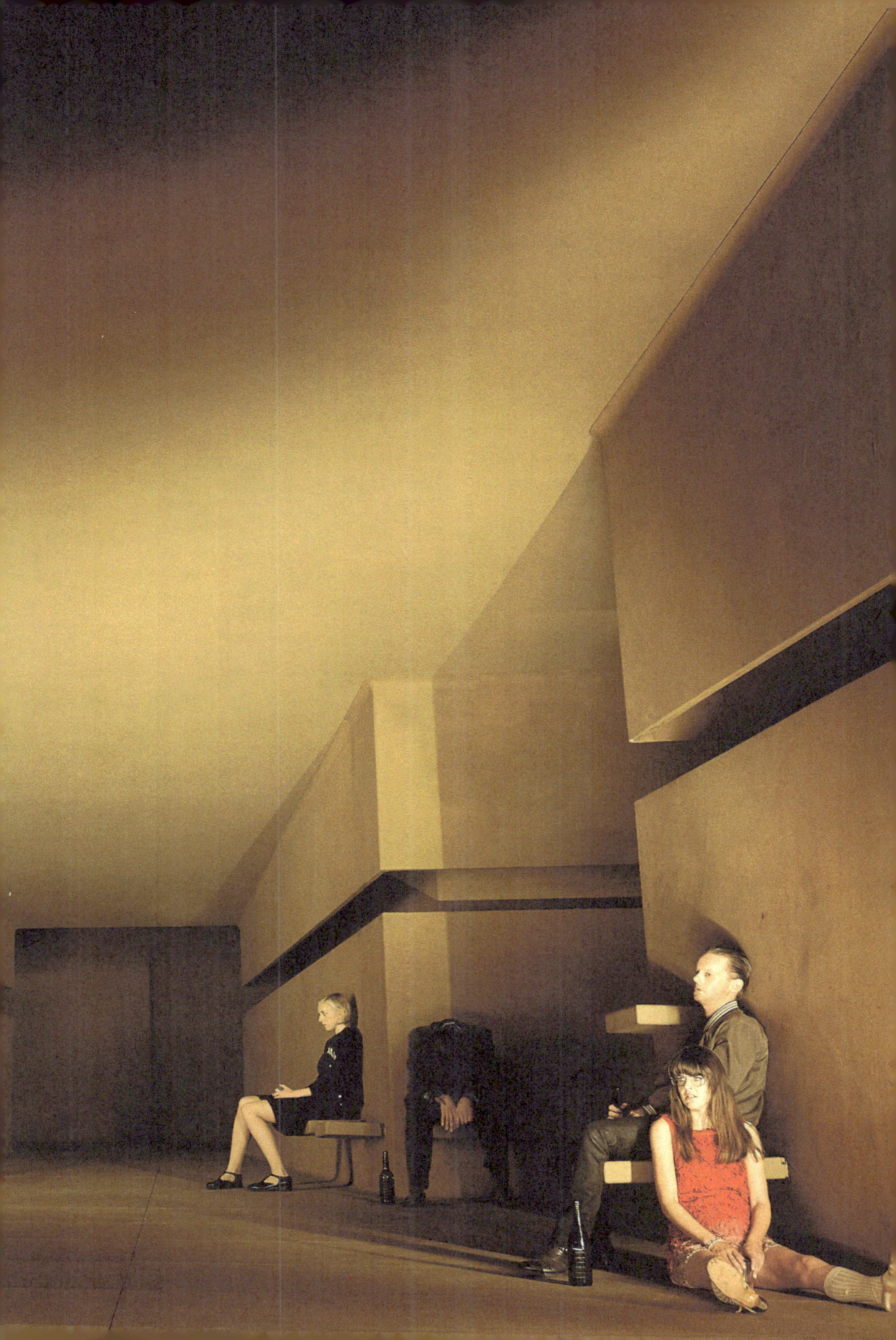

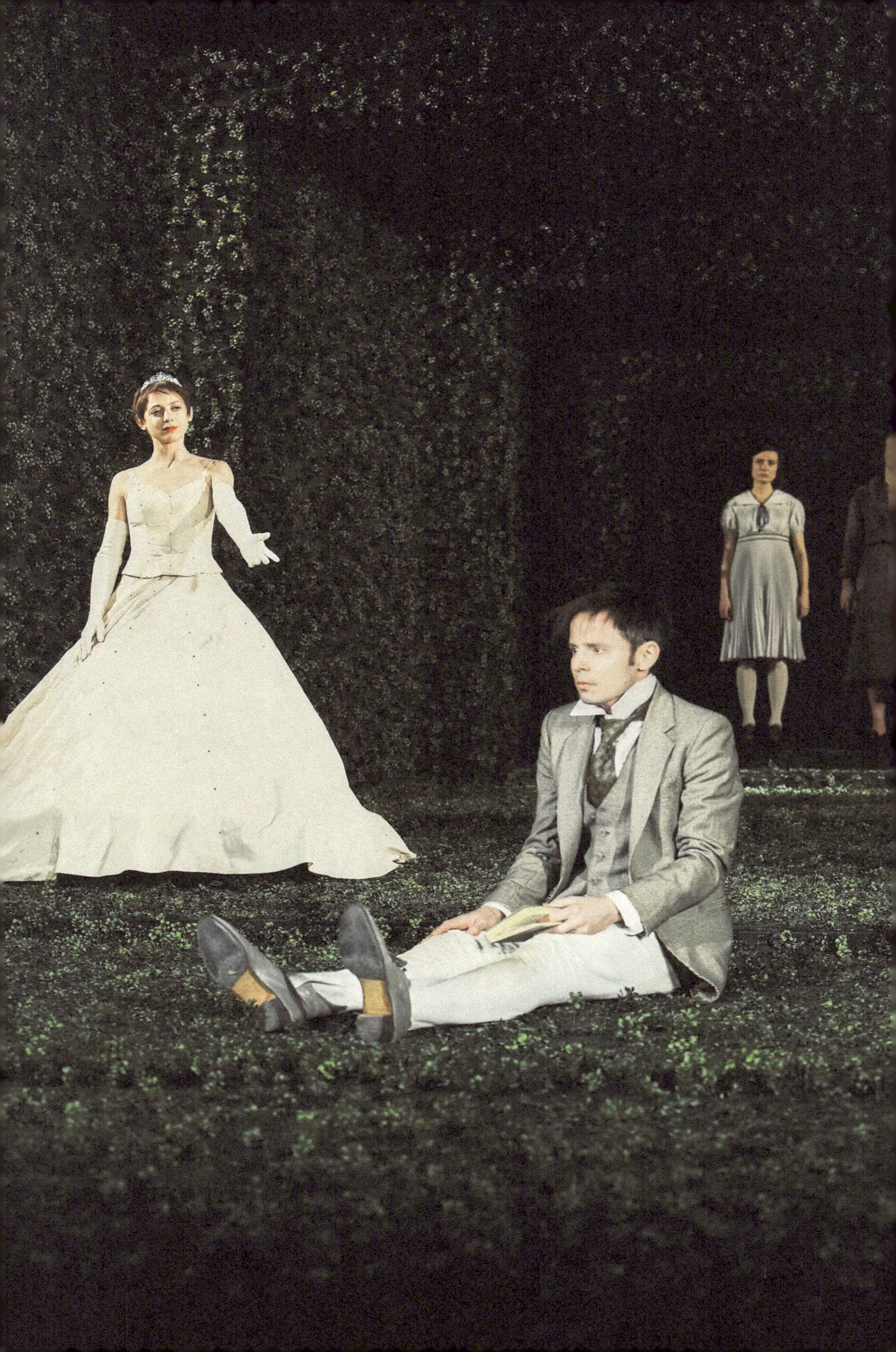

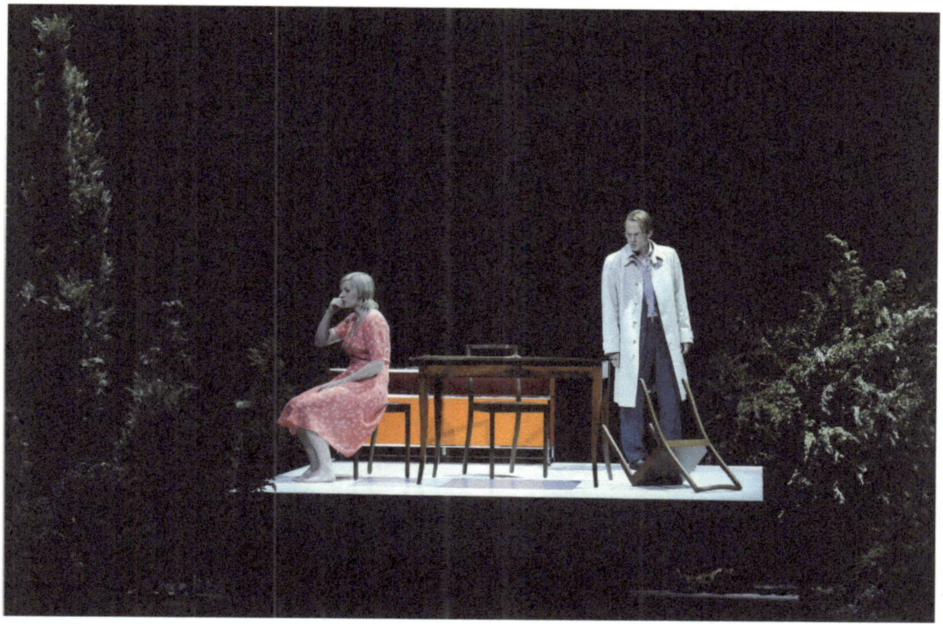

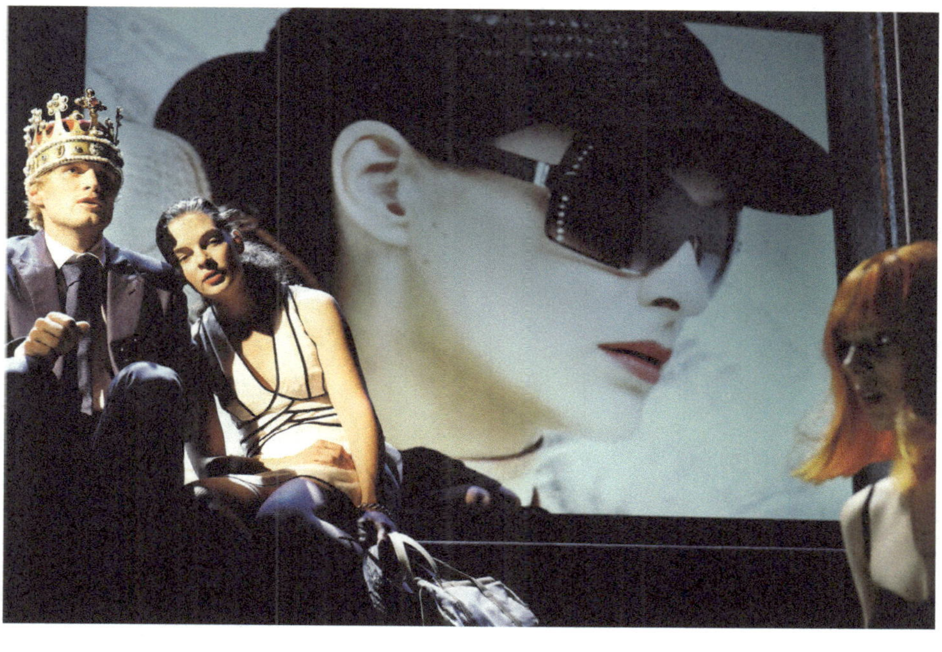

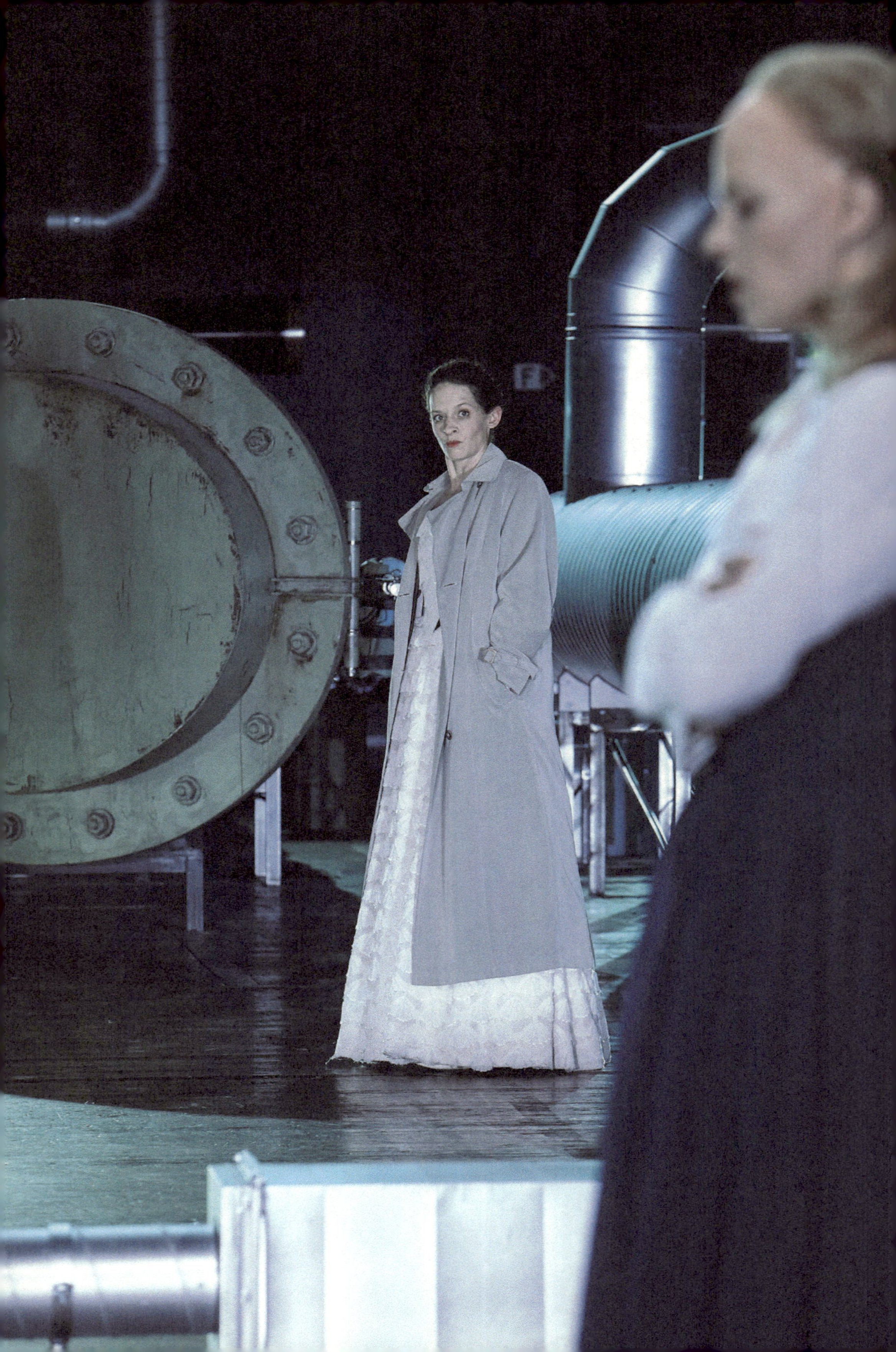

Anne Fournier

La résistance de l'intime

ZUSAMMENFASSUNG

Barbara Frey, die als erste Frau das Schauspielhaus Zürich leitete, ist im französischsprachigen Theater noch wenig bekannt. Dabei ist die Regisseurin, die in Basel aufwuchs, von der französischen Kultur beeinflusst. In jungen Jahren entwickelte sie eine Leidenschaft für das Kino und entdeckte Schauspielerinnen und Regisseurinnen wie Isabelle Huppert, Simone Signoret und Agnès Varda. In ihrer Arbeit spielen das klassische Repertoire und der Text eine wesentliche Rolle – ein Ansatz, der sie mit der französischen Theatertradition verbindet. Auch vereint Barbara Frey ihre künstlerische Arbeit mit feministischen Überzeugungen und dem Kampf für Gleichheit, und dies stösst in der Schweiz gelegentlich noch auf heftigen ideologischen und politischen Widerstand. Ihr Theater ist demnach auch eines, das an Vorurteilen kratzt und Gespenster aufscheucht.

RIASSUNTO

Barbara Frey, prima donna al timone dello Schauspielhaus di Zurigo e regista di spicco nei paesi di lingua tedesca, è ancora poco conosciuta negli ambienti teatrali romandi e ciò malgrado l'artista, cresciuta a Basilea, sia influenzata dalla cultura francofona. Molto presto si appassiona al cinema e scopre attrici e registe come Isabelle Huppert, Simone Signoret e Agnès Varda. Inoltre, nelle sue messinscene, il repertorio classico e il testo hanno un ruolo centrale – un approccio che l'avvicina alla tradizione teatrale francese. Soprattutto, però, Barbara Frey unisce il suo lavoro artistico all'impegno a favore di una maggiore parità – cosa che, in Svizzera, a volte incontra ancora forti resistenze ideologiche e politiche. Quindi il suo teatro intende anche scalfire i preconcetti e scacciare i fantasmi.

ABSTRACT

Barbara Frey, the first woman to lead Schauspielhaus Zürich, is still little known in the French-speaking theatre world. Yet the director has been influenced by French culture, as she grew up in Basel. She developed a passion for the country's cinema at a young age with her discovery of actors and directors such as Isabelle Huppert, Simone Signoret and Agnès Varda; and her focus on a classical repertoire and the text itself is an approach that links her to French theatre tradition. In addition, Barbara Frey incorporates feminist convictions and the fight for equality into her artistic work, a move that still occasionally encounters fierce ideological and political resistance in Switzerland. The result is a theatre that scratches at prejudices and draws ghosts out of hiding.

Elle aime l'obscurité, cette obscurité qui la pousse à mieux observer ou à voir différemment. Elle semble continuellement enquêter, chercher, creuser. En cette soirée de septembre 2009, Barbara Frey, très attendue, est venue sous les projecteurs – rituel de circonstance et joie assumée – saluer le public entre ses deux reines. Elle a présenté sa mise en scène du *Marie Stuart*[1] de Friedrich Schiller, sur un ton plutôt austère, dans le Schiffbau, ancienne usine à bateaux devenue en 2000 espace de création annexé au Schauspielhaus de Zurich. Un classique pour raconter le destin d'une femme face aux contradictions et aux culpabilités du pouvoir, pour interroger le mécanisme des lois et leur validité lorsque s'effritent les frontières entre l'intime et le public. Ce choix prend une saveur particulière sur la plus grande scène de Suisse pour la première fois placée sous la direction d'une femme[2]. Barbara Frey vient d'y succéder à l'Allemand Matthias Hartmann, qui a préféré à Zurich le Burgtheater de Vienne, et à Christoph Marthaler, le petit génie du lieu mis à mal par sa ville natale en raison des soucis financiers de l'institution. Barbara Frey se souvient qu'on lui disait : « Attention Barbara, tu as deux problèmes, tu es une femme et tu es Suisse ! A Zurich, cela garantit beaucoup de critiques. »[3] Et elle explique :

> « Quand les hommes occupent ce genre de poste, ça paraît normal, cela va de soi. Quand des femmes y accèdent, tout à coup, on parle de pouvoir. Pourquoi ne pas plutôt voir qu'elles ont saisi une opportunité grâce à une belle équipe autour d'elles ? »[4]

En guise d'incipit au Schauspielhaus de Zurich, la nouvelle directrice opte donc avec *Marie Stuart* pour une fable qui met à nu les mécanismes du pouvoir. Parmi les critiques, souvent très exigeantes avec les nouveaux-venus à la tête de cette prestigieuse institution, la journaliste Daniele Muscionico commente cette première dans la *Weltwoche* de la manière suivante :

> « Voici du théâtre d'aujourd'hui et pour aujourd'hui. D'autant plus dans une ville qui, depuis longtemps, ne parvient plus à répondre à la question ‹ A quoi sert le théâtre ? › *Marie Stuart* de Barbara Frey

1 La première a eu lieu le 17 septembre 2009, dans le Schiffbau/Halle du Schauspielhaus de Zurich. De plus amples informations sur cette mise en scène et les autres productions de Barbara Frey mentionnées dans le présent article figurent dans la théâtrographie en fin d'ouvrage, pp. 331–346.

2 Dans le présent ouvrage de *MIMOS*, la critique de théâtre Barbara Villiger Heilig dresse un bilan des 10 ans (2009–2019) de Barbara Frey à la tête du Schauspielhaus de Zurich, pp. 237–246.

3 La citation est tirée d'une interview avec Barbara Frey, menée par Anne Fournier le 30 septembre 2022 via Zoom.

4 *Idem.*

> nous livre une réplique au prix d'un billet de spectacle. Zurich a retrouvé une scène où l'on réfléchit sur des thèmes, sur l'être humain et ses comportements. Sur l'humain dans son époque, empêtré dans ses idées, pendu à la potence de sa propre morale. »[5]

Du théâtre pour aujourd'hui, donc, et dans lequel on va réfléchir sur l'essence de l'être humain. C'est sans doute là l'une des entrées en matière les plus élégantes pour aborder l'approche théâtrale de Barbara Frey.

Le théâtre comme « zone d'inconnu »

L'arrivée de Barbara Frey à Zurich a bouleversé la réception des arts scéniques de la journaliste romande que je suis, intéressée de longue date par le théâtre germanophone. Très souriante et avenante, attentive et généreuse lorsqu'on l'interroge, Barbara Frey est une femme au premier abord intimidante, exigeante avec elle-même et avec ce qu'elle attend de la scène, de son théâtre, sans poudre aux yeux mais avec une incessante balance entre le conscient et l'inconscient. Car elle aime, dans son art, mettre en lumière ce qui parfois nous échappe, reste incompréhensible et immaitrisable, consciente des limites de notre existence, des aspects sombres, de la mélancolie et de notre besoin d'un ailleurs. La metteuse en scène définit elle-même la création comme une opération en « zone d'inconnu » :

> « Au fond, toutes les activités artistiques sont un voyage à travers la nuit, comme une zone d'inconnu, également une zone liée aux peurs, et une zone où nous rêvons. L'être humain dort un tiers de sa vie. [...] Où peut-on retrouver tout cela ? Il y a une humanité du rêve et une humanité de l'éveil. Nous-mêmes avons relativement peu accès à ce monde à part, ce qui devrait nous rendre très humbles, car cela indique clairement qu'en fin de compte nous n'avons pas accès à nous-mêmes et que nous ne nous comprenons pas. C'est ce qui est intéressant dans la mort. »[6]

5 Daniele Muscionico, «Verzicht auf Erotik und Politik», dans : *Die Weltwoche*, 24 septembre 2009, p.70. [Traduction de la citation par Anne Fournier]. Version originale : «Das ist Theater von heute und für heute. Zumal in einer Stadt, die auf die Frage ‹Wozu Theater?› seit langem keine Antwort mehr weiss. Barbara Freys *Maria Stuart* liefert die Replik zum Preis einer Theaterkarte mit dazu. Zürich hat wieder eine Bühne, auf der über Stoffe, Haltungen und über den Menschen nachgedacht wird. Den Menschen in seiner Zeit, verheddert in seine Ideen, aufgeknüpft am Galgen der eigenen Moral.»

6 «Wo die Angst ist, da geht's lang!», entretien d'Andreas Wilink avec Barbara Frey, dans : *nachtkritik.de*, 3 août 2021. [Traduction de la citation par Anne Fournier]. Version originale : «Im Grunde sind alle künstlerischen Aktivitäten eine Reise durch die Nacht als eine Zone des Unbekannten, auch eine Zone, die mit Ängsten verbunden ist, und eine Zone, in der wir träumen. Der Mensch schläft ein Drittel seines Lebens. [...] Wo ist das alles zu finden? Es gibt eine Menschheit des Träumens und eine Menschheit des Erwachens. Wir selbst haben relativ wenig Zugang zu dieser gesonderten Welt, was uns sehr demütig machen

Ce vœu d'un voyage vers l'inconnu pour donner force à la création rappelle un principe d'Agnès Varda, la cinéaste Nouvelle Vague souvent évoquée par Barbara Frey pour parler de sa démarche d'artiste : selon ce principe, plus que montrer, elle veut donner l'envie de voir. La prétention première n'est pas uniquement de restituer le réel, mais de retranscrire sur scène la poésie et l'inconscient qui y sont perçus, ceci grâce à un processus de création global, en variant les codes, les langages et les formats. C'est l'art de raconter en multipliant les perspectives, tout à coup directement vers la caméra – ou derrière le rideau – de vivre des utopies artistiques dans le film ou le spectacle toujours en mouvement. Conséquence directe, l'autre complicité avec Agnès Varda relève de cet art du spectateur, cet espace que l'acte de mise en scène laisse vierge de sens ou de direction, parfois sous le couvert de la fantaisie – ou avec l'aide de la musique[7] – pour offrir une zone d'expérimentation au public invité à remplir les silences ou à voir ce que cache le rideau.

Figures féminines fortes

Barbara Frey a grandi à Bâle et, très jeune, elle découvre la scène grâce à sa mère, une « féministe précoce »[8], se réjouit-elle, qui a toujours travaillé pour élever ses trois enfants à la suite du départ de son père. « Ma mère a dû tout faire, a combattu, elle a lu de la littérature féministe et j'ai grandi dans ce climat. Elle nous répétait de nous protéger, elle fut un modèle. »[9] À Bâle, il y a le théâtre de la ville mais aussi les salles obscures, dans lesquelles Barbara Frey se passionne pour le septième art – notamment le cinéma du grand voisin français – et pour certaines actrices et figures féminines fortes et volontaires comme Simone Signoret, Anna Magnani ou Isabelle Huppert. Quand elle rencontre Isabelle Huppert grâce à *La Dentellière*[10] de Claude Goretta, la Bâloise, âgée d'à peine treize ans, ressent un déclic devant son jeu. Elle rêve alors de devenir actrice, sans modèle familial particulier, si ce n'est celui de sa grand-mère engagée dans une troupe amatrice. Elle en rêve mais se laisse vaincre par sa timidité, sa crainte de la lumière, toujours vivace. « C'est peut-être ça qui m'a menée à la mise en scène. Cela me permettait de

sollte, denn es ist ein klares Zeichen dafür, dass wir letztlich keinen Zugang zu uns selbst haben und uns nicht verstehen. Das ist das Interessante am Tod.» (https://www.nachtkritik.de/index.php?option=com_content&view=article&id=19823:barbara-frey-im-interview&catid=101&Itemid=84 ; consulté le 9 décembre 2022).

7 Par exemple, *A Dream Within a Dream*, production créée avec le percussionniste Fritz Hauser à partir de poèmes d'Edgar Allan Poe le 18 décembre 2010 au Schiffbau/Box du Schauspielhaus de Zurich, puise dans la musique et dans le décor le moyen de bouleverser notre rapport au réel, de réveiller l'inconscient des spectateur·trice·s.

8 Interview d'Anne Fournier avec Barbara Frey, cit.

9 *Idem.*

10 Isabelle Huppert a été révélée au grand public par ce film franco-suisse, réalisé par Claude Goretta en 1977.

rester proche des actrices et acteurs. »[11] En 1988, dotée d'une licence en philosophie et littérature allemande, elle entre au Theater Basel en tant que… musicienne. Elle joue de la batterie. Son esprit pop ou funk a pris le dessus. C'est surtout l'ère du directeur et metteur en scène Frank Baumbauer, une époque lumineuse pour l'institution bâloise, durant laquelle un autre talent créé son univers autour de la musique, un certain Christoph Marthaler.

Dans ce contexte, Barbara Frey signe à 29 ans sa première mise en scène, avec le choix d'un texte inédit au théâtre, *Ich kann es besonders schön*[12], né de *La Cloche de détresse*[13], ce roman d'inspiration autobiographique dans lequel l'Américaine Sylvia Plath dépeint les circonstances de sa première dépression. Elle se suicidera à trente ans en 1963. On retrouve déjà là le portrait d'une protagoniste tiraillée par les exigences de la société. Par la suite, Barbara Frey, invitée sur les plus grandes scènes germanophones, garde toujours un lien avec les figures féminines agitatrices d'une société étouffante : en 2002 elle monte par exemple *Trois versions de la vie*[14] de Yasmina Reza.

Nouveau regard sur le monde

Chez la metteuse en scène bâloise, le répertoire est la valeur ajoutée, celle qui permet de donner aux mots universels l'accent et le timbre du monde d'aujourd'hui. Cette orientation la rapproche de l'univers dramaturgique français, plus intime du texte que le décryptage davantage expérimental et corporel du théâtre germanophone. Pourtant, ses mises en scène, même à l'heure du surtitre, n'ont jusqu'à présent pas été proposées dans les salles francophones, contrairement à celles d'autres metteur·euse·s en scène alémaniques. Et c'est regrettable, quelles qu'en soient les raisons. Barbara Frey s'engage souvent avec des textes qualifiés de classiques ou exigeants, elle a ses complices parmi les grandes plumes, d'Anton Tchekhov à William Shakespeare en passant par Molière ou, plus inhabituels pour le théâtre, Edgar Allan Poe et James Joyce. Parallèlement, elle entretient des relations de fidélité, voire d'amitié, très fortes avec des créateur·trice·s ou dramaturges de son temps : celles et ceux qu'elle a invité·e·s à Zurich en tant que directrice artistique du Schauspielhaus, à l'image de Frank Castorf ou Christoph

11 Interview d'Anne Fournier avec Barbara Frey, cit.

12 La première a eu lieu le 5 mai 1993 au Theater Basel.

13 Sylvia Plath, *La Cloche de détresse*, traduction de Michael Persitz, Paris : Denoël, 1972. (Version originale : Id., *The Bell Jar*, Londres : Heinermann, 1963).

14 *Drel Mal Leben*, de Yasmina Reza. La première a eu lieu le 28 février 2002 au Theater Basel.

Marthaler, celles et ceux qu'elle veut à ses côtés pour l'éclosion de nouveaux regards sur le monde comme le dramaturge Lukas Bärfuss, avec son langage acide pour raconter le contemporain. En 2002, Barbara Frey monte à Bâle la première pièce du Bernois, les *Névroses sexuelles de nos parents*[15]. La relation devient étroite et complice. Tous deux partagent une langue qui parfois érafle mais sans donner de réponse. Lukas Bärfuss applaudit « sa manière patiente d'éplucher jusqu'au plus profond. Elle a la vertu des chasseurs. »[16] Durant sa décennie à Zurich (2009–2019) Barbara Frey signera deux autres créations du jeune dramaturge : *Malaga*[17] en 2010, puis *Frau Schmitz*[18] en 2016.

Depuis son départ de la Suisse, Barbara Frey a déposé ses bagages en Allemagne et à Vienne, souvent sur la scène du Burgtheater. En 2021, elle a repris la direction artistique du festival Ruhrtriennale, organisé dans la région de la Ruhr, en Allemagne, un bassin industriel qui transforme chaque année son paysage fascinant de hauts fourneaux et aciéries en scène internationale de la création. Une région très différente de son pays d'origine mais qui la fascine : « L'exploitation minière a imprégné les gens, les villes, la société qui s'y développent. C'est un quotidien différent qui marque aussi la réception du public. »[19] Cette prise en considération du public justifie d'ailleurs en partie ses réguliers changements de cap et d'adresses, nécessité pour l'inspiration, un privilège pour une artiste[20]. De quoi éclairer peut-être le caractère ambivalent du lien qu'elle garde avec la Suisse. D'un côté, cet esprit helvétique « tête de mule » qui la fait sourire avec tendresse et qu'elle retrouve aussi chez d'autres artistes parti·e·s hors de leurs frontières, et puis en contrepoint, presqu'en écho, le regard parfois étroit et conservateur lors de choix politiques comme la récente votation sur l'assurance retraite et ses conséquences pour les femmes, dont l'âge de départ à la retraite est repoussé d'une année :

> « La Suisse n'est pas une référence pour le combat de l'égalité des femmes, je l'ai observé particulièrement lorsque je dirigeais le Schauspielhaus, avec des collaboratrices, comédiennes ou metteuses en scène, élevant seules leurs enfants, dans des conditions souvent très difficiles. Finalement, le cynisme veut que soit une femme est pénalisée soit elle

15 *Die sexuellen Neurosen unserer Eltern*, de Lukas Bärfuss. La création a eu lieu le 13 février 2003 au Theater Basel.

16 La citation de Lukas Bärfuss est tirée de : Anne Fournier, « Ouvrière du Théâtre », portrait de Barbara Frey, dans : *Le Temps*, 26 mai 2009, p. 24.

17 Création le 9 mai 2010, Pfauen, Schauspielhaus Zurich.

18 Création le 22 octobre 2016, Pfauen, Schauspielhaus Zurich.

19 Interview d'Anne Fournier avec Barbara Frey, cit.

20 Cfr. «Die Theater müssen umdenken», interview d'Alexandra Kedves avec Barbara Frey, dans : *Tages-Anzeiger*, 11 octobre 2022, p. 29.

est tenue loin du milieu professionnel. C'est surprenant, car la Suisse est un pays riche et donc cet esprit conservateur est encore moins compréhensible. »[21]

Alors, le théâtre est aussi là, chez cette combattante de l'intime, pour labourer les a priori, bousculer les fantômes. Sur scène, la sobriété, les jeux d'ombre et de sonorités interrogent l'humain, avec ses abîmes, ses faces sombres, sa force créatrice aussi. Dans la pièce *Das weite Land*[22] de l'Autrichien Arthur Schnitzler – que Barbara Frey a mise en scène en août 2022 à Bochum dans le contexte de la Ruhrtriennale, la tricherie et la fuite de la bourgeoisie aboutissent à la mort. La scène existe spatialement dans la profondeur comme dans la largeur avec un rideau pour la scinder, pour jouer de cette dualité entre le monde physique et le monde intérieur (ou celui des morts). C'est une pellicule, une partition qui se déroule, un jeu de faux semblants, de hors-scène (là où la mort a laissé ses empreintes), de séquences, traces de cette inspiration qui chez Barbara Frey semble venir de partout. De la musique, de la littérature ou du cinéma :

« Pourquoi devoir se demander si le théâtre vaut la peine. Bien sûr qu'il doit être là. Le théâtre est, surtout en période de crise, la forme vitale pour se concentrer et échanger sur la réalité. On doit s'occuper des questions existentielles pour discuter ensemble de la vie. Et c'est uniquement en parlant ensemble de la vie qu'on peut se demander pourquoi l'on est si mauvais, pourquoi on offre un monde si décomposé à la nouvelle génération. On doit apprendre à poser des questions plutôt qu'à asséner des réponses, au nom d'une soi-disant utilité. »[23]

En 2022, le marasme géopolitique et la crise ambiante – tant économique que climatique – donnent à ces ambitions une acuité encore plus forte. Pour Barbara Frey, les arts naissent de la crise et sont pensés pour elle, car l'être humain a toujours eu besoin de ces canaux pour survivre. La création artistique doit permettre d'interroger le réel, de côtoyer de nouvelles formes de vivre ensemble. Le théâtre se façonne donc comme travail collectif avec, derrière cet esprit de groupe, en premier lieu, une troupe de comédiens et comédiennes extraordinaires, comme celle qui a accompagné la Bâloise durant sa décennie à Zurich ou celle du Burgtheater de Vienne, ou encore

21 Interview d'Anne Fournier avec Barbara Frey, cit.

22 *Das weite Land*, d'Arthur Schnitzler. Première le 20 août 2022, Jahrhunderthalle Bochum. Pour de plus amples informations sur cette mise en scène de Barbara Frey, nous renvoyons à la fine analyse d'Andreas Wilink dans le présent ouvrage, pp. 99–108. Luc Bondy (Anneau Hans Reinhart 1997) a adapté cette pièce de Schnitzler dans son film *Terre étrangère* (1987), avec Michel Piccoli dans le rôle de Friedrich Hofreiter.

23 Interview d'Anne Fournier avec Barbara Frey, cit.

l'équipe administrative dans un festival comme celui de la Ruhrtriennale. Cet esprit collectif a ainsi valeur d'impulsion vitale, associée à une autre nécessité, celle de la concentration :

> « Au moment où tout va vite, tout est remis en question, décomposé, par le Covid, par la société ultra-connectée, une chose est primordiale : c'est la concentration, ou la prise de temps, même sous pression. Alors, je combats pour avoir du temps et de l'espace. »[24]

Barbara Frey est une combattante souriante, sereine malgré tout, portée par son théâtre, ces langages qui se multiplient et font se rencontrer les âmes comme les esprits. Toujours en mouvement, aussi bien géographiquement que dans son art, elle a ce pouvoir d'aimer les univers obscurs, de la forêt à l'inconscient. La metteuse en scène observe plus qu'elle dirige. Même parfois tapie dans l'ombre.

24 *Idem.*

Bettina Meyer

Das Ohr

Von Räumen und Proben

293

RÉSUMÉ

Après le choix du texte, c'est l'espace qui entre en jeu. Ce qui veut dire : la scénographe Bettina Meyer. À ce jour, 60 productions la lient à Barbara Frey, 60 tests de construction, 60 fois huit semaines de répétitions, près de 20 000 heures passées ensemble. En suivant les étapes du processus de création jusqu'à la première, elle décrit ses impressions du travail mené avec la metteuse en scène : « Barbara Frey entend tout, perçoit tout, c'est pourquoi elle est distraite par la moindre interférence. Si elle était un organe sensoriel, elle serait une énorme oreille. Elle ne peut rien occulter, elle ressent chaque digression des pensées dans l'espace. Elle veut entendre les pensées : la précision du sentiment, la précision des pensées traduites en mots. Car Barbara Frey ne se met pas en scène elle-même, mais le soi du texte dans les corps et les voix des comédien·ne·s. »

RIASSUNTO

Dopo avere scelto la pièce, entra in gioco lo spazio scenico. Cioè Bettina Meyer. Ad oggi, 60 produzioni legano la scenografa a Barbara Frey, 60 prove di scenografia, 60 per otto settimane di prove con l'ensemble, circa 20.000 ore passate insieme. Seguendo le varie tappe della realizzazione di uno spettacolo, Bettina Meyer riporta le sue impressioni della collaborazione con la regista: «Barbara Frey sente tutto, percepisce tutto, quindi ogni minima interferenza la disturba. Se fosse un organo sensoriale, sarebbe un gigantesco orecchio. Non riesce a filtrare gli stimoli, avverte ogni pensiero divagante attorno a sé. Vuole sentire i pensieri: la precisione dei sentimenti e dei pensieri trasposta in parole. Perché Barbara Frey non mette in scena se stessa, ma il sé del testo nei corpi e nelle voci degli attori e attrici.»

ABSTRACT

After the text has been chosen, attention turns to the space. That means: set designer Bettina Meyer. To date, she and Barbara Frey have clocked up 60 productions, 60 set rehearsals and 60 eight-week stage rehearsals together, or 20,000 hours. A witness to the entire rehearsal process up to the premiere, Meyer describes her impressions of working with the director: "Barbara Frey hears, and is aware of, everything, which is why she's distracted by the least interference. If she were a sensory organ, she'd be a giant ear. She can't block out a thing; she senses every digressive thought in the room. She wants to hear the thoughts: to have the precision of the feelings and thoughts spelt out in words. Because Barbara Frey doesn't stage herself, but rather the 'self' of a text through the bodies and voices of the actors."

DASKUNSTSEIDENEMÄDCHENHOCHZEITSREISEUNDWENNSIE-NICHTGESTORBENSINDDASGEHEIMNISDESLEBENSIWANTTO-TALKLIKELOVERSDORITTERDENEVOSSNACHTBUCHZÜRICH-ROBERTOZUCCOUBUVORLANGERZEITIMMAIDIEUNBEKANN-TEAUSDERSEINEPORTAUTHORITYKLANGSTEIN5DREIMALLEBE-NENDSPIELDIESEXUELLENNEUROSENUNSERERELTERNONKEL-WANJAPHÄDRADIEFLEDERMAUSWIEESEUCHGEFÄLLTJOHGA-BRIELBORKMANNGESCHICHTENAUSDEMWIENERWALDMINNA-VONBARNHELMDERKIRSCHGARTENARSENUNDSPITZENHÄUB-CHENMEDEADERREIGENSTURMQUARTETTTRIUMPHDERLIE-BEGROSSUNDKLEINJENUFAMARIASTUARTMALAGAFEGEFEU-ERININGOLSTADTPLATONOWLEONCEUNDLENADERIDEALE-MANNBAUMEISTERSOLNESSDERMENSCHENFEINDLILIOMAR-MUNDREICHDIESCHWARZEHALLEDERPROZESSDREISCHWEST-ERNYVONNEDIEBURGUNDERPRINZESSINDIEAFFÄRERUEDE-LOURCINENACHTSTÜCKDIESCHUTZBEFOHLENENFRAUSCH-MITZJAKOBVONGUNTENZURSCHÖNENAUSSICHTSCHÖNEBE-SCHERUNGENHAMLETLENOZZEDIFIGAROPEERGYNT

Die Titel bedeuten 60 Bauproben, 60mal acht Wochen Proben, Endproben, Premieren usw. Grob gerechnet komme ich auf 20 000 gemeinsame Stunden mit Barbara Frey, wahrscheinlich habe ich mit kaum einem anderen Menschen so viel Zeit verbracht.

Als ich 1996 zum ersten Mal in die Schweiz kam, um sie zu besuchen, erklärte mir der Taxifahrer, Basel liege genau auf halber Strecke zwischen Hamburg (meiner Geburtsstadt) und Rom (seiner Geburtsstadt). Ich sah es als gutes Omen. Inzwischen bin ich selbst Schweizerin.

Vor dem Modell...

Am Anfang ist der Raum. Nach der Entscheidung für einen Stoff, ein Stück, ein Thema, kommt der Raum ins Spiel. Das heisst in diesem Fall, ich. Der Raum wird das Gehege für die Menschen auf der Bühne, darin wird sie sie beheimaten. Die Heimatlosen. Er ist das Konzept. Er ist ein Geschenk und eine Bedrohung, eine Provokation, eine Herausforderung. Der Raum weiss etwas, was Barbara als Regisseurin noch nicht weiss, und das macht ihr auf produktive Weise Angst. Angst ist ein Gefühl, das Barbara nutzt, um Kraft zu schöpfen. Angst lähmt sie nicht, sie treibt sie an. Wie eine Karatekämpferin kann sie durch Umlenken Angst in Kreativität verwandeln.

Sie ist voller Respekt und Vertrauen, wenn wir gemeinsam das erste Mal auf ein Entwurfsmodell schauen. Es ist noch weich und, ja, auch klein, fünfundzwanzigmal kleiner als auf der Bühne, noch harmlos und verrückbar, noch nicht fest. Noch kann man reden über die Wand, wie hoch, wie tief, wie dunkel, wie rau. Aber irgendwann ist alles da und muss nur noch gross werden. Ich benutze oft dieselben Modellfiguren. Barbara kennt sie und erkennt sie wieder als alte Bekannte in neuen Welten, wie geschätzte Schauspieler:innen am ersten Probentag.

Manchmal wächst eine Idee und verwandelt sich im Entstehen, manchmal ist sie einfach da, kommt ganz fertig und perfekt auf die Welt und bleibt bis zur letzten Vorstellung. Bei der grünen Buchsbaumhölle in *Triumph der Liebe*[1] war es so. Barbara geht diese Wege mit. Sie glaubt an einen Raum, auch wenn sie mit ihm kämpft, ihn manchmal geradezu hasst. Aber sie bleibt ihm treu. Immer wünsche ich mir, dass sie ihn am Ende liebt.

1 *Triumph der Liebe* von Pierre Carlet de Marivaux, deutsche Fassung von Gerda Scheffel. Premiere am 15. Dezember 2007, Deutsches Theater Berlin. Weitere Informationen zu dieser und den anderen im vorliegenden Beitrag erwähnten Inszenierungen von Barbara Frey finden sich im Werkverzeichnis an Buchende, p. 331–346.

D *Medea*[2] ist eine Arbeit, die ohne ein tiefes Verständnis der jeweiligen Kompetenzen im Team nie hätte zustande kommen können. Barbara und Nina Hoss haben mit einem Raumkonzept gearbeitet, das einschränkt, behindert, nervt. Medeas Raum war erhöht, ein Beobachtungsposten und gleichzeitig ein erniedrigender Narrenkäfig. Der Raum ist der surreale Albtraum in Medeas Kopf. Er hat keine Türen, Menschen und Kinderköpfe stülpen sich durch die Wände, dringen in ihre Privatsphäre ein. Aufrechtes Stehen ist unmöglich. Wie ein Tier, eine Kreatur kämpft und verendet sie darin. Dennoch beherrscht Medea den ganzen Bühnenraum, alle anderen müssen sich aus dem abstrakten Umraum heraus zu ihr verhalten. Weder Barbara noch Nina Hoss haben die Idee auch nur einmal in Frage gestellt.

Auf der Probebühne, es wird ernster…

Barbara hört alles, sie nimmt alles wahr, deshalb lenkt sie alles Störende ab. Wie ein Nachttier ist sie ganz Ohr. Wäre Barbara ein Sinnesorgan, sie wäre ein riesiges Ohr.

Das kann für alle anderen recht anstrengend sein, so ein Ohr. Die Probebühne ist quasi mit imaginären Grenzflächenmikrofonen ausgelegt. Wie Minen sind sie im ganzen Raum verteilt. Unter meinem Stuhl, im Bühnenpodest, in der Tastatur, der Tasche, den Probeschuhen der Schauspieler:innen, den Keksen am Pausen-Buffet, beim Schnäuzen der Nase… überall lauern Geräuschfallen. Flach atmen, leise Turnschuhe, Kleidung, die nicht raschelt und beim Übereinanderschlagen der eingeschlafenen Gliedmassen ein unangenehmes Geräusch verursachen könnte. Möglichst nicht auffallen, ruhige, totale Konzentration auf die Arbeit der anderen ist der mörderische Normalzustand.

Barbara kann nichts ausblenden. Wenn die Tür der Probendekoration knarrt, reicht es nicht, zu erwähnen, dass sich das Original geräuschlos öffnen wird. Sie spürt jedes Abschweifen der Gedanken im Raum. Eine Musikerin, die nach ihrem Einsatz beginnt, die Sticks zu sortieren, oder ein Praktikant, der einen Tee holt, ein Schauspieler, der seinen Text auf dem MacBook anschaut.

2 *Medea* von Euripides, deutsche Fassung von Hubert Ortkemper. Premiere am 29. November 2006, Deutsches Theater Berlin. Für ihre Rolle als Medea wurde Nina Hoss mit dem Gertrud-Eysoldt-Ring ausgezeichnet.

Jede Ablenkung muss vermieden werden. Niemand, der nicht unmittelbar am Probenprozess beteiligt ist, sollte jetzt da sein, kein Handy eingeschaltet.

Die Präzision des Gefühls, die Präzision der Gedanken in Worte gefasst zu bekommen. Sie will die Gedanken hören. Deshalb muss alles andere still sein. Sie inszeniert nicht sich selbst, sondern das Selbst des Textes in den Körpern und den Stimmen der Schauspielerinnen und Schauspieler.
Sie ist eine Dirigentin der Sprache. Sie inszeniert die Musik.

Barbara hat einen grossartigen Humor. Sie kann nicht nur William Shakespeare und andere Giganten der Weltliteratur zitieren, sondern auch René Goscinny – «latürnich» – den sie jederzeit dazu zählen würde. Wir haben Lieblingszitate wie: «Jetzt forcieren sie's, das wirkt unnatürlich»[3] aus dem *Kupferkessel*. Oder: «Er ist grossartig! Wer? Na Ihr! Ach ER!»[4] aus der *Trabantenstadt*. Für sie hat das Komische auch immer etwas Tiefgründiges, manchmal Trauriges, wie bei Buster Keaton. Ihr Humor auf der Bühne ist zart und intelligent.

Barbara ist nicht hip. Barbara schiesst auf der Probe nicht aus der Hüfte. Sie betreibt kein Multitasking. Langsam und gründlich bringt sie jeden Gedanken hervor, überprüft, zweifelt, verwirft, quält sich und fragt nach, bis ein Konzentrat alles Gesagten und Gedachten und Geprobten übrigbleibt. Eine Essenz, die standhält. Die so intensiv ist, dass jedes Beiwerk sie stört. Nach mindestens drei Stunden bekomme ich Hunger. Ich versuche mich auf die Probe zu konzentrieren, scheine dabei aber umso mehr Energie durch passive Teilnahme am Prozess auf der Bühne zu verbrauchen. Der Magen knurrt, für alle hörbar. Barbara dagegen scheint geistige Nahrung zu genügen. Kein Zeichen von Schwäche, kein Nachlassen der totalen Aufmerksamkeit, keine Müdigkeit im Körper ist wahrzunehmen. Ingwertee. Rauchpause. Die Herde strebt zum Pausenbuffet. War eine Probe gut oder besonders anstrengend, wird gefeiert. Barbara kann sehr gut feiern. Sie ist eine gefeierte Gastgeberin und lädt ein. Es gibt Champagner.

3 *Asterix und der Kupferkessel*. Zeichnungen: Albert Uderzo, Text: René Goscinny. Deutsche Übersetzung von Gudrun Penndorf. Berlin: EHAPA 1972 (deutsche Erstausgabe), S. 32.

4 *Die Trabantenstadt*. Zeichnungen: Albert Uderzo, Text: René Goscinny. Deutsche Übersetzung von Gudrun Penndorf. Berlin: EHAPA 1974 (deutsche Erstausgabe), S. 5.

Yvonne, die Burgunderprinzessin[5] in der Schiffbauhalle in Zürich. Barbara hat alle Rollen mit Männern besetzt. Der Kosmos von Witold Gombrowicz passt zu Barbaras Weltsicht, zu ihrer Kunst, ihrer Musikalität und zu ihrem Humor. Die Musik an dem Abend ist verstörend schön. Durch einen Tunnel betritt das Publikum einen Hofstaat der Untoten, die hinter Vorhängen einander belauschen und sich permanent beobachten und ausspionieren. Zuschauerraum und Bühne sind eins. Wir als Zuschauende gehören dazu. Unser Voyeurismus steht dem der Darsteller ebenbürtig gegenüber. Als schweigende Menge schauen wir, alle gemeinsam Publikum und Hofstaat, Yvonne beim Sterben zu.

Auf der Bühne, es wird noch ernster...

Die TE, die technische Einrichtung, ist der Tag, an dem das Modell plötzlich gross geworden ist. Es gibt kein Zurück. Irgendwas ist nie fertig, obwohl doch alles da sein sollte. Alle sind nervös und vergessen, sich zu freuen. Seit vielleicht einem halben Jahr habe ich auf diesen Tag hingearbeitet. Geld und die Arbeit vieler Mitarbeitenden stehen auf der Bühne. Irgendwann nach der Probe kommt Barbara und erkundet den Raum, geht seine Dimensionen ab, ist still.

Auf der ersten Bühnenprobe kommen dann auch noch echte Menschen dazu. Schrecklich. Alles wird so ernst, wo ist die Leichtigkeit?

Ich habe die Arbeit in der Theaterkunst immer als Balanceakt zwischen den Gegebenheiten der Institutionen und der Freiheit, die nötig ist, um kreativ zu sein, wahrgenommen. Das geht manchmal gut, manchmal fährt man gegen die Wand. Allein kommt man jedenfalls nicht weiter. Barbara weiss das und ringt jedes Mal aufs Neue darum. Sie ist ein leidenschaftlicher Mensch, genauso wie ich. Weil ich mich manchmal so fürchterlich aufrege, hat sie mir gegenüber einmal Lessing zitiert: «Wer über gewisse Dinge seinen Verstand nicht verlieret, der hat keinen zu verlieren!»[6] Das hat mich beruhigt.

5 *Yvonne, die Burgunderprinzessin* von Witold Gombrowicz, deutsche Fassung von Heinrich Kunstmann. Premiere am 10. Januar 2015, Schiffbau/Halle, Schauspielhaus Zürich.

6 Gotthold Ephraim Lessing, «Emilia Galotti», 5. Aufzug, 5. Auftritt (Odoardo). In: Ders.: *Gesammelte Werke*, 2. Bd. Berlin: Aufbau 1954, S. 313.

Endproben mit Barbara sind eine Herausforderung. Sie geht durch die Hölle, und alle Beteiligten mit ihr. Vom Tal der Tränen, das durchschritten werden muss, über Höhenflüge und Glücksgefühle, wenn ich die Zeit vergesse und nur noch zuschaue, und die tausendmal gehörten Worte plötzlich wie zum ersten Mal höre. Wenn alles Leid vergessen ist, weil man spürt, dass etwas aufgeht, wofür man gekämpft hat… bis zu den Geschenken und Karten am Premierenabend. Barbara schenkt gerne und gut. Es ist fast ein bisschen wie Weihnachten, wenn wir das Ende unserer Arbeit feiern. Für uns endet mit der Premiere die Arbeit, wo sie doch eigentlich erst das Licht der Öffentlichkeit erblickt. Die Energie kurz vor dem Premierenapplaus ist jedes Mal aufs Neue merkwürdig. Wir stehen zusammen, mit klopfenden Herzen in den letzten Minuten des Stückes beim Inspizientenpult. Begonnen hat es vor Monaten vor einem Modell, auf das wir gemeinsam geschaut haben. Inzwischen sind immer mehr Menschen dazu gekommen, immer mehr Individuen mit Bedürfnissen, Energien, Ideen… Theater eben. Barbara blickt zu Boden und hört die letzten Sätze ihrer Inszenierung. Dann zum ersten Mal Applaus. Die Schauspielerinnen und Schauspieler, vollgepumpt mit Adrenalin, nehmen uns an den Händen mit ins Scheinwerferlicht. Es ist vorbei, jetzt wo es beginnt.

Mit Maya ba

Vorhang bei

und doch

- Stuhl gOld
- NOCferato

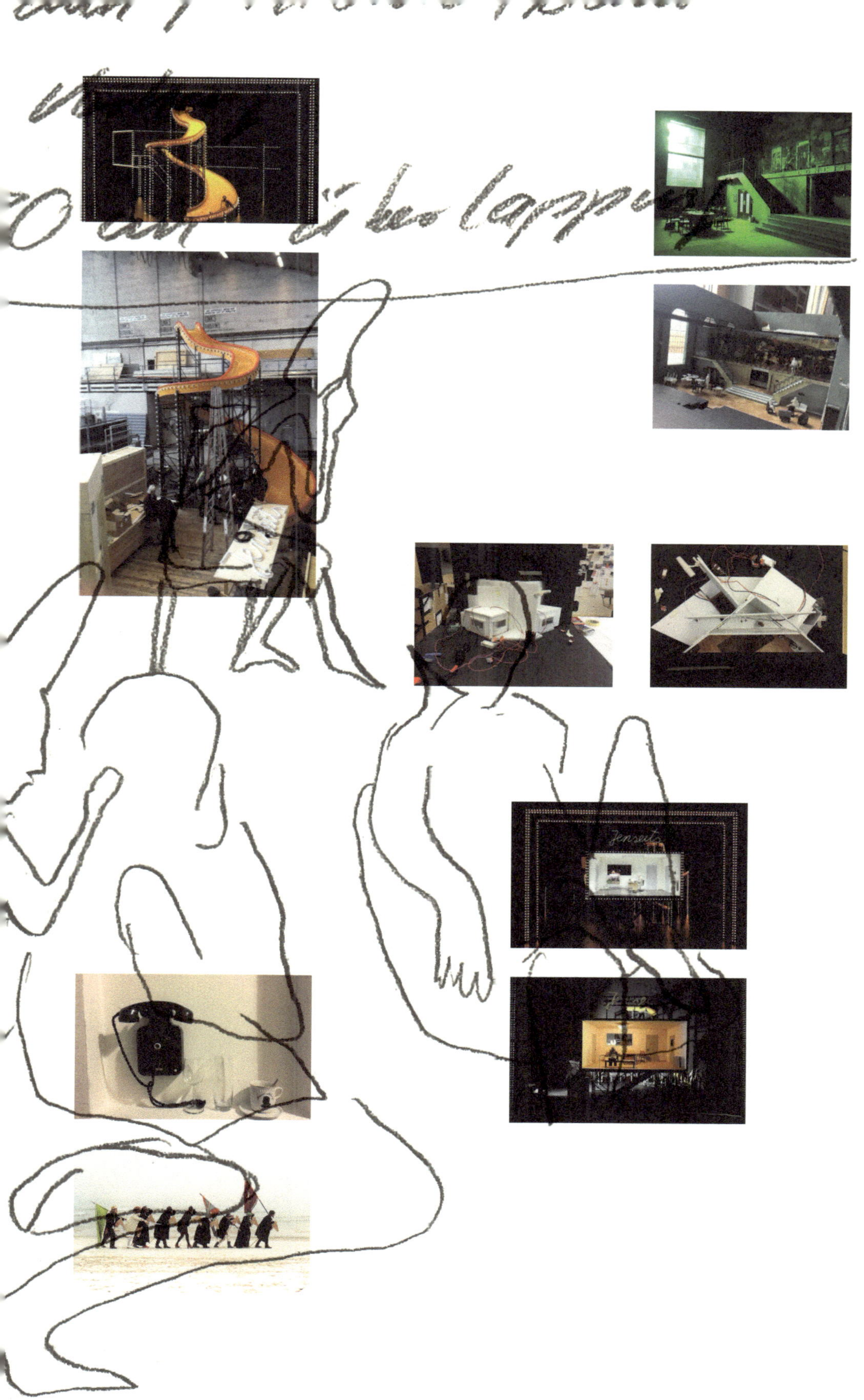
Jenseits

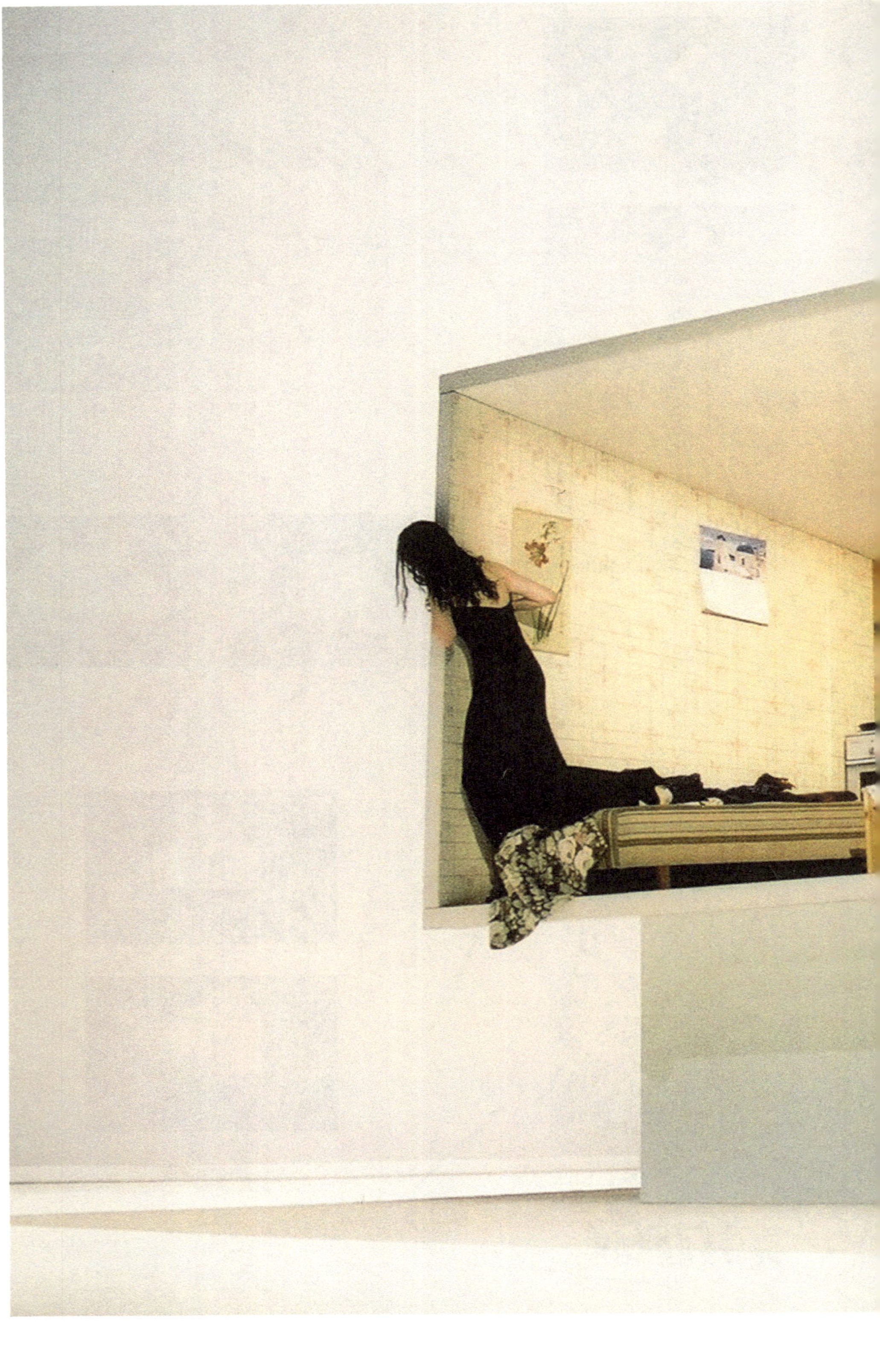

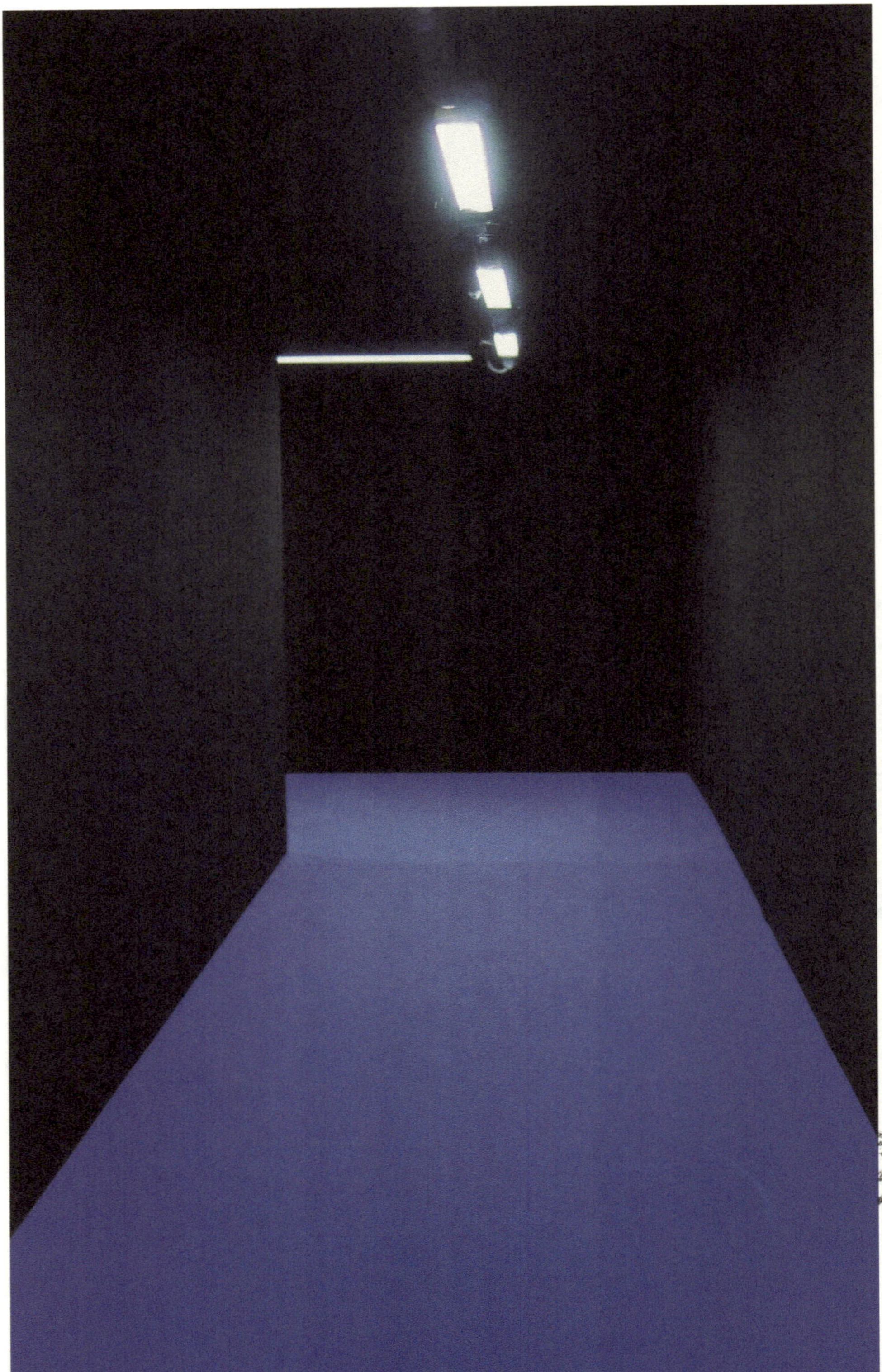

306

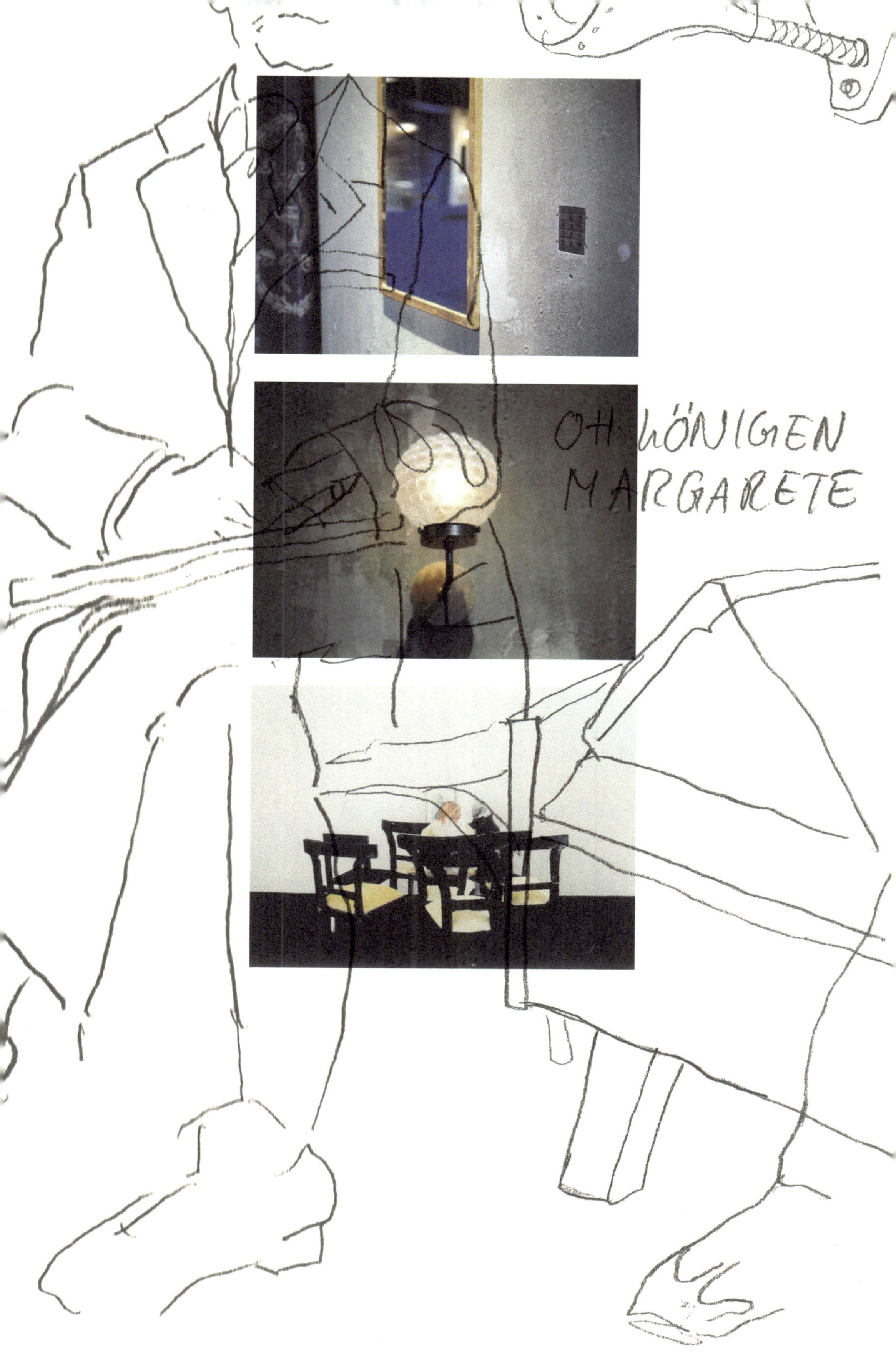
OH KÖNIGEN
MARGARETE

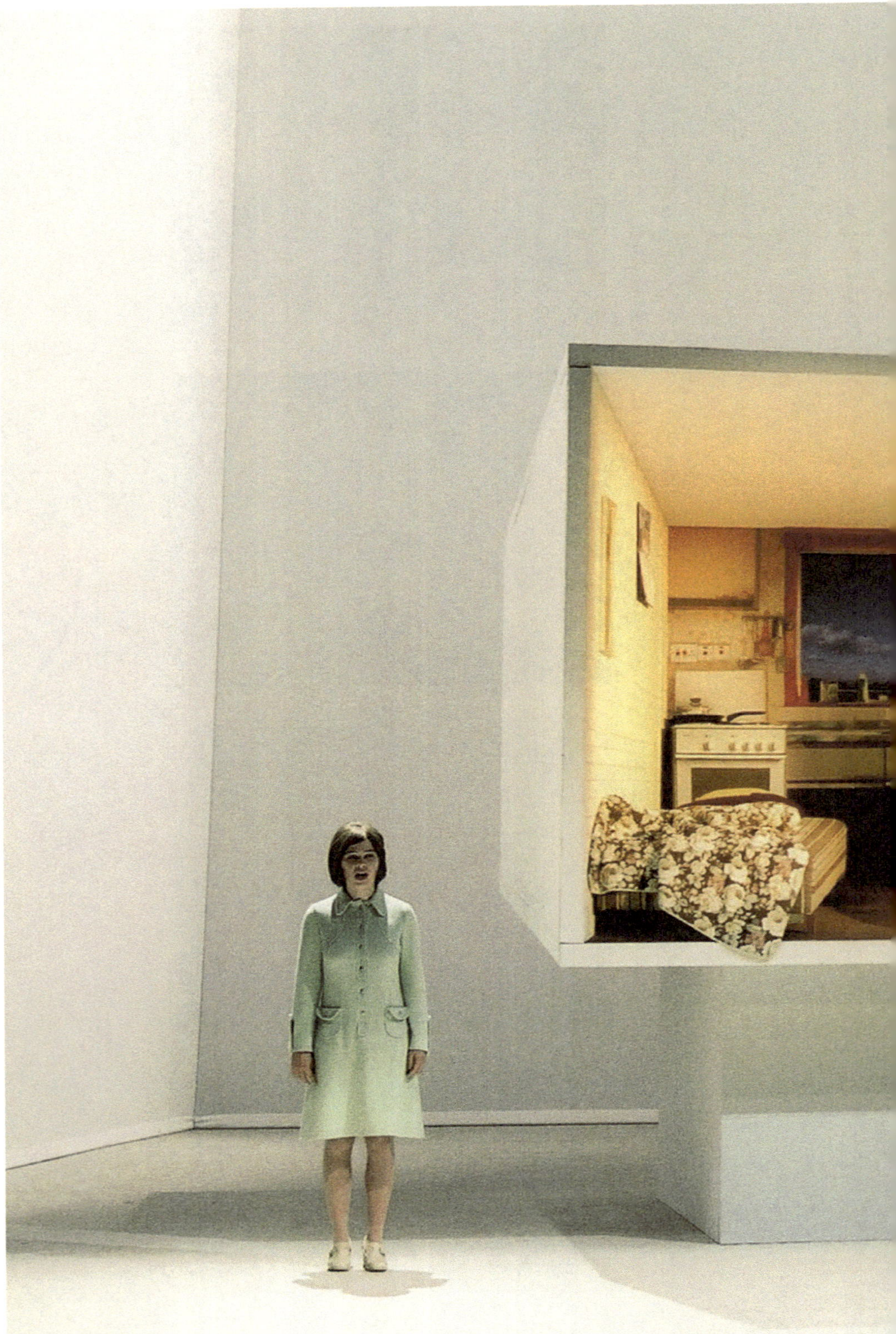

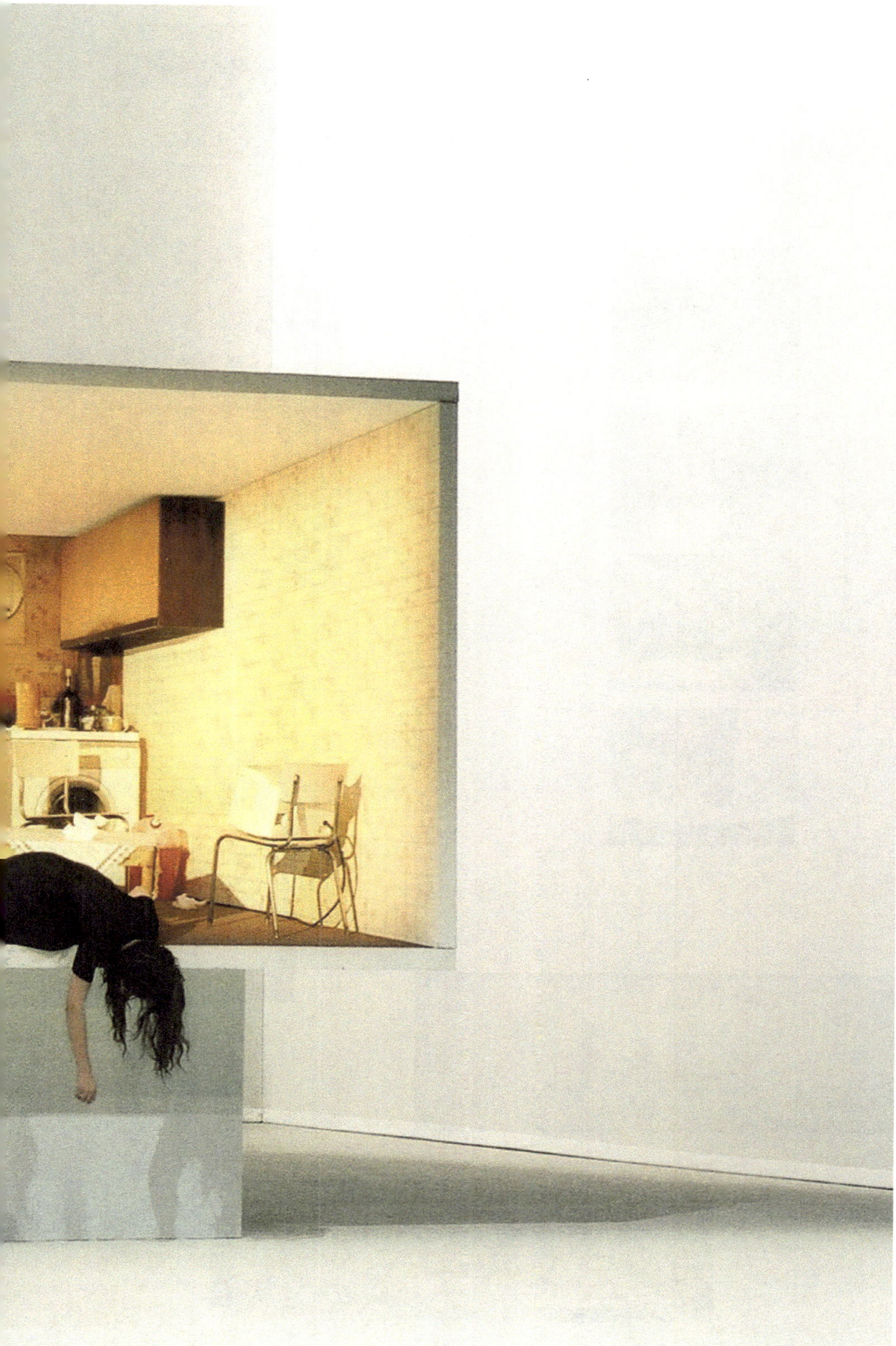

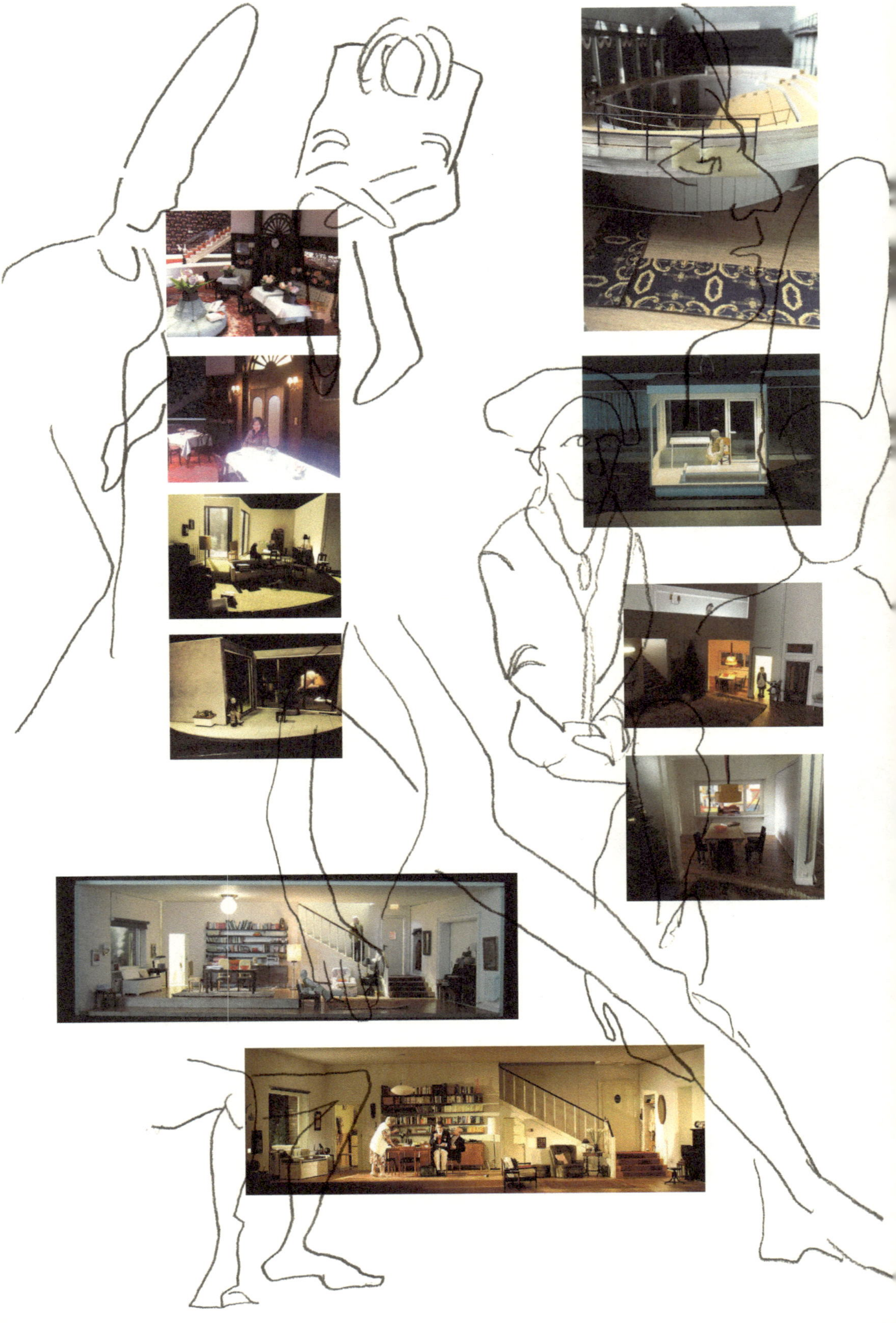

Die Angst vor dem Theater

Barbara Frey und Lukas Bärfuss im Dialog

311

RÉSUMÉ

L’écrivain Lukas Bärfuss et Barbara Frey sont liés par une collaboration de longue date. Il l’a accompagnée lorsqu’elle dirigeait le Schauspielhaus de Zurich (2009-2019), écrivant plusieurs pièces ou œuvrant en tant que dramaturge ; entre 2021 et 2023, il est également à ses côtés à la Ruhrtriennale : dans une série de débats littéraires et musicaux organisés dans la Maschinenhaus d’Essen, il analyse, avec des invité·e·s de renom, la nature de l’être humain. Le 12 septembre 2022, Lukas Bärfuss et Barbara Frey se sont rencontrés à Bochum pour un entretien destiné à *MIMOS*, mis en texte par Clara Dobbertin. Leur dialogue porte sur ce qui est dit et sur ce qui ne l’est pas, sur scène et dans la vie, sur les fantasmes des hommes, sur la lutte suisse, sport national, sur l’amour pour les grands-mères et, surtout, pour les comédien·ne·s.

RIASSUNTO

Lo scrittore Lukas Bärfuss e Barbara Frey collaborano da molti anni. Nel periodo in cui la regista ha diretto lo Schauspielhaus di Zurigo (2009-2019), Bärfuss era al suo fianco in qualità di drammaturgo e ha anche creato varie pièce per questo teatro; dal 2021 al 2023 il loro sodalizio prosegue nell’ambito della Ruhrtriennale: per il festival tedesco il rinomato autore cura un ciclo di dibattiti letterari e musicali in cui, presso la Maschinenhaus di Essen, disquisisce sulla natura umana con ospiti di spicco. Il 12 settembre 2022 i due artisti si sono incontrati a Bochum per discutere sui detti e i non detti nel teatro e nella vita, sulle fantasie maschili, sullo sport nazionale della lotta svizzera, sull’amore per le nonne e, soprattutto, per le attrici e gli attori. Clara Dobbertin ha trascritto questo dialogo per *MIMOS*.

ABSTRACT

The author Lukas Bärfuss and Barbara Frey enjoy a long-standing collaboration. During her term as artistic director at Schauspielhaus Zürich (2009-2019) he served as dramaturg and wrote several plays. From 2021 to 2023, he’s also joining her at the Ruhrtriennale: the renowned author is holding a musical-literary series at Maschinenhaus Essen in which he and prominent guests delve into questions on human nature. Bärfuss and Frey sat together in Bochum on 12 September 2022 for a conversation recorded for *MIMOS* by Clara Dobbertin – a dialogue about what’s said and what’s not said on stage and in life, about male fantasies, the national sport of Swiss wrestling, about love for grandmothers and above all: love for actors.

Ein klarer, sonniger Tag im September. Irgendwo im Osten der Stadt Bochum, in einem Neubau, im Büro der Intendanz der Ruhrtriennale, mit Blick über das Ruhrgebiet. Eine Industrielandschaft in ewiger Umstrukturierung. Entwicklungsgebiete, Baustellen, Brachen. Ein Palimpsest. Ein Raum, in dem sich die Zeit lesen lässt und Novalis' Behauptung anschaulich wird: «Der Prozess der Geschichte ist ein Verbrennen»[1]. Wir nehmen das Gespräch wieder auf, das wir vor über zwanzig Jahren begonnen haben und das nie abgebrochen ist. Es kreist auch dieses Mal um die Begriffe Herkunft, Literatur, Musik, um das Theater natürlich, um die Sprache, die Politik. Wir brauchen keine Präliminarien, wir nehmen den Ball auf, der gerade vor unseren Füssen liegt. In unserem Gespräch gibt es keine Regeln, aber vielleicht eine Methode: vom Hundertsten ins Tausendste und wieder zurück, und alles im Gelächter, das die Trauer, die Freude und das Erstaunen begleitet.

1 Novalis, *Geschichtslehre*. In: Ders., *Fragmente I*. Erste, vollständig geordnete Ausgabe. Hrsg. von Ernst Kamnitzer. Dresden: Wolfgang Jess 1929.

Lukas Bärfuss (LB) Oft begegne ich im Theater einer Angst vor der eigenen Wirkung. Ödön von Horváth sagt, das Theater sei die Institution für die Abfuhr der asozialen Triebe einer Gesellschaft.[2] Und mit dieser Abfuhr musst du leben, mit allem, was auf der Bühne, durch die Bühne, mit der Bühne geschieht. Das Theater verändert die beteiligten Menschen, auf eine Weise, die unvorhersehbar ist. Diese Erfahrung schenken uns die grossen Bühnenkünstler:innen. Du weisst nie, was im nächsten Augenblick geschehen wird. Erfahrung ist weder ideologisch noch weltanschaulich zu fassen. Niemand kontrolliert sie. Daher vielleicht der Versuch, sich vor dieser nicht vollständig freundlichen und nicht vollständig feindlichen Energie des Theaters zu schützen.

Barbara Frey (BF) Mir kommt da sofort der Satz von Jenny Holzer in den Sinn: «Protect Me from What I Want»[3]. Das hat viel mit Theater zu tun. Was man untergründig begehrt, was rumort, die verbotenen Sehnsüchte und Lüste kommen in dem Transformationsprozess, den das Theater darstellt, zum Vorschein. Als scheute sich die Institution Theater vor der eigenen Courage. Das ist ein Problem, weil wir dadurch handzahm werden und immer zuerst die Giftschränke durchforsten müssen, um zu schauen, ob wir dieses oder jenes noch erzählen können oder dürfen. Und jetzt kommt noch dazu, dass bestimmte Dinge politisch nicht korrekt oder nicht opportun sind. Im Grunde werden die Giftschränke grösser und dadurch die Bühnen kleiner.

LB Wenn irgendwo ein Giftschrank hängt, öffne ich ihn. Das ist der erste künstlerische Impuls: Die verschlossenen Türen zu öffnen. Du hast wiederholt Arthur Schnitzler inszeniert, zuletzt *Das weite Land*[4]. Man findet dort kulturelle Atavismen, etwa das Duell. Einen solchen Ehrbegriff kennt unsere westliche Gesellschaft nicht mehr. Wie gehst du auf der Probe an ein solches Problem heran?

2 «… es ist doch eigenartig, daß Leute ins Theater gehen, um zu sehen, wie ein (anständiger) Mensch umgebracht wird, der ihnen gesinnungsgemäß nahe steht – und dafür Eintritt bezahlen und hernach in einer gehobenen weihevollen Stimmung das Theater verlassen. Was geht denn da vor, wenn nicht ein durchs Miterleben mitgemachter Mord? Die Leute gehen aus dem Theater mit weniger asozialen Regungen heraus, wie hinein. (Unter asozial verstehe ich Triebe, die auf einer kriminellen Basis beruhen – und nicht etwa Bewegungen, die gegen eine Gesellschaft gerichtet sind – ich betone das extra, so ängstlich bin ich schon geworden, durch die vielen Mißverständnisse). Dies ist eine vornehme pädagogische Aufgabe des Theaters.» Zitiert aus: Ödön von Horváth: «Gebrauchsanweisung für Schauspieler». In: Ders., *Gesammelte Werke*. Hrsg. von Traugott Krischke und Dieter Hildebrandt. Frankfurt a.M.: Suhrkamp 1978 (2., verbesserte Auflage), S. 659–665.

3 Vgl. die beleuchtete Anzeigetafel aus der Serie *Truisms*, die die Konzeptkünstlerin Jenny Holzer 1982 am Times Square in New York installierte.

4 Premiere am 20. August 2022 in der Jahrhunderthalle Bochum. Weitere Informationen zu dieser und den anderen im vorliegenden Gespräch erwähnten Inszenierungen von Barbara Frey finden sich im Werkverzeichnis am Buchende, S. 331–346.

BF Ich glaube, dass ich tatsächlich herausgefunden habe, wie es gehen kann. Wir sind da beim ganz simplen Theaterhandwerk. *Das weite Land* hat eine Eskalationsdramaturgie, eine sehr interessante, verschachtelte, weil es ja schon mit einer Eskalation anfängt: Eine Gesellschaft wird konfrontiert mit einem Selbstmord, und alle fragen sich, was passiert ist. Ein Teil der Handlung liegt also im Dunkeln: Wir sehen den Höhepunkt einer Handlung, die vor dem Stück stattgefunden hat. Das ist die erste Eskalation.

LB Das Stück beginnt mit dem Begräbnis.

BF Das Begräbnis bedeutet auch, dass wir etwas in die Erde vergraben. Da der Mann Pianist war, heisst das, dass wir auch die Musik und die Kunst vergraben. Es fängt mit einer Vernichtung an. Dann entwickelt sich aus diesem Ende der Kunst, das übrigens im Stück oft beschworen wird, eine weitere Eskalation, die im Duell mündet. Aber um das Duell am Ende plausibel zu machen, muss einem klar sein, dass dieses Stück ausschliesslich aus Duellszenen besteht. Es gibt nur wenige Szenen im Stück, die keine Duelle sind, etwa die zwischen den beiden Frauen, Genia Hofreiter und Frau Meinhold-Aigner. Da kommt fast eine Zärtlichkeit auf, so etwas wie Vertrauen. Fast alle anderen Szenen haben Duellcharakter. Und nur durch das Akkumulieren dieser Duellszenen kommt man am Ende auf merkwürdig direktem Weg in dieses Schlussduell, das man gar nicht mehr in Frage stellen kann. Das eigentlich interessante bei Schnitzler ist die schauderhafte innere Logik des Duells, die wir natürlich immer noch kennen. Ein Shitstorm kann Leute in den Selbstmord treiben. Wir erleben heute noch Hexenprozesse.

LB Hast du Schnitzler kalt erlebt?

BF Schnitzler ist auf den Proben von einer geradezu klirrenden Kälte. Dann entstehen im fortschreitenden Prozess eigentümliche Sehnsuchts- und Wärmeherde. In meiner Inszenierung umarmen sich im vierten Akt Friedrich Hofreiter und Franz Mauer plötzlich im Streit und sitzen vollständig verzweifelt in diesen blöden Chesterfield-Sesseln. Der Streit ist eigentlich eine Liebesszene. Schnitzler ist sehr präzise darin, was er sagt und was er verschweigt. Das Nichtgesagte macht ihn zu einem grossen Theaterautor – die grossen Theaterautor:innen lassen sich an der Art erkennen, worüber sie wann wie schweigen. Da ist Schnitzler gar nicht so morbide, sogar molto vivace, aber er zeigt, dass die Leute mit ihrer Lebendigkeit nicht umgehen können. Lebendigkeit würde bedeuten, aus der Norm auszubrechen. Da man sich das nicht traut, wird man von der Morbidität der gesellschaftlichen Beschlüsse, die man innerlich mit sich herumträgt, am Ende aufgefressen.

LB Der gemeinsame Punkt aller gegenwärtigen Totalitarismen ist die Homophobie. Bei Putin, beim Papst, bei Trump und auch in der Gesellschaft von Schnitzler. Catherine Millet hat in einem Gespräch[5] über ihren Bericht *La Vie sexuelle de Catherine M.*[6] bemerkt, dass für die Männer beim Gruppensex die Frau nur ein Vorwand sei, ihre homoerotischen Fantasien auszuleben. Die Frau als Vorwand, um die inakzeptablen Neigungen in sich in eine Form zu bringen. Beim letzten Schweizerischen Schwing- und Älplerfest sah ich im Fernsehen die 130 Kilo schweren Ungetüme, diese von Virilität strotzenden Männer, und begriff, dass es eine Feier der Homoerotik ist. Es ist offensichtlich und findet doch keinen Ausdruck und keine Erwähnung.

BF Ich glaube, dass das etwas Grundsätzliches für unsere Kultur ist: die machtvolle Verdrängung der überall anwesenden Homoerotik. Der Historiker und Schnitzler-Biograf Peter Gay beschreibt die Auffälligkeit, dass ausgerechnet ein so freimütiger Tagebuchschreiber wie Schnitzler, der sogar Buch geführt hat über seine Orgasmen, nirgendwo Homosexualität erwähnt. Es kann eigentlich nicht sein, dass ein so eloquenter, psychologisch so geschulter, geschickter, tiefgründiger Autor dieses gigantische Thema ausklammert. Das macht einen sehr misstrauisch. Zum Verständnis ist das wichtig. Es hat mit der Frage nach dem Schreckgespenst zu tun. Umgekehrt war es durchaus denkbar. Schnitzler war mit vielen Theaterschauspielerinnen eng und wusste, dass sich zwischen Frauen auch einiges abgespielt hat. Er hat sich auch da nicht ganz getraut, aber es immerhin angekratzt. Im *Weiten Land* hat man fast das Gefühl, es gäbe einen Aufbruch der beiden Frauen Genia Hofreiter und Anna Mainhold-Aigner. Während bei den Männern das Thema weggeschwiegen wird. Trotzdem steckt in der Erzählung, dass auch zwischen den Männern etwas Besitzergreifendes, etwas Zärtliches, etwas Treuloses und etwas Eifersüchtiges mitspielt.

LB Der Schwingerkönig in diesem Jahr ist ein Bergbauer, der unmittelbar nach seinem Triumph interviewt wurde und nicht mehr aufhören konnte zu reden. Er wurde auf seinen Gegner im Schlussgang angesprochen, also auf den Mann, mit dem er gerade

5 «Ungeachtet dessen, dass es oft eine weibliche Organisatorin der Orgien gibt, sind es die Männer, die die Zusammenkünfte dominieren. Und was ich beobachtet habe ist, dass die Männer auf diesen Treffen von einem homosexuellen Verlangen getrieben werden. Sie fühlen sich unter sich und die Frau fungiert als eine Art Bindeglied zwischen den Männern. Die homosexuelle Komponente bleibt aber verdeckt und wird nicht eingestanden. Ich glaube, dass das eine der verborgenen Wahrheiten der Orgien ist.» Zitat von Catherine Millet, interviewt von Brigitte Neumann für *Deutschlandfunk*, 5. September 2001 (https://www.deutschlandfunk.de/das-sexuelle-leben-der-catherine-m-100.html; letzter Zugriff am 22. Dezember 2022).

6 Catherine Millet, *La vie sexuelle de Catherine M.* Paris: Seuil 2001.

im Sägemehl Liebe gemacht hatte. Bei ihm bedankte er sich und meinte: «Är isch eigetlich e risegrosse Fründ vo mir, wöu är mit mir immer 5, 6 Wuche WK macht z Magglinge. […] Mir hei derte beschti Verhäutnis. U de het's haut ou scho öppe gää, dass mer zäme im Zimmer gsi si, u dur das tuet me halt anenand äne riife.»[7] Aneinander heran reifen!

BF Grandios, das Nationale Sportzentrum Magglingen als Liebesnest.

LB Wie in einem theatralen Akt sprang der Schwinger von Textbaustein zu Textbaustein, von Redensart zu Redensart. Zwischen den Phrasen erschien ein Moment der Wahrheit, aber sie fand keine Nachfrage, sie hatte keine Konsequenz, sie blieb formlos.

BF Es ist auch eine ungeheure Sprachleistung, dass ein Mensch eine so wunderbare Wahrheit in aller Naivität ausspricht.

LB Wenn ich ausschliesslich unter Männern bin, fühle ich mich augenblicklich schlecht. Ich versuche das zu vermeiden. Eine gewisse Art der Körperlichkeit ist dort nicht möglich. Kaum fehlen die Frauen, droht etwas zu entgleiten.

BF Man müsste doch wünschen, dass es im Jahr 2022 einen gewissen zivilisatorischen Zugewinn oder einen Reifeprozess bei Männern gegeben hätte. Warum findet der nie statt? Übrigens geht's genau darum auch bei Schnitzler. Woran liegt das? Warum sollen Frauen die Krankenschwestern sein, die versuchen, den Männern irgendwelche unzivilisierten Dinge auszutreiben?

LB Männer haben die Idee, dass sie durch Frauen zivilisiert und korrigiert werden müssten oder könnten. Deshalb bleibt weibliche Sexualität eine Bedrohung. Wenn die Frau unzivilisiert ist, wie soll sie mich als Mann zivilisieren?

7 Das Zitat stammt aus der Fernsehsendung «Sport-Club» von SRF vom 28. August 2022: https://www.srf.ch/sport/mehr-sport/schwingen/der-koenig-ueber-den-sieg-wicki-mein-kopf-hat-eine-niederlage-nicht-zugelassen (letzter Zugriff am 23. Dezember 2022). Singemäss übersetzt sagt der Schwingerkönig Joel Wicki: «Er ist eigentlich ein Riesenfreund von mir, weil er mit mir immer 5, 6 Wochen WK [Wiederholungskurs der Schweizer Armee, ndr.] in Magglingen macht. […] Wir haben dort das beste Verhältnis zueinander. Und dort hat es sich auch schon mal ergeben, dass wir zusammen im gleichen Zimmer waren, und dadurch tut man halt aneinander heran reifen.»

D

BF Auch interessant in diesem Zusammenhang ist natürlich, dass man der Frau die ganze Schuld auflädt, dass man sagt, es läge an den Frauen, dass sich die Männer benehmen wie die Berserker. Da waren wir doch schon mal weiter, oder nicht?

LB Ich selbst bin konträr zu diesen Rollenvorstellungen aufgewachsen, in einer Familie, in der die Männer die Versager waren und die Frauen das Boot steuerten. Die Frauen waren die Gestaltenden, aber auch die Gewalttätigen. Deshalb empfinde ich eine kognitive Dissonanz. Mein Bild entspricht nicht dem gesellschaftlichen Bild. Eine Wirklichkeit, die nicht mit deinen Erfahrungen und Gefühlen übereinstimmt, gibt reichlich Stoff für die Literatur. Ich versuche schreibend eine Angleichung, und es gelingt mir natürlich nie.

BF Ich finde, dass es erst dann gut geht, wenn man ganz viele gemischtgeschlechtliche und auch wirklich gleichberechtigte Räume schafft. Solange Räume auf gleicher Augenhöhe, mit gleichem Respekt und auch gleicher Bezahlung nicht möglich sind, wird man immer wieder auf diese atavistisch anmutenden meutenhaften, rein eingeschlechtlichen Räume zurückgeworfen. Ich hatte immer Schwierigkeiten mit rein weiblichen Räumen, wo es

dann doch immer wieder nur um die Männer geht. Das finde ich uninteressant. Interessant ist, was in diesen Räumen der Ausschliesslichkeit an Geheimnishaftigkeit und Vertrautheit entsteht. Insofern bin ich sehr dafür, dass es Räume gibt, wo sich zwischendurch nur das erste, zweite, dritte, vierte Geschlecht – wie viele Geschlechter es auch immer gibt – aufhält, um dann anschliessend wieder mit allen anderen zusammenzukommen. Das ist meine utopische Vorstellung, wir sind weit weg davon.

LB Das ist der Kult der Bacchantinnen. Damit kann Pentheus nicht leben. Ich wurde kürzlich für eine Anthologie über Männlichkeit angefragt, etwas zu meiner Männlichkeit zu schreiben. Ich bin gescheitert. Alles, was ich über Männlichkeit weiss, habe ich von meiner Grossmutter gelernt.

BF Von der Grossmutter mütterlicherseits?

LB Mütterlicherseits. Sie hat ihren Mann früh verloren, er starb vor meiner Geburt. Bis zur Pensionierung lebte sie von Heimarbeit. Sie nähte Fingerlinge aus Leder, als Schutz für die Arbeiter:innen in den Kabelfabriken. An einer Singer-Nähmaschine sass sie, mit Fusspedal. Das war eine einfache Arbeit. Ein Stück Leder, darauf ein Elastik, fertig. Grossmutter hat sie mit Sorgfalt ausgeführt. Jeder Fingerling bekam die gleiche Aufmerksamkeit. Mit dieser Haltung setze ich mich an den Schreibtisch, mit derselben Routine und immer die kleinen, einfachen Dinge pflegen. Es geht um jede Naht. Das war das eine mit meiner Grossmutter. Das andere hat mit ihrem Körper zu tun. Sie erkrankte früh an Brustkrebs, überlebte eine doppelte Amputation. Und sie war Diabetikerin, musste Insulin spritzen, Schweineinsulin. Bei einer Kropfoperation hat sie schliesslich ihre Stimme verloren. Sie bewahrte eine Haltung zu ihrem Körper, den Stolz und die Sorgfalt bei seiner Pflege. Das Eau de Cologne, mit dem sie sich und das Leinen besprenkelte. Wenn ich Eau de Cologne rieche, fühle ich mich männlich. Meine Grossmutter ist mein Rollenmodell, wenn's um Männlichkeit geht.

BF Auch für mich war die Grossmutter – und es fängt schon beim Wort Grossmutter an, die wirklich grosse Mutter, auch mütterlicherseits übrigens – eine wichtige Figur. Sie führte eine angepasste, gute Schweizer Ehe, hat zwei Kinder auf die Welt gebracht, eines davon war meine Mutter, und liebte ihren Mann über alles. Meine Grossmutter war nicht im Entferntesten feministisch, sie war zuhause in dieser alten Ordnung. Als ich zwölf war, starb mein Grossvater. Interessanterweise ging genau da auch mein Vater weg. Ich habe also zwei wichtige väterlich-grossväterliche Energien verloren. Meine Grossmutter lebte aber noch. 24 Jahre hat sie weitergelebt ohne ihren Mann, und ist in diesen Jahren aufgeblüht. Was sie zur Verfügung hatte, war Achtung, Respekt und Liebe für ihre Enkel:innen, und eine ungeheure Lust auf das Leben. Sie hat gerne gelebt: morgens gerne aufstehen, gerne im Städtchen Aarau ihre Besorgungen machen, gerne vom Apfelbaum einen Apfel nehmen, gerne lesen, sie hat wahnsinnig gerne gelacht. Sie hat grauenhaft gelacht über die Gedichte von Mary Stirnemann-Zysset, die damals in Aarau herumging in ihren Wallewalle-Gewändern mit grossem Hut und im Eigenverlag ihr Werk herausgegeben hat. Noch im biblischen Alter von 95, kurz bevor meine Grossmutter diese Welt verliess, hat sie im Altersheim schier unter dem Tisch gelegen vor Lachen über diese grauenvollen Gedichte.

Zu ihrem 80sten Geburtstag hat sie einen anrührenden Brief geschrieben, den meine Mutter mir unter Tränen vorlas, in dem sie ihre Tochter um Verzeihung bat für die Dinge, die vielleicht schief gelaufen seien zwischen ihnen. Das ist fast schon eine biblische Geste. Das war gross für mich. Deswegen verstehe ich diese Instanz der grossen Mutter, die den Enkel oder die Enkelin fernab von Laufbahn und Fleissarbeit als etwas anderes sieht. Sie muss nicht deine Noten in der Schule kontrollieren, dafür hast du deine Mutter, sie kann mit dir etwas anderes machen, sie führt dich zu dir selbst,

D sie führt dich in diesen seltsamen Garten der Fantasie, sie erzählt dir die Märchen, sie ist eine Türöffnerin, eine Geburtshelferin für deine Imagination. Ich höre oft von Leuten, gerade Künstler:innen: «Irgendetwas war mit der Grossmutter, sie hatte einen Zauber.»

LB Wir hatten kürzlich das Vergnügen und das Privileg, Angela Winkler auf der Bühne zu erleben. Die Liebe zu den Schauspielerinnen und Schauspielern verbindet uns, nicht wahr?

BF Allerdings!

LB Ich sass auf meinem Platz, Angela Winkler sang das Lied von Paul Gerhardt *Nun ruhen alle Wälder*, da war es um mich geschehen. Wenn Angela Winkler auf die Bühne tritt, will man sich schützen vor diesem Ungeschützten, das gelingt niemals. Mit Angela Winkler auf der Bühne geschehen überwältigend viele Dinge gleichzeitig. Ich weiss nicht, was es ist oder wie es geht. Hast du es herausgefunden?

BF Schauspieler:innen sind der Grund, warum ich diesen Beruf ausübe. Ihr Können und ihre Magie verführen mich. Das ist nicht gratis. Das ist

knallharte Arbeit, Dialog, Vertrauensvorschuss von beiden Seiten. Ich kann nur beschreiben, was ich bei Schauspieler:innen sehe, die aufblühen: Sie sind die Mittler:innen, die Bot:innen aus dieser anderen, uns unerklärlichen Welt der Künste. Sie sind es, die auf der Bühne stehen, die den zuschauenden Menschen die Geschichte erzählen. Wir können das nicht, wir sind im Hintergrund. Sie machen das. Und wir können wirklich sagen, sie riskieren ihr Leben dafür. Jetzt kann man sagen, das Leben riskiert man ja eigentlich nur, wie Ruth Berghaus es formuliert hat, im Tanz und in der Oper[8], wenn du die hohe Note nicht triffst, wirst du niedergebuht. Das kann das Ende deiner Karriere sein. Wenn du als Tänzer:in den Sprung nicht schaffst, brichst du dir die Knochen. Gleichwohl gibt es für mich ein solches Element auch im Schauspiel. Unsere Augen und Ohren sind scharf und wir stellen eine gigantische Forderung an die Schar der schauspielenden Menschen vor uns auf der Bühne. Sie verbinden den Autor, die Autorin mit uns selbst. Ein Satz von Marie-Luise Fleisser, Schnitzler, Shakespeare, von wem auch immer kann durch sie klingen wie ein eigener Satz, so dass ich plötzlich denke: «Ja, genau!» Aber wie komme ich dazu, das zu denken? Ich habe den Satz ja nicht geschrieben. Aber ich spüre ihn, physisch. Ich empfinde ihn. Er

8 Zitiert aus Heiner Müller, *Gesammelte Irrtümer II: Interviews und Gespräche*. Hrsg. von Gregor Edelmann und Renate Ziemer. Berlin: Verlag der Autoren 1990, S. 79.

geht mir in den Solarplexus. Eine Schauspielerin singt ein Lied oder spricht eine Zeile, und es trifft mich, es macht mich traurig, wütend oder ängstlich. Das ist eine unglaubliche Fähigkeit. Sie setzt voraus, die eigene Eitelkeit zu überwinden. Die grossen Schauspieler:innen vermögen alle ihre Eitelkeit – die sie natürlich haben – zu überwinden.

LB Die nimmt kein Ende, heisst es bei Imre Kertész.[9]

BF Ja, aber sie kommen in den Zustand der Unschuld, in einen Zustand der Selbstvergessenheit. Sie können vom Opferlamm bis zu der grauenvollsten Täterfigur plötzlich alles darstellen und sind gleichermassen vergeistigt wie physisch. Wie kann das sein? Ich glaube, es ist gut, dass man nie herausfindet, was es eigentlich ist. Aber wir spüren es. Es wird in uns ausgelöst, und daher hat für mich die Beziehung zwischen Regisseur:in und Schauspieler:in etwas zu tun mit Verführung, mit Loslassen, mit Forschen, mit Staunen und mit Aushalten.

LB Klingt wie die Beschreibung eines geglückten Lebens, nicht? Forschen, staunen, aushalten.

BF Verlieben.

LB Verführen.

BF Auch Abstossen. Es ist gut, dass man das nicht weiss. Und es ist gut, dass man den Begriff der Begabung nicht wirklich zu Ende beschreiben kann. Sonst würde sofort eine Consultingfirma damit ein Geschäft machen. Es reicht ja schon, was du mir vor Jahren erzählt hast: «Wir wollen kompetente Schüler:innen». Kaum sind die Kinder aus dem Mutterbauch, sollen sie kompetent werden. Ein kompetenter Schauspieler kann kein guter sein.

LB Nein, das ist unmöglich. Da bricht alles zusammen. Eine andere Sache: Wenn ich ein Stück schreibe, weiss ich, es bleibt nicht in der Fiktion. Theater ist keine Fiktion, Dinge geschehen tatsächlich, und wenn ich eine Schrecklichkeit in eine Szene schreibe, wird jemand dies erleben, verkörpern, hindurchgehen. Deshalb gibt es

9 «Erst da habe ich erfahren, daß die Eitelkeit ein Gefühl ist, das einen anscheinend bis zum letzten Augenblick begleitet […]» Zitiert aus: Imre Kertész, Roman eines Schicksallosen. Hamburg: Rowohlt 1999, S. 258.

D für mich als Dramatiker eine Fürsorgepflicht, ich muss einen Grund haben, jemanden diesen Schrecklichkeiten auszusetzen. Du als Regisseurin bist in einer verschärften Position. Ich bin am Schreibtisch, du aber im Proberaum, und du musst Menschen in Situationen schicken, die schmerzhaft sind, aber für unsere Kunst unumgänglich.

BF Die Voraussetzung ist Vertrauen. Die Bereitschaft, zusammen in der Eiger-Nordwand zu hängen. Es ist für Regisseur:innen entscheidend, Momente in denen man nicht weiter weiss, zuzulassen. Das gehört auch zu den grossen Spieler:innen, dass sie den Regisseur, die Regisseurin auffordern, die Leerstellen zu benennen. Sie machen Mut, nicht weiterzuwissen. Man muss dieses Geschenk annehmen und das eigene Misstrauen überwinden. Es ist ja auch grandios, dass jemand zu dir sagt: «Macht nichts, wenn du jetzt keine Lösung hast.» Das, nehme ich an, ist beim Schreiben genauso eine Voraussetzung?

LB Man kann es anders machen, eine künstlerische Position einnehmen, die erkennbar ist. Für mich ist dies der direkte Weg in die Hölle. Das Privileg und die Aufgabe ist doch, jedes Mal eine neue Erfahrung zu machen.

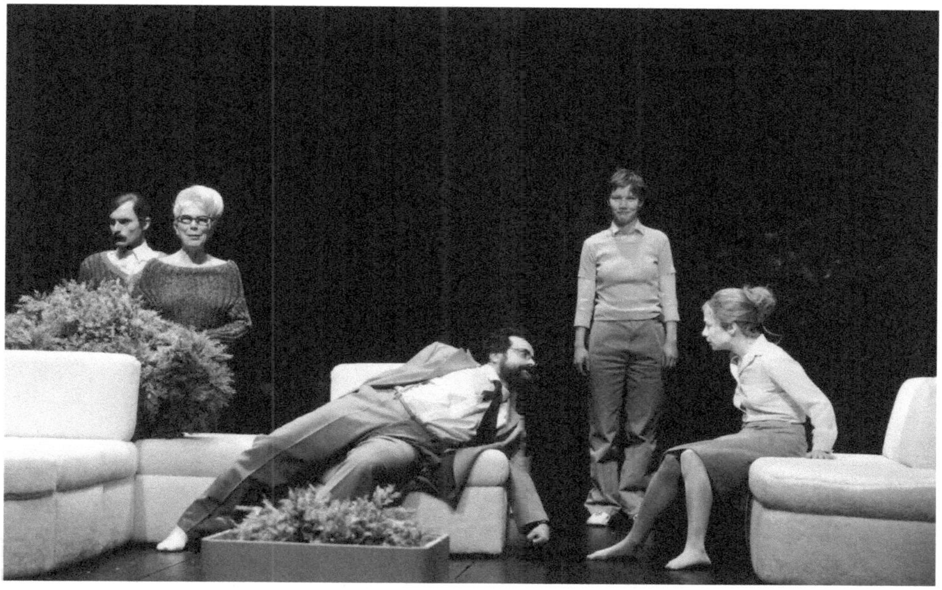

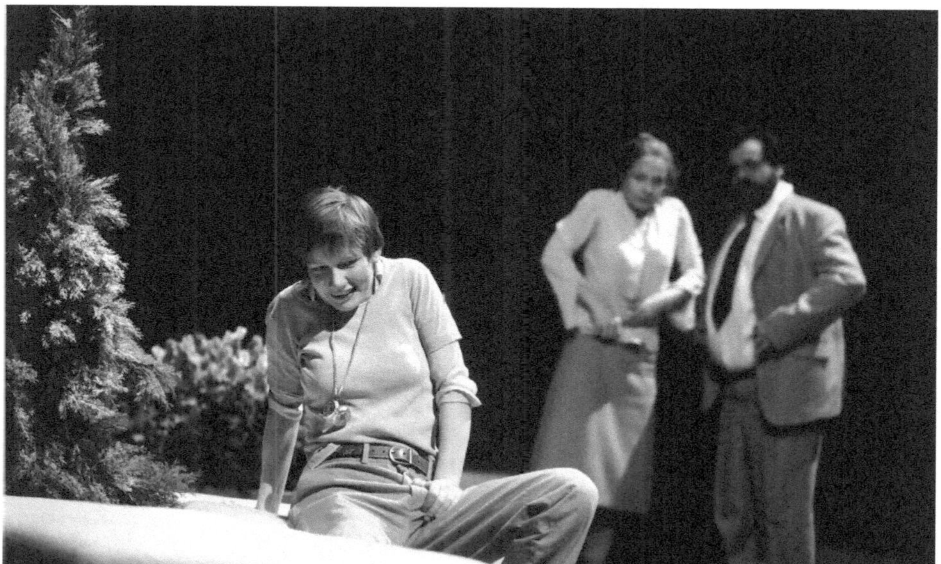

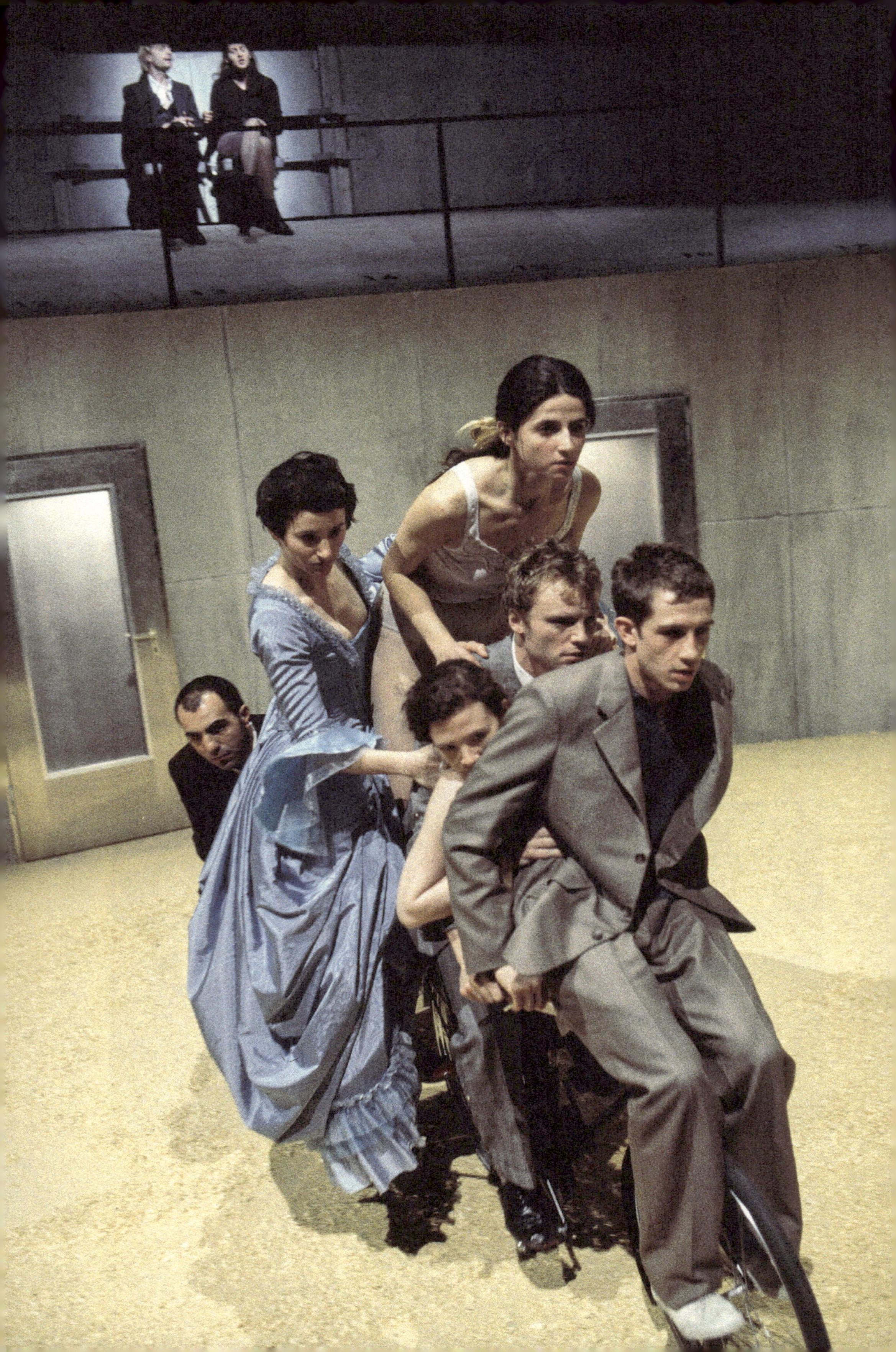

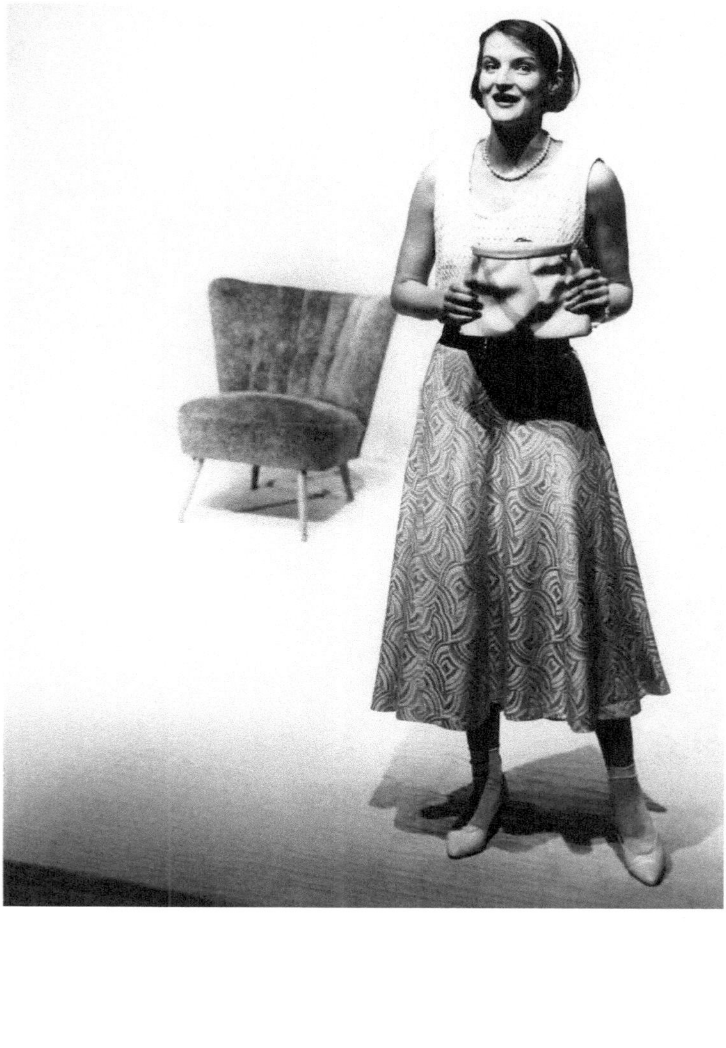

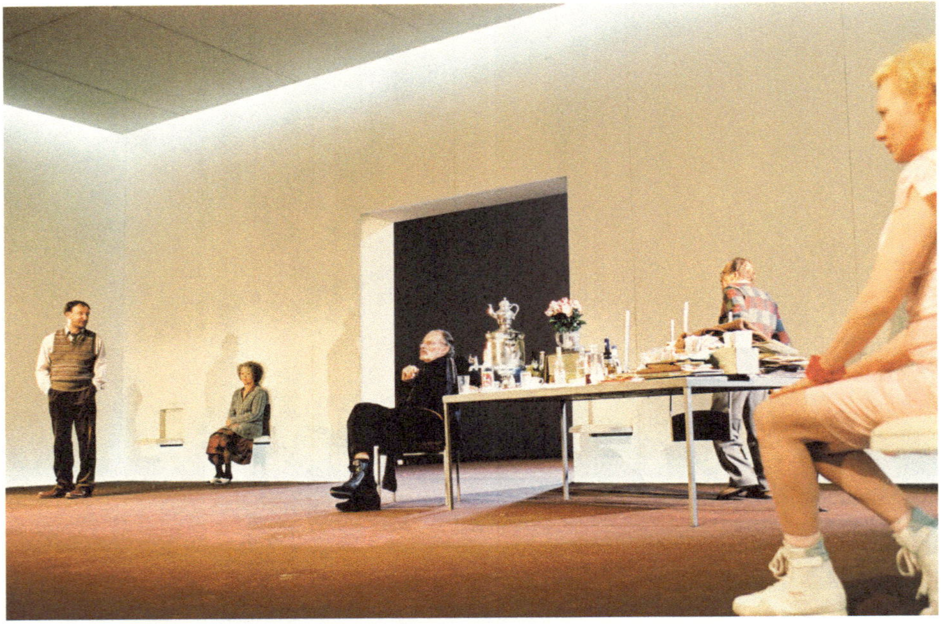

326

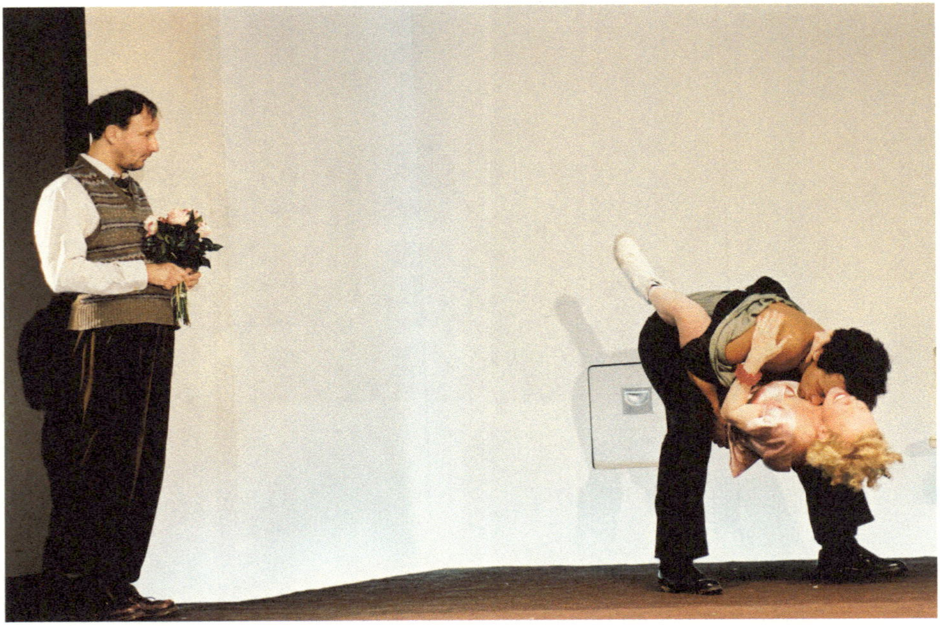

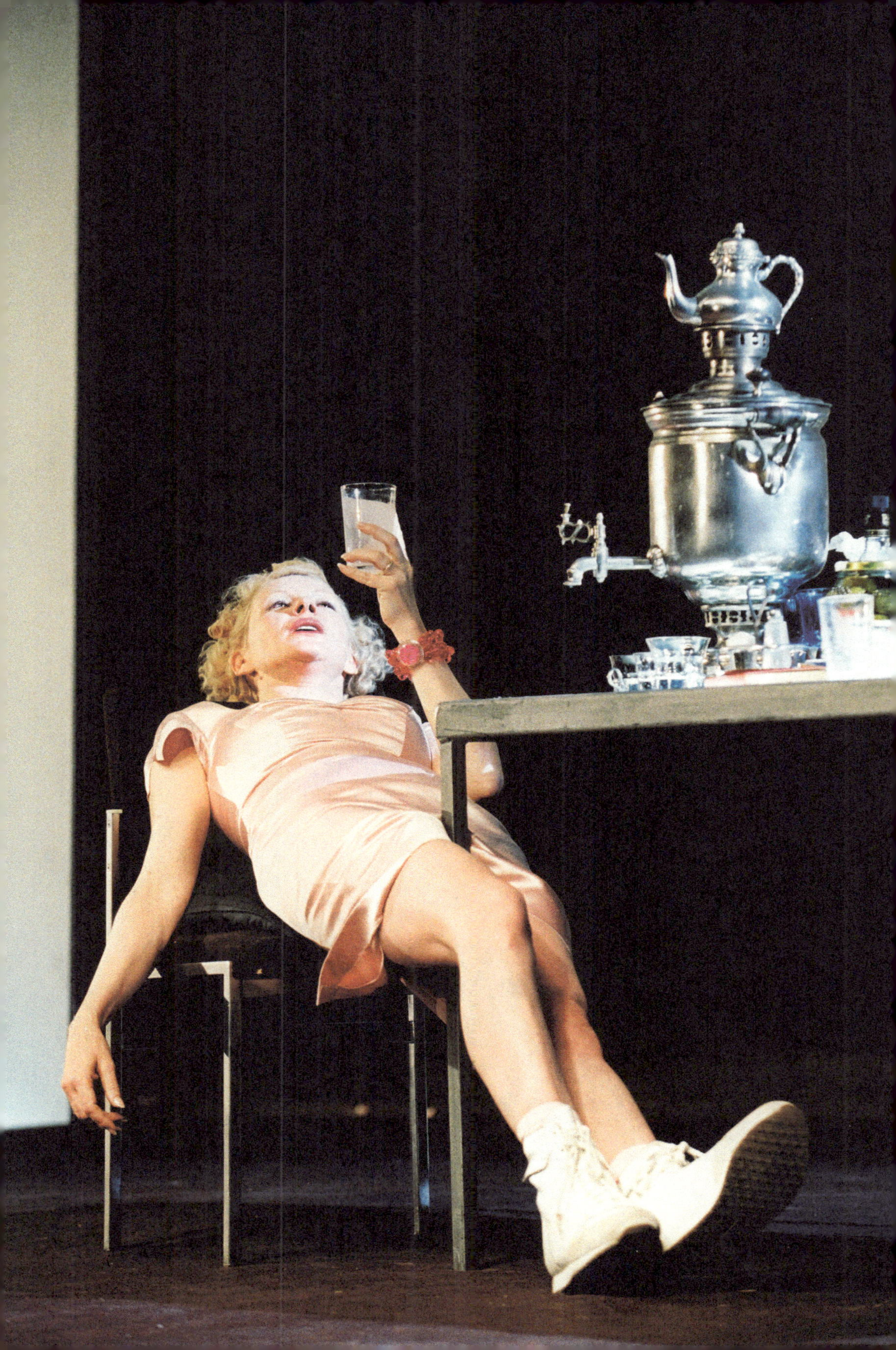

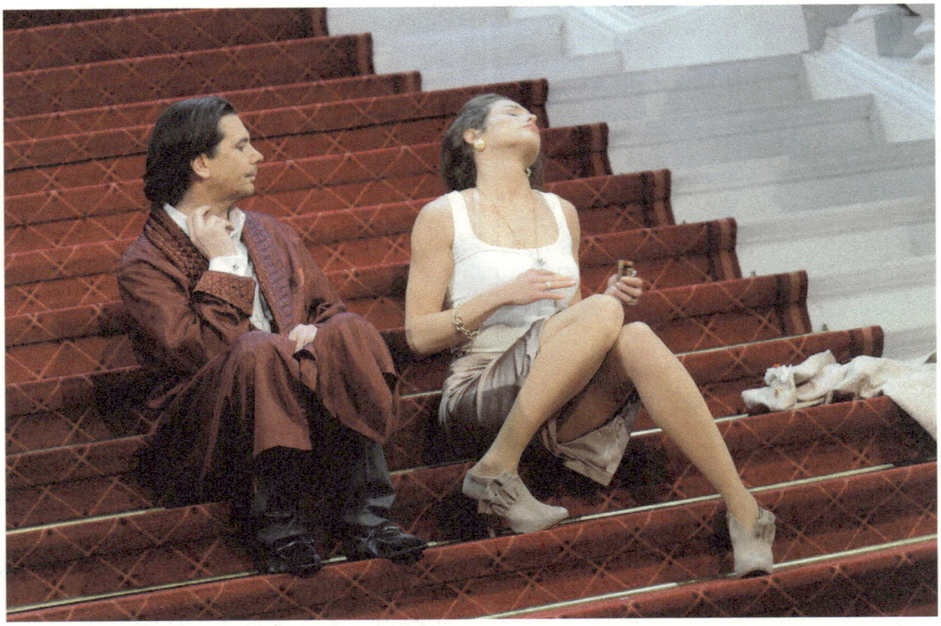

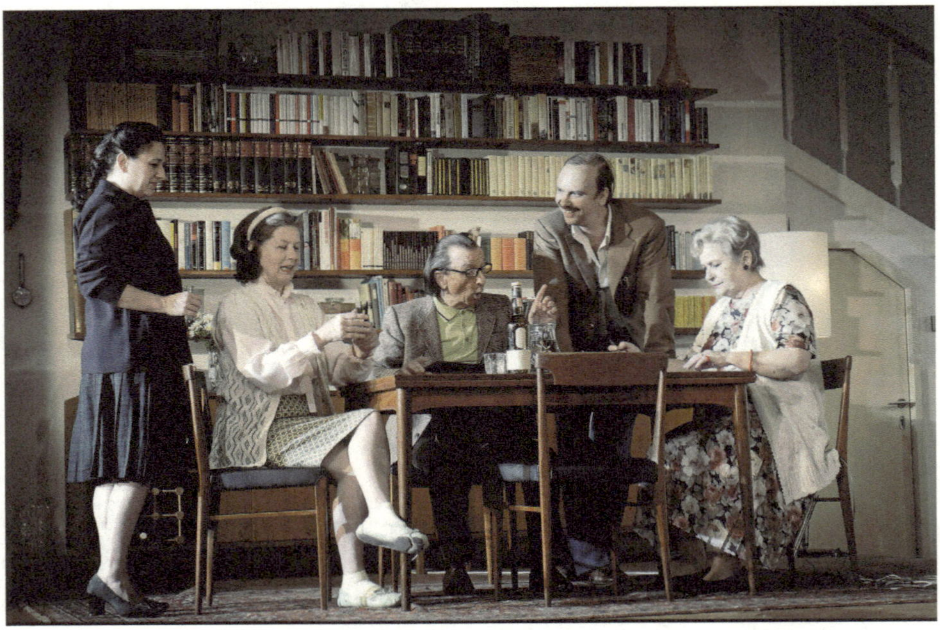

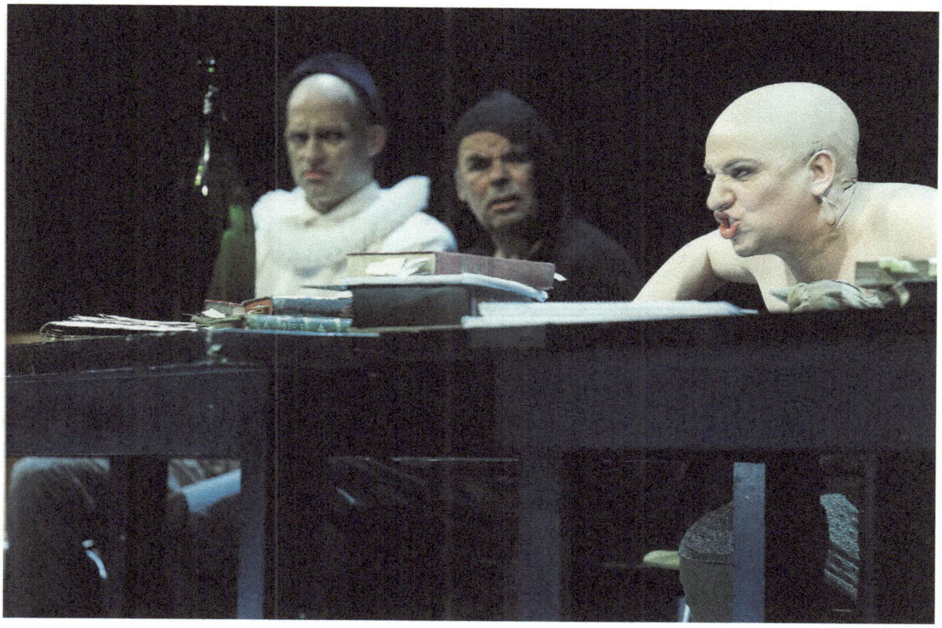

INSULTAMI
LOGORE

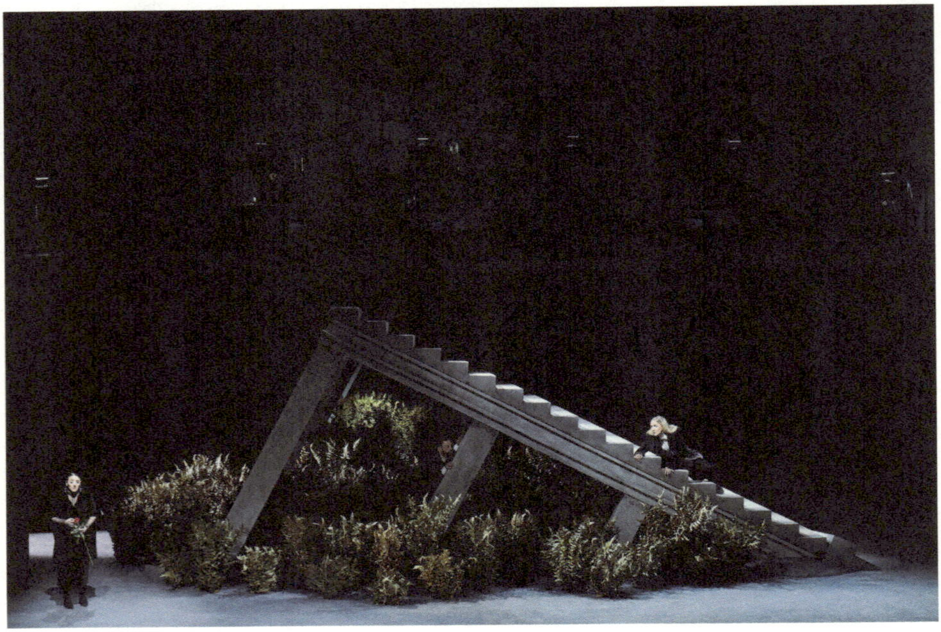

Werkverzeichnis

Théâtrographie

Teatrografia

List of Works

Im vorliegenden Werkverzeichnis sind ausschliesslich Uraufführungen und Premieren von Barbara Freys wichtigsten Inszenierungen aufgelistet, jedoch keine Wiederaufnahmen, Übernahmen oder Gastspiele.

La présente théâtrographie comprend seulement les créations et premières des principales mises en scène de Barbara Frey, mais pas les reprises ni les tournées de spectacles.

Nella presente teatrografia sono elencati solo i debutti e le prime mondiali delle principali messinscene di Barbara Frey, ma non le riprese o le tournée di singoli spettacoli.

In this list of works only world premieres and first performances of Barbara Freys most important productions are mentioned, but no revivals, guest performances or tours.

1993

Ich kann es besonders schön
Soloabend nach dem Roman *Die Glasglocke* von Sylvia Plath
Bühnenfassung von Barbara Frey und Michaela Steiger
Regie: Barbara Frey
Mit: Michaela Steiger
Premiere CH: 5. Mai 1993, Foyer Komödie, Theater Basel
Premiere D: 17. Februar 1995, Kleines Haus, Düsseldorfer Schauspielhaus

1994

Sala de Espera – Wartesaal
Eine szenische Collage mit Texten und Liedern spanischer Exilkünstler:innen
Adaption von Desirée Meiser
Regie: Barbara Frey
Bühne und Kostüme: Nives Widauer
Mit: Desirée Meiser (Gesang, Rezitation) und Patricia Draeger (Akkordeon)
Uraufführung: 8. Mai 1994, Kleine Bühne, Theater Basel

1995

Los Mareados – Die Trunkenen
Eine szenische Tango-Collage nach der Biographie von Scott und Zelda Fritzgerald
Von Desirée Meiser und Barbara Frey
Regie: Barbara Frey
Bühne und Kostüme: Nives Widauer
Musikalische Einstudierung: Patricia Draeger
Choreographie: Cécile Siedler, Romeo Orsini
Mit: Desirée Meiser, Deborah Epstein, Buddy Elias, Martin Schneider
Die Combo: Patricia Draeger, Christian Sutter, Volker Biesenbender
Uraufführung: 12. November 1995, Kleine Bühne, Theater Basel

Das kunstseidene Mädchen
Von Irmgard Keun
Monologfassung von
Gottfried Greiffenhagen
Regie: Barbara Frey
Bühne und Kostüme: Bettina Meyer
Dramaturgie: Stefanie Carp
Mit: Inka Friedrich
Premiere: 16. Dezember 1995,
Deutsches Schauspielhaus
Hamburg

1996

Hochzeitsreise
Von Wladimir Sorokin
Regie: Barbara Frey
Bühne und Kostüme: Bettina Meyer
Licht: Eduard Roth
Dramaturgie: Antje Zajonz
Mit: Nina Kunzendorf, Monika
Margret Steger, Jörg Hartmann,
Tobias Beyer, Almut Henkel
Premiere: 29. September 1996,
Nationaltheater Mannheim

Und wenn sie nicht
gestorben sind...
Ein märchenhaftes
Familiendesaster mit Musik
Von Barbara Frey und
Desirée Meiser
Regie: Barbara Frey
Musikalische Leitung:
Patricia Draeger
Bühne und Kostüme: Bettina Meyer
Bauten: René Brodmann,
Bettina Meyer
Mit: Patricia Draeger, Deborah
Epstein, Desirée Meiser,
Ernst C. Sigrist, Herwig Ursin
Premiere: Dezember 1996,
Kaserne Basel

1997

Das Geheimnis des Lebens:
Ein Mörderinnenseminar
Von Barbara Frey
Regie: Barbara Frey
Bühne und Kostüme: Bettina Meyer
Licht: Eduard Roth
Dramaturgie: Antje Zajonz
Mit: Nina Kunzendorf, Friederike
Wagner, Stefano Wenk, Tobias
Beyer, Monika Magret Steger,
Doris Strütt, Almut Henkel
Uraufführung: 10. Oktober 1997,
Nationaltheater Mannheim

1998

Nachtbuch Zürich
Eine Oper für Schauspieler:innen
Musik und Libretto von
Susanne Hinkelbein
Musikalische Leitung:
Susanne Hinkelbein
Regie: Barbara Frey
Bühne und Kostüme: Bettina Meyer
Dramaturgie: Judith Gerstenberg
Schauspiel / Gesang: Julika
Jenkins, Isabelle Menke,
Hanspeter Müller,
Michael Neuenschwander,
Gilles Tschudi, Herwig Ursin,
Susanne-Marie Wrage
Musik: Hans Hassler, Susanne
Hinkelbein, Samuel Wettstein
Uraufführung: 5. März 1998,
Theater Neumarkt, Zürich

I Want To Talk Like Lovers Do
Schauspiel, Songs und Sonette
Von William Shakespeare
Regie: Barbara Frey
Bühne und Kostüme: Bettina Meyer
Musikalische Leitung:
Claus Boesser-Ferrari
Licht: Matthias Keller
Dramaturgie: Christine Besier
Mit: Tobias Beyer, Anja Marlene
Korpiun, Nina Kunzendorf,
Matthias Neukirch, Stefano Wenk
Premiere: 6. Juni 1998, Capitol,
Mannheim

Ritter, Dene, Voss
Von Thomas Bernhard
Regie: Barbara Frey
Bühne und Kostüme: Bettina Meyer
Licht: Alexander Alber
Dramaturgie: Christine Besier
Mit: Elisabeth Auer, Jörg Hartmann, Nina Kunzendorf
Premiere: 24. Oktober 1998, Nationaltheater Mannheim

1999

Roberto Zucco
Von Bernard-Marie Koltès
Regie: Barbara Frey
Bühne: Bettina Meyer
Kostüme: Anke Grot
Musik: Claus Boesser-Ferrari, Barbara Frey
Licht: Rainer Küng
Dramaturgie: Judith Gerstenberg
Mit: Christoph Müller, Chantal Le Moign, Bettina Stucky, Anne Weber, Stefan Saborowski, Jörg Schröder, Susanne-Marie Wrage, Herwig Ursin
Premiere: 12. März 1999, Komödie, Theater Basel

2000

Ubu!
Ein Nachtmahl nach Alfred Jarry
Regie: Barbara Frey
Bühne: Bettina Meyer
Kostüme: Anke Grot
Musik: Claus Boesser-Ferrari, Barbara Frey
Licht: Erich Schneider
Dramaturgie: Christine Besier
Mit: Hans Fleischmann, Michael Goldberg, Jörg Hartmann, Anja Marlene Korpiun, Cristin König, Ronald Kukulies, Linda Olsansky, Michaela Steiger, Catherine Stoyan, Tilo Werner
Premiere: 1. Februar 2000, Schaubühne am Lehniner Platz, Berlin

Vor langer Zeit im Mai
Von Roland Schimmelpfennig
Regie: Barbara Frey
Bühne und Kostüme: Bettina Meyer
Licht: Erich Schneider
Dramaturgie: Jens Hillje
Mit: Jule Böwe, Lars Eidinger, Stephanie Eidt, Martina Galić, Julika Jenkins, Anja Marlene Korpiun, Adnan Maral, Kay Bartholomäus Schulze, André Szymanski, Mark Waschke
Uraufführung: 13. März 2000, Schaubühne am Lehniner Platz, Berlin
[Einladung zu den Mülheimer Theatertagen]

Eine Unbekannte aus der Seine
Von Ödön von Horváth
Regie: Barbara Frey
Bühne und Kostüme: Bettina Meyer
Licht: Erich Schneider
Dramaturgie: Christine Besier
Mit: Martin Brambach, Thomas Dannemann, Lars Eidinger, Tom Ehrhardt, Martina Galić, Julika Jenkins, Jörg Hartmann, Ronald Kukulies, Linda Olsansky, Michaela Steiger, Catherine Stoyan
Premiere: 16. September 2000, Schaubühne am Lehniner Platz, Berlin

2001

Port Authority
Von Conor McPherson
Regie: Barbara Frey
Bühne und Kostüme: Bettina Meyer
Licht: Erich Schneider
Dramaturgie: Maja Zade
Mit: Jörg Hartmann, Ronald Kukulies, Erhard Marggraf
Premiere: 3. Oktober 2001, Schaubühne am Lehniner Platz, Berlin

Trommel mit Mann
Von Fritz Hauser und
Barbara Frey
Regie: Barbara Frey
Licht: Brigitte Dubach
Mit: Fritz Hauser
Uraufführung: November 2001, im Rahmen des Europäischen Musikmonats, Paul Sacher-Halle, Basel

Klangstein 5
Ein Musikalischer Vorgang von Barbara Frey und Fritz Hauser
Raum: Bettina Meyer, Boa Baumann
Klangsteine: Arthur Schneider
Licht: Brigitte Dubach
Live-Musik: Joanna Dudley, Barbara Frey, Fritz Hauser, Rob Kloet
Uraufführung: Dezember 2001, Zeughaus 5 Kasernen-areal, Zürich

2002

Drei Mal Leben
Von Yasmina Reza
Regie: Barbara Frey
Bühne: Bettina Meyer
Kostüme: Bettina Walter
Licht: Rainer Küng
Dramaturgie: Lars-Ole Walburg
Mit: Vincent Leittersdorf, Susanne-Marie Wrage, Klaus Brömmelmeier, Katja Jung
Premiere (Schweizerische Erstaufführung): 28. Februar 2002, Theater Basel

Endspiel
Von Samuel Beckett
Regie: Barbara Frey
Bühne und Kostüme: Bettina Meyer
Dramaturgie: Laura Olivi
Mit: Thomas Holtzmann, Götz Schubert, Peter Herzog, Heide von Strombeck
Premiere: 20. November 2002, Bayerisches Staatsschauspiel München (Residenztheater)

2003

Die sexuellen Neurosen unserer Eltern
Von Lukas Bärfuss
Regie: Barbara Frey
Bühne: Bettina Meyer
Video: Ariane Andereggen
Licht: Rainer Küng
Dramaturgie: Judith Gerstenberg
Mit: Sandra Hüller, Vincent Leittersdorf, Susanne-Marie Wrage, Matthias Brenner, Martin Hug, Markus Merz, Iris Erdmann
Uraufführung: 13. Februar 2003, Theater Basel

Onkel Wanja
Von Anton Tschechow
Regie: Barbara Frey
Bühne und Kostüme: Bettina Meyer
Video: Bert Zander
Licht: Falk Hampel
Dramaturgie: Laura Olivi
Mit: Rainer Bock, Helga Grimme, Thomas Holtzmann, Stefan Hunstein, Sunnyi Melles, Elisabeth Rath, Anna Schudt, Helmut Stange
Premiere: 26. Juni 2003, Bayerisches Staatsschauspiel München (Residenztheater)
[Eingeladen zum Berliner Theatertreffen 2004]

Amphitryon
Von Heinrich von Kleist
Bühne: Anke Grot
Kostüme: Bettina Walter
Licht: Rainer Küng
Dramaturgie: Andrea Schwieter
Mit: Martin Engler, Steven Scharf, Vincent Leittersdorf, Edmund Telgenkämper, Katja Jung, Kathrin Wehlisch
Premiere: 19. Dezember 2003, Theater Basel

2004

Phädra
Von Jean Racine
Regie: Barbara Frey
Bühne: Bettina Meyer
Kostüme: Bettina Walter
Licht: Falk Hampel
Dramaturgie: Laura Olivi
Mit: Lambert Hamel, Sibylle Canonica, Christian Nickel, Lisa Wagner, Juliane Köhler, Richard Beek, Franziska Rieck, Tabea Bettin
Premiere: 16. April 2004, Bayerisches Staatsschauspiel München (Residenztheater)

Die Fledermaus
Operette in drei Akten
Von Johann Strauss
Musikalische Leitung: Wolfgang Bozic
Regie: Barbara Frey
Bühne: Bettina Meyer
Kostüme: Anke Grot
Video: Bert Zander
Licht: Hermann Münzer
Chor: Henryk Polus
Dramaturgie: Beate Breidenbach
Chorrepetition: Lutz Rademacher, Leonid Maximov
Mit: Thomas J. Mayer, Ursula Füri-Bernhard, Claude Pia, Bjørn Waag, Rita Ahonen, Andrew Murphy, Catherine Swanson, Karl-Heinz Brandt, Catherine Stoyan, Michael Goldberg
Chor des Theater Basel, Sinfonieorchester Basel, Statisterie des Theater Basel
Premiere: 3. Oktober 2004, Theater Basel

Wie es euch gefällt
Von William Shakespeare
Regie: Barbara Frey
Bühne: Bettina Meyer
Kostüme: Bettina Munzer
Licht: Rainer Küng
Dramaturgie: Judith Gerstenberg
Mit: Urs Bihler, Thomas Douglas, Thomas Reisinger, Urs Jucker, Vincent Leittersdorf, Bettina Stucky, Chantal Le Moign, Iris Erdmann, Sandra Hüller, Kathrin Wehlisch, Erhard Marggraf
Premiere: 28. Oktober 2004, Theater Basel

2005

Minna von Barnhelm
Von Gotthold Ephraim Lessing
Regie: Barbara Frey
Bühne: Bettina Meyer
Kostüme: Anke Grot
Licht: Olaf Freese
Dramaturgie: Roland Koberg
Mit: Ulrich Matthes, Nina Hoss, Martina Gedeck, Sven Lehmann, Frank Seppeler, Horst Lebinsky, Katrin Klein, Michael Goldberg
Premiere: 28. Januar 2005, Deutsches Theater Berlin

Geschichten aus dem Wiener Wald
Von Ödön von Horváth
Regie: Barbara Frey
Bühne: Bettina Meyer
Kostüme: Bettina Walter
Video: Bert Zander
Licht: Tobias Löffler, Roland Bauer
Dramaturgie: Laura Olivi
Mit: Gerd Anthoff, Doris Buchrucker, Heidy Forster, Christian Friedel, Michael Goldberg, Lambert Hamel, Thomas Holtzmann, Juliane Köhler, Thomas Loibl, Sunnyi Melles, Michael von Au, Arnulf Schumacher, Catherine Stoyan
Premiere: 25. Juli 2005, Salzburger Landestheater, im Rahmen der Salzburger Festspiele

John Gabriel Borkman
Von Henrik Ibsen
Bühne und Kostüme: Bettina Meyer
Kostümmitarbeit: Karoline Web
Licht: Frank Bittermann
Dramaturgie: Klaus Missbach
Mit: Meike Droste, Anna König, Jutta Lampe, Barbara Nüsse, Nicolas Rosat, Siggi Schwientek, Thomas Thieme, Friederike Wagner
Premiere: 15. September 2005, Pfauen, Schauspielhaus Zürich

Winter
Von Jon Fosse
Bühne: Penelope Wehrli
Kostüme: Bettina Walter
Licht: Rainer Küng
Dramaturgie: Andrea Schwieter
Mit: Katja Reinke, Michael Neuenschwander
Premiere: 9. Dezember 2005, Theater Basel

2006

Der Kirschgarten
Von Anton Tschechow
Regie: Barbara Frey
Bühne: Bettina Meyer
Kostüme: Gesine Völlm
Video: Bert Zander
Licht: Olaf Freese
Dramaturgie: Roland Koberg
Mit: Dagmar Manzel, Meike Droste, Inka Friedrich, Dieter Mann, Ulrich Matthes, Frank Seppeler, Michael Gerber, Christine Schorn, Michael Goldberg, Isabelle Schosnig, Horst Lewinsky, Gábor Biedermann, Jürgen Huth
Premiere: 25. März 2006, Deutsches Theater Berlin

Arsen und Spitzenhäubchen
Von Joseph Kesselring
Regie: Barbara Frey
Bühne: Bettina Meyer
Kostüme: Bettina Munzer
Licht: Felix Dreyer
Dramaturgie: Joachim Lux
Mit: Kirsten Dene, Maria Happel, Libgart Schwarz, Karim Chérif, Urs Hefti, Michael Maertens, Peter Matić, Johann Adam Oest, Peter Simonischek, Peter Wolfsberger, Heinz Zuber
Premiere: 14. Juni 2006, Burgtheater Wien (Akademietheater)

Medea
Von Euripides
Regie: Barbara Frey
Bühne: Bettina Meyer
Kostüme: Gesine Völlm
Video: Bert Zander
Licht: Claus Grasmeder
Dramaturgie: Roland Koberg
Mit: Nina Hoss, Michael Neuenschwander, Meike Droste, Christine Schorn, Matthias Bundschuh, Michael Gerber, Christian Grashof und Horst Lebinsky
Premiere: 29. November 2006, Deutsches Theater Berlin
[Für ihre Rolle als Medea erhielt Nina Hoss den Gertrud-Eysoldt-Ring]

2007

Reigen
Von Arthur Schnitzler
Regie: Barbara Frey
Bühne: Bettina Meyer
Kostüme: Bettina Munzer
Licht: Frank Bittermann
Dramaturgie: Klaus Missbach
Mit: Barbara Nüsse, Siggi Schwientek, Lina Beckmann, Jörg Pohl, Friederike Wagner, Michael Neuenschwander, Marie Rosa Tietjen, Burghart Klaussner, Julika Jenkins, Robert Hunger-Bühler
Premiere: 8. März 2007, Pfauen, Schauspielhaus Zürich

Sturm
Von William Shakespeare
Regie: Barbara Frey
Bühne: Bettina Meyer
Kostüme: Bettina Munzer
Licht: Felix Dreyer
Dramaturgie: Joachim Lux
Mit: Maria Happel, Joachim Meyerhoff, Johann Adam Oest
Premiere: 5. Juni 2007, Burgtheater Wien (Akademietheater)

Quartett
Von Heiner Müller
Regie: Barbara Frey
Bühne: Bettina Meyer
Kostüme: Bettina Walter
Licht: Rainer Küng
Dramaturgie: Laura Olivi
Mit: Barbara Sukowa, Jeroen Willems
Premiere: 11. August 2007, Salzburger Residenz, im Rahmen der Salzburger Festspiele

Triumph der Liebe
Von Pierre Carlet de Marivaux
Regie: Barbara Frey
Bühne: Bettina Meyer
Kostüme: Gesine Völlm
Licht: Claus Grasmeder
Dramaturgie: Roland Koberg
Mit: Katharina Schmalenberg, Isabel Schosnig, Robert Hunger-Bühler, Friederike Wagner, Matthias Bundschuh, Niklas Kohrt, Gábor Biedermann
Premiere: 15. Dezember 2007, Deutsches Theater Berlin

2008

Gross und klein
Von Botho Strauß
Regie: Barbara Frey
Bühne: Bettina Meyer
Kostüme: Gesine Völlm, Wiebke Waskulat
Licht: Claus Grasmeder
Dramaturgie: Bettina Schültke
Mit: Nina Hoss, Frank Seppeler, Friederike Wagner, Margit Bendokat, Christian Grashof, Matthias Bundschuh, Meike Droste
Premiere: 15. März 2008, Deutsches Theater Berlin

2009

Jenůfa
Oper von Leoš Janáček
Musikalische Leitung: Kirill Petrenko
Regie: Barbara Frey
Bühne: Bettina Meyer
Kostüme: Bettina Walter
Licht: Michael Bauer
Choreographische Mitarbeit: Zenta Härter
Chor: Sören Eckhoff
Dramaturgie: Miron Hakenbeck
Mit: Helga Dernesch, Štefan Margita, Joseph Kaiser, Deborah Polanski, Eva-Maria Westbroek, Christina Rieger, Christoph Stephinger, Heike Grötzinger, Elena Tsallagova, Antik Morel, Tara Erraught, Laura Nicorescu
Bayerisches Staatsorchester, Chor der Bayerischen Staatsoper
Premiere: 8. April 2009, Bayerische Staatsoper München

Maria Stuart
Von Friedrich Schiller
Regie: Barbara Frey
Bühne: Bettina Meyer
Kostüme: Bettina Munzer
Licht: Rainer Küng
Musik: Claus Boesser-Ferrari, Graham F. Valentine
Dramaturgie: Andrea Schwieter
Mit: Carolin Conrad, Jördis Triebel, Frank Seppeler, Siggi Schwientek, Lambert Hamel, Jan Bluthardt, Klaus Brömmelmeier, Jirka Zett, Marita Breuer, Claus Boesser-Ferrari, Graham F. Valentine
Premiere: 17. September 2009, Schiffbau / Halle, Schauspielhaus Zürich

2010

Was ihr wollt
Von William Shakespeare
Bühnenfassung von Thomas Jonigk und Barbara Frey
Regie: Barbara Frey
Raum: Penelope Wehrli
Kostüme Bettina Walter
Licht: Rainer Küng
Dramaturgie: Thomas Jonigk
Mit: Frank Seppeler, Nina Hoss, Franziska Machens, Séan McDonagh, Caroline Peters, Friederike Wagner, Michael Maertens, Aurel Manthei, Patrick Güldenberg, Julia Kreusch, Robert Hunger-Bühler
Premiere: 11. März 2010, Pfauen, Schauspielhaus Zürich

Malaga
Von Lukas Bärfuss
Regie: Barbara Frey
Bühne und Kostüme: Bettina Meyer
Licht: Rainer Küng
Dramaturgie: Andrea Schwieter
Mit: Carolin Conrad, Markus Scheumann, Jirka Zett
Uraufführung: 9. Mai 2010, Pfauen, Schauspielhaus Zürich

Fegefeuer in Ingolstadt
Von Marieluise Fleisser
Regie: Barbara Frey
Bühne und Kostüme: Bettina Meyer
Licht: Rainer Küng
Dramaturgie: Andrea Schwieter
Mit: Gottfried Breitfuss, Franziska Machens, Lilith Stangenberg, Franz Beil, Jirka Zett, Isabelle Menke, Frank Seppeler, Gábor Biedermann, Patrick Güldenberg, Miriam Maertens
Premiere: 16. September 2010, Pfauen, Schauspielhaus Zürich

A Dream Within a Dream
Nach Edgar Allan Poe
Regie: Barbara Frey
Musik: Fritz Hauser
Bühne und Kostüme: Penelope Wehrli
Licht: Rainer Küng
Dramaturgie: Lukas Bärfuss
Mit: Robert Hunger-Bühler und Fritz Hauser
Uraufführung: 18. Dezember 2010, Schiffbau/Box, Schauspielhaus Zürich

2011

Platonow
Von Anton Tschechow
Regie: Barbara Frey
Bühne: Bettina Meyer
Kostüme: Bettina Munzer
Licht: Rainer Küng
Dramaturgie: Thomas Jonigk
Mit: Michael Maertens, Friederike Wagner, Nicolas Rosat, Yvon Jansen, Lambert Hamel, Niklas Kohrt, Siggi Schwientek, Franziska Machens, Gottfried Breitfuss, Markus Scheumann, Klaus Brömmelmeier, Ursula Doll, Jan Bluthardt, Miriam Maertens
Premiere: 1. April 2011, Pfauen, Schauspielhaus Zürich

Leonce und Lena
Von Georg Büchner
Regie: Barbara Frey
Bühne: Bettina Meyer
Kostüme: Bettina Walter
Licht: Rainer Küng
Musik: Claus Boesser-Ferrari, Barbara Frey
Dramaturgie: Katja Hagedorn
Mit: Jan Bluthardt, Ursula Doll, Séan McDonagh, Sarah Hostettler, Michael Neuenschwander, Markus Scheumann, Lilith Stangenberg, Jirka Zett, Claus Boesser-Ferrari
Premiere: 15. September 2011, Pfauen, Schauspielhaus Zürich

Der ideale Mann
Von Elfriede Jelinek nach Oscar Wilde
Regie: Barbara Frey
Bühnenbild: Bettina Meyer
Kostüme: Esther Geremus
Licht: Felix Dreyer
Dramaturgie: Klaus Missbach
Mit: Michael Maertens, Johann Adam Oest, Matthias Matschke, Peter Matić, Katharina Lorenz, Maria Happel, Caroline Peters, Kirsten Dene
Premiere am 23. November 2011, Burgtheater Wien (Akademietheater)

2012

Richard III.
Von William Shakespeare
Regie: Barbara Frey
Bühne: Penelope Wehrli
Kostüme: Bettina Munzer
Licht: Rainer Küng
Dramaturgie: Thomas Jonigk
Mit: Michael Maertens, Lukas Holzhausen, Ursula Doll, Susanne-Marie Wrage, Silvia Fenz, Julia Kreusch, Fritz Fenne, Nicolas Rosat, Ludwig Boettger, Jirka Zett, Christian Baumbach
Premiere: 31. März 2012, Pfauen, Schauspielhaus Zürich

Baumeister Solness
Von Henrik Ibsen
Regie: Barbara Frey
Bühne: Bettina Meyer
Kostüme: Bettina Walter
Licht: Rainer Küng
Dramaturgie: Katja Hagedorn
Mit: Mit Robert Hunger-Bühler, Friederike Wagner, Franziska Machens, Siggi Schwientek, Milian Zerzawy, Roland Kenda, Yanna Rüger
Premiere: 13. September 2012, Pfauen, Schauspielhaus Zürich

2013

Der Menschenfeind
Von Molière
Regie: Barbara Frey
Bühne: Bettina Meyer
Kostüme: Esther Geremus
Licht: Rainer Küng
Dramaturgie: Thomas Jonigk
Mit: Michael Maertens, Yvon Jansen, Thomas Loibl, Matthias Bundschuh, Olivia Grigolli, Gottfried Breitfuss, Siggi Schwientek, Christian Baumbach, Samuel Braun, Iñigo Giner Miranda, Denise Frei
Premiere: 17. Januar 2013, Pfauen, Schauspielhaus Zürich

Liliom
Von Franz Molnár
Regie: Barbara Frey
Bühne: Bettina Meyer
Kostüme: Esther Geremus
Licht: Friedrich Rom
Dramaturgie: Amely Joana Haag
Mit: Nicholas Ofczarek, Katharina Lorenz, Mavie Hörbiger, Barbara Petritsch, Jasna Fritzi Bauer, Brigitta Furgler, Daniel Sträßer, Michael Masula, Hermann Scheidleder, Peter Matić
Premiere: 6. April 2013, Burgtheater Wien

Arm und Reich – Drei neue Stücke
Nabokovs Tintenklecks von Michail Schischkin; Regie: Bastian Kraft
Rechne von Händl Klaus; Regie: Sebastian Nübling
Die schwarze Halle von Lukas Bärfuss; Regie: Barbara Frey
Bühne und Kostüme: Bettina Meyer
Licht: Rainer Küng
Musik (*Rechne*): Lars Wittershagen
Dramaturgie: Katja Hagedorn
Mit: Friederike Wagner, Lambert Hamel (*Die schwarze Halle*)
Fritz Fenne, Lukas Holzhausen (*Nabokovs Tintenklecks*)
Anne Ratte-Polle, Isabelle Menke, Jan Bluthardt, Markus

Scheumann (*Rechne*)
Uraufführung: 4. Mai 2013,
Schiffbau / Box,
Schauspielhaus Zürich

Der Prozess
Nach Franz Kafka
Regie: Barbara Frey
Bühne: Bettina Meyer
Kostüme: Bettina Munzer
Licht: Rainer Küng
Video: Andy A. Müller
Dramaturgie: Christine Besier
Mit: Christian Baumbach,
Klaus Brömmelmeier, Nils
Kahnwald, Claudius Körber,
Dagna Litzenberger Vinet,
Markus Scheumann,
Siggi Schwientek
Premiere: 12. September 2013,
Pfauen, Schauspielhaus Zürich

2014

Elektra
Tragödie in einem Aufzug
Von Richard Strauss
Libretto: Hugo von Hofmannsthal
Musikalische Leitung:
Christian Thielemann
Regie: Barbara Frey
Bühne: Muriel Gerstner
Kostüme: Bettina Walter
Licht: Gérard Cleven
Dramaturgie: Micaela von Marcard
Mit: Elena Pankratova, Manuela
Uhl, Jane Henschel, Markus
Marquardt, Jürgen Müller,
Constance Heller, Stephanie
Atanasov, Christa Mayer, Roxana
Incontrera, Nadja Mchantaf,
Sabine Brohm, Simeon Esper,
Tilmann Rönnebeck,
Matthias Henneberg, Andrea Ihle,
Christiane Hossfeld
Sächsischer Staatschor Dresden,
Sächsische Staatskapelle Dresden
Premiere: 19. Januar 2014,
Semperoper Dresden

Der Diener zweier Herren
Von Carlo Goldoni
Regie: Barbara Frey
Bühne: Bettina Meyer
Kostüme: Esther Geremus
Licht: Rainer Küng
Dramaturgie: Thomas Jonigk
Mit: Michael Maertens,
Robert Hunger-Bühler,
Christian Baumbach,
Carolin Conrad, Thomas Loibl,
Lambert Hamel, Marie
Rosa Tietjen, Friederike Wagner,
Gottfried Breitfuss,
Johannes Sima
Premiere: 3. April 2014, Pfauen,
Schauspielhaus Zürich

Drei Schwestern
Von Anton Tschechow
Regie: Barbara Frey
Bühne: Bettina Meyer
Kostüme: Bettina Munzer
Licht: Rainer Küng
Dramaturgie: Andreas Karlaganis
Mit: Hilke Altefrohne, Christian
Baumbach, Stefan Kurt, Dagna
Litzenberger Vinet, Markus
Meyer, Johann Adam Oest,
Sylvie Rohrer, Nicolas Rosat,
Siggi Schwientek, Friederike
Wagner, Milian Zerzawy
Premiere: 11. September 2014,
Pfauen, Schauspielhaus Zürich

2015

Yvonne, die Burgunderprinzessin
Von Witold Gombrowicz
Deutsche Fassung von
Heinrich Kunstmann
Regie: Barbara Frey
Bühne: Bettina Meyer
Kostüme: Esther Geremus
(Mitarbeit: Lejla Ganic)
Licht: Rainer Küng
Musik: Iñigo Giner Miranda
Dramaturgie: Andreas Karlaganis
Mit: Gottfried Breitfuss, Michael
Neuenschwander, Markus
Scheumann, Michael Maertens,
Hans Kremer, Claudius Körber,
Benito Bause, Siggi Schwientek,
Dominic Hartmann, Julian Boine,

Iñigo Giner Miranda
Premiere: 10. Januar 2015, Schiffbau/Halle, Schauspielhaus Zürich

Die Affäre Rue de Lourcine
Von Eugène Labiche
Erweiterte Neufassung von Elfriede Jelinek
Regie: Barbara Frey
Bühne: Bettina Meyer
Kostüme: Esther Geremus
Licht: Friedrich Rom
Musik: Tommy Hojsa
Dramaturgie: Amely Joana Haag
Mit: Nicholas Ofczarek, Michael Maertens, Peter Matić, Markus Meyer, Maria Happel
Premiere: 18. April 2015, Burgtheater Wien

Meer
Von Jon Fosse
Regie: Barbara Frey
Bühne: Muriel Gerstner
Kostüme: Bettina Walter
Licht: Rainer Küng
Dramaturgie: Amely Joana Haag
Mit: Stefan Kurt, Jirka Zett, Henrike Jörissen, Hans Kremer, Susanne-Marie Wrage, Claudius Körber
Premiere: 17. Oktober 2015, Pfauen, Schauspielhaus Zürich

2016

Nachtstück
Ein Projekt ohne Worte von Barbara Frey und Fritz Hauser
Regie: Barbara Frey
Musik: Fritz Hauser
Bühne und Kostüme: Bettina Meyer
Licht: Rainer Küng
Dramaturgie: Andreas Karlaganis
Mit: Hans Kremer, Chantal Le Moign, Dagna Litzenberger Vinet, Michael Maertens, Lisa-Katrina Mayer, Markus Scheumann, Friederike Wagner, Milian Zerzawy, Fritz Hauser
Uraufführung: 4. März 2016, Schiffbau/Box, Schauspielhaus Zürich

Frau Schmitz
Von Lukas Bärfuss, Mitarbeit Barbara Frey
Regie: Barbara Frey
Bühne: Bettina Meyer
Kostüme: Bettina Walter
Licht: Rainer Küng
Video: Bert Zander
Dramaturgie: Andreas Karlaganis
Mit: Friederike Wagner, Lambert Hamel, Susanne-Marie Wrage, Lisa-Katrina Mayer, Dominik Maringer, Markus Scheumann, Gottfried Breitfuss, Carolin Conrad, Milian Zerzawy, Henrike Johanna Jörissen
Uraufführung: 22. Oktober 2016, Pfauen, Schauspielhaus Zürich

2017

Ein europäisches Abendmahl
Texte von Jenny Erpenbeck, Nino Haratischwili, Elfriede Jelinek, Terézia Mora, Sofi Oksanen
Regie: Barbara Frey
Bühne: Martin Zehetgruber
Kostüme: Esther Geremus
Licht: Friedrich Rom
Dramaturgie: Klaus Missbach
Mit: Kirsten Dene, Frida-Lovisa Hamann, Maria Happel, Katharina Lorenz, Christiane von Poelnitz, Catrin Striebeck
Uraufführung: 27. Januar 2017, Burgtheater Wien (Akademietheater)

Jakob von Gunten
Nach dem Roman von Robert Walser
Bühnenfassung von Barbara Frey und Amely Joana Haag
Regie: Barbara Frey
Bühne und Kostüme: Bettina Meyer
Licht: Rainer Küng
Dramaturgie: Amely Joana Haag
Mit: Hans Kremer, Stefan Kurt, Michael Maertens
Klavier und Celesta: Iñigo Giner Miranda
Premiere: 20. Mai 2017, Schiffbau/Box, Schauspielhaus Zürich

Der zerbrochne Krug
Von Heinrich von Kleist
Regie: Barbara Frey
Bühne: Muriel Gerstner
Kostüme: Esther Geremus, Lejla Ganic
Licht: Rainer Küng
Dramaturgie: Andreas Karlaganis
Mit: Hans Kremer, Markus Scheumann, Michael Tregor, Friederike Wagner, Lisa-Katrina Mayer, Inga Busch, Graham F. Valentine
Premiere: 21. Oktober 2017, Pfauen, Schauspielhaus Zürich

2018

Zur schönen Aussicht
Von Ödön von Horváth
Regie: Barbara Frey
Bühne: Bettina Meyer
Kostüme: Bettina Walter
Licht: Rainer Küng
Dramaturgie: Amely Joana Haag
Mit: Edmund Telgenkämper, Nicolas Rosat, Markus Scheumann, Michael Maertens, Hans Kremer, Friederike Wagner, Carolin Conrad
Premiere: 17. Februar 2018, Schiffbau/Halle, Schauspielhaus Zürich

Spettro
Konzert Solo für Schlagzeug
Von Fritz Hauser
Regie: Barbara Frey
Licht: Brigitte Dubach
Uraufführung: 26 August 2018, KKL Luzern, Konzertsaal, im Rahmen des Lucerne Festivals

Hamlet
Von William Shakespeare
Regie: Barbara Frey
Bühne: Bettina Meyer
Kostüme: Esther Geremus
Musik: Iñigo Giner Miranda, Barbara Frey
Dramaturgie: Andreas Karlaganis
Fechtchoreographie: Klaus Figge
Mit: Jan Bülow, Markus Scheumann, Claudius Körber, Inga Busch, Gottfried Breitfuss, Edmund Telgenkämper, Benito Bause, Iñigo Giner Miranda
Premiere: 13. September 2018, Pfauen, Schauspielhaus Zürich

Schöne Bescherungen
Von Alan Ayckbourn
Regie: Barbara Frey
Bühne: Bettina Meyer
Kostüme: Esther Geremus
Licht: Friedrich Rom
Dramaturgie: Klaus Missbach
Mit: Nicholas Ofczarek, Katharina Lorenz, Maria Happel, Falk Rockstroh, Michael Maertens, Dörte Lyssewski, Tino Hillebrand, Marie-Luise Stockinger, Fabian Krüger
Premiere: 1. Dezember 2018, Burgtheater Wien

2019

Die Toten
Ein Projekt nach der gleichnamigen Erzählung von James Joyce, mit Texten aus *Ulysses* und *Finnegans Wake*
Regie: Barbara Frey
Bühne: Martin Zehetgruber
Kostüme: Bettina Walter
Licht: Rainer Küng
Musik: Barbara Frey, Jürg Kienberger
Dramaturgie: Geoffrey Layton
Mit: Benito Bause, Jürg Kienberger, Claudius Körber, Michael Maertens, Lisa-Katrina Mayer, Elisa Plüss
Premiere (deutschsprachige Erstaufführung): 16. Mai 2019, Pfauen, Schauspielhaus Zürich

2020

Le Nozze di Figaro
Oper von Wolfgang Amadeus Mozart
Libretto von Lorenzo Da Ponte
Musikalische Leitung: Christian Curnyn
Regie: Barbara Frey
Bühne: Bettina Meyer
Kostüme: Bettina Walter
Licht: Roland Edrich
Chor: Michael Clark
Dramaturgie: Johanna Mangold
Mit: Thomas Lehman, Oksana Sekerina, Sarah Brady, Antoin Herrera-Lopez Kessel, Kristina Stanek, Jasmin Etezadzadeh, Andrew Murphy, Karl-Heinz Brandt, Hyunjai Marco Lee, Kali Hardwick, Bruno de Sá, Flavio Mathias, Martin Baumeister
Chor des Theater Basel, Sinfonieorchester Basel
Premiere: 18. Januar 2020, Theater Basel

Peer Gynt
Von Henrik Ibsen
Bühnenfassung von Barbara Frey und Judith Gerstenberg
Regie: Barbara Frey
Bühne: Bettina Meyer
Kostüme: Bettina Munzer
Licht: Kai Fischer
Musik: Gemma Storr, Josh Sneesby
Dramaturgie: Judith Gerstenberg
Mit: Jacqui Dubois, Rina Fatania, Sandy Foster, Richard Katz, Robert Luckay, David Luque, Barbara Marten, Ako Mitchell, Chris New, Bathsheba Piepe (Royal Shakespeare Company Swan Stratford-upon-Avon)
Premiere: 1. Mai 2020, Swan Theatre, Stratford-upon-Avon, im Rahmen des «Projekts Europa»

Cavalleria rusticana
Oper in einem Akt von Pietro Mascagni (1890)
Libretto von Giovanni Targioni-Tozzetti und Guido Menasci
Fassung für Kammerorchester von Sebastian Schwab (2020)
Luci mie traditrici
Oper in zwei Akten von Salvatore Sciarrino (1998)
Libretto des Komponisten
Für beide Inszenierungen:
Musikalische Leitung: Cornelius Meister
Regie: Barbara Frey
Bühne: Martin Zehetgruber
Kostüme: Bettina Walter
Licht: Alexander Koppelmann
Chor: Manuel Pujol
Dramaturgie: Miron Hakenbeck, Barbara Eckle
Sänger:innen (*Cavalleria rusticana*): Eva-Maria Westbroek, Arnold Rutkowski, Dame Rosalind Plowright, Dimitris Tiliakos, Ida Ränzlöv
Sänger:innen (*Luci mie traditrici*): Rachael Wilson, Christian Miedl, Ida Ränzlöv, Elmar Gilbertsson
Staatsopernchor Stuttgart, Staatsorchester Stuttgart
Premiere: 11. Oktober 2020, Staatsoper Stuttgart

Automatenbüfett
Von Anna Gmeyner
Regie: Barbara Frey
Bühne: Martin Zehetgruber (mit Stephanie Wagner)
Kostüme: Esther Geremus
Licht: Friedrich Rom
Musik: Thomas Hojsa, Barbara Frey
Dramaturgie: Andreas Karlaganis
Mit: Michael Maertens, Maria Happel, Katharina Lorenz, Christoph Luser, Dörte Lyssewski, Annamária Láng, Hans Dieter Knebel, Robert Reinagl, Daniel Jesch; Thomas Hojsa am Piano
Premiere: 30. Oktober 2020, Burgtheater Wien (Akademietheater)
[Eingeladen zum Berliner Theatertreffen 2021; Barbara Frey erhielt zudem den Nestroy-Preis 2021 für die beste Regie]

2021

Der Untergang des Hauses Usher
Von Edgar Allan Poe
Regie: Barbara Frey
Bühne: Martin Zehetgruber
(mit Stephanie Wagner)
Kostüme: Esther Geremus;
Licht: Rainer Küng
Musik: Barbara Frey,
Josh Sneesby
Sound: Thomas Wegner
Chorleitung: Harald Jüngst
Dramaturgie: Andreas Karlaganis
Mit: Jan Bülow, Thomas Hojsa,
Debbie Korley (alternierend
mit Stacyian Jackson),
Annamária Láng, Katharina
Lorenz, Michael Maertens
(alternierend mit Bibiana Beglau),
Markus Scheumann, Josh
Sneesby und das Ruhrkohle-Chor
Ruhrtriennale-Premiere:
14. August 2021, Maschinenhalle
Zweckel, Gladbeck
Wiener Premiere:
10. Oktober 2021, Burgtheater
(Akademietheater)

2022

Das weite Land
Von Arthur Schnitzler
Regie: Barbara Frey
Bühne: Martin Zehetgruber
(mit Stephanie Wagner)
Kostüme: Esther Geremus
Musik: Josh Sneesby
Sound Design: Thomas Wegner
Licht Design: Rainer Küng
Dramaturgie: Andreas Karlaganis
Mit: Michael Maertens, Katharina
Lorenz, Bibiana Beglau, Dorothee
Hartinger, Sabine Haupt, Felix
Kammerer, Branko Samarovski,
Nina Siewert, Itay Tiran
Ruhrtriennale-Premiere:
20. August 2022,
Jahrhunderthalle Bochum
Wiener Premiere:
2. September 2022, Burgtheater
(Akademietheater)

Anhang

Annexes

Appendice

Appendix

Danksagung des Herausgeberteams
Remerciements des coéditeur·rice·s

An dieser Stelle möchten wir uns in erster Linie bei Barbara Frey für die Denkanstösse und die zwei sehr anregenden Gespräche mit Lukas Bärfuss und Andreas Klaeui von Herzen bedanken. Grosser Dank gebührt auch Freys Assistenten Maximilian Brands für die stete Hilfsbereitschaft. Sehr verbunden sind wir allen Autor:innen, interviewten Künstler:innen, Übersetzer:innen und Lektorinnen sowie Clara Dobbertin und Johanna Grilj für die Verschriftlichung des Dialogs von Barbara Frey mit Lukas Bärfuss. Tausend Dank auch den Bühnenbildner:innen Bettina Meyer und Martin Zehetgruber für die Collages aus Skizzen und Modellen ihrer Arbeiten. Besonderer Dank gilt Claudia Rosiny, der Verantwortlichen für die Darstellenden Künste im Bundesamt für Kultur, für die grosszügige Unterstützung und das Vorwort. Vielen herzlichen Dank auch Ulrike Dörig vom Verlag Peter Lang für die gute Kooperation, Adeline Mollard und ihrer Assistentin Lena Thomaka für die wunderbare grafische Gestaltung, der Druckerei Gremper für die sorgfältige Arbeit und den Fotograf:innen, allen voran Matthias Horn, sowie dem Burgtheater Wien und dem Theater Basel für die Veröffentlichungsrechte ihrer Bilder.

En premier lieu, nous tenons à remercier de tout cœur Barbara Frey pour ses impulsions et pour les deux entretiens, très stimulants, avec Lukas Bärfuss et Andreas Klaeui. Un grand merci aussi à Maximilian Brands, l'assistant de Barbara Frey, pour sa disponibilité et son aide précieuse. Nos remerciements chaleureux vont à toutes et tous les auteur·e·s, les artistes interviewé·e·s, les traducteur·rice·s et les correcteur·rice·s, ainsi qu'à Clara Dobbertin et Johanna Grilj pour la transcription du dialogue entre Barbara Frey et Lukas Bärfuss. Merci infiniment aussi aux scénographes Bettina Meyer et Martin Zehetgruber pour les collages d'esquisses et maquettes de leurs travaux. Nous sommes très réconnaissant·e·s envers l'Office fédéral de la culture, et en particulier envers Claudia Rosiny, responsable Arts de la scène, pour le généreux soutien et la préface. Merci beaucoup aussi à Ulrike Döring des Éditions Peter Lang pour l'agréable collaboration, à Adeline Mollard et son assistante Lena Thomaka pour la magnifique conception graphique, à l'imprimerie Gremper pour le travail minutieux, ainsi qu'aux photographes, surtout Matthias Horn, au Burgtheater de Vienne et au Theater Basel pour les droits de publication de leurs photos.

Buchbeitragende
Auteur·e·s et coéditeur·rice·s
Autori/trici e curatori/trici
Authors and Editors

Margarete Affenzeller

Margarete Affenzeller ist Redakteurin der österreichischen Tageszeitung *Der Standard* und seit Abschluss ihres Geschichte- und Literaturstudiums in Wien als Journalistin tätig. Sie ist Mitherausgeberin des Erinnerungsbandes eines Holocaust-Überlebenden *Und ich reise noch immer* (Mandelbaum 2015), Autorin von Buchbeiträgen (zuletzt für den Sammelband *In der Frittatensuppe feiert die Provinz ihre Triumphe – Thomas Bernhard. Eine kulinarische Spurensuche*, Brandstätter 2022) sowie Mitglied in diversen Jurys, u.a. für den Nestroy-Preis, den Retzhofer Dramapreis oder den Ö1-Hörspielpreis. Von 2016 bis 2020 war sie Teil der Jury des Berliner Theatertreffens.

Alexandra Althoff

Alexandra Althoff war als feste Dramaturgin am Schauspiel Köln, am Schauspielhaus Bochum und am Schauspiel Frankfurt engagiert, als Gast u.a. bei den Salzburger Festspielen, am Residenztheater München und am Berliner Ensemble tätig. Mit Bernhard Mikeska und Lothar Kittstein gründete sie 2009 das Kunstkollektiv Raum+Zeit (Friedrich-Luft-Preis 2022 für *Berlau :: Königreich der Geister*). Von 2019 bis 2022 war sie Stellvertretende Künstlerische Direktorin am Burgtheater. Seit der Saison 2022/23 ist sie Vorsitzende der Nestroy-Preis Jury.

Lukas Bärfuss

Den Schriftsteller Lukas Bärfuss und Barbara Frey verbindet eine langjährige Zusammenarbeit. Er war Dramaturg und Hausautor während ihrer Zeit am Schauspielhaus Zürich; 2021 bis 2023 begleitet er ihre Intendanz der Ruhrtriennale. Lukas Bärfuss schreibt Dramen, Romane, Essays. 2022 erschien *Vaters Kiste* im Rowohlt Verlag. Bärfuss ist Dozent für Dramaturgie an der Hochschule der Künste Bern. 2019 wurde ihm der Georg-Büchner-Preis zugesprochen.

Anne Fournier

Anne Fournier a suivi des études de Lettres à l'Université de Lausanne avant de rejoindre l'Université de Paris 8 pour y effectuer un diplôme d'études approfondies en Arts de la scène. Elle travaille ensuite comme correspondante à Zurich et critique de théâtre pour le quotidien *Le Temps* (2004–2014), puis pour la Radio Télévision Suisse RTS (2014–2017) et, entre 2017 et 2022, elle a été correspondante à Paris pour la RTS. Depuis 2023, elle est rédactrice pour la RTS à Lausanne. Elle est membre du comité directeur de la Société suisse de théâtre, qu'elle a coprésidé de 2010 à 2018, et a fait partie du jury fédéral de théâtre (2014–2019).

Judith Gerstenberg

Judith Gerstenberg arbeitet seit mehr als dreissig Jahren als Dramaturgin, Festivalkuratorin und Hochschuldozentin. Nach dem Studium der Neueren Deutschen Literaturwissenschaften, Philosophie und Kunstgeschichte an der Universität Hamburg und der Freien Universität Berlin, übernahm sie z.T. langjährige Engagements an namhaften Theatern im deutschsprachigen Raum. Zuletzt war sie von 2009–2019 Chefdramaturgin am Schauspiel Hannover. Barbara Frey lernte sie bereits als junge Regisseurin während deren Assistenzzeit am Deutschen Schauspielhaus Hamburg kennen. Ihre Wege haben sich seither immer wieder gekreuzt. Derzeit gehört Judith Gerstenberg als Chefdramaturgin für den Bereich Schauspiel, Tanz und Performance zum künstlerischen Programmteam der Ruhrtriennale 2021–2023 unter Barbara Freys Leitung.

Paola Gilardi

Paola Gilardi è copresidente della Società Svizzera di Studi Teatrali dal 2018 e redattrice responsabile della collana *MIMOS*. È giornalista, pubblicista, traduttrice e docente. Dopo la laurea in Germanistica, Scandinavistica e Italianistica a Basilea ha insegnato per diversi anni presso le Università di San Gallo e Friburgo. In seguito, è stata responsabile di progetto nel settore Comunicazione della Fondazione svizzera per la cultura Pro Helvetia (2009–2013). Collabora regolarmente a progetti teatrali ed editoriali, fra cui il plurilingue *Dizionario teatrale svizzero* (Chronos 2005) e *L'encyclopédie mondiale des arts de la marionnette* (L'Entretemps 2009). Dal 2004 al 2008 ha fatto parte della giuria dell'Anello Hans Reinhart e dal 2020 è vicepresidente del Consiglio di fondazione di SAPA – Archivio svizzero delle arti della scena.

Andreas Karlaganis

Andreas Karlaganis studierte Germanistik, Theaterwissenschaft und Philosophie an den Universitäten Zürich, Bern und an der Freien Universität Berlin. 2000–2003 war er Regie- und Dramaturgieassistent an der Berliner Schaubühne, 2006–2011 Dramaturg am Schauspielhaus Graz und 2011–2013 Dramaturg am Residenztheater München. Am Schauspielhaus Zürich war er 2013–2014 Dramaturg und 2015–2019 geschäftsführender Dramaturg und stellvertretender Intendant unter der Intendanz von Barbara Frey. 2019 wechselte er an das Wiener Burgtheater, wo seit 2021 als leitender Dramaturg tätig ist.

Andreas Klaeui

Andreas Klaeui ist Theaterkritiker und war bis 2020 Kulturredaktor beim Schweizer Radio SRF 2 Kultur. Bis 2008 war er verantwortlicher Redaktor von *du – Die Zeitschrift der Kultur*. Seine Kritiken und Reportagen erscheinen ausserdem in Fachpublikationen wie *nachtkritik.de* und *Theater heute*. Seine Spezialgebiete sind Theater und klassische Musik, aber auch die Vermittlung von kulturellen Ereignissen und ihren Hintergründen aus dem französischen Sprachgebiet. Von 2017 bis 2021 war Andreas Klaeui in der Auswahljury des Berliner Theatertreffens zuständig für die Schweiz. Er ist Vorstandsmitglied der Schweizerischen Gesellschaft für Theaterkultur.

Katharina Lorenz

Katharina Lorenz, Enkelin des Malers Kurt Lorenz, erhielt 2002, nach ihrem Schauspielstudium an der Otto Falckenberg Schule in München, ihr erstes Engagement am Staatsschauspiel Hannover. Sie arbeitete dort vorwiegend unter der Regie von Jürgen Gosch.

Gastrollen spielte sie ausserdem am Deutschen Theater Berlin, den Münchner Kammerspielen und dem Düsseldorfer Schauspielhaus. 2006 wurde sie von der Zeitschrift *Theater heute* zur besten Nachwuchsschauspielerin gewählt. Seit der Spielzeit 2008/09 ist Katharina Lorenz im Ensemble am Burgtheater Wien. Neben ihrer Tätigkeit am Theater wirkt Lorenz auch in Kino- und Fernsehfilmen mit. Mit Barbara Frey arbeitet sie seit mehr als zehn Jahren zusammen – zuletzt in der Rolle der Genia Hofreiter in Arthur Schnitzlers *Das Weite Land* (2022).

Michael Maertens

Michael Maertens absolvierte seine Schauspielausbildung an der Otto Falckenberg Schule in München. 1989 wurde er am Hamburger Thalia Theater engagiert. In seiner ersten Spielzeit erhielt er den Boy-Gobert-Preis und wurde zudem als Nachwuchsschauspieler des Jahres gewählt. Weitere Engagements führten ihn u.a. an das Schiller Theater, das Deutsche Theater Berlin, das Berliner Ensemble, das Deutsche Schauspielhaus Hamburg und die Münchner Kammerspiele. Ab 2001 war Maertens festes Ensemblemitglied am Schauspielhaus Bochum. 2002 wurde ihm für die Titelrolle in Arthur Schnitzlers *Anatol* (Regie: Luc Bondy) bei den Wiener Festwochen den Gertrud-Eysoldt-Ring verliehen. Zur Spielzeit 2005/06 wechselte Maertens ans Schauspielhaus Zürich. In der Rolle Rudolfs von Habsburg in Martin Kušejs Inszenierung *König Ottokars Glück und Ende* von Franz Grillparzer (Koproduktion Salzburger Festspiele/Burgtheater Wien) erhielt Michael Maertens 2005 den Nestroy-Theaterpreis in der Kategorie «Bester Schauspieler» (geteilt mit Nicholas Ofczarek). Seit der Spielzeit 2009/10 ist Maertens Ensemblemitglied am Burgtheater Wien. 2017 wurde er zum Kammerschauspieler ernannt. Für seine Darstellung in *Der Leichenverbrenner* (Regie: Nikolaus Habjan) und in *Automatenbüfett* (Regie: Barbara Frey) wurde er 2021 erneut mit dem Nestroy-Preis als bester Schauspieler ausgezeichnet. Bei den Salzburger Festspielen 2023 wird er den Jedermann spielen. Mit Barbara Frey arbeitet er seit mehr als fünfzehn Jahren zusammen – zuletzt verkörperte er Friedrich Hofreiter in Arthur Schnitzlers *Das weite Land* (2022).

Bettina Meyer

Seit 1995 ist Bettina Meyer Bühnen- und Kostümbildnerin sowohl für Schauspiel- als auch für Musiktheaterproduktionen u.a. am Schauspielhaus Zürich, Theater Basel, Burgtheater Wien, Deutschen Theater Berlin, Bayerischen Staatsschauspiel und bei den Salzburger Festspielen. Seit 1996 langjährige Zusammenarbeit mit der Regisseurin Barbara Frey, zwischen 2009 und 2019 war Bettina Meyer Ausstattungsleiterin am Schauspielhaus Zürich. 2017 erschien bei Theater der Zeit die Monografie *Bettina Meyer, EINS ZU FÜNF UND ZWANZIG. Bühnen Bilder Räume.*

Claudia Rosiny

Claudia Rosiny ist seit 2021 Verantwortliche für die Darstellenden Künste im Bundesamt für Kultur, zuvor ab 2012 zuständig für Tanz und Theater. Daneben unterrichtet sie an Hochschulen und publiziert (u.a. *Tanz Film, Intermediale Beziehungen zwischen Mediengeschichte und moderner Tanzästhetik*, Transcript 2013). Sie studierte Theater-, Film- und Fernsehwissenschaft in Köln und Amsterdam und promovierte an der Universität Bern mit einer Arbeit über Videotanz. Von 1991 bis 2007 leitete sie die Berner Tanztage und baute von 1998 bis 2007 ein Forum für Medien und Gestaltung im Kornhaus Bern auf. Nach einem Stipendienaufenthalt 2008–2009 in New York City war sie von 2009 bis 2012 Beraterin und Projektleiterin im Schweizer Tanzarchiv, heute SAPA – Schweizer Archiv der Darstellenden Künste. Sie wirkte zudem in der Jury des Hans-Reinhart-Rings mit (2001–2006).

Mats Staub

Mats Staub studierte Theaterwissenschaft, Journalistik und Religionswissenschaft in Bern, Fribourg und Berlin, arbeitete zunächst als Journalist und Dramaturg und entwickelt seit 2004 Kunstprojekte im Spannungsfeld zwischen Theater und Ausstellung, Wissenschaft und Literatur. Er lebt und arbeitet in Berlin sowie an den Entwicklungsorten seiner Langzeitprojekte, die oftmals von Ort zu Ort und in verschiedenen Sprachen wachsen und u.a. bei den Wiener Festwochen, beim Adelaide Festival und am Festival Internacional de Buenos Aires gezeigt wurden. 2020 wurde er mit einem Schweizer Theaterpreis des Bundesamts für Kultur ausgezeichnet. 2021–2023 ist er assoziierter Künstler der Ruhrtriennale in der Intendanz von Barbara Frey.

Barbara Villiger Heilig

Barbara Villiger Heilig hat an der Universität Zürich und an der Università di Pavia Romanistik studiert. Nach abgeschlossenem Doktorat war sie Fellow am Istituto Svizzero di Roma. Sie unterrichtete an Gymnasien und an Universitäten (Zürich und Basel), arbeitete als Lektorin für verschiedene Verlage und als Freelance-Journalistin für diverse Medien. Von 1991 bis 2016 war sie Redaktorin im Feuilleton der *Neuen Zürcher Zeitung* und ze tweise Kulturkorrespondentin in Paris. Später wechselte sie zum digitalen Magazin *Republik*. Während drei Jahrzehnten hat sie die nationale und internationale Theaterszene beobachtet und schreibend begleitet.

Andreas Wilink

Nach dem Studium der Germanistik, Geschichte und Kunstgeschichte begann Andreas Wilink, Anfang der 1980er Jahre, mit dem journalistischen Schreiben. Fünfzehn Jahre lang war er als Feuilletonredakteur bei der in Düsseldorf erscheinenden *Westdeutschen Zeitung* für die Ressorts Film und Theater zuständig, wechselte dann kurz zur *Süddeutschen Zeitung*. Ab 2003 leitete er als einer der Mitbegründer das nordrhein-westfälische Kulturmagazin *kultur.west*. Sechs Jahre lang gehörte er der Jury des Berliner Theatertreffens an. Er schrieb und schreibt als Autor u.a. für *Theater heute* und *nachtkritik.de* und produzierte Beiträge für den Rundfunk.

Übersetzungen und Lektorat
Traductions et relecture
Traduzioni e revisione
Translations and Proofreading

Übersetzungen ins Deutsche

Andreas Klaeui
(Zusammenfassungen)

Lektorat

Andreas Klaeui,
Paola Gilardi

Traductions en français

Anne Fournier
(Introduction, contributions de Judith Gerstenberg et de Barbara Villiger Heilig)

Ariane Gigon
(entretien d'Andreas Klaeui avec Barbara Frey, contribution d'Andreas Wilink, résumés)

Relecture

Cécile Dalla Torre, Anne Fournier,
Paola Gilardi

English translations and proofreading

Karen Oettli-Geddes,
Mary Carozza

Traduzioni in italiano e revisione

Paola Gilardi

Übersetzung des Vorworts von Claudia Rosiny und der Laudatio der Jury

Sprachendienst des Bundesamts für Kultur

Geschichte des Schweizer Grand Prix Darstellende Künste / Hans-Reinhart-Ring

Die Schweizerische Gesellschaft für Theaterkultur (SGTK) verlieh von 1957 bis 2013 den Hans-Reinhart-Ring, der sich rasch zur bedeutendsten Auszeichnung im Theaterleben der Schweiz entwickelte. Von Anfang an gehörten zu den Preisträger:innen international renommierte Persönlichkeiten aus den verschiedenen Bereichen der darstellenden Künste und aus allen vier Sprachregionen der Schweiz. In einer Vereinbarung mit dem Bundesamt für Kultur (BAK) hatte die SGTK 2014 den Hans-Reinhart-Ring in den damals neugeschaffenen Schweizer Grand Prix Theater / Hans-Reinhart-Ring überführt. Im Jahr 2021 hat das BAK die Schweizer Tanz- und Theaterpreise zusammengelegt. Seitdem führt der Schweizer Grand Prix Darstellende Künste / Hans-Reinhart-Ring diese Tradition weiter. Der symbolträchtige Ring kann nun wieder (wie es bis 2013 der Fall war) spartenübergreifend vergeben werden.

Histoire du Grand Prix suisse des Arts de la scène / Anneau Hans Reinhart

La Société suisse du théâtre (SST) a décerné chaque année, entre 1957 et 2013, l'Anneau Hans Reinhart qui s'est vite imposé comme la plus importante distinction de la vie théâtrale suisse. Des personnalités de renom international de différents domaines des arts de la scène et de toutes les régions linguistiques de la Suisse ont été récompénsées. En 2014, la SST a conclu un accord avec l'Office fédéral de la culture (OFC) et l'Anneau Hans Reinhart a été associé au nouveau Grand Prix suisse du théâtre. Depuis 2021, avec la fusion des Prix suisses de la danse et du théâtre, c'est le Grand Prix suisse des arts de la scène / Anneau Hans Reinhart qui poursuit cette tradition. La prestigieuse bague peut désormais à nouveau être attribuée (comme c'était le cas jusqu'en 2013) dans tous les domaines des arts de la scène.

Storia del Gran Premio svizzero delle arti sceniche / Anello Hans Reinhart

La Società Svizzera di Studi Teatrali (SSST) ha conferito fra il 1957 e il 2013 l'Anello Hans Reinhart che in breve tempo si è imposto come il riconoscimento più prestigioso nel panorama teatrale elvetico. Fra i premiati figurano personalità di spicco a livello internazionale dei diversi ambiti delle arti sceniche e di tutte le quattro regioni linguistiche della Svizzera. Nel 2014 la SSST ha stipulato un accordo con l'Ufficio federale della cultura, associando l'Anello Hans Reinhart al Gran Premio svizzero di teatro. Con la fusione dei Premi svizzeri di danza e di teatro, dal 2021 è il Gran Premio svizzero delle arti sceniche / Anello Hans Reinhart a dare continuità a questa lunga tradizione. Da allora, il prezioso Anello può di nuovo essere attribuito (come era il caso fino al 2013) in tutte le discipline delle arti della scena.

History of the Swiss Grand Award for the Performing Arts / Hans Reinhart Ring

Between 1957 and 2013, the Swiss Association for Theatre Studies (SATS) was the body awarding the Hans Reinhart Ring, which quickly established itself as the most prestigious accolade in the Swiss theatre scene. Laureates include internationally renowned personalities from various fields of the performing arts and from all four language regions of Switzerland. In 2014, SATS concluded an agreement with the Federal Office of Culture to merge the Hans Reinhart Ring with the Swiss Grand Award for Theatre. And now, with the fusion of the Swiss Dance and Theatre awards in 2021, it is the Swiss Grand Award for the Performing Arts / Hans Reinhart Ring that will continue this long tradition. The precious ring can once again be awarded (as was the case until 2013) across all disciplines of the performing arts.

Schweizer Grand Prix Darstellende Künste / Hans-Reinhart-Ring
Grand Prix suisse des arts de la scène / Anneau Hans Reinhart
Gran Premio svizzero delle arti sceniche / Anello Hans Reinhart
Swiss Grand Award for the Performing Arts / Hans Reinhart Ring

2022 Barbara Frey
Regisseurin
und Intendantin

2021 Martin Zimmermann
Choreograf, Regisseur,
Bühnenbildner, Clown

Schweizer Grand Prix Theater / Hans-Reinhart-Ring
Grand Prix suisse du théâtre / Anneau Hans Reinhart
Gran Premio svizzero di teatro / Anello Hans Reinhart
Swiss Grand Award for Theatre / Hans Reinhart Ring

2020 Jossi Wieler
Opern- und Theaterregisseur

2019 Yan Duyvendak
artiste d'art visuel et performeur

2018 Theater Sgaramusch
freie Gruppe im Bereich Kinder- und Jugendtheater

2017 Ursina Lardi
Schauspielerin

2016 Theater HORA.
Ensemble von geistig behinderten Schauspieler:innen

2015 Stefan Kaegi
(Rimini Protokoll), Regisseur

2014 Omar Porras
directeur de théâtre, metteur en scène, acteur

Die Träger:innen des Hans-Reinhart-Rings
Les lauréat·e·s de l'Anneau Hans Reinhart
Le personalità insignite dell'Anello Hans Reinhart
Recipients of the Hans Reinhart Ring

1957 Margrit Winter
Schauspielerin

1958 Leopold Biberti
Schauspieler, Regisseur

1959 Traute Carlsen
Schauspielerin

1960 Käthe Gold
Schauspielerin

1961 Marguerite Cavadaski
comédienne

1962 Heinrich Gretler
Schauspieler

1963 Ernst Ginsberg
Schauspieler, Regisseur

1964 Michel Simon
comédien

1965 Maria Becker
Schauspielerin

1966 Max Knapp
Schauspieler

1967 Lisa Della Casa
Sängerin

1968 Charles Apothéloz
animateur, metteur en scène, directeur de théâtre

1969 Leopold Lindtberg
Regisseur

1970 Ellen Widmann
Schauspielerin

1971 Rolf Liebermann
Komponist, Theaterleiter

1972 Carlo Castelli
regista

1973 Inge Borkh
Sängerin

1974 Annemarie Düringer
Schauspielerin

1975 Charles Joris
Animateur, metteur en scène, directeur de théâtre

1976 Dimitri Clown

1977 Max Röthlisberger
Bühnenbildner

1978 Edith Mathis
Sängerin

1979 Peter Brogle
Schauspieler

1980 Philippe Mentha
metteur en scène, directeur de théâtre

1981 Ruodi Barth
Bühnenbildner

1982 Heinz Spoerli
Choreograf

1983 Reinhart Spörri
Regisseur, Theaterleiter

1984 Ruedi Walter
Schauspieler

1985 Benno Besson
Regisseur

1986 Annemarie Blanc
Schauspielerin

1987 Werner Düggelin
Regisseur, Theaterleiter

1988 Emil Steinberger
Kabarettist

1989 François Rochaix
metteur en scène

1990 Gardi Hutter
Clownin

1991 Bruno Ganz
Schauspieler

1992 nicht vergeben/
pas décerné

1993 Paul Roland
Schauspieler, Direktor
Schauspielschule Bern

1994 Ketty Fusco
Attrice, regista

1995 Rolf Derrer
Licht-Designer

1996 Mathias Gnädinger
Schauspieler

1997 Luc Bondy
Regisseur

1998 Werner Hutterli
Bühnenbildner

1999 Ruth Oswalt
Schauspielerin,
Theaterleiterin

1999 Gerd Imbsweiler
Schauspieler, Theaterleiter

2000 Werner Strub
créateur de masques

2001 Peter Schweiger
Schauspieler, Regisseur,
Theaterleiter

2002 Anna Huber
Tänzerin, Choreografin

2003 Veronique Mermoud
comédienne

2003 Gisèle Sallin
metteuse en scène

2004 Brigitta Luisa Merki
Flamenco-Tänzerin,
Choreografin

2005 Dominique Catton
comédien, metteur
en scène, directeur

2006 Roger Jendly
comédien

2007 Giovanni Netzer
reschissur ed intendant

2008 Nadja Sieger
Bühnenkünstlerin

2008 Urs Wehrli
Bühnenkünstler

2008 Tom Ryser
Regisseur und Schauspieler

2009 Jean-Marc Stehlé
scénographe et comédien

2010 Volker Hesse
Regisseur und Theaterleiter

2011 Christoph Marthaler
Regisseur

2012 Daniele Finzi Pasca
attore, regista e clown

2013 Yvette Théraulaz
comédienne, chanteuse

Bildnachweise
Crédits photographiques
Crediti fotografici
Photo credits

S. 82–83
Bühnenbildskizzen und
Modell für *Das weite Land*
Koproduktion Ruhrtriennale
und Burgtheater Wien, 2022
© Martin Zehetgruber

S. 81, 84–88
Aufführung von *Das weite Land*
Koproduktion Ruhrtriennale
und Burgtheater Wien, 2022
Fotos: © Matthias Horn

S. 81, *Das weite Land*
Im Bild: Katharina Lorenz,
Branko Samarovski,
Sabine Haupt,
Michael Maertens,
Dorothee Hartinger,
Nina Siewert,
Felix Kammerer

S. 84, *Das weite Land*
Im Bild: Bibiana Beglau,
Michael Maertens,
Katharina Lorenz

S. 85, *Das weite Land*
Im Bild: Michael Maertens,
Itay Tiran

S. 86–87, *Das weite Land*
Im Bild: Branko Samarovski,
Nina Siewert, Sabine Haupt,
Michael Maertens,
Dorothee Hartinger,
Itay Tiran, Bibiana Beglau,
Katharina Lorenz, Felix Kammerer

S. 88, *Das weite Land*
Im Bild: Katharina Lorenz

S. 129
Aufführung von *Die Toten*
Schauspielhaus Zürich, 2019
Im Bild: Benito Bause,
Elisa Plüss, Jürg Kienberger,
Lisa-Katrina Mayer,
Claudius Körber
Foto: © Matthias Horn

S. 130–136
Aufführung von
Der Untergang des Hauses Usher
Koproduktion Ruhrtriennale
und Burgtheater Wien, 2021
Fotos: © Matthias Horn

S. 130, *Usher*
Im Bild: Annamária Láng,
Katharina Lorenz, Debbie Korley,
Michael Maertens, Jan Bülow,
Markus Scheumann

S. 131, *Usher*
Im Bild: Michael Maertens,
Ensemble

S. 132–133, *Usher*
Im Bild: Bibiana Beglau,
Markus Scheumann

S. 134, *Usher*
Im Bild: Thomas Hojsa,
Josh Sneesby

S. 135 oben, *Usher*
Im Bild: Katharina Lorenz,
Jan Bülow, Josh Sneesby

S. 135 unten, *Usher*
Im Bild: Thomas Hojsa,
Annamária Láng,
Debbie Korley,
Bibiana Beglau,
Katharina Lorenz,
Markus Scheumann,
Josh Sneesby, Jan Bülow

S. 136, *Usher*
Im Bild: Bibiana Beglau,
Annamária Láng

S. 171–178
Uraufführung von *Nachtstück*
Schauspielhaus Zürich, 2016
Fotos: © Matthias Horn

S. 171, *Nachtstück*
Im Bild: Markus Scheumann, Michael Maertens, Hans Kremer, Lisa-Katrina Mayer, Milian Zerzawy, Dagna Litzenberger Vinet, Friederike Wagner

S. 172–173, *Nachtstück*
Im Bild: Dagna Litzenberger Vinet
Im Hintergrund: Fritz Hauser

S. 174, *Nachtstück*
Im Bild: Chantal Le Moign, Hans Kremer, Markus Scheumann, Dagna Litzenberger Vinet, Milian Zerzawy, Lisa-Katrina Mayer, Michael Maertens

S. 175, *Nachtstück*
Im Bild: Hans Kremer, Dagna Litzenberger Vinet, Markus Scheumann, Lisa-Katrina Mayer, Milian Zerzawy, Chantal Le Moign, Friederike Wagner, Michael Maertens

S. 176–177, *Nachtstück*
Im Bild: Ensemble

S. 178, *Nachtstück*
Im Bild: Hans Kremer, Milian Zerzawy, Markus Scheumann, Michael Maertens

S. 181–188
Collage mit Zitaten von Barbara Frey
Ruhrtriennale, 2021/2022
© Mats Staub

S. 211–215, 218
Aufführung von *Automatenbüfett*
Burgtheater Wien (Akademietheater), 2020
Fotos: © Matthias Horn

S. 211, *Automatenbüfett*
Im Bild: Katharina Lorenz, Michael Maertens
Maria Happel

S. 212 oben, *Automatenbüfett*
Im Bild: Katharina Lorenz

S. 212 unten, *Automatenbüfett*
Im Bild: Daniel Jesch, Annamária Láng, Christoph Luser, Hans Dieter Knebel, Robert Reinagl, Katharina Lorenz, Michael Maertens

S. 213, *Automatenbüfett*
Im Bild: Michael Maertens, Katharina Lorenz, Maria Happel

S. 214–215, *Automatenbüfett*
Im Bild: Katharina Lorenz, Robert Reinagl, Dörte Lyssewski, Annamária Láng, Hans Dieter Knebel, Daniel Jesch, Maria Happel

S. 218, *Automatenbüfett*
Im Bild: Maria Happel

S. 216–217
Bühnenbildskizze und 3D-Visualisierungen für *Automatenbüfett*
Burgtheater Wien (Akademietheater), 2020
© Martin Zehetgruber

S. 267
Uraufführung von *A Dream Within a Dream*
Schauspielhaus Zürich, 2010
Im Bild: Fritz Hauser, Robert Hunger-Bühler
Foto: © Matthias Horn

S. 268, oben
Aufführung von *Yvonne, die Burgunderprinzessin*
Schauspielhaus Zürich, 2015
Im Bild: Hans Kremer, Benito Bause, Claudius Körber, Michael Neuenschwander, Julian Boine, Markus Scheumann, Dominic Hartmann, Gottfried Breitfuss
Foto: © Matthias Horn

S, 268, unten
Aufführung von *Yvonne, die Burgunderprinzessin*
Schauspielhaus Zürich, 2015
Im Bild: Benito Bause, Michael Maertens, Gottfried Breitfuss, Hans Kremer
Foto: © Matthias Horn

S. 269
Uraufführung von *Frau Schmitz*
Schauspielhaus Zürich, 2016
Im Bild: Lambert Hamel, Susanne-Marie Wrage, Lisa-Katrina Mayer, Dominik Maringer, Markus Scheumann, Carolin Conrad
Foto: © Matthias Horn

S. 270–271
Aufführung von
Der zerbrochne Krug
Schauspielhaus Zürich, 2017
Im Bild: Lisa-Katrina Mayer, Graham F. Valentine, Michael Tregor, Markus Scheumann
Foto: © Matthias Horn

S. 272
Aufführung von *Hamlet*
Schauspielhaus Zürich, 2018
Im Bild: Edmund Telgenkämper, Inga Busch, Jan Bülow, Benito Bause, Claudius Körber
Foto: © Matthias Horn

S. 273
Aufführung von *Hamlet*
Schauspielhaus Zürich, 2018
Im Bild: Markus Scheumann, Jan Bülow
Foto: © Matthias Horn

S. 274–275
Aufführung von *Richard III.*
Schauspielhaus Zürich, 2012
Im Bild: Michael Maertens, Julia Kreusch
Foto: © Matthias Horn

S. 276–277
Aufführung von *Platonow*
Schauspielhaus Zürich, 2011
Im Bild: Friederike Wagner, Michael Maertens
Fotos: © Matthias Horn

S. 278–279
Aufführung von
Fegefeuer in Ingolstadt
Schauspielhaus Zürich, 2010
Im Bild: Lilith Stangenberg, Jirka Zett, Franziska Machens, Franz Beil, Patrick Güldenberg Miriam Maertens
Foto: © Matthias Horn

S. 280
Aufführung von
Triumph der Liebe
Schauspielhaus Zürich, 2007
Vorne: Katharina Schmalenberg, Matthias Bundschuh
Hinten: Friederike Wagner, Robert Hunger-Bühler
Foto: © Matthias Horn

S. 281, oben
Uraufführung von *Malaga*, Schauspielhaus Zürich, 2010
Im Bild: Carolin Conrad, Markus Scheumann
Foto: © Matthias Horn

S. 281, unten
Aufführung von *Leonce und Lena*, Schauspielhaus Zürich, 2011
Im Bild: Jirka Zett, Sarah Hostettler, Lilith Stangenberg
Foto: © Matthias Horn

S. 282
Aufführung von *Maria Stuart*
Schauspielhaus Zürich, 2009
Im Bild: Carolin Conrad, Jördis Triebel
Foto: © Matthias Horn

S. 302–310
Collage aus Skizzen, Bühnenbildentwürfen und Probenfotos von Bettina Meyer
© Bettina Meyer

S. 302–303, Hintergrund
Skizzen in den Proben für
Yvonne, die Burgunderprinzessin
Schauspielhaus Zürich, 2014
© Bettina Meyer

S. 303, oben links
Bühnenbild für *Liliom*
Burgtheater Wien, 2013
Bühne und Foto: © Bettina Meyer

S. 303, zweites von oben links
Bau der Rutsche für *Liliom*
Werkstätten des Burgtheaters Wien, 2013
Foto: © Bettina Meyer

S. 303, drittes von oben links
Telefon im Burgtheater
Wien, 2013
Foto: ©Bettina Meyer

S. 303, unten links
Das Ensemble von *Ubu*
Polen, Ostsee 2000
Foto: ©Bettina Meyer

S. 303, oben rechts
Bühnenbild für
Zur schönen Aussicht
Schauspielhaus Zürich, 2018
Bühne und Foto: ©Bettina Meyer

S. 303, zweites von oben rechts
Bühnenbildmodell für
Zur schönen Aussicht
Schauspielhaus Zürich, 2017
Modell und Foto: ©Bettina Meyer

S. 303, Bilder in der Mitte
Bühnenbildmodell für
Schöne Bescherungen
Burgtheater Wien, 2018
Modell und Fotos: ©Bettina Meyer

S. 303, Bilder unten rechts
Bühnenbildmodell für *Liliom*
Burgtheater Wien, 2013
Modell und Fotos: ©Bettina Meyer

S. 304–305
Proben für *Medea*
Im Bild: Nina Hoss
Deutsches Theater Berlin, 2006
Bühne und Foto: ©Bettina Meyer

S. 306
Einlasstunnel für
Yvonne, die Burgunderprinzessin
Schauspielhaus Zürich, 2015
Bühne und Foto: ©Bettina Meyer

S. 307, Bilder oben rechts
Bühnenbilddetails für
Yvonne, die Burgunderprinzessin
Schauspielhaus Zürich, 2015
Bühne und Fotos: ©Bettina Meyer

S. 307, unten
Modellfiguren
©Bettina Meyer

S. 307, Hintergrund
Skizzen in den Proben für
Die Affäre Rue de Lourcine
Burgtheater Wien, 2015
©Bettina Meyer

S. 308–309
Proben für *Medea*
Deutsches Theater Berlin, 2006
Im Bild: Nina Hoss, Meike Droste
Bühne und Foto: ©Bettina Meyer

S. 310, Hintergrund
Skizzen in den Proben für
Yvonne, die Burgunderprinzessin
Schauspielhaus Zürich, 2014
©Bettina Meyer

S. 310, oben links
Bühnenbildmodell für
Der Menschenfeind
Schauspielhaus Zürich, 2013
Modell und Foto: ©Bettina Meyer

S. 310, zweites von oben links
Proben für *Der Menschenfeind*
Schauspielhaus Zürich, 2013
Im Bild: Barbara Frey
Bühne und Foto: ©Bettina Meyer

S. 310, drittes und viertes
von oben links
Bühnenbildmodell für
Drei Schwestern
Schauspielhaus Zürich, 2014
Modell und Fotos:
©Bettina Meyer

S. 310, fünftes von oben
Bühnenbildmodell für
Arsen und Spitzenhäubchen
Burgtheater Wien
(Akademietheater), 2006
Modell und Foto: ©Bettina Meyer

S. 310, sechstes von oben
Proben für *Arsen und Spitzenhäubchen*
Burgtheater Wien
(Akademietheater), 2006
Im Bild: Kirsten Dene,
Urs Hefti, Peter Matić
Bühne und Foto: ©Bettina Meyer

S. 310, oben rechts
Bühnenbildmodell für
Yvonne, die Burgunderprinzessin
Schauspielhaus Zürich, 2015
Modell und Foto: © Bettina Meyer

S. 310, zweites von oben rechts
Bühnenbildmodell für
Die Unbekannte aus der Seine
Schaubühne am Lehniner Platz,
Berlin, 2000
Modell und Foto: © Bettina Meyer

S. 310, drittes und viertes von oben rechts
Bühnenbildmodell für
Schöne Bescherungen
Burgtheater Wien, 2018
Modell und Foto: © Bettina Meyer

S. 323, oben
Uraufführung von
Die sexuellen Neurosen unserer Eltern
Theater Basel, 2003
Im Bild: Markus Merz,
Iris Erdmann, Martin Hug,
Sandra Hüller,
Susanne-Marie Wrage
Foto: © Sebastian Hoppe /
Theater Basel

S. 323, unten
Uraufführung von
Die sexuellen Neurosen unserer Eltern
Theater Basel, 2003
Im Bild: Sandra Hüller,
Susanne-Marie Wrage,
Martin Hug
Foto: © Sebastian Hoppe /
Theater Basel

S. 324
Uraufführung von
Vor langer Zeit im Mai
Schaubühne am
Lehniner Platz, Berlin, 2000
Im Bild (auf dem Fahrrad):
André Szymanski, Julika Jenkins,
Mark Waschke, Martina Galić,
Anja Marlene Korpiun, Adnan Maral
Im Bild (oben, sitzend):
Kay Bartholomäus Schulze,
Stephanie Eidt
Foto: © Matthias Horn

S. 325
Aufführung von
Ich kann es besonders schön
Düsseldorfer Schauspielhaus, 1995
Im Bild: Michaela Steiger
Foto: © Sonja Rothweiler

S. 326–327
Aufführung von *Onkel Wanja*
Bayerisches Staatsschauspiel
(Residenztheater),
München, 2003
Fotos: © Thomas Dashuber /
Deutsches Theatermuseum

S. 326 oben, *Onkel Wanja*
Im Bild: Rainer Bock,
Helga Grimme,
Thomas Holtzmann,
Helmut Stange,
Sunnyi Melles

S. 326 unten, *Onkel Wanja*
Im Bild: Rainer Bock,
Stefan Hunstein, Sunnyi Melles

S. 327, *Onkel Wanja*
Im Bild: Sunnyi Melles

S. 328, oben
Aufführung von
Der ideale Mann
Burgtheater Wien
(Akademietheater), 2011
Im Bild: Michael Maertens,
Katharina Lorenz
Foto: © Reinhard Werner /
Burgtheater Wien

S. 328, unten
Aufführung von
Arsen und Spitzenhäubchen
Burgtheater Wien,
Akademietheater, 2006
Im Bild: Maria Happel,
Libgart Schwarz, Peter Matić,
Michael Maertens, Kirsten Dene
Foto: © Reinhard Werner /
Burgtheater Wien

S. 329
Aufführung von *Sturm*
Burgtheater Wien
(Akademietheater), 2007
Im Bild: Joachim Meyerhoff,
Johann Adam Oest, Maria Happel
Foto: © Matthias Horn

S. 330, oben
Orchesterhauptprobe
von *Cavalleria rusticana*
Staatsoper Stuttgart, 2020
Im Bild: Eva-Maria Westbroek,
Ida Ränzlöv, Statisterie
der Staatsoper Stuttgart
Arnold Rutkowski
Foto: © Matthias Baus

S. 330, unten
Aufführung von
Luci mie traditrici
Staatsoper Stuttgart, 2020
Im Bild: Rachael Wilson,
Elmar Gilbertsson, Ida Ränzlöv
Foto: © Matthias Baus